普通高等教育“十一五”国家级规划教材
高等学校工程管理专业规划教材

建设项目的价值工程
(第二版)

孙继德　编著
尤建新　主审

中国建筑工业出版社

图书在版编目（CIP）数据

建设项目的价值工程/孙继德编著. —2版. —北京：中国建筑工业出版社，2011.1

（普通高等教育“十一五”国家级规划教材. 高等学校工程管理专业规划教材）

ISBN 978-7-112-12851-8

Ⅰ.①建… Ⅱ.①孙… Ⅲ.①基本建设项目—价值工程—高等学校—教材 Ⅳ.①F282

中国版本图书馆 CIP 数据核字（2011）第 006418 号

普通高等教育“十一五”国家级规划教材
高等学校工程管理专业规划教材
建设项目的价值工程
（第二版）
孙继德 编著
尤建新 主审
*
中国建筑工业出版社出版、发行（北京西郊百万庄）
各地新华书店、建筑书店经销
北京红光制版公司制版
北京市铁成印刷厂印刷
*
开本：787×1092 毫米 1/16 印张：15¾ 字数：383 千字
2011 年 4 月第二版 2011 年 8 月第三次印刷
定价：**32.00** 元
ISBN 978-7-112-12851-8
（20116）

许多发达国家都普遍在建设项目中开展价值工程研究活动，掌握并运用这一技术已经成为许多承包商获胜的重要竞争手段，从开展价值工程活动中受益已经成为他们重要的利润来源。本书介绍价值工程的基本理论和方法，并结合建设项目的特点，全面分析了如何在建设项目中开展价值工程活动的思想、组织和方法，并附有大量案例，具有理论指导和实践借鉴作用。

本书共分五章，第一章概述了价值工程的基本概念、特点以及应用和发展；第二章介绍了价值工程的组织单位、参与人员以及实施价值工程的程序和步骤；第三章详细介绍了价值工程一般方法和在建设项目中的应用方法；第四章介绍了价值工程在旧房改造投资决策中的应用；第五章通过典型案例介绍了价值工程在项目建设中的应用，包括在高层建筑基础、基坑支护以及楼盖结构设计等。

本书注重理论与实践相结合，参考了大量国外文献，对在建设项目中开展价值工程活动的理论和方法进行了系统阐述，并配合大量案例进行分析和说明，本书可作为高等学校工程管理专业教材，也可作为建筑业和基本建设管理部门、设计单位、建筑业企业的工程技术、管理人员以及大专院校相关专业师生的参考资料或培训教材。

* * *

责任编辑：王　跃　张　晶
责任设计：李志立
责任校对：陈晶晶　赵　颖

第二版前言

建设领域比较全面系统介绍价值工程方法的教材，市场上不多见。本书在2004年12月第一版出版之后，受到广大读者的欢迎、支持和鼓励。许多人给予了热情的宣传，使得越来越多的人从中受益。本书出版之后，也陆续收到个别读者对书中部分内容的中肯意见和建议，同时，笔者在教学过程中也发现了不少谬误，需要进一步修改和完善。此外，笔者于2005年末申请将其列入普通高等教育“十一五”国家级规划教材，也侥幸获得批准，在此背景下，笔者充分吸收读者的意见和建议，积累有关素材，在第一版基础上进行修改和完善，形成了第二版。

与第一版相比，第二版的总体内容结构没有变化，但调整和增加了部分案例，删减了许多繁琐之处，改正了多处谬误，因而更加实用、精炼和准确。

谨向各位读者表示衷心感谢，向一直鼓励、支持并积极宣传推广价值工程技术的丁士昭教授表示感谢。同时感谢中国建筑工业出版社的领导和编辑给予的支持和帮助。

尽管做了认真和反复的修改与校对，书中错误仍将难免，敬请谅解，并真诚欢迎和感谢批评指正。

第一版前言

价值工程技术自1947年在美国创立以来，已经为工业发达国家所广泛接受，在各行各业得到广泛应用，取得显著成效。

价值工程技术传入我国已经有20多年了，它的意义和应用范围也随着时代而变化。但与国外许多国家相比，在应用的领域和应用的广泛、深入程度上仍然存在差距，国内各个行业之间的差距也很大，建筑业中的应用就处于相对落后的境地，主要原因是业主不了解、不重视价值工程技术，设计人员沿用传统设计技术而不重视经济性和创造性，许多人也没有掌握价值工程的原理和方法，在项目实施过程中也缺乏进行价值工程研究的程序和时间安排，赶工期情况比较普遍。

作者所在的同济大学工程管理研究所在丁士昭教授的带领下，除了进行正常教学以外，还长期从事工程管理的理论研究、实践探索和国际学术交流活动，在工程实践过程中与国外许多著名的工程公司建立了紧密的联系和合作。通过实践和交流发现，国外著名工程公司对价值工程的熟知程度和在工程项目中开展价值工程研究活动的积极性都远远超过我们的想象，开展价值工程活动已经成为承包商获胜的重要竞争手段，其中的利益已经成为他们重要的利润来源。受其启发，我们于是开展了对价值工程重新认识和研究的过程，申请了研究课题，先后在多个工程项目中进行相关研究活动，组织博士、硕士研究生进行专题研究等，取得了一系列成果。作者于2000年4月完成了博士论文“高层建筑结构设计中的价值工程研究”，并先后发表了多篇论文，研究所的多位教师、研究生都参与了相关的研究和实践活动，积累了相当的经验。

作者自2001年起在同济大学开设“建设项目的价值工程”选修课程，但苦于没有合适的教材和参考资料，教与学都不方便，于是动了编写参考书的念头。但由于工作繁忙，能静下心来专门做这件事的时间很少，只能抽空积累素材，利用寒暑假期点滴整理，所以历经三年才完成初稿。

本书编著过程中，作者参阅了国外许多参考书，包括美国威斯康星大学的价值工程教材和参考书，英国里丁大学、CIOB等机构的报告和论文等，另外，作者博士论文中某些应用方面的分析研究内容也选录其中，力求理论与实践相结合，并使资料丰富、翔实、全面，但由于篇幅所限，遗漏和缺陷也在所难免。本书共分五章，前面三章是价值工程基本理论、方法和步骤的介绍，后二章是价值工程在建设项目中的应用的介绍。

本书编著过程中得到许多人的热情支持和大力帮助，在此表示衷心感谢。首先是博士生导师丁士昭教授，不仅在思想上和精神上给予鼓励，在研究方向上给予指导，也在工作中给予了极大支持和帮助。同济大学经济与管理学院院长尤建新教授百忙中审阅了本书，提出了宝贵意见，并在写作过程中给予了大力支持和鼓励。同济大学建设管理与房地产系主任陈建国教授提供了宝贵的资料、有价值的意见和工作上的支持，何敏小姐在英国、美国帮助查阅、复印了大量资料，万江、王盛文、丁杰、蒋海平、丁捷等协助翻译、整理和输入文稿，长期在美国工作的马继伟先生提供了宝贵意见。尤其要感谢新疆德隆国际战略投资有限公司的高谦先生、同济大学建设管理与房地产系的贾广社副教授等在课题研究和项目实践上给予的支持和帮助。

要掌握一门技术，不能只停留在理论上，停留在书本中，要亲自实践才能深刻体会和掌握。欢迎广大读者在阅读本书的同时积极进行工程实践，探索并积累有关经验，向作者提供相关信息，对本书提出宝贵意见。

限于种种原因，谬误之处在所难免，敬请谅解并欢迎批评、指正。

目　录

第一章 价值工程的概念

价值工程（Value Engineering，简称 VE）是由美国通用电气公司（GE）的工程师劳伦斯·戴罗斯·迈尔斯（Lawrence D. Miles，1904～1985）于 20 世纪 40 年代创立的。价值工程又称为价值分析（Value Analysis）、价值研究（Value Research）、价值保证（Value Assurance）、价值革新（Value Innovation）、价值改善（Value Improvement）等。

价值工程作为一门新兴的现代管理技术，自创立至今的半个多世纪以来，无论是在理论研究上，还是在实际应用上都取得了长足的进步。价值工程从技术与经济相结合的角度，研究和提高产品、工程、劳务等的价值，降低它们的成本，已经取得很好的技术经济效果。它摆脱了孤立地从技术方面或从经济方面去研究产品的开发设计、生产制造、经营管理和售后服务的做法，采取两者紧密结合的方法，是符合客观规律的。

国内外实践表明，推广应用价值工程能获得极大的经济效益。美国把价值工程、系统分析等称为六大新的管理技术。日本把价值工程、工业工程和质量管理称为现代管理的三大支柱。我国原国家经委则把价值工程定为应予推广的现代管理的重要方法之一。许多国家，价值工程已在工业生产、科学研究、企业管理、工程项目管理、农业生产等各方面得到了广泛的应用，并取得了显著的经济效益。一般认为，运用价值工程可以降低成本10%～30%。人们从实践中越来越认识到价值工程的重要性。

第一节 价值工程的起源与应用

一、价值工程的起源

作为一门完整的学科，价值工程起源于 20 世纪 40 年代的美国。在第二次世界大战期间，美国成为世界上最大的军火生产国，军事工业迅速发展。但是由于战争原因，各种资源都非常紧张。战争期间，美国国防工业的主要课题是提高武器的性能和缩短交货期，而忽视降低费用的问题，使得成本不断上升。为保证军工产品的生产，急需解决短缺材料的供应问题。当时美国通用电气公司负责采购的副经理埃里查（Harry Erlicher），迫于物资短缺的压力不得不采用廉价代用品，并且认识到如果有组织地进行这种物资代用的话，就可以大幅度地降低成本，充分有效地利用资源。为此，埃里查责成公司采购部的迈尔斯负责这项工作。迈尔斯从功能分析出发，努力寻求与短缺材料具有同样功能的代用品，从而较好地保证了生产。

一个著名的实例是美国通用电气公司当时需要大量的石棉板，而石棉板却供应紧张，价格昂贵。对此，迈尔斯提出了两个问题：“为什么要用石棉板？它的功能是什么？”经过调查得知，公司购买石棉板是为了在给产品喷刷涂料的时候，把它铺在地板上，避免玷污地板，引起火灾。石棉板的功能一是保持清洁，二是防止火灾。弄清这两个问题后，迈尔斯又提出一个问题：“还有没有具有这种功能的其他材料？”根据这种思考，迈尔斯找到了一种价格便宜、货源充足、不易燃烧的纸作为代用品，不仅实现了原来的功能，而且降低了成本。

第二次世界大战之后，美国政府取消了战时生产的补贴制度，原材料价格普遍上涨，推动产品成本提高，企业之间竞争日趋激烈。为在激烈的市场竞争中占据优势、降低成本、合理利用资源，美国通用电气公司在努力使产品物美价廉方面下了很大的工夫。针对电冰箱和烤炉，公司组织有经验的设计人员运用功能分析的思想进行重新设计，结果取得了成功。在实践的基础上，经过综合整理和归纳，迈尔斯在 1947 年《美国机械师》杂志上公开发表了《价值分析》一文。在该篇论文里，迈尔斯提出了价值工程的基本理论，标志着价值工程理论的正式诞生。

迈尔斯从分析产品的功能，寻找代用材料开始，逐步从原材料采购发展到改进产品设计及制造过程。他在研究中发现，任何产品之所以有使用价值，因为它具有能满足人们某种需要的功能。用户购买某种产品，是因为这种产品具有满足用户需要的功能，如果产品不具备满足用户需要的功能，用户就不会购买这种产品。

迈尔斯在研究中还发现，用户购买产品时，不仅要了解购买的产品是否具有自己所需要的性能（功能），而且还要衡量一下自己所付出的费用与产品所具备的功能是否相称，是否合算，合算就购买，不合算就不买。鉴于这种分析，迈尔斯从中抽象出价值工程特有的“价值”概念，以及功能、成本和价值三者之间的关系，并把价值的计算公式化、定量化，给价值赋予明确的含义，即价值是功能与成本之比，而且功能与价值成正比，成本与价值成反比关系。一种产品若采用廉价原材料，降低了产品的成本，并仍能保持原有的功能，这就提高了产品的价值；一种产品若改进了设计，虽然成本没有降低，但功能提高了，就可以使产品的价值得到提高。用户愿意购买的就是价值高的产品。

经过实践和研究，迈尔斯还发现，欲生产创造出价廉物美的产品，即价值高的产品，如果不改变原来的设计方案，就不可能大幅度地降低产品的成本。这是因为产品成本的绝大部分是在设计阶段确定的。迈尔斯还在实践中归纳出价值工程活动中必不可少的 13 条原则，这些原则是价值工程工作程序必须遵守的。

迈尔斯克服了各种保守思想的阻力，组成了专门研究小组，花了 5 年时间进行研究探索，通用电气公司投资 300 万美元支持这项工作，到 20 世纪 50 年代初，价值工程技术才基本成熟。

迈尔斯对价值工程的研究成果，可归纳为如下几方面：

第一，用户购买产品不只是产品本身这个实体，更重要的是这种产品所具备的功能，不具备用户需要的功能的“产品”是无人问津的。对用户来说，最重要的是满足使用要求，而产品采用什么样的结构形式是无关重要的。

第二，用户购买产品时，总希望在达到功能要求的前提下，花钱最省，即要求“价廉物美”。

第三，产品功能和实现这个功能所花的费用之间可用价值来衡量，而且可以通过数学模型来计算和评价，从而使“价值”这个概念更加明确化。

第四，价值工程是研究提高产品价值的管理技术，即在确保用户使用功能的条件下尽量选用廉价的材料或代用品，并通过简化结构设计等来大幅度地降低成本。

第五，提高产品的价值，必须首先从设计方案着手，运用集体智慧，有组织、有计划地对功能与成本进行系统分析，才能获得良好的效果。

1961 年迈尔斯推出了专著《价值分析的方法》，1972 年修订再版，更名为《价值分析与价值工程技术》。这本权威性著作发展完善了价值工程理论，建立了以功能定义、功能整理、功能分析和功能评价等为中心内容的一套完整的科学方法。这本专著较之以往的论著更为强调价值工程学科的系统性，强调它是一个完整的方法系统。

除迈尔斯所作的开拓性贡献之外，许多学者也为价值工程理论的发展做出了卓有成效的工作。例如，拜塞威（Charles W. Bythewy）在美国价值工程师协会 1965 年年会上提出了功能分析系统技术（Function Analysis System Technique，简称 FAST）。该技术强调建立功能系统图，重视功能的系统分析，从而使功能分析更加科学和完善。

二、价值工程应用的概况

价值工程由迈尔斯于 1947 年初步创立，但真正在通用电气公司内部推广应用是从 20 世纪 50 年代开始。当时，迈尔斯从各部门抽调 60 余人举办价值分析研究班，指导进行了 160 小时的价值分析技术基本训练。这批人员受训结束后回到各自的工作部门，作为专门的价值分析人员，在通用电气公司内部推广应用价值分析技术。由于价值工程致力于研究对象的功能和成本合理匹配，美国通用电气公司在运用这一方法时取得了显著的经济效益，到迈尔斯退休时 17 年里共节约成本 2 亿多美元。如此高的效益，自然引起了其他企业的关注。西屋电气公司、国际商业机器公司、美国无线电公司等在 20 世纪 50 年代初相继应用价值工程。此外，价值分析研究班还吸收其他公司人员参加，这些人回到各自公司后也积极推广应用价值工程，使这门管理技术广泛开展起来。1956 年，价值工程推广到船舶工业和军事工业。1959 年，宇航工业把价值工程应用于阿波罗登月计划。20 世纪 60 年代，价值工程在其他部门迅速得到推广。到 20 世纪 70 年代初，已运用到各行各业，都取得了显著的经济效益。

价值工程在美国如此迅速地发展，同军事工业部门的广泛应用和积极推广是分不开的。1952 年美国国防部海军舰船局派调查团到通用电气公司进行考察，结论是价值分析对降低产品成本确实很有成效，并从 1954 年开始采用价值分析技术，建立专门机构，并将价值分析的名称改为价值工程。1955 年和 1956 年，美国空军和陆军也相继开始在物资器材的供应方面采用价值分析，以后应用的范围又扩大到武器制造和军工技术方面。

美国国防部为了进一步推广价值工程，于 1959 年在军事装备采购规划中规定，在供货合同中增加价值工程的条款。同年，在海军舰船局的订货合同中规定，承接军工产品生产的企业必须采用价值工程，承包企业应用价值工程使造价降低可以提取节约费用的 20%～30%。实行这一措施的当年就节约了 3500 万美元。20 世纪 60 年代，越南战争升级，军事装备费用激增，财政压力增大，为降低军备费用，国防部再次掀起应用价值工程的热潮。当时的国防部长麦克纳马拉和总统约翰逊亲自出面宣传应用价值工程。

价值工程能在美国迅速发展的另一个原因是社会各界对价值工程的重视和大力推广。20 世纪 50 年代美国国防部大张旗鼓推广应用价值工程后，引起美国政府和社会各界人士重视。从 1964 年起，美国联邦政府各部门相继采用价值工程，联邦政府负责的工程项目每年可节约数亿美元的投资。1965 年美国联邦政府内政部垦殖局将所有工程技术人员集中进行价值工程培训，1966 年垦殖局规定所有外包合同都要载明价值工程奖励条款。1972 年，俄亥俄河上的拦河大坝运用价值工程的理论和方法取得显著效果。该坝设计完成后，组织价值工程专家进行价值分析，从坝的功能和费用两个方面进行综合分析研究，提出了新的改进方案。闸门由 17 扇减为 12 扇，加上其他一些改进措施，共节约资金 1930 万美元，而请专家只花了 12.9 万元。1971～1972 年，美国卫生部、教育部、福利部都相继应用价值工程。1977 年，美国参议院以第 172 号决议案的形式，号召各部门推广应用价值工程。1979 年，当时美国总统卡特致电美国价值工程师协会年会，认为价值工程是降低成本、提高经济效益的有效方法。此外，美国社会各界人士对价值工程十分重视。美国采购工作者协会积极宣传和鼓励企业应用价值工程，美国电子工业协会也大力号召电子工业企业应用价值工程。

价值工程不仅在美国得到广泛的应用，而且在世界许多国家也得到积极推广。1955 年，价值分析被介绍到日本。日本生产性本部派了一个成本控制考察团去美国，经过约一个月的考察，认为价值分析是降低成本的有效方法，是非常必要的。但是，当时的工业界只重视扩大产量，不大重视降低成本，大多数企业对于如何积极地研究、引入和开展价值分析都不重视。到 1960 年，由于日本生产发展，经济增长，市场竞争开始激烈化，改善企业素质和降低成本的必要性受到了重视。同年 10 月在日本物资管理协会主办的采购工程研究班上，通过美国顾问哈因里奇的介绍，日本有更多企业采用价值分析方法，尤其是物资采购部门，在节省物资费用方面取得了很大成果。

1961 年，日本产业能率短期大学主办的价值工程学习班，培养了一批价值分析的专家，提高了价值分析的效果，使企业的领导人和管理人员认识到价值分析的真正意义。

1965 年，成立了日本价值工程师协会（SJVE），一方面作为美国价值工程师协会（SAVE）在日本的支部而发挥作用，同时致力于价值分析的普及工作。

在日本的企业中，价值分析从开始到它的最终目标，一般分为四个阶段。这四个阶段是随着时代的需要而变化的。

（1）第一阶段，降低材料费用。以前的成本分析以降低成本为主要目的，一般把构成成本主要部分的材料费的责任推给物资部门和采购部门，降低这些费用的工作也由物资部门来承担。为了补充原来部门的采购技术，采用了价值分析的方法。通过使用收集情报的方法或开发创造能力的头脑风暴法，提出改变形状、尺寸和材质的设想，产生设计修改方案。但是，这需要取得设计部门的认可，因而经常遇到很大的障碍。

（2）第二阶段，现有产品的改进。从第一阶段的经验可以看出，要从根本上降低成本，必须通过改变设计、改变材料、改变加工方法，即对现有产品重新进行设计，全面改革产品。为此，把设计、物资、生产及其他各部门的专家们编成一个小组，进行有组织的价值分析活动。这个阶段的一个很重要的问题就是要得到企业的最高领导的支持。

（3）第三阶段，新产品的价值分析。改进现有产品，在改进中要额外花一笔改进费用，所以希望在新产品的开发阶段就采用价值工程，这是因为人们已认识到成本主要是在设计阶段决定的。

（4）第四阶段，系统的价值分析。一般说来，某种特定的产品需要与其他产品相结合，构成一个包括软件在内的系统。如果对一种产品进行价值分析，也许是有效果的，但把这种产品作为一个系统的组成部分，从整个系统来看，则不一定有效果。所以要对整个系统的产品进行价值分析。不仅要把价值分析用于产品，而且还要扩大到系统的组成部分，包括设备、程序、工艺、软件、组织体制等。

据1975年日本对四个行业的100家公司的抽样调查，价值工程的平均实施率达90%。日本松下电器公司的技术和管理人员能独立应用价值工程的达到80%。现在日本应用价值工程的范围和成绩，均已超过美国而居世界首位。

20世纪60年代开始，欧洲各国相继引进价值工程管理技术。1960年，原联邦德国开始应用价值工程。1967年成立了德国工程师协会价值分析联合会。原联邦德国自行车厂有11000名职工，设有价值分析专家5名，每年对20个项目进行价值分析，平均每个项目节约60～80万马克。原联邦德国开展价值工程活动的特点是比较重视标准化工作，1970年制定价值工程的部门标准，1973年正式将价值工程的活动程序纳入国家标准(DIN 69910)。通过价值分析可将成本降低20%～30%。原民主德国也在20世纪70年代开始应用价值工程。

法国等西欧国家应用价值工程也取得了很大的成绩。法国在推广应用价值工程方面，注意运用国家标准手段。他们制定了价值分析名词术语、功能技术规定导则、价值分析基本特点、运用价值分析的建议等标准。

前苏联和一些东欧国家在20世纪70年代开始推广应用价值工程。1982年，前苏联部长会议国家科学技术委员会颁布实行《价值、功能、成本分析方法条例》，其应用范围除工业产品外，还用于计划、财政、定额以及价格管理等方面。

除上述国家外，在巴西、澳大利亚、土耳其、墨西哥、印度、菲律宾、沙特阿拉伯、南非等国家，价值工程的应用也比较广泛。

价值工程在建筑业中的应用始于20世纪60年代，最初是在施工阶段进行。美国的建筑工程承包合同中增加了鼓励承包商开展价值工程活动的条款，如果承包商开展价值工程研究活动，提出了好的建议和方案，使项目的造价因此而降低，其节约的部分将由业主和承包商分享。1970年前后，价值工程开始应用于设计阶段，其产生的效益大大高于施工阶段开展价值工程活动的效益，不仅降低了工程建造成本，而且使项目的运行费用也大大降低。进入20世纪80年代，价值工程在建设项目中的应用得到不断发展，这将在后面的内容中详细介绍。

三、价值工程在我国的应用与发展

我国于1978年前后才开始应用价值工程。首先在长春第一汽车制造厂、北京第一机床厂、上海机床厂等企业中应用，并取得可喜的成果，然后逐步在辽宁、上海、北京等省市普遍展开。价值工程应用的行业也不断扩大，从最早应用的机械行业扩大到仪表、电子、电器、电机、纺织、轻工、冶金、化工、造船、建筑、运输等行业。

1981年8月，我国第一机械工业部向全国机械行业颁发《关于积极推行价值工程的通知》，这是我国政府机关第一次用行政命令推广应用价值工程。1982年开始创办全国性专业刊物《价值工程》。1983年国家经委把价值工程列为18种现代管理方法之一，号召在全国范围内推广应用。第一届全国价值工程学术会议于1984年3月在重庆召开，对于推动全国价值工程管理技术的应用与发展起到了积极作用。1986年2～4月，上海举办的价值工程电视讲座取得了极大的成效，学员6万多名，遍及全市40多个局，170多个公司，2500多个工厂，这对于价值工程的普及推广起着重要作用。1987年，上海市价值工程协会的成立、1988年中国企业管理协会价值工程研究会、全国高校价值工程研究会等的成立，标志着全国价值工程的理论研究与实际应用将得到进一步深入发展。

1987 年我国颁布了价值工程基本术语和一般工作程序的国家标准，在价值工程标准化方面向前迈进了一大步。1992 年由中央电视台向全国播映的价值工程电视讲座起到了在全国范围内推广应用价值工程的积极作用。

目前，价值工程的应用范围早已跨出了产品生产领域，进入交通运输、邮电通信、旅游、医疗卫生、环境保护以及农业、商业、外贸、金融、保险、税收、服务行业、机关事务等部门，可以说，国民经济各个部门都不同程度地应用了价值工程技术。

但是，仍然必须看到，价值工程在我国各行业和各地区的应用和发展都很不平衡。有人曾对《价值工程》杂志上公开发表的价值工程成果项目进行过统计分析，结果表明，我国价值工程应用的成果主要集中在工业领域，而工业领域中价值工程的应用又主要集中在普通机械制造业和专用设备制造业。表 1-1 是对《价值工程》杂志 1991～1995 年发表价值工程应用成果的统计分析结果，其中建筑业的应用比重仅为 4%。

价值工程应用成果的行业结构 **表 1-1**

行业	农业	工业	地质业	建筑业	邮电通信交通运输	商业、饮食服务业	房地产公共事业	卫生体育等	广播电视教育文艺	科学及技术服务	金融保险业	其他行业	合计
成果项数	11	262	1	13	9	2	2	0	11	4	7	3	325
比重（%）	3.4	80.6	0.3	4.0	2.8	0.6	0.6	0	3.4	1.2	2.2	0.9	100

四、价值工程的经济效益

国内外的实践经验表明，推广应用价值工程的经济效益是十分显著的。

据国内外资料报道，美国投资 1 美元开展价值工程活动，一般可收益 12～20 美元，能降低成本 30%左右。美国通用电气公司自 1947 年首创价值工程到 1964 年的 17 年间，共投资 80 万美元用于价值工程活动，收益达 2 亿美元。1970～1978 年，该公司又获益 10 亿美元。美国休斯飞机公司在 1960～1970 年间，在 387 项工程中应用价值工程，收益 1.53 亿美元。1978 年该公司 4000 人参加价值工程活动，有 3714 项建议，年节约额超过 1.18 亿美元。1963 年美国国防部推行价值工程，仅年度财政费用就节约 7200 万美元。在以后的第一个十年里，陆军工程局估计节约近 2 亿美元。1964 年美国各军种和联邦政府各部门开展价值工程活动，一年节约约 2.5 亿美元。从 1964～1972 年的 8 年间，美国陆军工程兵团推行价值工程，节省经费 10 亿美元以上。

据日本资料报道，在推行价值工程活动中，工人提出改善方案，一般能降低成本 5%，经训练的技术人员提出改善方案，可降低成本 10%～20%，而有组织地开展价值工程活动，则可降低成本 30%。日本日立公司在开展价值工程活动的 10 年中，共收益 280 亿日元，1979 年，该公司开展价值工程活动节约目标为 600 亿日元。日本三菱电机公司 1978 年开展价值工程活动降低成本 10%。日本电气公司推行价值工程，每半年提出 300 项建议，获专利 120 件，总价值为 50 亿日元。

据报道，前联邦德国在产品更新中，开展价值工程活动可降低成本 20%～25%，而在新产品设计、制造中，开展价值工程活动则可降低成本 40%左右。前民主德国推行价值工程仅 1975 年就节约 8.5～9.0 亿马克。

我国自1978年引进价值工程以来，取得显著的经济效益。据不完全统计，自1979年开始的十几年中，全国应用价值工程取得的直接经济效益在30亿元以上，其中，上海达5亿元以上。其他如辽宁、河北、四川、山东、江苏、浙江、北京等省市都获得亿元以上的经济效益。普遍认为，我国推广价值工程可降低成本10%～30%。许多企业运用价值工程技术后取得很好的收益。例如，上海电视机一厂，金星牌彩电应用价值工程后，1984年创利703万元，1985年创利808万元，1986年创利259万元；上海汽车电器厂对PQ系列点火圈的5个品种进行价值工程后，一年就节约金额达140万元。

由此可见，价值工程这门现代管理技术确实是有成效的，它的普及推广对我国国民经济的发展起着重要的作用。

五、建设项目中开展价值工程的经济效果

美国最早在建设项目中开展价值工程活动的专家是戴尔·伊索拉（Dell' Isola），他曾对开展价值工程活动的500个建设项目进行过统计分析，结果表明，其建设成本降低了5%～35%，而运行费用的降低额度，则随开展价值工程活动的投入和重点的不同而有不同的结果。有的项目，因为建设成本预算超过了投资计划，所以通过开展价值工程活动，注重对建设成本的控制。而有的项目，因为业主只负责建设，不负责经营，所以不必要关心运行成本，因而在价值工程活动中对降低运行成本的要求不太强烈，暂时不考虑或者放松了对运行成本的考虑。价值工程活动对降低运行成本的幅度是与业主的重视程度和价值工程活动的投入有关的。统计情况表明，价值工程活动可降低运行成本5%～20%。

表1-2为戴尔·伊索拉调查的一些典型的价值工程应用活动的效果。

国外开展价值工程活动的经验表明，即使按照保守估计，开展价值工程活动也可以降低建设成本的5%～10%，每年的运行成本也可以降低5%～10%，而开展价值工程活动的投入成本则很小，仅为总造价的0.1%～0.3%。

由于建设项目总投资一般都比较大，开展价值工程活动所产生的经济效益也是十分巨大的，少则几十万，多则几百万，甚至上千万元。所以在建设项目中推广价值工程活动的前景十分广阔。

价值工程的典型应用和效果（单位：百万美元）　　**表1-2**

机　　构	年平均投资额	统计时间	价值工程年均成本	年均节约总额	节约百分比
环境保护局	1100	1981～1996	3～5	30	2～3
联邦公路局	10～20000	1981～1996	差别很大	150～200	1.5
陆军工兵部队	3400	1965～1996	3	200	5～7
华盛顿州海军设施管理局	2400	1964～1996	2.5	100	3～5
退伍军人事务局	200	1988～1996	0.5	10	3～5
华盛顿州教育设施管理局	200	1984～1996	4	5～10	3～5
纽约市预算管理办公室	2000 1700	1984～1987 1988～1996	1～1.5	80 200～400	3～5 10～20
设计与施工技术联合会	300	1981～1985	0.5	36	12
沙特阿拉伯 CDMW-MODA	2000	1986～1996	3	150	5～10

第二节　价值工程的定义

价值工程是一种技术与经济紧密结合而又十分注重经济效益的现代管理技术。它是以提高研究对象（包括产品、工艺、工程、服务或它们的组成部分）的价值为目的，以功能系统分析为核心，以创造性思维、开发集体智力资源为基础，以最低的全寿命周期费用来实现研究对象的必要功能的一种科学方法。

对于价值工程的定义，有各种不同的表述。价值工程的创始人迈尔斯为价值工程下的定义是"价值分析是用整套专门技术，广泛知识和熟练技巧来实现的一种解决问题系统，又是一种以有效识别不必要成本（既不提供质量，也不提供用途、寿命、外观或顾客要求特性的成本）为目的的有组织的创造性方法。"

日本价值工程研究专家玉井正寿对价值工程的定义如下：价值分析是以最低的寿命周期费用，可靠地实现必要的功能，着重于产品或作业的功能分析的有组织的活动。

创立于1958年的"美国价值工程师协会（SAVE）"对价值工程的定义是："价值工程是一种系统化的应用技术，通过对产品或服务的功能分析，建立功能的货币价值模型，以最低的总费用可靠地实现必要的功能。"

我国的国家标准GB 8223—87中对价值工程的定义是："价值工程是通过各相关领域的协作，对所研究对象的功能与费用进行系统分析，不断创新，旨在提高所研究对象价值的思想方法和管理技术。"

以上对价值工程的定义，尽管表述不同，但其精髓是一致的，其基本含义包括：

(1) 价值工程的核心是对研究对象进行功能分析，通过功能分析，找出并剔除不合理的功能要求和过剩的功能，从而降低成本，提高效益。定义中的"必要的功能，"一方面是指"必不可少的功能，一定要实现"，另一方面也意味着"过高的、超出了必要水平的功能是不需要的"。

(2) 价值工程的目的是为了提高研究对象的价值，价值与功能和成本有关，不同的研究对象，其价值的体现不同，提高价值的方法也不同。不论功能是否得到提高或降低，也不论成本是否上升和降低，只要价值能够提高，就是价值工程活动的最终目的。比如，我们可以在保持功能不变的条件下降低成本从而提高价值，也可以在保持成本不变的情况下努力改善功能，提高质量，从而提高价值。

(3) 对价值工程研究对象的成本分析要进行全寿命成本分析（Life-cycle cost，简称LCC），包括一次性生产成本和经常性的使用成本，要注重降低全寿命周期成本，而不应仅仅考虑生产成本。

(4) 价值工程是一种系统的、有组织的研究方法，其系统性、组织性体现在价值工程研究活动需要由一个组织来实施，依靠集体智力资源；而且价值工程研究活动要按照一定的程序和步骤进行。一方面，有组织的集体活动有利于创造更多、更有效的方案；另一方面，多专业人员参加，能够从多专业角度，多视角地观察和分析问题。

以下对定义中的几个重要名词加以说明。

一、寿命周期费用（Life Cycle Cost）

社会或消费者产生了某种需要，企业为了满足这种需要，着手开发、设计和制造产品或提供劳务，并交到消费者手中，消费者使用后满足了自己的需要，我们把上述整个周期称为产品或劳务的寿命周期。

以一般工业产品来说，当社会产生了某种需要时，企业经过市场调查知道了这种情况。然后，企业就研究能否满足这种需要，也就是研究在技术上和经济上有没有实现的可能性，如果认为有实现的可能性，就进行这种产品的开发和设计。研制成功后就移交生产，制出产品。其后就通过销售活动，把产品送出去，有时还需要进行安装和试车，试车合格后才到达用户手里，收取其余货款。最后就是用户使用这种产品，满足预期的需要。这样，从要求或需要的产生到得到满足这整个时期称为寿命周期。

建筑产品作为一种特殊的商品，其全寿命周期包括决策阶段、实施阶段（设计准备、设计、招标采购、施工、使用准备等）、使用阶段直到报废拆除。具体而言，其寿命周期是指从规划、勘察、设计、施工建设、使用、维修，直到报废为止的整个时期。建筑产品的寿命包括两种，一是自然寿命，二是经济寿命。所谓自然寿命一般是指建筑产品的有效使用期，即交付使用后到其功能再也不能修复使用为止的这段时间。所谓经济寿命则是指在建筑产品的有效使用期内，由于科学技术进步、经济发展和人口发展等因素影响，导致建筑产品停止使用，若再使用下去在经济上不合算，因此必须提前废弃不用。

用户为了获得产品，需要付出相当于产品价格的金额，用户为了占有和使用产品，也要付出费用。如果把为了取得产品而支付的费用称为生产费用，把为了占有和使用产品而付出的费用称为使用费用，那么寿命周期费用就是生产费用和使用费用之和。设生产费用为 C_1，使用费用为 C_2，寿命周期费用为 C，则可得到下面的公式：

$$C=C_1+C_2$$

如果用图形表示，则得出图 1-1 和图 1-2。从产品费用和功能的关系图（图 1-2）上可看出，要提高产品性能，生产费用就要提高，但提高了性能，使用费用则会降低。一般的产品性能是在图 1-2 的 OP 范围内，P 点是寿命周期费用的最低点。

价值分析的目的是使寿命周期费用最低，它的最终目的，如用图来表示，就是要把现状费用 C' 降低到 C_{min}，同时把性能从 P' 提高到 P。为做到这一点，只进行一次价值分析活动是难以办到的，要连续多次作价值分析。由于科学技术不断进步，产品性能还可以不断提高。

建筑产品在整个寿命周期过程中所发生的全部费用，称为建筑产品的寿命周期费用。对一个新建的工程，它包括建设费用和使用费用两部分。建设费用是指建筑产品从筹建直到竣工验收为止的全部费用，

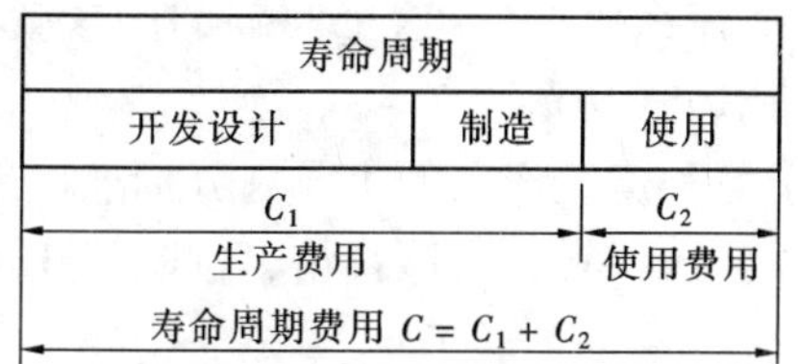

图 1-1　寿命周期费用

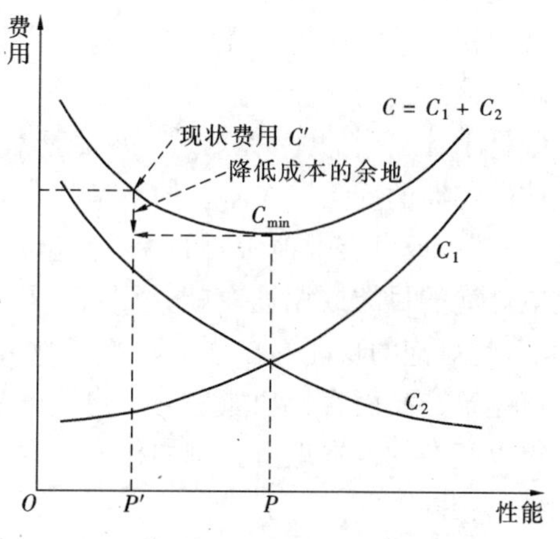

图 1-2　寿命周期费用与功能水平的关系

包括土地成本、基地开拓费、勘察设计费、建筑工程费、设备费、建设单位管理费等等。建筑产品的使用费用是指用户在使用过程中所发生的各种费用，包括维修费用、能源消耗费用、管理费用等。对于用户来说，建筑产品寿命周期费用 C 是建设费用 C_1 和使用费用 C_2 之和，即 $C=C_1+C_2$。

建筑产品的寿命周期费用也与其功能有关。随着功能水平的提高，使用费用降低，但是建设费用增高；反之，使用费用增高，建设费用降低。这种关系与我们的经验完全吻合。一座精心设计施工的住宅，其质量得到保证，使用过程发生维修费用就一定比较低；相反，粗心设计并且施工中偷工减料，建造的住宅的质量也一定低劣，使用过程中的维修费用就一定比较高。建设费用、使用费用与功能水平的变化规律决定了建筑产品的寿命周期费用也呈图 1-2 所示的马鞍形变化，决定了寿命周期费用存在最低值。建设费用 C_1 的曲线和使用费用 C_2 的曲线的交点所对应的寿命周期费用才是最低的。最低寿命周期费用 C_{min} 所对应的功能水平 P 是从费用方面考虑的最为适宜的功能水平。

掌握寿命周期费用和功能水平之间的关系，对于努力实现最低的寿命周期费用具有很大意义。一般来说，寿命周期费用中的建设费用是可以直接控制的，而使用费用却难以直接控制。使用费用发生在使用过程中，要受很多因素影响，但关键因素是建筑产品的功能水平。根据使用费用和功能水平的关联性，我们可以通过控制建筑产品的功能水平来间接地控制建筑产品的使用费用，从而达到建筑产品寿命周期费用最低的目的。

对建设项目开展价值工程研究活动，其目的就是使建设项目的寿命周期费用最低，并使其功能达到必要的水平，通过一系列的价值工程活动，找到或逼近图 1-2 的极点 C_{min}。

二、功能要求

所谓功能（Function），可解释为功用、任务、工作、作用、目的、职务等。美国国防部的价值工程手册把功能定义为具有某种意图的特定目的或用途。A·E·马奇认为企业的功能就是把输入变为输出，即生产出产品并把它卖出去的特性。根据迈尔斯的意见，对于“这是干什么用的?”或“这是干什么所必需的?”这类问题的答案就是功能。功能是人或物所必须完成的事项；功能是通过设计或计划分配给某种对象的东西；这个对象如果指的是人，功能就是任务、职务、工作、操作；这个对象如果指的是物，功能就是功用、作用、用途。

因此可以理解：功能是指价值工程研究对象所具有的能够满足某种需求的一种属性，亦即某种特定效能、功用或效用。对一个具体的建筑产品来说，“它是干什么用的?”问题答案就是该产品的功能。例如，“住宅是干什么用的?”答案是“提供居住空间”，“建筑物的基础是干什么用的?”答案是“承受荷载”，这些问题的答案描述的就是它们的功能。

按迈尔斯的说法，人需要的不是物，而是功能。比如，顾客来到商店里说：“请给一个电灯泡”，但事实上他所要的并不是电灯泡这个物品，而是“发光”这个功能。“发光”就是电灯泡的目的或用途，就是回答“电灯泡是干什么用的?”这个问题的。这就是说，“发光”是灯泡的功能。在这里，顾客的功能要求就是“发光”。

就建筑产品而言，功能是某一建筑产品区别于另一建筑产品的主要划分标准，是建筑产品得以存在的根本理由。例如住宅、教学楼、办公楼、宾馆、体育馆、剧院等建筑物的功能各不相同。

人们需求住宅，实质是需求住宅的“提供居住空间”的功能；人们需求教室，实质是需求教室的“提供教学场所”的功能。从这个意义上说，建筑企业所生产的实际上是功能，用户所购买的实际上也是功能。由此可见，用户的功能要求是企业生产的契机，功能是企业和用户联系的纽带，是他们共同关心的东西。

对于价值分析定义中的“必要功能”，必须要有正确的理解。同必要功能相反的是不必要功能。区别必要功能与不必要功能是非常重要的，但是一般来说，要把这两种功能区别开来是困难的。

如果有人问：“这个必要吗?”你根据什么理由说是必要的呢？这样一来，本来是必要的，往往出乎意料地变成不必要的了。即使在价值分析中认为是必要的功能，但经过认真分析研究，发现它是不必要的功能。这种情况也是有的。一般认为是必要的功能，可能有30％是不必要的功能。

费用本来是为了实现功能而支付的。为了实现30％的不必要功能，就要花一笔额外的费用。如果消除了这些不必要的功能，费用自然就可以减少30％。

价值分析之所以被称为降低成本的新方法，因为它能明确并消除不必要的功能。这不是凭空想出来的节省材料费、劳务费和管理费的方法，而是以研究提高功能的必要性和排除不必要功能为目的的科学方法。

除功能不同而形成产品种类差异以外，即使功能相同的不同产品，由于其技术性能等方面的不同，其功能实现的程度也是有差别的。我们把功能的实现程度称作产品的功能水平，并用有关的技术经济指标和综合特性指标来测定功能水平的高低。例如住宅建筑常用的空间布局、平面指标（包括平均每套建筑面积、使用面积系数、平均每套面宽）、厨卫（厨房布置、卫生间布置）、物理性能（采光、通风、保温隔热、隔声）、安全性、建筑艺术等指标来测定功能水平的高低。一般而言，功能水平有差别的建筑产品，其满足用户的程度也有差异。显而易见，同样具有“提供居住空间”功能的住宅和宾馆，用户得到的满足程度决不会相同。

但是，并不是功能水平越高就越符合用户的要求，价值工程强调产品的功能水平必须符合用户的要求。这里的用户要求，其含义有三：

（1）功能本身必须适合用户的某种用途；

（2）功能必须适合用户的使用条件和环境；

（3）功能必须适合用户的支付能力。

第一点一般都容易做到，但第二点和第三点往往容易被忽视。例如，某地区使用液化气作为燃料，但建设住宅却在其中设置煤气管道；住宅建在低洼的地区，电视信号受到严重的干扰，但却未设置共用天线；上海地区建设多层住宅，为了保温而把外墙设计成一砖半厚。显然这样的建筑产品是不符合用户要求的，因为它未考虑用户的具体使用环境和条件。同时功能还必须适合用户的支付能力。从人们的主观愿望上讲，功能水平越高越好，但是较高的功能水平一般意味着较高的支付费用。所以功能水平要受到用户经济上支付能力的制约。用户购买的功能只能在自己支付能力之内。在一定的生产技术条件之下，建筑企业生产的产品功能必须符合用户的要求，达到恰当的功能水平。

在实际建筑产品中，存在着大量的高于或低于用户要求的恰当功能水平的情形，表现为功能过剩或功能不足。过分强调技术上的可靠性、先进性，会在建筑产品中产生功能过剩。例如，采用砖石等刚性材料做建筑物基础，若把基础砌筑成矩形则会产生功能过剩，因为刚性基础压力传递是在刚性角之内，只要根据刚性角值把基础砌筑成大放脚形式即可。还有把梁的断面尺寸做得过大，采用过大尺寸钢材或提高配筋率等。相反忽视结构安全和建筑物的耐久性等，或过分强调缩短工期、降低造价，会在建筑产品中造成功能不足。例如，在潮湿的地基中砌筑基础采用石灰砂浆就会造成功能不足。由于石灰属于气硬性胶结材料，在潮湿环境中难以达到规定强度，势必影响建筑物的结构安全。还有基础等构件所采用的材料的耐久性低于整个建筑物的耐久性，也就造成功能不足，等等。无论是功能过剩还是功能不足，都是与用户的要求相悖的，功能过剩使功能成本增加，给用户造成不合理的负担。功能不足则会影响建筑产品正常安全使用，最终也将给用户造成不合理的负担。我们的目标是努力实现用户要求的功能，尽量消除功能过剩和功能不足。

三、价值

价值工程中的价值（Value）概念不同于政治经济学中的价值概念。在政治经济学中，价值是指凝结在商品中的一般的无差别的人类劳动，它是商品的一般属性。价值的大小是由凝结在商品中的社会必要劳动量决定的，它是与劳动生产率成反比变化的绝对量值。

价值工程中的价值是研究对象的功能与费用（即成本）的比值。即：

价值＝功能/费用；

或记为

$$V=F/C \tag{1-1}$$

式中 V——价值；

F——功能；

C——费用。

价值的大小取决于功能和费用，正如恩格斯在《政治经济学批判大纲》中所说：“价值是生产费用对效用的关系。价值首先是用来解决某种物品是否应该生产的问题，即这种物品的效用是否能抵偿生产费用的问题。只有在这个问题解决之后才谈得上运用价值来进行交换的问题。如果两种物品的费用相等，那么效用就是确定它们的比较价值的决定性因素。”恩格斯所说的生产费用和效用可理解为价值工程中的费用和功能。因此价值工程中的价值与我们日常生活中“合算不合算”、“值不值得”的考虑比较一致。它主要是反映了功能和费用的匹配关系，是衡量研究对象经济效益高低的尺度。

在式（1-1）中，费用 C 的衡量方法已经确定，把它扩大到全寿命周期，可以用 $C=C_1+C_2$ 来表示。

那么功能 F 怎样衡量呢？迈尔斯认为是可以衡量的，这就是用金额来衡量功能 F。迈尔斯认为，人是根据功能的必要程度（需要程度）来相应付钱的。我们一般把功能的必要程度以金额来表示，说它值多少钱。这就是说金额是衡量功能的尺度。例如，对于“发光”的功能，根据它的必要程度，判断出它值 100 元。如果为了得到这种功能而要付出 200 元费用的话，就可以断定它的价值是低的。

$V=F/C=$发光/费用

＝（只值）100 元/（要支出）200 元＝0.5

这样用金额来衡量功能，在价值分析中称为功能评价。于是，价值 V 就成为能够衡量的了，并称为价值系数。

上例中发光这个功能，价值系数只有 0.5，实在是低，这就成了提高价值的对象。为了使价值系数达到 1，让顾客满意，必须把费用从 200 元减到 100 元才行，如果顾客花了

200 元，但得到的功能不值 200 元，他是不满意的。

四、有组织的活动

在价值分析的定义中提到了“着重于产品或作业的功能分析的有组织的活动”。有组织的活动，就是指价值分析由谁来做，什么时候做和怎样做。

价值分析由谁来做？原则上不是由个人去做。个人不是不能做，但由于个人的知识有限，所以需要由各方面的专家组成的小组来做。这就是小组设计或集体设计。

把各方面的专家集中起来组成小组，并不是意味着组成委员会。委员会源于议会，其目的是调停利害的对立。委员会由各方面利益的代表者在利害对立状态下进行工作，有时甚至颠倒黑白。因此，不一定能得到解决问题的圆满对策。

价值分析需要超脱各部门之间的利害关系，发挥各部门专门技术的作用，组成任务强制小组（也称为经营的机动战略部队）或设计小组，进行集体设计。

现以图 1-3 为例来说明集体设计的工作情况。根据市场调查的结果，得知顾客有 F 功能的要求。这里假定有 A、B、C 三个公司为开发具有 F 功能的产品而进行竞争。为了实现 F 功能，假定有三种设计构思，而这三种设计构思各有三种材料可用，每种材料又各有三种加工方法。这样，实现 F 功能的方法共有 27 种。

对于任何一种功能，一位专门的设计师可能提出三种以上的设计构思。同样，一位材料专家或工艺专家也都可能提出三种以上材料或加工方法。把设计、材料、工艺各方面的专家所提出的实现 F 功能的方法集中起来，至少可以考虑出 27 种方案，如图 1-3 所示。

在开发具有 F 功能的产品时，一般情况是这样：例如，A 公司以 a 先生是设计 F 功能的老手为理由，就把开发设计的命令下达给 a 先生一个人，他设计出了方案 A。这就是图中的 NO. 1 设计方案。a 先生知道有三个设计构思，从中选择了设计构思（1），材料选择了（11），对加工方法也未经很好考虑就根据想象选定了，结果形成了设计方案 A。

同样，B 公司也给老手 b 先生下达了开发命令，其结果制成了设计方案 B。假定说，A、B 两公司的产品出现在市场之后，B 公司的产品比 A 公司的产品更便宜更好。A 公司有些紧张，要求 a 先生重新修改设计，于是 a 先生把材料由（11）变为（12），提出了 NO. 4 的设计方案 A'，结果能够跟 B 公司进行抗衡了。

C 公司的做法同 A、B 两公司不同，它把设计、材料、工艺、采购、成本等各方面的专家编成小组，承担开发任务。C 公司的这个专家小组考虑出 27 种方案，对这 27 种方案经过性能和成本的研究，认为 NO. 11 的设计方案即设计方案 C 最为合适。这样制成的产品一旦投入市场，A、B 两公司在市场上就很明显要失败。C 公司的这种做法就是依靠任务强制小组或设计小组的集体设计。

从上例可以看出，A、B 两公司是靠个人进行决策，而 C 公司是由各方面的专家进行集体决策。就是说，C 公司把同产品寿命周期有关的各方面的专家的专门知识集中起来，形成了整个公司的力量。与此相反，A、B 两公司的设计是个人力量的产物。在需要进行重大决策的时候，如果没有能够把全公司的专业力量集中起来的体制，就不可能取得 C 公司那样的成果。这样的体制就叫做有组织的活动。

同样，在建设项目中进行价值工程活动，应该有业主方、设计方、施工方以及物业管理等单位的代表参加，组成一个研究小组，依靠集体的力量解决工程中的问题，可能会取

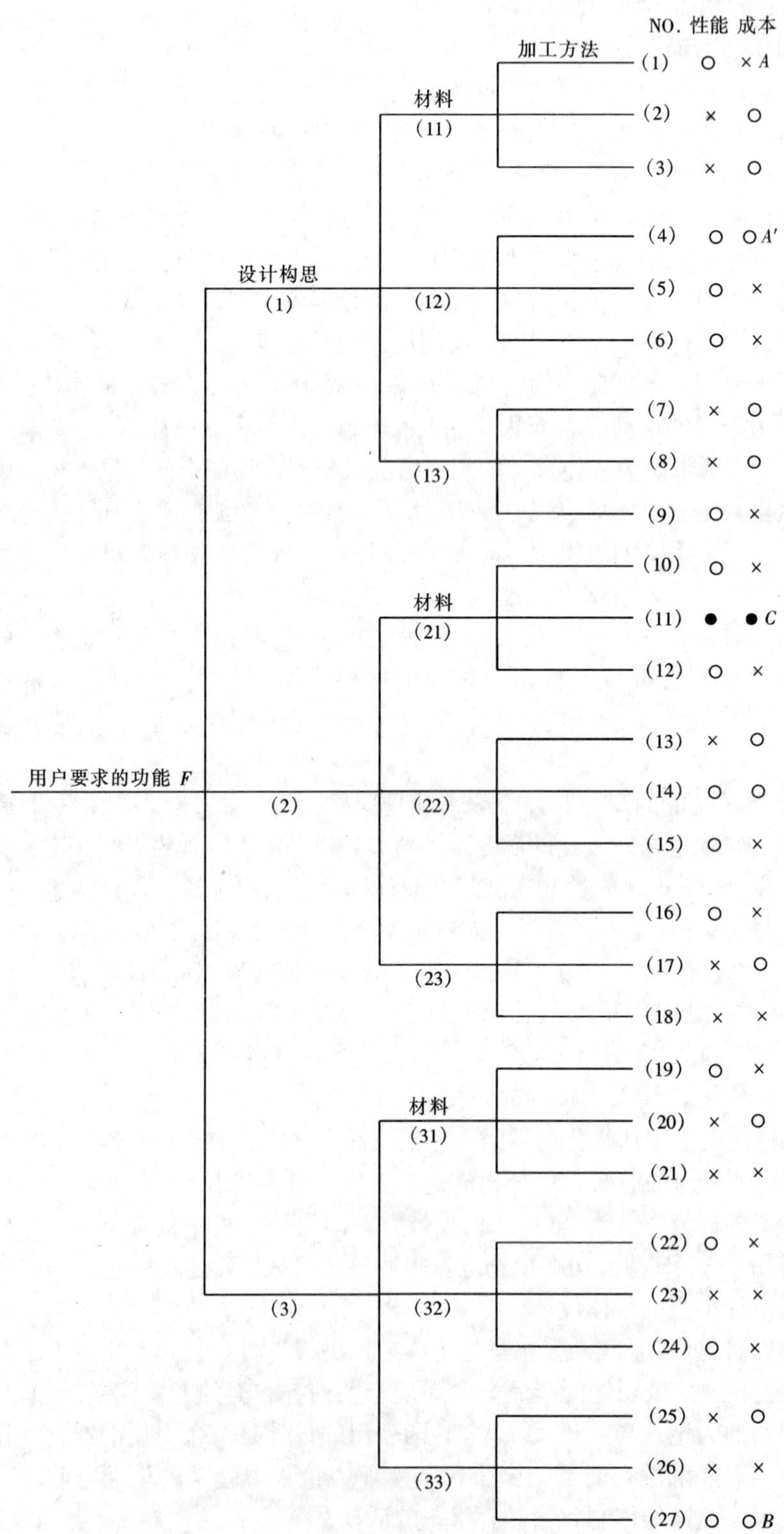
NO. 性能 成本
加工方法
材料
(11)
(1) ○ ×A
(2) × ○
(3) × ○
(4) ○ ○A′
设计构思
(1)
(12)
(5) ○ ×
(6) ○ ×
(7) × ○
(13)
(8) × ○
(9) ○ ×
(10) ○ ×
材料
(21)
(11) ● ●C
(12) ○ ×
(13) × ○
用户要求的功能 F
(2)
(22)
(14) ○ ○
(15) ○ ×
(16) ○ ×
(23)
(17) × ○
(18) × ×
(19) ○ ×
材料
(31)
(20) × ○
(21) × ×
(22) ○ ×
(3)
(32)
(23) × ×
(24) ○ ×
(25) × ○
(33)
(26) × ×
(27) ○ ○B

图 1-3 集体设计

得更好的效果，如图 1-4 所示。而单单依靠某一方的力量或某一个人的力量可能很难解决面临的问题。当然，要根据项目的性能、价值工程研究的对象和开展价值工程研究活动的时间等因素确定参加价值工程活动的具体人员。

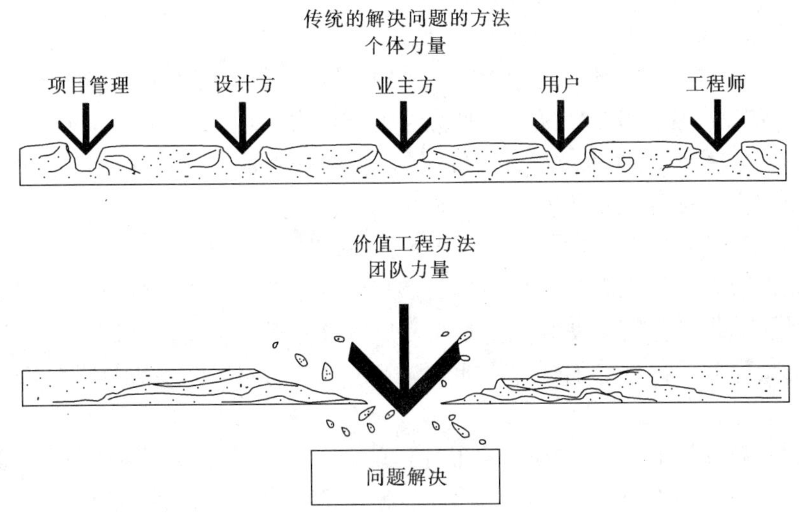

图 1-4　传统的解决问题方法与价值工程方法的比较

五、不必要成本

根据迈尔斯的解释，不必要成本（Unnecessary Cost）就是那些既不提高质量，也不提供用途、寿命、外观或顾客要求的特征的成本。在实际工程中，如何区分哪些成本是不必要成本，哪些成本是必要成本，哪些是提供质量、用途、寿命、外观或顾客要求特征的成本，哪些不是，操作上有一定的难度。

经过分析，有人提出从不同方案的比较中寻找不必要成本。这种观点认为，一个建设项目的设计方案可以有很多个，两个不同方案进行比较时，可以发现某个方案的成本低于另一个方案，如果两个方案都能满足功能要求（包括美观方面的要求），则两个方案之间的成本差异就是不必要成本。所以每当产生一个新的可行方案，并且其成本低于先前的方案，则先前方案中高出新方案的成本就是不必要成本。据此可以认为，识别不必要成本的方法就是进行多方案比较，剔除不必要成本的关键就是方案创新。

造成不必要成本的原因是很多的，可以根据其原因的不同进行分类。

1. 不必要构件的成本

有时候会发现建筑中某个具体的构件是不必要的，也就是说它不提供任何功能，有可能整个构件是不必要的，但更多时候是构件的一部分不必要。最简单的例子是，当用混凝土包裹保护地下管道时，用 300mm 厚就够了，实际却采用 400mm 厚，这增加的 100mm 厚混凝土就是不必要构件，由此引起的成本就是不必要成本。

2. 不必要材料成本

这是与材料使用有关的不必要成本，主要的不是材料的需要与否，而是选用哪种材料的问题。如果一个构件可以采用更经济的材料制作仍然能够保持其功能不变（包括美观方面的吸引力），那么很显然，原方案就存在不必要成本。建筑材料在不断发展，新的材料品种越来越多。如果对新材料缺乏了解，就容易产生不必要成本。对有些材料，由于不知道是否经过测试和试用，因而不愿意采用，这种态度的结果就是采用过时的标准。有必要指出的是，在多个方案中进行选择时，要注意劳动力和能源的影响，这是施工过程中的两个重要因素，对方案的全面评估有重要影响。

3. 可施工性差而引起的不必要费用

如上所述，某一设计方案的建造成本，不仅依赖于所选用的材料，也依赖于劳动力和能源的消耗，所以，考察和评估某一设计方案的施工方法也是相当重要的。

1983 年开始的研究发现，设计方案的可施工性好坏和现场施工是否简便是很重要的，可施工性好可以有效地降低建筑的总体成本。

建筑业研究与信息协会（CIRIA）在 1983 年对可施工性的定义为：

一个建筑的设计方案在满足该完整建筑的总体要求的条件下，使施工方便或便利的程度。如果设计不能做到使施工便利，就意味着资源的利用效率不高，因而就要消耗额外的能源和劳动力资源，但额外的消耗并不能对建筑的功能有贡献，所以这部分额外的费用也是不必要成本。

显然，要求设计方案具有好的可施工性，就要有与施工有关的特殊专家参与设计过程。如果没有承包商的参与，许多设计者是很难识别由可施工性差而引起的不必要费用。据估计，在设计中考虑施工过程，考虑可施工性，节约成本最高可达 14%。

当然，对可施工性差而引起的不必要成本的识别，也要通过不同方案的可施工性的比较才能得到。

4. 不必要的寿命周期成本

建设项目的建造成本只是全寿命周期成本的一部分，要获得项目的真正价值，有必要考虑分析其全寿命周期成本。在价值工程研究活动中，不仅要消除建造成本中的不必要成本，还要注意消除将来运行期间可能发生的不必要成本。

当然，在比较目前成本和将来成本时要考虑资金的时间价值，采用折现值的方法进行比较。

5. 不必要机会成本

不必要成本有时是一种放弃了的收入，而不是真正的开支了的费用。任何两个方案比较时，不仅要比较其相关成本，还要比较其相关的收益。例如，如果某个方案可以在不增加成本的情况下提高可使用的面积，那么如果放弃这个方案，就会导致机会成本的产生，即放弃了的收入。如果增加使用面积需要增加一些成本，那就有必要将增加面积的租金收入（将来值）折算成现值，并与成本进行比较。

如果能去除这部分机会成本（即由于不增加使用面积而导致的收入损失），从理论上看，该建筑的价值就提高了。如果这是一幢用于出租的商业性办公大楼，其基本功能是“提供空间”，那么建筑面积的增加也就意味着该项目的功能水平的提高。因此，从提高价值这一目的来看，相当于又多了一种方法，即除了保持功能不变、降低成本以外，还可以采用适当增加成本或不增加成本，而增加建筑面积的方法。当然，这种提高价值的方法能够实施的前提是业主能够或愿意增加投入。

第三节　价值工程的特点

作为一门独立的学科，价值工程具有一系列区别于其他管理技术的特点，认识这些特点，有助于我们在实践中得心应手地运用价值工程，充分发挥价值工程的优势。

价值工程方法有以下几个方面的特点：

1. 以提高价值为目标

提高研究对象的价值是价值工程活动追求的目标。从实质上说，提高价值就是以最小的资源消耗获取最大的经济效果，提高研究对象的经济效益，进而提高整个社会的经济效益。

与传统的质量管理和成本管理相区别，价值工程摒弃单方面提高质量和单方面降低成本的做法，致力于把提高功能和降低成本有机结合起来，考虑功能和成本的共同作用和影响；致力于研究怎样提高研究对象的价值。因此，价值工程不同于质量管理，也不同于成本控制。通过功能和成本的综合研究，能够有效地提高产品质量，降低产品成本，实现提高价值的目标。

2. 以功能分析为核心

价值工程的核心是功能分析。用户对产品的实质要求是产品的功能。因而围绕着产品的功能进行分析，就能摆脱原产品、原设计、原施工方法和习惯等的束缚，获得最合理的设计和施工方法。通过对原设计和原施工方法进行功能分析，可以消除不必要功能及其相应成本，促使功能与成本合理匹配，以获取较高经济效益。总之，功能分析是贯穿价值工程的核心内容。

3. 以集体智慧为依托

价值工程涉及面广，研究过程复杂。一般而言，需要技术人员、经济管理人员、有经验的工作人员共同研究，发挥集体智慧。由于企业通常采用垂直领导体制，部门间缺乏横向联系，为充分发挥各方面人员的聪明才智，必须以适当组织形式进行价值工程活动。只有依靠集体智慧，才有可能攻克研究过程中的各种难题，达到既定目标。

4. 以创造精神为支柱

价值工程强调“突破、创新、求精”，充分发挥人们的主观能动作用，发挥创造精神。首先对原设计方案进行功能分析，突破原设计方案定下的框框。然后在功能分析的基础上，发挥创造精神，围绕用户要求的功能，创造更新更好的方案。能否创造，创造的程度如何，是关系价值工程成败与效益高低的关键。可以说，创造精神是价值工程的支柱。

5. 以系统观点为指针

从方法论上讲,价值工程活动十分强调用系统的思想和系统的分析方法提高价值。这里有两层含义:其一,是把价值工程的研究对象本身当作一个系统来研究;其二,对开展价值工程活动的全过程用系统工程的思想、原理和方法进行分析研究。迈尔斯说:“价值分析是从一个识别和处理产品、工艺或服务中产生无贡献成本(或努力)因素的完整系统”。

由于把价值工程的研究对象和价值工程活动看成是一个系统工程，而它又涉及企业设计、生产、经营、管理等各个方面，因此，需运用多种学科的理论知识和经验，在价值工程活动的各个步骤中，用系统的思想和系统分析方法来研究分析。价值工程研究对象是一个复杂的功能系统，对于如何实现总体功能，需要仔细有效地用系统分析方法分析各分功能之间的逻辑联系，绘出功能系统图，剔除不必要功能和过剩功能，填补不足功能，从而提高研究对象的价值。

6. 价值工程活动的领域侧重于新产品的开发设计阶段

通常，价值工程研究对象（产品）的成本的70%～80%决定于开发设计阶段，在新产品开发设计阶段开展价值工程活动，就能在新产品投产前确定其合理结构、工艺、材料、外协、生产组织、经营管理等，使研究对象的功能和成本优化，从而提高价值。若只在新产品投产后进行价值分析，大幅度降低成本是比较困难的。图 1-5 说明建筑生产周期的不同阶段对项目经济性的影响程度。从图上可看出，在施工阶段才采取措施降低产品成本的程度是有限的，只有从设计上改进才能突破这个极限。

应当说明，价值工程活动侧重于开发设计阶段，并非忽略其他阶段提高价值的活动。在改进设计、工艺、材料采购与代用等方面综合运用价值工程，效果会更显著。

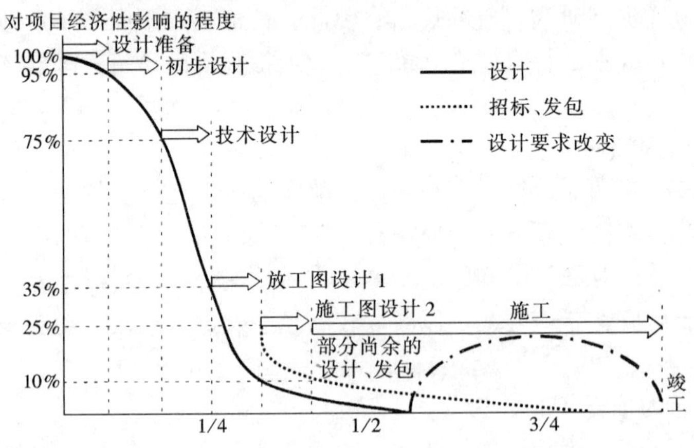

图 1-5　项目不同阶段对经济性的影响程度

第四节　建设项目价值工程的特点和意义

一、建筑产品及其生产的特点

建筑产品的含义很广，种类很多，建筑构件、建筑制品以及完整的建设项目都是建筑产品。因此，完整的建设项目是建筑产品的一种形式。与一般工业产品相比，建筑产品及其生产具有许多特点。

1. 建筑产品具有多样性的特点

工业产品可以按照同一种设计图纸、同一种工艺方法、同一种生产过程进行加工制造。当某一种产品的工艺方法和生产过程确定以后，就可以反复地继续下去，基本上没有很大的变化，产品的品种与其数量相比较，表现为产品的单一。而建筑产品则与此相反，几乎每一个建筑产品都有它独特的建筑形式和独特的结构或构造形式，需要一套单独的设计图纸。

建筑的多样性不仅表现在造型、外部装饰、色彩、构造等方面，还常常表现在内部设施（如采暖、通风、卫生、炊厨设施）和内部装饰方面，后者在一定程度上是由用户的喜好所决定的。另外，建筑的多样性也是不同消费层次的需要。

建筑产品的多样性不仅表现在建筑形式、内部设施、结构方案等方面，还表现在功能方面。如居住建筑、体育场馆、会议展览中心、机场等建设项目的功能各不相同。功能不同又决定了建筑形式和结构方案等的不同。因此，建筑产品的多样性体现在许多方面。

2. 建筑生产的单件性

由于建筑产品具有多样性的特点，从而使建筑生产表现出单件性的特征，这与工业生产常用的大量生产、批量生产、系列生产方式形成鲜明的对照。建筑产品都是在特定的地理环境中建造的，它受到建筑性质、功能技术要求、地形地质、水文气象等自然条件和原料、材料、燃料等资源条件的影响。由于客观条件及建设目的的不同，常常需要对建筑产品进行个别设计，并且因工程异地而分别编制施工组织设计，个别地组织施工。

建筑生产的单件性还表现出设计与施工分离的特点，这也与工业生产明显不同。在工业生产中，设计与制造是统一考虑，密切联系的。因为设计不仅包括产品设计，而且包括生产工艺设计，这两者是相互依存、相互作用的，不能仅孤立地考虑某一方面。有些工业产品甚至是生产工艺设计决定了产品设计。在设计与施工分离的条件下，建筑产品的设计一般较少考虑施工，也就是说仅仅是产品设计，而不进行“生产工艺设计”。如果说有时设计中也在一定程度上考虑了施工的话，那也只不过是考虑了实现产品设计的可能性，而并不具体、详细地规定如何实现它。这一点使建筑产品单件生产的特点显得更为突出。

建筑生产之所以表现出设计与施工分离的特点，很重要的原因在于建筑产品的生产（施工）方法具有多种选择的可能性。对于既定的产品设计，在满足设计要求的前提下，生产（施工）单位可以根据自己的施工经验、技术优势、当时可供使用的施工机械的数量和性能、可投入的施工人员的数量和素质等方面的情况，选择相应的施工方法。由于不同的施工方法有可能导致生产周期、产品成本和价格出现较大的差异，因而在产品设计阶段往往不能或不宜对生产（施工）方法作出具体、详细的规定，而给生产（施工）单位留下选择生产（施工）方法的余地。这就为建筑产品的生产方法与产品设计的最佳组合创造了条件。

3. 与一般工业产品相比较，建筑产品价值巨大

普通的小型建筑产品，价值即达十几万元、几十万元，大型建筑产品的价值则可达几千万元、几亿元，甚至高达几十亿元。这样巨大的价值，意味着建筑产品要占用和消耗巨大的社会资源，消耗大量的物化劳动和活劳动。建筑产品与国民经济、人民的工作和生活息息相关，重要建筑产品可直接影响国计民生。建筑产品可以长期消费，是社会财富的重要组成部分。

因此，对建筑产品的决策要十分慎重，一旦决策失误，不仅产生重大的直接经济损失，还会产生许多间接经济损失，甚至可能陷入“弃之可惜，欲罢不能”的尴尬境地，有些错误决策的影响可能长期不能消除。

4. 建筑生产具有周期长的特点

所谓生产周期，是指从劳动对象开始投入生产过程一直到生产出成品为止的时期。建筑产品生产周期相当长，少则几个月，多则几年，十几年。

建筑产品价值巨大，保证质量显得尤为重要。不合格的建筑产品不但无法完全实现预期的功能，对业主和社会都是重大损失，而且损失往往是无法弥补和挽回的。

建筑产品生产周期长相应地增加了建筑生产的风险性，不仅对生产者有风险，而且对业主也有风险。在建筑产品生产过程中，会受到社会、政治、经济、自然、技术、人为等多方面因素的影响，出现一些难以预见的情况，造成一些意外的损失，使预定的费用、工期、质量目标难以实现。因此，有必要采取一些相应的措施，力求减少和避免可能出现的风险。在建筑产品生产过程中可能产生的技术、经济、法律等方面的问题远比工业生产多得多。

5. 建筑产品的使用寿命长

建筑产品与一般工业产品相比较，其生产周期长，使用寿命更长。这是建筑产品的重要特点。目前，我国房屋建筑的折旧年限一般定为 40～60 年，而设计技术寿命一般为 50～70 年，与一般工业产品相比，其寿命是相当长的。

在有些西方国家中，一些年轻人认为汽车买得起，但养不起，因为一辆旧车并不贵，但保险费、保养费、汽油费、汽油税等经常费负担太大。

房屋也类似，一般使用寿命不低于 50 年，在使用阶段会有许多费用，如能源费、维修费等，在西方社会中，还有清洁费、税、保险费等，这些经常费总和会大于（在西方社会中，维修周期较短，因而远远大于）初次投资。例如联邦德国某办公大楼，假定使用 30 年，其全寿命费用的组成为：造价占 19％，与能源消耗有关的经常费占 8％，其他经常费占 34％，固定资产投资利息占 39％。

若其使用年限超过 30 年，则造价占的比重更小，经常费用占的比重就更大。因此，对于建筑产品的经济性分析，应作全寿命费用的计算。

6. 其他

建筑产品具有固定性、形体庞大、用途局限和分别计价等特点。

二、我国建筑业存在的问题

1984 年我国经济体制改革以建筑业为突破口进行全行业改革。近二十年来，建筑业又推行了多次改革，并取得了巨大成绩。过去的效率低下、质量差、投资浪费等现象已得到极大的改善。新技术、新材料、新结构已扩大了应用范围，工程质量也大大提高；但是，也毋庸讳言，建筑业的现状与改革的目标仍有不小的差距。目前，我国建筑业仍然存在不少问题，比较突出的有以下几个方面。

1. 技术素质下降，工程质量滑坡

从大型施工企业来看，近几年来出现了一种倾向：一线工人越来越少，只好招农民工、临时工充实一线。有的实现两层分离，即管理层和劳务层分离。企业保留管理层，临时招收劳务层工人。由于农民工、临时工没受过正式技术培训，劳务队伍的水平参差不齐，许多人是边干边看边学，所以很难完成定额水平，达到质量标准。许多企业为了盈利，采取偷工减料、粗制滥造，留下了大量的事故隐患，严重影响工程质量。

近几年来，重大安全事故频发，工程质量滑坡，豆腐渣工程比比皆是，已经引起有关部门以及党和国家领导人的高度重视，迫切需要采取措施加强管理，改善工程质量，杜绝安全事故。

从设计角度看，有的业主为了降低成本，寻找私人设计，或不具备资质的小型设计单位设计。由于这些单位和个人经验和水平有限，导致设计不合理，甚至出现重大设计错误。

2. 浪费现象严重，工程造价上升

管理手段落后，施工中的各种浪费严重，使工程成本大幅度上升，这是工程造价上升的一个重要原因。

由于设计而导致的浪费是工程造价上升的另一个重要原因，而且难以解决。一方面，由于设计人员之间的设计思想、设计经验和水平不同，导致设计结果不同。有的既经济又安全，也有的设计保守、浪费严重。另一方面，由于设计工期紧迫，工作量大，设计人员不可能有时间进行多方案比较，无法进行设计优化，因而采用的方案先天不足。也有的纯粹是为了抢工期，在许多条件不明确的情况下进行设计，因而设计人员故意留出许多富余量，以满足今后的不确定性要求或其他变化。另外，现行的设计取费机制，也缺乏对设计创新和优化的激励，这在一定程度上影响了设计者创新的积极性和主动性，即使设计者知道某些地方可以优化、节约，但由于优化设计工作要给自己或他人带来很大麻烦，所以也不愿意主动采取优化措施。

3. 技术与经济仍有脱节现象

搞技术的人不注意经济，搞经济的人不懂技术，二者不能很好地结合，特别是设计单位较注意技术的先进性、适用性、安全性，但对经济效益的注重程度仍显不够，技术经济分析开展得不够广泛和深入。

以上多方面问题，反映在建筑产品中，集中表现为建设项目的价值不高，这种情况不仅国内有，国外也有，甚至在工业发达国家也很普遍。

三、建设项目价值低的原因

国外有人专门进行了分析，认为造成建设项目价值不高的原因有很多，以下几点是其中的几个重要方面。

1. 进度要求紧迫

进度计划是建设项目目标的一个重要方面，与项目的投资和质量有密切的关系，相互影响，既矛盾又统一。过快的进度要求往往对项目的投资和质量产生不良影响，有的业主往往不理解这一点，总是千方百计希望加快进度，要求设计单位、施工单位赶进度、抢工期，造成很多问题。

2. 习惯性思维的影响

人的思维和行为是有习惯性的，在建设项目设计中，设计人员的设计思想也有很强的习惯性。如，解决某一问题的某一方法在过去的经历中取得了成功，那么在今后碰到同样的问题时，一般人自然会重复采用过去的方法。但是，当今社会在不断变化发展，科学技术在不断进步，在过去的历史条件和环境条件下成功的方法即使在当时也并不一定是最好的方法，用它来解决今天所碰到的问题更不一定是最好的方法。如果您听到有的工程师说“我们一直是这么做的”，您应该立即引起注意，很有可能存在问题。

3. 沟通不够

在项目开始设计以前，要明确项目的各项具体功能要求，这是一项艰巨的烦人的工作，需要花费大量时间和精力。但是常常因为解释不清或沟通不够而使设计者产生误解。如果一个设计者误解了客户的要求，那他很难设计出满足客户要求、令客户满意的建筑作品。

4. 设计者和用户间缺乏协调

这是非常普遍的问题。通常，业主会指定一个人与设计者进行联络和协调，但是，不幸的是，许多情况下，该协调者不了解用户的要求，使设计者无法了解用户的想法，造成某些功能设计不符合用户的要求。

5. 过时的标准和规范

这也是比较普遍的问题。许多机构没有及时更新过时的标准和规范，造成其设计结果存在问题。

6. 对新技术缺乏了解

新的产品、新的工具、新的方法在不断涌现，要求每一个人都对本专业领域内的所有新技术都及时掌握和应用是不现实的。即使是参与价值工程研究的专家也会有自己的缺点或不足。因而，某项设计不够经济，或技术不够先进，也就很正常了。但是，价值工程是多人参与的集体活动，多个人同时对某一问题或某项新技术缺乏了解的可能性就大大降低了，所以有助于问题的解决，容易创造出更好的方案。

7. 诚实的错误理念

在设计者当中，有的人费了很大的力气，采用了特殊的方法解决了某些特殊问题，尽管这是不必要的，不是用户所需的，但设计者想当然地认为是必要的，这种情况也不少见。

8. 追求稳妥、担心出错的思想

在设计者当中，不乏愿意创新、善于创新的人。但也往往有这种情况发生，即当某人在过去的设计中采用了某种方法，但没有成功，从此以后他不敢再次进行尝试，尽管以前的失败可能是由于环境条件不满足，而非技术本身的原因，尽管现在已经完全具备了相应的条件也仍然不敢再次尝试，此即所谓“一朝被蛇咬，十年怕井绳”。

9. 缺少必要的专家支持

科技不断发展，也细化深化复杂化了。各种不同的项目，需要各种相应的专家来支持，不同的专家其熟悉的领域和专长不同，如果一个项目的设计班子中缺乏解决其面临的特殊问题的专家，通常的做法往往是回避矛盾，避免冒险，采取“保守设计”，以致造成浪费。

10. 不必要的设计条件

有时设计要求条件提得过高，但并不具备充分的理由，由此造成设计浪费。如有的项目对空间的温度和湿度条件要求过高，按此要求进行设计，不可避免地带来浪费。

11. 设计变更

设计进行到一定阶段或设计完成进入到施工阶段后，如果发现有遗漏项目，就要重新设计或进行设计变更，此时补救这些遗漏项目的代价是很高的，当然会引起价值的降低。

12. 缺乏需要的信息

有时在设计中缺乏所需要的信息，而设计工作又不得不继续按进度计划进行，考虑到这些未知因素的影响，设计者往往增加一些项目或构件，以防不测。而增加项目或构件的成本就成为不必要成本，造成项目价值降低。

四、建设项目中应用价值工程的特点

如前所述，建筑产品与一般工业产品有许多不同之处，因而在建设项目中应用价值工程有其显著的特点。

1. 建筑产品的多样性特点决定了建设项目应用价值工程具有普遍性的特点

建设项目的多样性体现在许多方面，如建筑形式、内外装饰、色彩、结构、内部设施、设备、功能等等。同一个建设项目中，可以对其功能、建筑形式、结构、设备等不同的问题和方面开展价值工程活动。在不同的建设项目中，也可以对同样的问题进行价值工程研究。因为，不同的建设项目，参与实施的设计者和施工单位都是不同的，因而对同一问题的解决和处理方案就不同，所以每一个建设项目都非常有必要进行研究和分析。

在建设项目中开展价值工程研究的普遍性特点，决定了价值工程研究活动市场的广阔性和任务的艰巨性，所以要进行普及宣传和推广活动。

2. 建筑生产的单件性特点决定了建设项目应用价值工程具有一次性的特点

建筑产品的多样性决定了建筑生产的单件性，即建筑产品大多是单件生产。在制造工业应用价值工程，其影响体现在以后多次重复生产上，效益反映在几千件乃至几百万件产品上，在建筑业中应用价值工程一般只局限于单件产品上，具有一次性的特点。尽管如此，相同类型建筑产品，相同专业的问题，其应用价值工程的特点仍具有共性和规律性。

建设项目应用价值工程的一次性特点，决定了建设项目开展价值工程研究的普遍性。

3. 建筑产品的投资巨大、价值高昂的特点，决定了建设项目的价值工程活动具有高效性，节约的潜力大，开展价值工程活动的效益高

一般而言，建筑产品的投资都很大，价值昂贵，少则几百万元，多则几千万乃至数亿元。有的高层建筑，造价都在几亿元甚至十多亿元。虽然建设项目中应用价值工程所得到的收益仅局限于某一单件产品上，但由于建筑产品的造价通常远远高于一般工业产品的成本，即使将造价降低很小的百分比，其节约的绝对数量也是很大的。所以在建设项目中应用价值工程具有效益高的特点，节约几十万元、几百万元都是极普遍的。

4. 建筑产品具有的使用寿命长的特点，决定了建设项目中开展价值工程应注重测算全寿命周期费用的特点

建设项目的全寿命周期费用包括建设成本和使用阶段使用成本，由于建设项目的使用寿命长，通常在50年以上，每年用于建设项目的设施维护、清洁、设备维修、零件更换及管理人员工资等成本开支也很高，因而在整个寿命期内，其使用成本的总和也很高。因此，在建设期就考虑降低使用成本，通过开展价值工程活动降低全寿命周期成本是非常重要的。

5. 建筑产品具有建设周期长的特点，以及具有劳动密集型的特点，决定了建设项目价值工程研究不仅要注重提高产品的质量和功能，降低成本，而且要注重缩短建设周期，降低劳动生产强度，提高劳动生产率，注重提高建设项目的可施工性。因此，在进行价值工程研究活动时，除了将功能、质量、成本作为衡量建设项目价值的重要依据之外，还要注重将缩短建设周期，提高可施工性作为方案评价的重要方面加以考虑。这也是在建设项目开展价值工程活动不同于一般工业产品的重要特点。

6. 建筑产品所具有的结构复杂、用途多样的特点，决定了建设项目中应用价值工程具有系统性的特点，要进行全局协调，统筹兼顾。如建设项目的建筑、结构、设备各工种之间都有密切的联系，往往是某一专业的微小变更就会对另一专业产生较大的影响。所以在建设项目中开展价值工程研究，要突破专业之间的界限，追求项目的整体效益。

7. 在建设项目中开展价值工程活动，不仅可以提高项目的质量，降低工程造价，还可以加快建设速度，提高建设水平和综合经济效益。

第五节　价值工程研究的发展

在长期的发展和应用过程中，价值工程的思想理论与方法也在不断丰富和发展。

一、开展价值工程研究活动的时间

如前所述，价值工程的起源是从寻找代用材料开始，逐步从原材料采购发展到改进产品设计及制造过程。经过实践和研究，迈尔斯发现，欲生产创造出价廉物美的产品，即价值高的产品，如果不改变原来的设计方案，就不可能大幅度地降低产品的成本，这是因为产品的成本的绝大部分是在设计阶段确定的。

同工业产品一样，建设项目应用价值工程初期也是从施工阶段开始的，到 20 世纪 70 年代，才开始应用到设计阶段。如今，人们已经认识到，在建设项目实施和使用的全过程中都可以开展价值工程活动，即在项目的设计阶段、招投标阶段、施工阶段以及项目建成投产使用阶段都可以开展价值工程活动。

研究和实践经验证明，尽管在项目实施和运营的全寿命过程中都可以进行价值工程研究，但是就其效益和效果来说，价值工程研究还是越早越好，即设计阶段比招投标阶段好，招投标阶段比施工阶段好；扩大初步设计(简称扩初设计)阶段比施工图设计阶段好，等等。

图 1-6 说明，越在项目的早期采取措施，项目节约的可能性也越大；随着时间的推

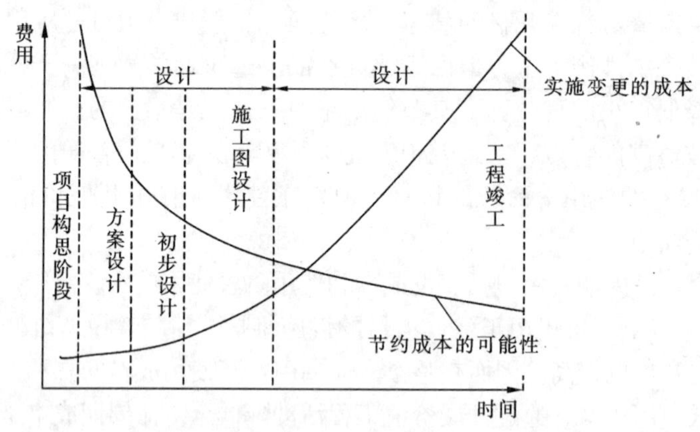

图 1-6　成本节约可能性、设计变更的成本与时间变化关系

移，实施设计变更所花费的成本将越来越大。根据这个结论，如果在方案设计阶段就进行价值工程研究活动，其节约的可能性会大大高于扩初设计、施工图设计以及施工阶段。尽管在施工阶段提出的价值工程建议也可以节约成本，但往往由于实施价值工程提案而需变更设计，所采取的一系列措施所花费的成本高于设计阶段，使得价值工程的效益和效果大打折扣。

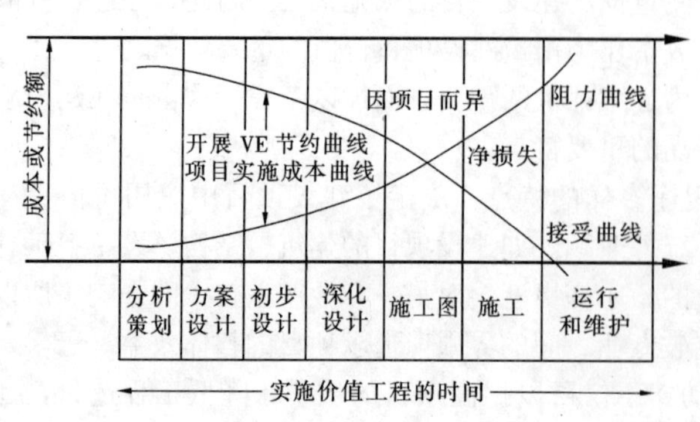

图 1-7　实施价值工程的节约可能性

图 1-7 说明，在项目实施的后期进行价值工程研究活动，至少在实施

设计变更而花费的成本以及接受变更的阻力可能增加了。同时由于开展价值工程活动的节约可能性下降了，导致人们接受改进方案的意愿降低了。

影响建设项目投资的因素有很多，从参与项目实施和运营的有关各方来说，不同单位和人员的影响程度是不同的。图 1-8 说明，影响程度最大的是业主方的要求、标准、设计准则以及设计和咨询工程师的经验、能力等。而这些影响也主要体现在项目的前期和设计阶段，随着时间的推移，各方面的影响程度都会大大降低。

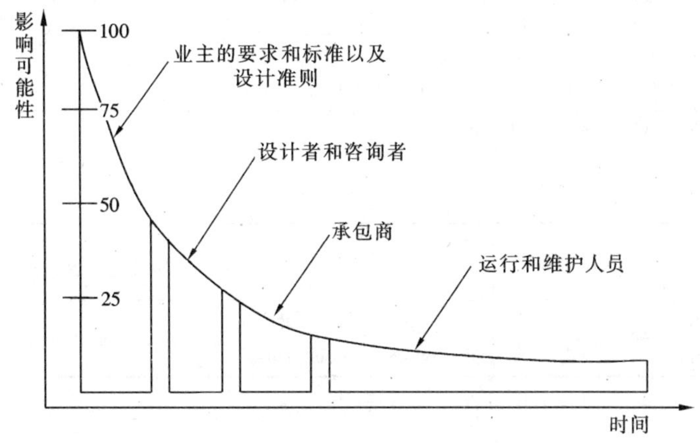

图 1-8　不同决策因素对项目投资的影响程度

以上的分析说明，价值工程研究活动应该在项目实施的早期进行，越早进行其效果可能越好。

二、价值管理的概念与思想

价值工程在建筑业中的应用起初也主要是在施工阶段，到 20 世纪 60 年代末 70 年代初开始拓展到设计阶段。在 20 世纪 80 年代，建筑业中又提出了价值管理（Value Management，简称 VM）的概念，可以说是对价值工程理论的进一步发展。布赖恩·R·诺顿（Brian R. Norton）将价值管理（VM）定义为：

“A systematic，multi-disciplinary effort directed toward analyzing the functions of projects for the purpose of achieving the best value of the lowest overall life cycle project cost”.

“价值管理是一种系统化的、多专业的研究活动，通过项目的功能分析，用最低的全寿命成本最好地实现项目的价值。”

这与前文中的价值工程概念有一个重要区别，就是价值管理的研究对象是指整个工程项目。布赖恩·R·诺顿认为，价值管理（VM）的时间范围应该进一步拓宽，它应该包括价值规划（Value Planning，简称 VP）、价值工程（VE）、价值分析（VA）。价值规划、价值工程、价值分析的思想和方法是一致的，但其时间范围不同，研究内容和重点也不一样，如表 1-3 所示。为便于对比，将我国与之对应的基本建设程序也同时列于表中。

从表 1-3 可以看出，价值管理（VM）是统称，泛指全寿命过程中的价值工程研究活动。而在项目决策阶段和方案设计阶段的价值工程研究活动称为价值规划（VP），从扩初设计开始的项目实施阶段的价值工程研究活动仍称为价值工程（VE），在项目运营阶段的价值工程研究活动则称为价值分析（VA）。

表 1-3

VALUE MANAGEMENT		
VALUE PLANNING	VALUE ENGINEERING	VALUE ANALYSIS

RIBA 的项目实施程序

Briefing		Sketch Plans		Working Drawings				Construction	Post-Construction
Inception	Feasibility	Outline Proposals	Scheme Design	Detail Design	Production Information	Bills of Quantities	Tender Action	Construction	Post-Occupancy Evaluation

RIBA-英国建筑师学会（Royal Institute of British Architects）

AIA 的项目实施程序

Concept		Schematic	Production			Construction	Post-Construction
Programming	Program Evaluation	Schematic Design	Design Development	Construction Documents	Bidding Action	Construction	Post-Occupancy Evaluation

AIA-美国建筑师学会（American Institute of Architects）

中国与之对应的基本建设程序

决策阶段（建议书及可行性研究）	方案设计	扩初设计	施工图	招投标	施工	项目动用

尽管其思想、方法一致，但价值规划、价值工程、价值分析的研究内容和重点是不同的。价值规划的目的是审核“应建造什么”（What is to be built）；而价值工程的目的是审核“怎样做”（How the project is constructed）；价值分析则是对项目实施结果的分析和评价（Evaluation）。

戴维斯·兰登（Davis Langdon）对价值管理（VM）做了如下的定义：

“Value Management is a structured approach to the identification and evaluation of project objectives and of the means by which these may be achieved in order to achieve value for money”.

“价值管理是一种组织化的方法，通过对项目的目标和实现目标的方法进行分析、评价，从而实现投资的价值。”

显然，该定义将“项目的目标”以及“实现目标的方法”同时列为价值管理（VM）的研究内容，而如果要研究和分析项目的目标，就应该将价值工程向前延伸到项目决策阶段，以提高投资的价值，这一点与布赖恩·R·诺顿的观点是一致的。

但戴维斯·兰登认为，价值管理与价值工程不同，其关系如图 1-9 所示。可以看出，作者将项目分为两类，一是目标明确的项目，如桥梁、道路等土木工程，二是目标和功能要求暂时不能明确的项目，如多用户、多用途的实验大楼等。对具有明确目标的项目，价值管理的目的就是要分析其建设的必要性（the need for the project）；而对目标暂时不能明确的项目，价值管理的目的是解决目标问题，使之明朗后再进行价值工程研究。总之，价值管理主要是确定项目的目标和实现目标的方法（to decide project objectives and approach)，而价值工程主要是研究怎样更有效地建造和实施项目（how to construct cost effectively）。实际上，可以认为，此处的价值管理（VM）就是布赖恩·R·诺顿所指的价值规划（VP）。

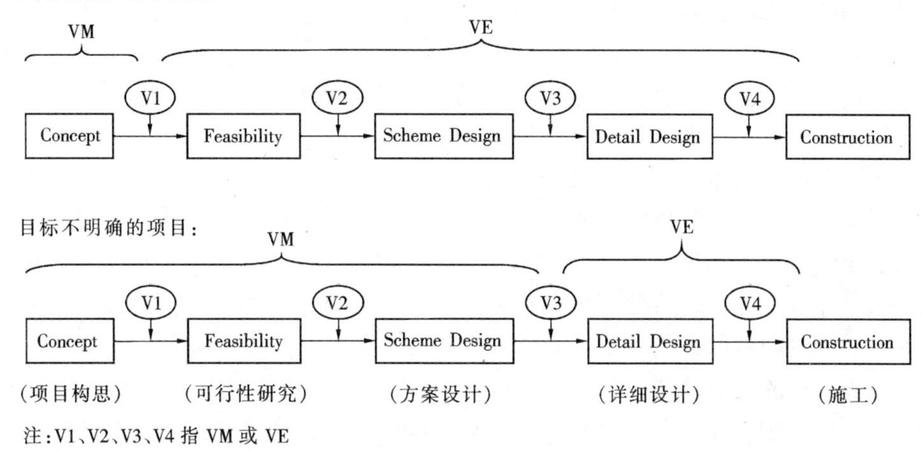

图 1-9　不同项目环境条件下的价值管理（VM）与价值工程（VE）

决策阶段价值管理与实施阶段价值工程研究的主要区别是研究的范围和重点不同。决策阶段价值管理研究的范围宽，不仅要分析研究项目的总体功能要求和目标，而且要研究实现功能和目标的方法。不同的项目可能具有相同的功能，但实现同一功能要求的方法和手段可能是很多的，功能载体的形式和目标可能是多种多样。而在项目实施阶段，价值工程研究活动只能在已确定的设计方案基础上进行有限的改进，即研究实现同一功能要求的方法和手段，而对目标和功能要求的合理性则很少涉及，所以研究范围大大缩小了。由于在前期的项目构思和可行性研究阶段，业主的决策正确与否是非常关键的。但是，通常项目参与各方、利益相关的各方又很少有机会在一起畅谈其各自的要求和想法。而价值管理研究活动创造了这样一种机会，使得项目利益各方和设计者能够充分交流、理解各自的目标和功能需求，因而就会避免许多返工和修改。

以上说明，尽管人们对价值管理概念有不同的理解，但是价值管理思想的出现使原有的价值工程研究活动在时间范围和研究内容的范围上都拓宽了，即由设计、施工阶段向前延伸到项目决策阶段，向后延伸到项目的运营阶段，研究内容包括对项目功能和目标的分析、评价和论证，价值管理是对价值工程的发展，这一点是毋庸置疑的。需要特别提出的是，由于项目后期的工作一般都是在前期决策的基础上进行，项目前期或实施初期的任何一个决策都直接或间接地影响后续每一个阶段的工作，在早期开展价值管理研究活动，有利于业主进行正确的决策。由于前期的决策对项目经济性的影响大于后期的决策，即越是前期的决策对项目投资的影响程度越大。所以价值管理研究活动向前延伸到决策阶段对提高项目的投资价值是非常重要和有效的，价值管理概念的提出和发展具有重要的意义。正是因为价值管理研究的时间范围向前延伸到项目策划和项目决策阶段，价值管理的研究内容、研究对象和研究重点又拓宽为对项目目标的论证和分析，为提高项目的投资价值（投资效益）又提供了有力的保障。

开展价值工程活动的时间，在价值管理概念提出之前，一般是在项目设计完成了某个阶段后才进行，如完成了项目的方案设计或扩初设计或施工图设计后再开展价值工程活动，即在某个确定的时间点集中进行价值工程活动。

这种做法的弊端是，许多很好的建议或方案由于提出得太晚，尽管其经济效益很好，但由于进度的原因无法实施。如果要实施，就要进行设计变更或重新设计，因而只好“忍痛割爱”。另外，在每一个阶段提出创新方案，尽管方案很好，也容易遭到设计者的抵触或反对，因为，如果设计者接受，意味着他们自己的方案有欠缺，并且，如果接受的话，就要修改设计或者返工，就意味着工作量的增加。

如果能够在设计决策过程中提出有价值的方案或建议，就不会出现这种抛弃优秀方案的情况。因此，进一步的分析和研究表明，应该将价值工程研究活动集成到整个设计过程中，这将是今后价值工程发展的一个方向。通过这种集成，一方面不至于因推广价值工程而影响工期，并节约因推行价值工程创新方案而付出的努力；另一方面可以使价值工程创新方案更容易被设计者所接受。

三、价值工程的发展趋势

2000 年 11 月在中国香港召开了“2000 年香港价值管理协会国际会议”，有来自英国、澳大利亚、加拿大、新加坡等国家和地区的代表 100 多人出席。通过这次会议，以及在此前后公布的许多相关研究报告，我们注意到价值工程的研究和应用又出现了一些新的发展和变化，体现在以下几个方面。

1. “软”价值管理（Soft Value Management）的出现

传统的价值管理主要针对具体的已经成型的项目或产品，即硬件，所使用的方法和理论主要是静态的、确定性的理论。随着社会的不断发展，价值管理所面对的对象越来越多的是动态的不确定性问题。如何发展和创新传统的价值管理理论，更好地适应新的以动态为主的应用环境，解决抽象的问题（即软件），是一个引起与会专家共同关注的热点。以澳大利亚罗伊·巴顿（Roy Barton）教授为首的价值管理研究工作者，提出了软价值管理的理念和方法，这种方法主要强调如何利用系统的理论和群体决策的优势，在动态和不确定性的环境中寻求最佳的问题解决方案。

2. 在产品开发和建设项目前期决策阶段广泛应用，在全寿命周期中的多次应用

在不同的阶段应用价值管理，对整个产品或建设项目的影响是不同的，应用的最终效果也不一样。众多的与会代表通过案例介绍、经验总结，反复论证了价值管理介入产品开发、项目建设的时间越早，对整个产品或项目所带来的效益就越显著。目前价值管理除了继续在产品和项目的设计以及制造（施工）阶段发挥效力以外，越来越多地应用到决策的前期阶段，在更早的阶段和更高的层次上发挥效力。因此，在产品开发和生产的不同阶段中多次应用价值管理，已经成为实践中一种新的需要和新的趋势。

3. 参与价值管理的人数增加，而时间要减少，这对提高价值管理的效率提出了挑战

由于价值管理越来越多地应用到产品开发和项目建设的前期决策阶段，相关人员加入活动提前，这就使得价值管理工作小组的人数突破了传统的理论的界限，出现了越来越多的势头。据经验丰富的价值管理工程师林赛·皮克尔斯（Lindsay Pickles）女士介绍，在她所参与的价值管理研究项目中，有的人数竟达到了 80 人以上。按照价值管理的传统做法，参与人员集中研究的持续时间一般在一周以上。如今，大量与决策有关的人员参与了

价值管理研究，但是他们所在的工作岗位往往不允许集中长达一周的时间去进行价值管理的研究。为了解决这一矛盾，价值管理小组集中研究的时间不得不大幅度压缩。在价值管理研究人员增多，而持续时间又不断缩短的情况下，如何有效地组织和控制整个研究过程，保证价值管理的研究成果，这对价值管理研究活动小组的组织者提出了更高的要求。

4. 信息技术在价值管理中发挥越来越大的作用

随着社会需求的日益提高，价值管理所面对的对象呈现出规模越来越大、建造或生产过程越来越复杂的态势。这就要求参与价值管理研究的人员有更多的时间来熟悉和了解产品和项目的情况，但是，现实情况又要求价值管理集中研究的时间必须缩短，而且价值管理研究的效率和方式必须得到提升。因此，利用信息技术和相应软件，打破传统的时间和空间概念，有效地加快信息的交流和传输是非常必要的。这样，价值管理工作的效率可以大大提高，价值管理的研究时间也可以得到有效的压缩。

2001 年 5 月，一年一度的美国价值工程师协会年会在美国佛罗里达州罗德代尔市举行，来自美国、英国、加拿大、日本、匈牙利、法国、意大利、韩国、中国香港、中国台湾等 16 个国家和地区的 300 多名代表参加了此次大会。与会代表分为四个专题小组进行了讨论，即建筑业的价值工程、制造业以及其他工业的价值工程、价值工程的教育与发展、价值工程的应用案例。

建筑业的价值工程研究表明，价值工程在建筑业中应用的成果是巨大的，非常有必要继续扩大应用范围和领域。同时，如何在亚太地区建筑业中发展价值工程是会议的另一个热点问题。通过日本、韩国、新加坡、中国香港和中国台湾地区代表的报告可以看出，虽然价值工程在亚太地区制造业中的应用已经有较长的历史，并且有的国家（如日本）价值工程在该领域的应用已经达到世界领先水平，但是该方法在亚太建筑业中的应用还处于十分初级的阶段，还面临着许多共同的问题。

因此，还需要从事建设项目的设计、施工、管理、咨询等的广大技术人员的共同努力。

第六节　价值工程研究与项目管理

项目管理是利用现代管理技术，在项目实施的全过程中，通过项目规划、控制和协调，使项目的投资、进度、质量目标得以实现。项目管理的任务包括投资控制、进度控制、质量控制、合同管理、信息管理、组织与协调等，项目管理的方法有多种。

价值工程研究活动并不是一种孤立的活动，它与项目管理的许多工作有关系，如投资控制、进度控制、风险管理、工程采购、可施工性研究等，以下对其进行简单分析。

一、价值工程研究与投资控制

显然，价值工程不同于投资控制，二者都是项目管理工作的重要组成部分，但并不能互相取代。

价值工程是在项目实施过程中的几个里程碑节点上，通过多专业人员的共同努力，通过会议研讨（workshop）的形式而进行的一种有效的研究活动；而投资控制则是项目实施全过程中的一种连续不间断的管理活动。如果没有这种连续的投资控制活动，价值工程研究所得到的结果就很难真正实现，即使实施了价值工程活动的推荐方案，其节约的费用也很可能被其他浪费因素所吞没、掩盖。

价值工程与投资控制之间有重要的联系，将二者结合起来，其组合作用所产生的效益可能比其中每一种方法单独作用所得到的效益之和还要大。投资控制在许多方面促进了价值工程研究活动。首先，工料测量师或预算工程师为进行投资控制所做的投资估算和数据信息对价值工程研究很有帮助，详细的费用估算和数据信息可以大大提高价值工程提案的质量，并有助于决策者进行决策。其次，如果没有连续的投资控制活动，价值工程提案的实施将面临很大困难，可能很难贯彻到设计中去，即使在价值工程活动结束后被贯彻到设计中去了，也很可能于不久后又被取消了，因为缺乏审核、检查，原来被价值工程活动砍去的部分费用又可能慢慢地增加或恢复。

价值工程研究又可以支持投资控制工作，开展价值工程研究活动是投资控制工作的一种措施。首先，根据统计，价值工程研究可以节约成本 5%～10%，有时候甚至更多。其次，在价值工程研究活动中会产生许多降低成本的建议，这些建议也可能最终没有形成提案，但是可能为今后进行投资控制提供一些参考和帮助。例如，在以后的任何时候，如果估计造价会超过计划投资，就可以根据现成的价值工程建议，采取适当的措施。

二、价值工程研究与进度控制

不同的项目，不同的业主，工期的重要性程度不一样。比如，生产消费品的工业企业对生产厂房的工期要求非常紧迫，因为他们要缩短产品上市的时间，错过了上市时间，就可能失去市场，在竞争中处于不利地位。这是由于市场竞争所导致的对工期的紧迫要求。

在进度要求大大优先于其他目标要求的情况下，可事先向价值工程研究小组说明，将进度目标与投资目标、质量目标重新平衡，有的时候可以采取适当的措施，比如少量增加投资但可以大幅度加快进度。在进度要求为第一需要的条件下，也可以将关键路线法进度计划作为价值工程研究的对象进行研究。

也有人对价值工程研究持不同意见，认为价值工程研究本身会阻碍设计进度，进而影响整个工程进度计划，其实并非如此。在项目的设计过程中，本来就有几次正常的审核活动，有几个自然的阶段和停顿，利用这个时间同时开展价值工程研究，并不存在阻碍或影响设计进度问题。另外，如果价值工程研究能够集成到设计过程中（理论上也应该如此），成为正常设计工作的一部分，就更不存在影响进度问题了。

所谓阻碍或推迟设计进度的情况，很大的可能是，价值工程研究小组发现了设计中存在的问题，这些问题必须解决才能进入下阶段工作。这种情况下的价值工程研究工作，就好比一个人身上着火了，而他自己不知道，则损失会很大，反之有人发出警报，损失的可能性或损失量就会减少。价值工程研究人员发现设计中的问题，情况与此类似，随着时间的推移，纠正错误和问题的困难越来越大，代价越来越高，对进度的影响也越来越大，而越早发现问题，对进度的影响也就越小。而且，价值工程研究并不是仅仅考虑降低工程成本，也会同时考虑减少不必要的工作范围，从而加快工程进度，或者采用可施工性好的方案或建议，也可以加快工程进度。这些费用和时间的节约可能远远超过对设计进度的影响。

三、价值工程研究与风险管理

许多年以前，人们就开始对项目的风险管理进行系统的研究，并推动在项目中的实践和应用，起初在某些特定项目中实践，如石油、天然气项目等。直到最近几年，人们逐渐认识到，风险管理实际上适用于所有项目，现已经被普遍接受。

项目风险管理是一种系统的方法，通过风险识别、风险分析进而提出应对风险的方法。这种系统的方法可以通过风险管理计划来实施，包括风险评估、风险分析和风险对策。

1. 风险评估

风险评估包括风险识别和风险分类。风险识别是分析项目中可能遭遇的各种风险。风险分类是根据风险的后果和影响程度对其进行定性评估所得的结果，可分为高风险、中等风险和低风险等类。接着就应该进行量化分析，即风险分析。

2. 风险分析

风险分析有几种量化分析方法，都是根据风险发生的后果来进行评价的，即某一特定风险发生后，对与其相关的风险的水平进行衡量，准确地描述和评估。

可以采用概率分析方法利用计算机进行分析计算，输出结果可以用图形表达，反映投资或进度方面的影响概率或幅度。这些结果对决策者很有用，也可以用于不可预见费用的预测或分配。

3. 风险对策

对项目有关的风险进行分析和评估以后，接下来就应该进行风险处理。风险处理的方法与风险的发生概率和潜在的影响程度有关。

如果风险概率较低，可以保留这些风险，在管理中加以注意并尽量控制。如果风险概率高且后果比较严重，就要想办法缓解。缓解的方法有多种，比如可以通过合同整体或部分转移给承包商或到保险公司投保，或通过修改设计或发展战略降低风险因素。应该想办法彻底杜绝高概率、有严重后果的风险。

完成了上述各阶段工作，就应该准备一份风险管理方案，内容可以包括风险因素、风险后果评估和风险对策。另外，还可以包括量化分析结果或范围，比如投资可能超多少，进度可能延误多少等。随着时间的推移，风险的类型和风险的种类都会发生变化，所以风险管理的方案也应不断地修订。

价值工程研究可以通过审核或编制项目风险管理方案而对项目的风险管理有所帮助。如果是审核项目风险管理方案，价值工程研究人员将根据收集到的有关信息来分析判断，是否所有的风险因素都已经考虑到了，风险量的估计是否合理。在方案创造阶段，价值工程研究人员也可以提出许多化解风险的选择方案或建议。

价值工程研究小组是由多专业的专家组成的高素质的团队。在开展价值工程研究的同时也可以提供风险管理的机会，可以编制项目风险管理的初步草案。在这种情况下，风险分析方面的专家应该加入到价值工程研究小组中来。

在价值工程研究的信息阶段完成了项目介绍和功能分析以后，在所有专家对项目全面了解的基础上，可以再增加一个风险评估活动。专家们可以用头脑风暴法列举一系列的风险因素，并对这些风险因素进行定性或定量的评价，分析其对投资或进度的影响程度等。然后，可以采用概率分析的方法，用计算机模拟风险的大小和分布。在方案创造阶段，价值工程研究人员可以利用创造性思维方法，创造出许多化解风险的方法。在方案评价阶段也可以对处理风险的对策进行筛选，在方案发展阶段结束时，可以得到对特定风险的量化分析结果，并将其加到价值工程提案或风险管理方案中。

在价值工程提案实施阶段，价值工程研究过程中所做的风险评估、分析和应对措施等方面的内容应作为正式风险管理方案的基础，不仅体现在风险管理方案中，而且应正式应用到项目实施过程中。

因此，价值工程研究除了可以提出降低成本的提案以外，还可以对风险管理提供方便，如果能将价值工程研究和风险管理研究集成则更有利。

四、价值工程研究与项目采购、发包

建设项目采购发包的模式很多，包括平行发包，施工总承包，施工总承包管理，项目总承包，项目总承包管理，CM 等等。

不同的模式有不同的特点，适合于不同的情况。不同模式的风险，对投资、进度和质量方面的影响也不同。对大型项目而言，项目采购战略方案是比较复杂的，由于项目很大，由一个承包商（总承包）实施是很难的，因而需要很多个不同的承包商来支持，因而可能有多种方案。

由于采购发包方案的影响很大，价值工程研究应当重视这个问题。下面这个案例说明了价值工程研究是如何考虑采购发包方案问题的。

例如，某大型医院项目，在价值工程研究中发现，其采暖、通风空调设备系统很庞大，在项目所在地，只有一家企业有能力全部供应这些系统。如果作为一个整体发包的话，则不利于形成竞争，价格可能很难降下来。因此，价值工程研究人员提出建议，将整个系统划分为三个子系统分别采购发包，参与竞争的单位增加了，有利于降低成本。此建议最终被接受，取得了很好的效果。

另外，不同的发包方案对承包方参与或实施价值工程的积极性和效果也是不同的，这一点将在后文中介绍。

五、价值工程研究与可施工性审核

一项设计能够被施工和安装的方便或容易程度，叫做可施工性（constructability 或 constructibility 或 buildability）。项目的可施工性对工程造价也有很大影响。在传统的发包模式中，设计人员对设计问题无疑是熟悉而且有资格的。但是，对施工方法则不一定了解，更难熟悉。这可能导致设计方案实施难度增加，此时有两种可能性出现，一是该设计方案在施工时必须采取特殊措施，增加施工费用；二是只能采用特殊的施工方法和技术，而这种施工技术和方法只有少数承包商才掌握，很难形成竞争格局，发包价格很难降下来。如果这些问题能早一天被发现，并得到改进，方便施工，就将降低造价，并加快进度。

因此，在价值工程研究小组中包括一名对施工方法很熟悉的专家，可以使价值工程研究注意到可施工性问题，降低由于可施工性不好而引起的额外费用。当然施工专家还可以就施工现场操作方法、出入口通道、施工顺序和其他相关问题提出建议，这些建议对改建项目来说可能更加重要，对现场施工条件受约束、受限制的项目也很重要。

可施工性方面的建议不仅可以降低成本，而且可能加快工程进度。

例如，某项目价值工程研究过程中，施工方面的专家对预制外墙面板系统提出了建议。在一般情况下，设计单位只需向施工单位提供面板与上部结构连接的标准节点详图就行了，这样在施工现场，施工单位要花费大量时间来深化设计。施工专家提出建议是主体结构采用钢结构，预制外墙面板与钢结构协调考虑，如此可以在很大程度上加快工程进度。该建议被采纳。

在采用CM模式和总承包管理模式条件下，在设计阶段就可以提出可施工性问题并对其进行研究，如果能将价值工程研究和可施工性研究结合起来考虑，可获事半功倍的效果。

复习思考题

1. 简述价值工程创始人 L. D. 迈尔斯对价值工程的贡献。
2. 价值工程的基本观点有哪些?
3. 试述价值工程的历史发展及在国外的应用情况。
4. 价值工程的效益情况怎样?
5. 价值工程在我国的发展情况怎样?
6. 试述价值工程的定义。
7. 价值工程有哪些特点?
8. 不必要成本有哪些?
9. 试述建设项目的特点，建设项目应用价值工程的特点。
10. 建设项目价值低的主要原因是什么?
11. 试述价值管理与价值工程的区别。
12. 价值工程的发展趋势怎样?
13. 价值工程与项目管理的关系怎样?

第二章　价值工程的组织

价值工程是一门技术与经济相结合的综合性应用学科，是一种依靠集体智慧的有组织的群体活动。那么，这个有组织的集体活动究竟应该由谁来组织？如何组织？实施价值工程活动的步骤和程序如何？这是组织理论所需要解决和回答的问题。

第一节　价值工程活动的组织者

在制造业中，许多工业产品通常都是由一个企业完成整个产品的设计、原料采购和加工制造等各个过程。所以价值工程活动通常也是在企业内部进行的，由不同部门的人员参加，集中进行研究和创造活动。对汽车、飞机等复杂产品，主要生产厂家有许多协作生产企业，专门提供各种零配件，这时也可以由主要生产厂家组织，由协作厂家参与价值工程活动，或者直接参与协作厂组织的价值工程活动。建筑产品的生产通常是由许多单位共同参与完成的，而各个单位之间的关系、组织关系又存在多种可能性，由谁来组织价值工程研究活动也存在多种可能性。

一、价值工程与发包模式

在建筑业中，对一个新建的建设项目，除业主以外，参与工程建设的单位通常包括设计单位、咨询单位、施工单位、供货单位等，由哪家单位来组织实施价值工程活动呢？这与建设项目实施的组织模式有关。

在国外，建设项目实施的发包模式主要有平行发包模式，施工总承包模式，施工总承包管理模式，项目总承包模式，CM 模式等，当然还有许多其他模式。不管采用哪种发包模式，业主通常都会委托一个项目管理公司进行项目管理，即为业主进行投资控制、进度控制、质量控制、合同管理、信息管理、组织与协调等。项目管理公司接受业主的委托，根据业主的授权，代表业主的利益进行管理，协调设计单位、施工单位、供货单位等之间的关系。

1. 平行发包

在平行发包模式条件下，各设计单位之间、施工单位之间以及设计单位与施工单位之间都是平行关系，他们都分别与业主签订合同，彼此间没有指令关系，没有合同关系。在此条件下，可以由业主或其聘请的项目管理单位组织进行价值工程活动，参加价值工程活动的单位可以包括各有关的设计单位，有关的施工单位或供货单位。因为各设计单位或各施工单位之间大都是平行关系，彼此间没有指令关系，大都直接接受业主或项目管理单位的指令，所以协调工作主要由业主或项目管理单位负责，因此无论是设计阶段还是施工阶段的价值工程活动都可由业主或其委托的项目管理单位负责组织。

当然，在激励机制作用下，也可以由有关设计单位或施工单位自发组织，独立开展或邀请其他单位共同参与开展价值工程活动，不过，这种价值工程活动的范围很可能仅仅局限于组织者所负责设计或施工的部分工程，很难进行整个项目的全面的价值工程活动。

2. 施工总承包或施工总承包管理

在施工总承包或施工总承包管理模式条件下，有两种情况，一是设计阶段的价值工程活动；二是施工阶段的价值工程活动。在设计阶段，通常是由业主或项目管理公司组织进行价值工程研究，可以邀请原设计单位和原设计人员参加，也可以不邀请。在施工阶段，通常是由施工总承包或施工总承包管理单位组织进行价值工程活动，一般在施工总承包或施工总承包管理协议中有相应的条款，鼓励承包商开展此类活动，所获得的收益将由业主与承包商分享。由承包商组织的价值工程活动可以邀请业主、项目管理人员、设计人员参加。

在施工总承包或施工总承包管理模式下，因为有激励机制，欧美国家的施工总承包或施工总承包管理单位比较普遍地开展价值工程研究活动，这已经成为这些单位重要的利润来源之一。

3. 项目总承包或 CM 模式

在项目总承包模式或 CM 模式条件下，因为承包商（CM 单位也是承包商）介入设计或影响设计，其参与项目实施的时间范围不仅仅局限于施工阶段。由于承包商对施工很有经验，可以对设计提出很多建议，既可以根据承包商的特点和优势进行有针对性的设计，又可以弥补或消除由于设计人员不熟悉施工而产生的不合理甚至错误，实施起来也比较顺利，因而在这种发包模式中，价值工程活动开展得较为广泛。价值工程活动也通常是由承包商组织进行，邀请业主、设计单位、项目管理单位的人员参加，也可以由承包商独立完成，即由承包商内部相应的部门和人员参加，再邀请社会有关的专家参加，完成价值工程活动。

在 FIDIC（国际咨询工程师联合会）合同（1995 年第一版）的“设计——建造与交钥匙工程合同条件”中，专门明确了承包商开展价值工程研究活动的条款（第 14.2 款）：

“如果承包商认为某一建议能降低工程的施工、维护和运行的费用，或对雇主来说能提高竣工的工程效率或价值，或能为其带来其他利益，则承包商可在任何时候向雇主提交此类建议书。……”

FIDIC 合同 1999 年版将“生产设备和设计——施工合同条件”与“设计采购施工（EPC）/交钥匙工程合同条件”分开，但都有类似的条款。

在 AIA（美国建筑师学会）的 CM 合同中，也专门提出了价值工程条款（CM/A-GENCY 合同第 2.2.12 条），指出“CM 经理在与业主签订协议之后，在保证不降低工程质量标准的前提下，应随时按价值工程的原理向业主和设计单位提出合理化建议以缩短工期和降低造价。采用价值工程产生的节约，CM 经理可获得一定比例的奖励。”CM/NON－AGENCY 合同第 2.1.11 条的规定也与上述条款相类似。

二、国内情况分析

目前在国内，工程承发包的模式主要采用平行发包、施工总承包（或施工总承包管理）模式，采用项目总承包和 CM 模式的工程项目都比较少。在管理体制方面，实行工程建设监理制，工程监理单位的作用相当于国外的项目管理单位，应该代表业主工作，进行项目设计和施工阶段的投资、进度、质量控制以及合同、信息管理、组织与协调等。但是多数工程监理单位从事的只是施工阶段的质量监督检查，与全方位的项目管理工作相差很远。

在这种体制条件下，要广泛开展价值工程活动有一定的难度。首先，在设计单位，各方面人才多，有开展价值工程活动的人力资源条件。但是，设计单位和设计人员一般不会对自己设计的项目开展价值工程活动，因为如果因此而创造出好的替代方案，在别人看来就等于否定了自己原来的方案，不仅面子上过不去，也很难得到业主的奖励，业主总觉得这是你应该做的。当然，设计单位可以接受业主的委托，对其他设计单位的设计成果进行价值工程研究活动，这在很大程度上取决于业主的开明程度，即业主知道可以通过价值工程活动节约成本，并且愿意出资委托设计单位组织进行价值工程研究活动。

工程监理单位一般只进行施工阶段质量监督，业主通常是在完成施工图设计，确定了施工单位以后才选择委托工程监理单位，工程监理单位一般不参与设计阶段管理，所以不可能组织设计阶段的价值工程研究活动。在施工阶段，许多工程监理单位只进行质量监督检查，不承担投资控制的任务，很多时候不掌握项目投资方面的经济信息，所以组织进行价值工程活动的主动性和积极性就大受影响。

在实行施工总承包（或施工总承包管理）模式的项目中，施工总承包（或施工总承包管理）单位有相关的施工和管理方面的经验，也有能力组织价值工程研究活动，但是，由于在行业中没有形成一种价值工程研究活动风气，也没有形成一种相对完善的对开展价值工程活动和取得成果的奖励机制，施工总承包（或施工总承包管理）单位通常不会积极主动地投入很大精力组织价值工程活动，对设计方案进行改进。另外，据许多施工企业介绍，开展价值工程活动可以降低工程造价，就会减少施工企业产值，尽管通过奖励机制有可能提高利润，但企业经营者更注重产值指标，因而就影响了施工企业开展价值工程活动的主动性。除非是设计方案的可施工性差，为了方便施工而对设计提出一些改进或修改意见，或者仅仅是针对施工方案开展价值工程活动。

无论在国内还是国外，来自原设计单位和设计人员的阻力相当大，他们普遍会对价值工程改进设计意见有一种抵触或反对心理。如果这种抵触和反对相当强烈，价值工程提案再好也难以推行，这是开展价值工程研究活动所要考虑和解决的一个重要问题。

由于整个建筑行业没有形成一种开展价值活动的氛围，尽管在设计单位、工程监理单位、施工单位中的许多工程技术人员了解价值工程这一技术，并知道开展价值工程活动的种种益处，但缺乏有力的组织者，没有形成激励机制，很多业主不了解也没有主动提出要求，各有关单位缺乏开展价值工程研究活动的主动性。所以，价值工程这一有效的方法没有很好地在建设项目中广泛应用。

要改变这种状况，首先要进行广泛宣传和教育，不仅要在全社会、全行业大力宣传开展价值工程的好处，而且要在行业内建立一支专业队伍，即在设计单位、工程监理单位、施工单位进行宣传、培训，培养一批能有效组织开展价值工程活动的专业人员。要建立激励机制，使设计单位、工程监理单位和施工单位能积极主动地组织价值工程活动。

一旦建立了适当的机制，设计单位、工程监理单位和施工单位就都会积极主动地组织开展价值工程活动。

设计单位可以放下思想包袱，对自己承担的设计项目，邀请业主、工程监理单位、施工单位甚至其他设计单位的同行共同参加价值工程研究活动；也可以在自己单位内部，请其他设计组的人员对自己的设计方案进行研究，提出改进意见或方案；还可以主动出击，向其他项目的业主提出要求，组织对其他单位的设计方案进行价值工程研究，从价值工程研究活动中获得收益，从而拓展业务范围，开辟赢利渠道，扩大利润空间，提高服务水平。据了解，上海同济大学建筑设计研究院近年来尝试开展了价值工程服务咨询，在多个项目中取得成功，经济效益显著，其主要服务对象是一些大型房地产公司，这些房地产公司对控制工程造价非常重视，希望采取各种措施降低造价，因而容易接受 VE 理念。

当前，工程监理单位面临着竞争激烈、收入低下、工程监理服务技术含量低、风险大等多方面的困难和问题，积极主动地开展价值工程研究活动，组织或者协助业主组织设计单位、施工单位开展集体创造活动，既可以提高服务水平，增加收入和赢利，又可以提高企业的竞争能力、生存能力。

施工企业的施工和管理经验丰富，观察问题的角度、处理问题的方法与设计单位、工程监理单位都不同，可以从施工技术、施工管理的角度对设计方案提出有益的建议，从提高可施工性的角度对设计方案进行改进。在国外，许多价值工程研究活动都是由施工企业发起和组织的，国内完全可以学习并推广，这样做的好处同设计单位、工程监理单位一样，既可以增加收入和利润，又可以提高服务水平，提高竞争能力。

当前，国外的许多大型承包企业都在积极拓展业务渠道和服务范围，除了进行工程承包以外，还积极开展咨询服务，包括项目管理、项目融资、项目前期策划等，开展价值工程研究活动作为其服务的一项内容，不仅可以在自己所承包的工程中进行，还可以在其他项目中单独为业主进行专门的服务。国内的大型承包企业，在技术上并不比外国公司逊色，但在各种服务、管理水平等方面尚存在差距，学习并提供价值工程服务是缩小这种差距的任务之一。

三、价值工程活动的推动

价值工程是一项依靠集体智慧和力量的有组织、有目的的活动。因此，对于价值工程的宣传教育和人员培训是推动企业价值工程活动的重要工作。

1. 价值工程的宣传

在全行业中积极并广泛地宣传价值工程，其目的是为了让每个工程技术人员都能认识到开展价值工程活动的重要性，并转化为自觉的行动，支持和参与价值工程活动。所谓全行业，既包括设计单位，施工单位，也包括建设单位，监理单位等，既包括技术人员，也包括有关的管理人员。

要制订价值工程宣传的计划，确定宣传内容、时间和方法以及宣传工具和形式，以达到预期的效果。

要确定宣传的形式，比如，组织参观价值工程应用成果展示会、参加价值工程专题报告会、参与具体的价值工程活动，介绍国外价值工程研究动态和发展前景，发放宣传小册子等宣传物，进一步提高人们对价值工程的认识和兴趣。

要确定宣传的内容，可根据宣传对象、宣传目的的不同选择宣传内容。例如，价值工程发展史；价值工程应用的经验教训；价值工程应用成果；价值工程方法等等。

2. 人员培训

开展价值工程活动，需要一支价值工程师队伍。因此，应注重价值工程人才的培养。应根据企业的实际情况，针对不同岗位、不同职能确定培训计划、培训内容和培训形式，分别进行价值工程的培训。

3. 采取组织措施

为了更好地在建筑业推行价值工程，可以采取一些行政推动措施，比如在建设行政管理部门建立一个价值工程工作组。该组织的任务主要是抓培训教育，在行业内进行广泛宣传推广，使业内人士都了解并掌握价值工程的基本原理和一般方法。在行业内普及推广，同时要研究制订政策，鼓励价值工程活动的开展，抓典型项目和单位，特别是政府投资工程要起示范作用，组织对有关合同条件进行修改补充，增加价值工程活动的有关条款。

在企业中，除了建立各级价值工程工作组之外，还必须有相应的措施。

（1）改革现存组织机构，使价值工程计划得到切实贯彻执行。

（2）确立奖励原则。在项目管理合同、建筑施工合同、设计合同中，应规定实施价值工程的奖励条款。任何承包人应用价值工程，或者所提建议取得实效后，承包人有权得到奖励。

（3）设立价值工程开发研究专项费用。实际建设项目中，往往会临时发现对总成本有重大影响的关键问题，需作进一步的专项研究，有这笔专项费用作保证，有利于工作顺利进展。

（4）建立检查评价制度。必须通过检查和评价，来促使价值工程计划贯彻执行。

4. 建立机制

欧美等发达国家在多年实践的基础上积累了价值工程研究的丰富经验，充分认识到开展价值工程研究的巨大作用，并从中获得了巨大的利益，因此，普遍和广泛地在建筑业中开展价值工程研究。美国联邦政府和各州政府、各部门都纷纷采取措施，鼓励、促进价值工程的广泛开展，甚至有的部门将开展价值工程研究作为合同的必要条件，写入招标文件和合同条款中。另外，由于可以从价值工程研究中获得巨额奖励，许多承包商纷纷将价值工程研究作为增加利润的主要途径以及获得承包项目的主要手段。

总之，在欧美发达国家，在建设项目实施过程中，已经基本形成了价值工程研究的机制，即价值工程研究成为建设过程中的一个必要程序，对价值工程研究活动节约费用进行分配已经形成了一种惯例。

我国要在建筑业中推动价值工程研究的发展，除了上述的各种措施外，可以由政府部门或行业协会发出倡导，建议价值工程的分配原则，鼓励在项目实施过程中开展价值工程研究，逐步形成一种制度或惯例，建立良性发展的机制，推动建筑业的发展和进步。

一旦建立了这种机制，就会对很多单位产生压力和动力。其动力是经济效益，节约的金额可以提成；压力是可以展示各单位实力，督促提高和优化。比如设计单位若知道自己的设计成果将被用于开展价值工程研究活动，进行优化，他就会自己先进行优化，工作做在前头，以保护自己的声誉。所以，建立价值工程研究活动机制和制度，会对相关单位产生一定的推动力量。

当然，机制和制度一旦建立就要坚决落实。我国工程建设中的许多问题往往是不缺机制，而是缺乏彻底贯彻和落实。近闻深圳某大型工程中的钢结构设计，业主聘请了专家进行优化设计咨询，用钢量由 5 万吨减少到 4 万吨。由于节约量太大，原合同确定的奖励金额达数千万人民币，业主迟迟不肯兑现。

在建筑企业内部，也要建立适当的组织，其任务是既要进行培训教育，又要对具体的项目组织实施价值工程活动，并总结经验教训，持续地在其他项目中进行价值工程活动。

第二节　价值工程研究小组的组织

如前所述，价值工程活动是有组织的集体研究活动，就是要组建一个研究小组开展研究活动。可以针对某个具体的项目建立临时的组织开展研究活动，项目结束后解散；也可以在大型承包企业或设计单位、项目管理单位内建立常设的价值工程研究机构，对一系列的项目进行研究，并推动价值工程研究活动的长久进行和不断发展。

不管是临时的组织还是常设的组织，对具体的项目、具体的问题来说，价值工程活动究竟应该由谁参与？多少人参与？价值工程活动由谁负责组织？这些都是影响甚至决定价值工程活动成效的重要方面。要慎重选择具有不同专业背景、不同经验的专家，优化组建价值工程研究小组（VE Team）。

一、研究小组的规模

经验证明，参与价值工程研究活动的人数最好保持在6～12人的范围内，以保证价值工程研究活动的效率和效果。如果人数超过这个范围，可能会产生相反的效果。比如人数太多时，价值工程研究小组将难以控制，可能在某些具体的局部问题上花费较多时间讨论而影响整个小组的工作效率。根据以往的经验，当价值工程研究小组的人数超过12人时，将对价值工程研究活动的组织和控制带来困难。

另外，让更多的人参与价值工程研究活动，可能会抑制某些参与者的积极性和创造性。人的性格不同，有相当多的人在众人面前会变得胆怯、羞涩，不愿主动发言。人越多，这种胆怯或羞涩表现得越突出，就会进一步影响这些人的正常思维和发言。而价值工程研究的目的是使每个人都能畅所欲言，主动发表独到的意见和观点，以便收集到更多的有价值的方案，尽管有更多的人参与可能会产生更多的新意见、新想法，但对某些个人来说，其发言的主动性可能受到影响，价值工程研究小组的工作效率就会降低。在许多人参与的情况下，往往是少数几个自信、胆大的人不断发言，控制了整个讨论过程，而胆小、害羞的人则越发不敢发言，不愿参与讨论，他们的意见、观点不能得到有效表达，这对价值工程研究是非常有害的。

还有一种无形的难以度量的影响，也与价值工程研究小组的规模有关，这就是对研究小组的“团队精神”和保持较好的合作关系的影响。在规模小的团队中，更容易激发建立“团队精神”，而这种“团队精神”正是保证每个人的热情，从而保持团队创造力和工作效率的关键因素。

在特大型项目或特别复杂的项目中，可能多请一些人参加也是很有好处或很必要的。有时候，价值工程小组的规模不得不超过12人，在这种情况下，为了避免产生上述问题，可以采用分组活动的办法。在价值工程活动的各个阶段的大部分时间中，每个小组独立活动，分别讨论，而在价值工程研究活动的几个关键节点再进行汇总、交流。

二、研究小组的人员组成

由于价值工程研究小组的人数应该受到限制，所以要仔细挑选参与价值工程研究活动的每一位成员，以适应不同项目的要求。由于项目的特点和复杂程度不同，不同项目的人员组成也不相同。在考虑人选时，仔细评估每个人员的作用是非常重要的。

如前所述，价值工程研究能否成功的一个关键是请多个专业人员共同参与。除了不同专业的设计人员和施工人员参与以外，有时其他方面的人员参与也是十分必要的，比如在项目运行阶段负责维护的物业管理人员、用户代表和其他专家等。

物业维护和管理人员常常能够以他们自己的知识和经验提出有价值的意见和建议，而这些经验通常是设计者所不具备的。比如，某市某学校的一幢教学楼，原设计者将建筑物正面的外墙设计为花岗石，尽管很漂亮，但物业管理者提出，学校内涂鸦现象比较严重，校内的建筑经常会遭到调皮学生的乱涂乱画，所以他们不得不经常重新喷刷涂料或油漆，在这种建筑物中用花岗石无疑是一种浪费，还不如索性在混凝土外墙上直接刷涂料，以便经常维护。该建议被采纳，自然节约了很大一笔钱。

在价值工程活动中，用户代表也是一个重要的角色。有时候，他们可以帮助价值工程研究小组理解工艺生产过程，这种理解相当重要，可以帮助价值工程研究人员集中精力研究有潜力的领域或问题。用户代表尽管不是建设领域的专家，但也常常能提出非常有价值的想法，对建筑生产过程一窍不通的人有时也会产生灵感，这些灵感是那些被规范、经验或常识灌满头脑的各专业人士所想象不出的，他们对许多问题的质疑可能会被业内人士认为无知可笑，但却确实可以帮助我们探索事物的因果关系，明确目的和手段。

另外，业主代表常常具有有价值的知识背景和经验背景，而这些知识和经验很可能是价值工程研究小组其他成员所不具备的。这些知识和经验常可以帮助他们提出有用的建议。某动物园项目中的价值工程研究就是一个很好的例子。

某地要新建一野生动物园，要求园中的所有动物都在接近其自然生存条件下喂养并能够被参观展览。其中一个展览项目是展示食肉动物捕食情况的，为了保护捕食动物，要求在两种动物之间设置一道看不见的屏障。

计划展览的动物是美洲狮和山羊，这两种动物来自山区，适宜山地环境，为此，必须建假山，并需要大量人工假石，但这些都是很昂贵的。

在这个项目的价值工程研究小组中有一位业主代表，是一位著名的动物学家，他在价值工程研究过程中提出，食肉动物的捕食展览可以用草原犬鼠和效狼(北美西部的一种小狼)代替。后者的自然生存环境是沙漠，因而可以用较便宜的黄沙代替昂贵的人工假石来建造模拟自然环境——沙漠，这当中的成本差异是非常明显的。这个建议还有另一个好处，就是犬鼠和效狼的展览比美洲狮和山羊的展览更生动、更有趣，可以吸引更多的游客。

即使在一个相对简单的项目中，由相对独立的运行管理专家参与价值工程研究也是很有效的。尽管这个专家对工程建设可能一窍不通，但由于他对项目运行的深入了解，也可能对工程建设方案提出有价值的建议。在下面这个实例中，邀请了图书馆管理方面的专家参与图书馆项目的价值工程研究，就起到了很好的作用。

某图书馆项目价值工程研究活动中，被邀请的专家中有一位是图书馆经营管理领域的杰出人物。在所研究的项目中，项目的预算大大超过了最初的计划值，主要是因为业主方有一项要求，即准备将来对该项目进行扩建，因此现在的设计要保证将来容易实施相当规模的扩建工作。该专家根据自己的经验认为，当今社会信息技术（IT）的发展突飞猛进，在不久的将来，将对传统图书馆的空间需求产生重大影响。他提出，越来越多的信息将会以电子媒体的形式被贮存和传输，因而相对于传统的以存放硬件为主的图书馆而言，将来的图书馆将不再会需要如此大的空间。另外他还估计，越来越多的人将通过计算机在线访问图书馆而不是亲自到图书馆查询资料。综合这两点原因，即使将来不会取消扩建计划，但大规模扩建的可能性也就大大降低了，因为大规模扩建的实际需求很可能不存在了。明确了这一点，业主今后大规模扩建的需求就要重新考虑。如果修改这一要求，设计自然就可以简化了。

价值工程研究小组中应当包括各个专业的设计人员。在传统的价值工程研究组织中，通常都是邀请项目以外的设计人员参与研究，被邀请的人员应该具有相当的水平和知名度，其能力应该比原设计人员能力强，至少不能低于原设计人员的能力，越是水平高的人参与，对项目越有利。

项目的特点不同，要求参与价值工程研究的设计人员组成也不同。对房屋建筑来说，价值工程研究小组可能包括建筑师、结构工程师、机械工程师和电气工程师等，而对其他项目则可能要求不同的专业，如铁路项目可能要求土木工程、轨道工程、信号工程和电气工程专业的人员等。

参与价值工程研究的人员都是各专业各领域的专家，对本专业的技术问题非常精通，在价值工程研究活动中，除了对本专业本领域的问题提出意见外，还可以对其他专业领域的问题参与研究讨论，发表意见和看法。这种全体参与的方法能够从多个专业、多视角地观察问题、发现问题，提出更多的解决方案。许多更好的方案就来自于那些非本专业领域的专家。比如，在对某大型基础设施项目进行价值工程研究时，一个电气工程师就提出了变双向交通系统为单向交通系统的建议，从而改善了设计。

不同专业的人员共同参与研究，除了可以产生更多的想法和方案之外，某个专业的决策对另一个专业的影响可以立即得到理解或解决。所以，建筑师的建议可能立即得到机械、电气或结构工程师的理解，其影响也可以立即评估或被解决。

除了不同专业的设计人员参与以外，价值工程研究小组中尚应包括不同专业的施工人员，同时还应包括造价工程师，以便对不同的建议或方案进行经济评估。在本书后面的部分章节里将会进一步详细说明，造价工程师要对不同方案进行成本估算和比较，并全面考虑各种相关的费用，这对价值工程活动是相当重要的。如果不能精确地估算各方案的费用，就会影响方案的选择和决策。

施工管理人员的参与也是必要的，一般情况下，施工管理人员可以就项目的可施工性和现场的操作问题对设计提出建议，可能会对项目的费用产生显著影响。

价值工程研究的时间阶段不同，参与价值工程研究的人员也可能不同。在项目早期开展价值工程研究（价值规划），要求注重对宽广的、战略性的问题进行研究；而后期进行价值工程研究，则应注重对具体的、技术性的结构或构件进行研究，研究的重点不同，参与人员也就不同。如在审核某零售商场项目时，在早期价值规划研究阶段，零售商业方面的专家会比机电工程师更有用，而在后期的价值工程研究阶段，后者会比前者更有价值。

总之，组织开展价值工程研究活动，可以根据项目特点和研究对象，选择业主方、设计方、施工方、运营管理方，用户代表等参与；其参与人员可以涵盖建筑、结构、土木、机械、电气、经济、管理等专业背景和相关经验，如图 2-1 所示。在选择参与单位和参与人员时应考虑项目的性质和特点，价值工程研究活动的时间（项目阶段）以

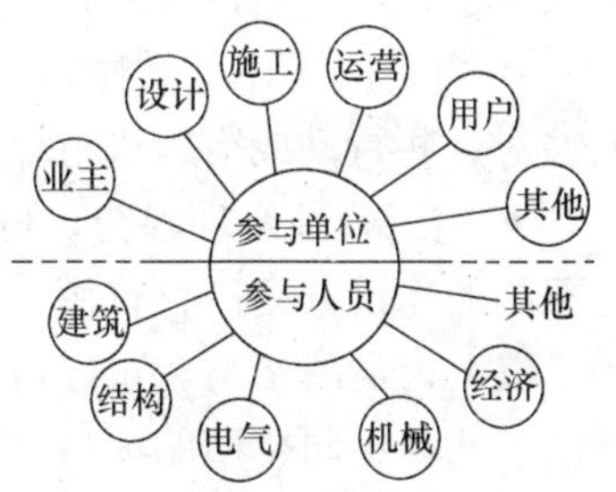

图 2-1　建设项目价值工程活动的参与单位和人员

及具体的研究对象等。

三、价值工程小组中的组织者

价值工程研究小组中应该有一个强有力的组织者和协调者，这就是价值工程协调人（VETC——Value Engineering Team Coordinator）。这个组织者和协调者应具备一定的资格，能够领导整个价值工程研究活动，控制价值工程研究过程，是一个关键的角色。他应该能够理解专家提出的明确的或不确定的建议和方案，捕捉、筛选有价值的灵感，善于总结和归纳，引导整个价值工程研究小组向着正确的方向发展。同时，他又要具有幽默的气质，能够激发别人的创造性，创造轻松愉快的环境气氛，使价值工程研究富有成效。

价值工程协调人还要具有一定的组织和控制能力，能引导、控制整个价值工程研究活动，以一定的程序和步骤，完成价值工程研究活动。

关于价值工程协调人的详细要求和关键作用将在以后的章节中详细介绍。

例如，某铁路车站项目为多层建筑，上部结构为商务用房，其价值工程研究的组织如下：

- 价值工程协调人（有资格的价值分析专家）
- 岩土、水工技术工程师
- 土木工程师
- 结构工程师
- 铁路运行维护工程师
- 环境保护专家
- 施工管理经理
- 造价工程师

商务用房中包括 250000m^2 的酒店和办公用房，位于车站的上面。用于建设车站的地址正好是一片沼泽地，当然也会有一条铁路线横跨其中，在建设期间还要保证铁路的正常运行。选择以上各方面的专家参与价值工程研究的理由是：

● 价值工程协调人将进行必要的管理和组织，以保证价值工程研究的效果。

● 本项目主要对基础工程集中进行价值工程研究，所以岩土工程师是必需的。所选择的这个岩土工程师同时也具备水工方面的渊博知识，由于该项目地处沼泽地，所以这方面的知识也特别有用。

● 土木工程师可以为场地的开发、利用和轨道的设计提供专家意见。

● 结构工程师对分析和评估地基上的各种荷载是非常必要的。

● 由于在项目建设期间要保证铁路正常运行，所以运行方面的专家可以对诸如安全、出入通道、工作台以及对铁路运行的有关干扰等问题提供意见。

● 由于沼泽环境敏感，许多行动或措施容易对其产生不良影响，有环保专家参与，能够对这些行动或措施进行评估，或采取相应的补救方案。

● 施工管理经理参与，可以对项目的可施工性提供建议，而造价工程师参与则可以对不同的建议方案进行费用估算，以利于方案选择。

以上人员的参与，正好可以满足这个特定项目的特殊要求。为了说明问题，表 2-1 还提供了几种不同类型的项目、不同研究阶段的价值工程研究人员组成，但不能作为标准照搬，因为项目的差异性很大，所要研究的问题和研究的阶段都不相同，所参与的人员肯定会有很大差异。

不同类型项目的价值工程研究人员组成 **表 2-1**

图书馆		水利局		市政府大楼	
早期 VP 研究	后期 VE 研究	早期 VP 研究	后期 VE 研究	早期 VP 研究	后期 VE 研究
• VE 协调人 • 图书馆经营专家 • 建筑师 • 业主代表 • 机械、电气工程师 • 造价工程师	• VE 协调人 • 建筑师 • 结构工程师 • 机械工程师 • 电气工程师 • 造价工程师	• VE 协调人 • 会计师 • 工艺工程师 • 水质专家 • 运行管理经理 • 项目经理 • 土木工程师 • 机械、电气工程师	• VE 协调人 • 会计师 • 运行管理经理 • 土木工程师 • 机械工程师 • 电气工程师 • ICA 工程师 • 造价工程师	• 组织以外的专家成员 • VE 协调人——第 1 组 • VE 协调人助理——第 2 组 • 办公楼运行方面专家 • 建筑师（2） • 预算、造价工程师 • 业主方人员 • 市长办公室人员 • 公共工程管理人员 • VE 经理	• VE 协调人 • VE 协调人助理 • 办公楼运行方面的专家 • 建筑师 • 机械工程师 • 电气工程师 • 结构工程师 • 施工管理经理 • 安全专家 • 预算、造价工程师

四、参与价值工程研究的设计人员

在美国，一般认为应由独立的设计方面专家参与价值工程研究，即不能由原设计班子的人员参与价值工程研究，这也就是所谓的由外部专家组成的价值工程小组。

由外部专家组成价值工程研究小组具有许多优点。

首先，邀请外部专家参与，有助于提出新的解决方案。建设项目的设计是一项复杂的活动，它需要对许多因素和条件进行平衡、协调，才能满足业主的需要。由于项目的复杂性，设计方案会存在多种可能的选择，一旦选择了某种方案（当然这方案既满足了业主的要求，又符合各种约束条件），就意味着放弃了其他可能的方案。而且，今天他采用了这种方案，明天后天他可能还会采用同样的方案对付同样的问题，这就是人的习惯性思维方法。许多人都有一个共同的心理现象，即对某个问题痴迷于某一种解决方案，也就是说，设计者一旦找到了解决某个问题的有效途径，一般情况下他不愿再去寻找其他的方案。除此之外，由于建筑市场竞争激烈，设计收费降低，为了降低设计成本，以及为了满足设计进度的要求，设计者也无精力再研究其他的替代方案。随着项目的进展，原先选定的方案在设计者头脑中越来越根深蒂固，并且，后来的所有决策都建立在这个最初的选定方案基础上，设计者的思路越发不能动摇了。

但是，外部的设计者在审核原设计时，由于他的经验和背景不同，将不会受到原设计者思路的限制，可能会产生新的方法，带来有价值的解决方案。

其次，原设计方案可能存在缺陷或存在潜在的问题，由原设计人员审核或参与价值工程研究很难发现其中的问题。许多人都会对某种方法有偏好，从而妨碍他继续寻找更加符合实际的替代方案。况且，一般人都不愿意对自己的设计甚至同事的设计方案提出批评意见或找出其中的错误。由外部的设计人员参与就不会存在这类问题。

第三，外部的专家和设计人员也可能具有各种优势或不足。但是，原设计人员的不足可能正好被外部专家的优势以及开展价值工程的努力所弥补。从另外的角度来说，委托行业内顶级设计专家进行项目的设计可能会非常昂贵，对项目来讲可能难以接受，而邀请他们短期参与价值工程研究活动则不失为一种有效的方法，既节约了成本，又可以接受名师的指点，得到名家的建议和帮助，可以在很大程度上改善原设计。从这个意义上讲，这也是在充分高效地利用社会资源。

最后，原设计人员很难自始至终参与价值工程研究活动的全过程。根据以往进行价值工程研究活动的经验，设计者普遍具有这样的心理或态度：我已经对这个项目了如指掌，为什么还要在收集信息阶段参与研究，简直是浪费时间。这种态度，常常会影响人们的情绪，阻碍价值工程研究活动的进程。保证价值工程研究活动的整体性和连续性是非常重要的，无论是否邀请原设计人员参加，这一点都是关键。在价值工程研究活动过程中的每一个阶段，都要求价值工程研究人员摒弃常规的思路，引导他们从不同的视角观察和处理问题，在所有相关专业人员的共同参与下，更深入地理解和解决问题，并帮助那些自以为对项目了如指掌，实际上对项目理解错误的人员改正错误。

当然，邀请外部的专家参与价值工程研究也会产生矛盾，甚至造成敌对情绪。原设计人员花了很长时间，耗费了很多精力和劳动才完成了设计方案，在这么短时间的价值工程研究活动中，外来专家对其设计方案提出许多改进的意见，很容易激怒原设计人员，特别是当别人的建议在很大程度上修改原设计，显著地降低成本时，这种不愉快将是十分明显的。这是正常的心理现象，应该给予理解。真正的价值工程研究活动，价值工程协调人员应该充分重视这类问题的处理。价值工程协调人员应该有义务有责任向原设计者解释，为什么要改进原设计，可以带来哪些好处，并说明改进设计方案并不是贬低原设计，而是对原设计的提高，目的是为了完善设计，为整个项目增值。价值工程协调人员也应该引导价值工程研究小组中的成员培养一种职业的、宽宏大量的姿态，价值工程研究不是去对原设计挑毛病，而是去帮助他们，如果发现设计中有什么遗漏或错误，应该采取适当的做法，比如礼貌地向原设计者发备忘录提醒，而不是大肆宣传或积极向业主汇报并夸大其词。

价值工程研究还应注意美观方面的特性和要求，避免简单地通过降低美观要求去降低成本，因为美观要求也是项目功能的一个重要方面。

在进行价值工程研究的开始阶段，就应排除原设计人员的阻力，通过宣传解释价值工程的意义和目的，消除他们的抵触情绪。

当价值工程思想和方法已经深入人心，可以在建筑业广泛开展价值工程活动时，就可以邀请原设计人员参与价值工程活动了。比如，目前在美国，设计人员既可以作为某项目的设计者，又可以参与该项目的价值工程研究，这种做法已经在许多项目中取得了成功。因为价值工程研究人员和设计人员彼此可以互相理解，从而可以消除反感与抵触情绪。

尽管请独立于原设计的专家参与价值工程研究活动具有上述的许多好处，但在英国也有一种趋势，就是利用项目参与各方自己的力量进行价值工程研究活动，包括业主方人员和原设计班子成员，尽管具有潜在的不利因素，但也有有利的方面，有时候，有利的方面会大于不利的方面。

首先，对设计改进建议的反对意见和抵触情绪可以减少甚至消除。因为项目参与各方共同参与价值工程研究，在价值工程研究过程中的每一个建议、每一项提案都是经过原设计者的思考和参与讨论的，原设计者理解和了解每一个提案的理由和讨论过程，就比较容易接受，因而可以加快价值工程提案的实施过程。

其次，由项目实施各方内部人员参与价值工程研究活动，有助于加强彼此的沟通和交流。这种沟通和交流能够摒弃彼此间的误解和偏见，加强理解，而这种理解将对项目的实施产生积极的作用，促进项目的实施，最终使项目增值。

最后，由项目实施各方内部人员参与价值工程研究活动，可以降低成本。原设计人员参与价值工程研究活动，他们同时也是设计方的代表，身兼二职。对小项目而言，价值工程研究的成本可能会占项目成本的很大比例，从而加重项目的负担。当然对大型项目而言，价值工程研究成本所占总造价的比例很低，而且通过价值工程研究而节约的潜力很大，完全可以弥补价值工程研究活动的成本。

根据以上的分析，在选择价值工程研究人员时，应该根据具体项目的具体情况进行具体分析。有时候可以采取折中的方案，以利用两种方案的优点，即请一部分外部专家，一部分原设计人员。在这种情况下，由于原设计人员对项目的了解和理解都比外来专家深入，可能会影响外来专家，使他们不敢发表意见，有经验的价值工程协调人员应该设法避免这种情况的发生，鼓励每一个人积极参与讨论，达到预期效果。

第三节　价值工程研究活动的程序和步骤

价值工程研究活动的程序，是价值工程活动过程及其客观规律的反映，是人们在认识客观规律的基础上制定的价值工程活动各项工作的先后顺序。

一、价值工程活动的提问程序

价值工程已发展成为一门比较完整的管理技术，在理论上和实践上形成了一套科学的工作程序。价值工程活动的全过程，即工作程序的实施过程实质上是发现问题、分析问题和解决问题的过程。具体地说，就是对价值工程研究对象选定后，针对价值工程对象的功能成本进行系统分析，找出在功能和成本上存在的问题，提出切实可行的改进方案并付诸实施，取得较好的技术经济效果，以提高研究对象的价值。价值工程活动的全过程，围绕如下10个问题展开，它们是：

(1) 价值工程的对象是什么?

(2) 围绕价值工程对象需做哪些准备工作?

(3) 价值工程对象的功能是什么?

(4) 价值工程对象的成本是多少?

(5) 价值工程对象的价值是多少?

(6) 有其他方案实现这个功能吗?

(7) 新方案的成本是多少?

(8) 新方案能满足功能要求吗?

(9) 怎样保证新方案的实施?

(10) 价值工程活动的效果有多大?

回答了上述10个问题，就完成了价值工程活动的一个循环，这种提问方法，简单明了，提供了有针对性地提出问题、分析问题、解决问题的途径。因此，实际工作中，回答和解决这些问题，就是按价值工程的工作程序来开展价值工程活动。

二、我国价值工程的一般工作程序

我国国家标准《价值工程基本术语和一般工作程序》(GB 8223—87) 规定的价值工

程的一般工作程序如表 2-2 所示。

价值工程的一般程序 **表 2-2**

阶段	步骤	价值工程提问
准备阶段	1. 对象选择	价值工程的对象是什么？
	2. 组成价值工程工作小组	围绕价值工程对象需做哪些准备工作？
	3. 制定工作计划	
分析阶段	4. 搜集整理信息资料	价值工程对象的功能是什么？ 价值工程对象的成本是多少？ 价值工程对象的价值是多少？
	5. 功能系统分析	
	6. 功能评价	
创新阶段	7. 方案创新	有其他方案实现这个功能吗？ 新方案的成本是多少？ 新方案能满足功能要求吗？
	8. 方案评价	
	9. 提案编写	
实施阶段	10. 审批	怎样保证新方案的实施？
	11. 实施与检查	
	12. 成果鉴定	价值工程活动的效果有多大？

从表 2-2 可知，价值工程的一般工作程序可分为 4 个阶段、12 个步骤，以下分别对其做简单说明。

(1) 对象选择

根据客观需要，选择价值工程的对象并明确目标、限制条件和分析范围。

(2) 组成价值工程工作小组

根据不同的价值工程对象，确定工作人数，组成工作小组。工作小组的成员一般在 10 人左右，成员应熟悉价值工程活动原理和研究对象，思想活跃，具有创造精神。工作小组负责人一般由项目负责人担任。

(3) 制定工作计划

工作小组应制定具体的工作计划，包括具体执行人、执行日期、工作目标等。

(4) 搜集整理信息资料

由工作小组负责搜集整理与对象有关的一切信息资料。搜集整理信息资料的工作应贯穿于价值工程的全过程。

(5) 功能系统分析

通过分析资料，用动词和名词的组合简明正确地表述各对象的功能，明确功能特性要求，并绘制功能系统图（FAST 图）。

(6) 功能评价

价值工程用于对原有对象进行改进时，需定量地表述原有对象各功能的大小，求出其目前成本，并依据对功能大小与功能目前成本之间关系的研究，确定应在哪些功能区域改进原有对象，并确定功能目标成本。当价值工程用于创造新产品时，把确定功能的目标成本作为创新、设计的评价依据。

(7) 方案创新

针对应改进的具体目标，依据已建立的功能系统图、功能特性和功能目标成本，通过创造性的思维活动，提出实现功能的各种不同的方案。

(8) 方案评价

从功能、技术、经济和社会等方面评价所提出的各种方案，看其是否能实现预定的目标，然后从中选择最佳方案。

(9) 提案编写

将选出的方案及有关的技术经济资料和预测的效益，编写成正式的提案。

(10) 提案审批

主管部门应对提案组织审查，并由负责人根据审查结果签署是否实施的意见。

(11) 实施与检查

根据具体条件和提案内容，制定实施计划，组织实施。并指定专人在实施过程中跟踪检查，记录全过程的有关数据资料。必要时，可再次召集价值工程小组提出新方案。

(12) 成果鉴定

根据提案实施后的技术经济效果，进行成果鉴定，包括考核指标的计算（如年净节约金额、节约百分比和节约倍数等）。

笔者认为，以上程序和步骤适用于工业制造等领域，即便如此，各企业在具体应用时还可以根据价值工程的对象，本企业、本单位的具体情况灵活运用。而在建筑业中，价值工程研究又具有其特殊性，其工作程序可能会有所变化，这将在后面的内容中提出。

三、建设项目价值工程活动的过程

在建筑业中，对建设项目而言，建筑产品具有许多特殊性，价值工程研究的程序也不同于一般的工业产品。

国际上一般将建设项目的价值工程研究活动分为三大阶段，即：研究前的准备阶段(Pre-study phase)、研究阶段（Study or workshop phase）和研究后阶段（Post-study phase)。

1. 研究准备阶段

在研究准备阶段，主要是进行正式研究活动的一些准备工作，包括组织准备和技术准备，具体包括：

召开准备会议，由业主、设计者和价值工程专家参加，目的是统一思想，明确价值工程目标，了解项目的约束条件和有关问题。

其次，建立费用模型（Cost Models)，即对项目的成本进行分析、分解，了解成本的分布情况。

其三，建立价值工程研究的组织，明确参加价值工程研究的人员等。

2. 正式研究阶段

在正式研究阶段，按照通常的价值工程研究活动计划（Job plan)，通常分为以下5个步骤。

(1) 收集情报，包括功能定义和功能系统分析阶段的有关内容，如功能的成本是多少？功能的价值（worth）是多少？功能要求是如何实现的？等等。收集项目的有关情报，包括对项目充分理解，了解业主的建设意图、功能要求，设计者介绍设计成果等。

(2) 方案创造，分析还有什么方法可以实现功能要求？每个具体的功能是如何实现的？

（3）方案分析，分析方案创造所产生的每个建议都能实现功能要求吗？每个建议又是如何实现功能要求的？

（4）方案发展与评价，通过前面的分析、筛选，将可行的建议进一步完善发展，形成提案，并分析每个提案如何实现功能要求，能否正好满足顾客要求，实现功能要求的成本是多少，全寿命周期成本是多少，等等。

（5）最终提案，分析每个提案的优点是什么？缺点是什么？实施这些提案应该做什么？怎么做？

3. 研究后阶段

在研究后阶段，主要任务是形成价值工程研究报告，包括所有提案的详细介绍和概括介绍，然后提交业主审核，由业主决定是否采纳。若决定采纳，则开始实施，并且跟踪、检查、鉴定与总结。

上述过程，可以用图 2-2 表示。在每一个阶段，如何组织实施，将在后面的内容中详细介绍。

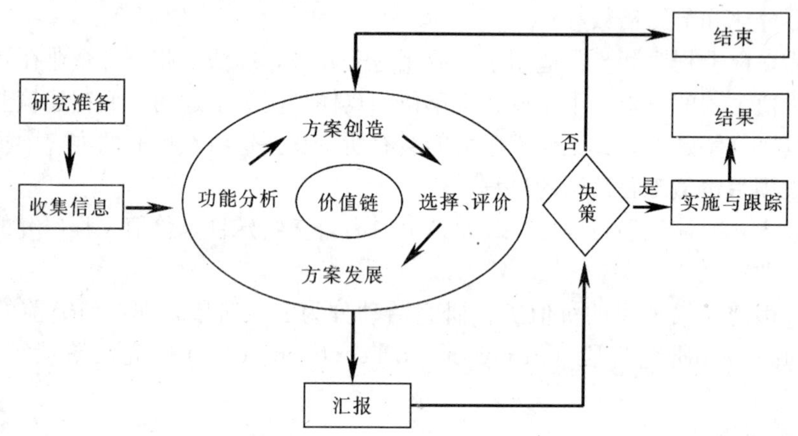

图 2-2　价值工程工作流程图

四、关于价值工程研究对象的选择

建设项目开展价值工程研究与工业产品的价值工程研究有许多不同，在对价值工程研究对象的选择方面就有所不同。

（一）选择研究对象的基本方法

在工业企业中，每个企业的产品种类、规格、型号很多，而且在不断地推出新产品，采用新技术。因此对哪些产品进行研究，或者对某种产品的哪些部件、哪些工艺过程进行研究等等都需要进行认真的选择，有重点地进行。选择价值工程对象有两种方法，即价值测定法和检查提问法。

1. 价值测定法

所谓价值测定法，并不是通过 $V=F/C$ 这个公式去计算，而是通过对以下 10 个问题的回答来选择确定，即：

（1）使用这种材料（或零件、工艺）能提高产品的价值吗？

（2）这种产品的功能与它的费用相称吗？

(3) 产品的各种特性或性能全部都是必要的吗?

(4) 有更好的办法来实现这个目的或用途吗?

(5) 有更便宜的方法来生产目前使用的这些零部件吗?

(6) 能找到可使用的标准产品吗?

(7) 从使用数量上考虑，是否需要使用适当的专用工具来生产?

(8) 材料费、劳务费、间接费和利润的总和等于它的价格吗（用以判断外协件或外购件的价格是否合理)?

(9) 能从其他可靠的专业化的工厂里以更便宜的价格买到这些材料或零件吗?

(10) 有没有人以更低廉的价格从别的地方买到过这种产品?

2. 检查提问法

所谓检查提问法，即是对一个产品从设计、生产、销售、成本等方面进行检查、提问，从而确定价值工程研究对象。检查提问的主要问题列举如下:

(1) 设计方面

- 对产品设计开发的历史资料和原因是否进行过调查?
- 产品的结构复杂吗?
- 这些产品的技术水平低不低?
- 有限制设计的特殊条件吗?
- 类似的设计多吗?

(2) 生产方面

- 生产量是多少? 年产值是多少?
- 有没有工艺类似的产品?
- 该产品长年以来都采用同样的制造方法吗?
- 加工和装配的工序多吗? 很费工吗?

(3) 销售方面

- 这种产品的寿命周期是处于成长阶段还是处于稳定阶段?
- 用户要求索赔的事例多吗? 损失的费用有多少?
- 用户有无减价的要求?

(4) 成本方面

- 材料费高吗?
- 与其他同功能产品相比较，成本高吗?
- 从成本的组成来看，各部分的成本是多少? 哪部分的成本最大?

(二) 考虑价值工程活动本身因素

即使根据以上各项标准来选择价值工程对象，但也未必能保证价值工程的效果。在考虑价值工程效果的时候，还必须考虑以下几个方面:

(1) 价值工程的效率

价值工程效率=价值工程活动效果/价值工程活动费用=投资倍数

这个投资倍数通常为 10～20 倍，如低于这个数字，就要考虑所选择的对象是否合适。

(2) 价值工程的能力

价值工程的能力问题也就是是否有一批与价值工程对象相适应的工程师，并组成工作小组。例如需要改进一种电器产品，如果由一些对电器一无所知的工程师来组成一个工作小组，价值工程活动将不会取得效果。所以，选择的对象必须与现有的能力相适应。

(3) 实施价值工程成功的可能性

如果选择了一种实施价值工程成功的可能性很小的产品作为价值工程对象，这只能是徒劳无益或者收获不大。

(4) 不宜作为价值工程对象的产品

降低成本余地小的产品、价值工程提案采用数量（年产量）少的产品、提案的提交日期紧迫的产品，都不宜作为价值工程对象。

(三) 考虑建设项目特点

在建设项目中也存在多种可能的情况。有的项目，价值工程研究节约的潜力大，可达35%甚至更多，而有的项目则节约潜力很小，那么应该选择哪些项目进行价值工程研究？也就是说对哪些项目进行研究可以获得较大的收益？多年的经验表明，以下几种类型的项目可以重点考虑。

(1) 投资大的项目

根据经验，开展价值工程研究活动可以节约造价的5%～10%，甚至更高，所以对投资大的项目进行研究，可能节约的资金就更多，效果就更明显，价值工程的效益就更高。

(2) 复杂的项目

开展价值工程研究活动提供了这样一种机会，即可以从专家那里得到解决问题的另外的可能方案。如果参与价值工程研究的专家是独立于原设计单位的，对复杂项目来说，这些专家往往可以提供很好的建议或方案，对项目无疑是非常有利的。

(3) 重复生产的产品或项目

有时候需要在不同的地点建设同样的项目，即重复建设，如住宅小区中的多幢住宅楼都采用相同的方案，只是建设位置或地点不同。这种情况下，对该住宅楼进行价值工程研究活动，可以取得较大的效益，对类似项目都有效，可以产生规模效益。

(4) 没有先例的或采用新技术的独特项目

这与复杂的项目相似，因为没有先例就可能没有相应的经验，通过价值工程活动邀请有关专家参与，从不同的角度处理问题，可能会得到更好的解决方案。

(5) 工程预算限制严格的项目

在工程预算比较紧的条件下，开展价值工程活动是非常必要和紧迫的，通过价值工程的定义可以知道，价值工程活动能够消除不必要的费用，最大限度地提高投资的价值，越是预算比较紧的项目越是值得进行价值工程活动。

(6) 设计进度计划被压缩了的项目

俗话说，“欲速则不达”，在建设项目中这是千真万确的，设计进度加快，往往容易导致浪费。当然开展价值工程活动可能会使设计进度推迟，但如果组织得好，因为开展价值工程活动而使进度推迟的时间完全可以忽略。

(7) 受公众关注的项目

有些项目是由政府投资建设的，还有的是对环境影响特别敏感的项目。此类项目如果出现失误或问题，非常容易被媒体抓住不放，使相关的官员、机构难堪。在这种项目中开展价值工程研究，至少可以减少出现问题的可能性甚至避免许多问题的发生，避免失误和问题也是价值工程活动的重要作用。

与工业产品一样，对建设项目进行价值工程研究时，也要考虑价值工程的效率、价值工程的能力、实施价值工程成功的可能性，以及不宜作为价值工程对象的项目。

并不是说，对所有的建设项目开展价值工程研究都能取得相同的效益。因此，作为组织价值工程活动的单位，如果想从价值工程研究服务中获得可观收益，在选择项目时就要考虑以上几个原则。但是，在许多国家，价值工程研究已经成为多数建设项目实施过程的一个必不可少的阶段，因此，并不存在对象选择问题——即并不存在选择合适的、潜力大的项目的问题，所以建设项目的价值工程研究程序中没有对象选择这一阶段。我国在推行价值工程研究的初期，各企业可以参考以上原则，选择试点项目，一方面，比较容易产生效益，另一方面，只有产生了可观的效益才能引起广泛关注，也就容易推广，在成功的基础上，总结经验，向全行业，向所有项目推广。

在确定对某项目进行价值工程研究以后，还有一个选择重点部分或重点功能进行集中研究的问题，这就需要对项目的费用进行分解分析，建立费用模型和其他模型，以便选择费用高的区域、部位或功能进行研究。费用模型和其他种类模型的建立方法等内容将在下一章中详细介绍。

五、价值工程研究各阶段的时间安排

典型的价值工程研究过程一般持续 5 天左右，俗称 40 小时工作法，这是被广为接受的正规的价值工程研究方法。5 天是价值工程正式研究阶段的持续时间，不包括研究准备阶段和研究后阶段。

研究的日期对设计人员和价值工程人员来说也很重要，必须在研究前一个星期完成初步设计，包括建筑、结构、机械和电气等的设计。设计图纸应该在研究前一个星期分发给参与价值工程活动的人员。

在正式价值工程研究期间，研究人员要严格按照价值工程研究工作计划开展工作。有逻辑有步骤地产生替代方案是价值工程的特点。

（1）星期一，第一阶段：收集信息

每个人都收到了初步设计图纸、费用估算、有关计算书和其他结构及设备设施的设计方案，也包括其他一些信息。研究一开始，由建筑师和业主在场，价值工程研究协调人作开场介绍，并宣布本周价值工程研究的任务。通常价值工程研究协调人应该准备一份进度计划表，并将项目的投资估算分解。

之后，业主和设计师首先要对项目进行介绍，并就项目的有关问题回答提问，业主可以确定项目的哪几部分需要进行重点研究。这一点非常重要，比如，如果业主与工会在建厂之初就达成了协议，要雇用一定数量的员工，那么如果运用价值工程研究减少其承诺的雇员数量就可能不行。完成介绍和回答问题之后，业主和建筑师就可以离开了。

然后，研究人员就可以集中精力识别项目不同部分的功能，要着重研究那些费用很高但又不重要的功能。当然也要着重研究那些费用很低，却很重要的功能。

在美国一个大型军用基地项目中，对其锅炉房的改造，预算费用为 71500948 美元，研究人员对其中的 17 项功能进行了分析，选定了其中的 7 项进行价值工程研究。

（2）星期二上午，第二阶段：方案创新

这一阶段，运用头脑风暴法进行创新。例如，在上述锅炉房的案例中产生了 200 个新方案。创新过程很快，该项目 1 小时就产生了 200 个新的想法。

(3) 星期二下午，第三阶段：判断与评价

这一阶段要确定哪个新想法值得进一步深入研究。如上述锅炉房改造项目中，从 200 个新想法中筛选出了 42 个有价值的进行进一步研究。

在深入研究之前，价值工程师希望重新邀请设计师进行讨论，讨论方案的可行性和可接受性。因为，设计者当初可能已摒弃了其中的某个方案，或认为某种方案是绝不能同意的，了解了这一点，就可以避免做无效工作。

(4) 星期三和星期四，第四阶段：深入发展和细化研究

在这一阶段，研究人员分成多个小组或个人单独进行细化研究，目的是进一步研究和细化这些方案，并能确定其成本（费用）。

(5) 星期五，第五阶段：方案评价

最后一天的上午，要重新召集所有研究人员共同讨论各个创新方案。在这一阶段，费用过高、质量差或技术不可行的方案将被否决。在上述锅炉房案例中，42 个被认为有价值的方案中有 15 个方案被否决，剩下 27 个方案。

下午将创新方案提交给业主和设计师。

此时，正式的研究即将结束。研究人员解散，只留下价值工程研究协调人负责编写价值工程研究报告。

(6) 下一个星期，执行和反馈

在下一个星期的前半部分，价值工程研究协调人将完整的价值工程研究报告提交给业主和设计师。在这一阶段，美国的一个政府投资项目在开展价值工程研究活动中，政府机构曾经收集了所有的创新方案，将其分发到横向、纵向的各有关部门，研究人员要求对每个方案回答“接受、不接受或再商榷”。然后召集所有的设计人员开会，讨论方案。能够达成一致意见的方案要纳入设计，其他方案是否采用则要另行讨论，一般业主都希望获悉创新方案被否决的理由。

在上述锅炉房的案例中，27 个方案中的 11 个被采纳，最初 71500948 美元的预算节省了 32868302 美元，节约了 45%，这是由于推翻了现场现有的两幢大楼，而在其他地方另建。在原来的设计中，尽管设计人员充分发挥了他们的聪明才智，在利用现有建筑的约束下扩建锅炉房设施，结果反而投资很大。

综上所述，价值工程正式活动的各阶段的时间分配大致为：

- 收集信息：1 天（8 小时）
- 方案创新：半天（4 小时）
- 方案判断与评价：半天（4 小时）
- 深入发展和细化研究：2 天（16 小时）
- 方案评价与总结：1 天（8 小时）。

当然，这个时间分配仅供参考，可以根据不同的项目而定，不可一概而论。

复习思考题

1. 参与项目建设的单位中谁可以组织价值工程活动？

2. 简述不同承发包模式下价值工程活动的特点。
3. 您认为应该怎样推动价值工程活动的广泛开展?
4. 应该如何组建价值工程活动小组?
5. 简述价值工程的工作程序。
6. 简述建设项目价值工程的工作程序。
7. 如何选择价值工程研究的对象?
8. 价值工程活动的提问程序是什么?
9. 说明 GB 8223—87 规定的一般工作程序。

第三章　价值工程的方法

本章将根据价值工程研究的任务，详细介绍价值工程研究过程中每一步应该做什么、怎么做。根据前面的分析和介绍，建设项目的价值工程研究过程可分为三大阶段，即研究准备阶段（pre-study phase）、正式研究阶段（study phase）和研究后阶段（post－study phase）。

正式研究阶段，将根据研究准备阶段制订的研究工作计划（Job plan），按照一定的步骤进行，具体可以分为以下五步骤，即收集信息、方案创造、方案分析筛选、方案发展与评价和形成提案。

第一节　研究准备阶段

一、概述

研究准备阶段的任务是为后面的正式研究活动进行一系列的准备。本阶段工作的目的是：协调好项目参与各方的关系，明确价值工程研究的目标，并使项目参与各方都能理解和支持价值工程研究活动，互相配合，保证信息通畅，以便收集到充分的信息。

在本阶段，应该完成以下几项工作：召开动员会、选择参与价值工程研究的人员、组建价值工程研究小组、明确价值工程研究的持续时间、确定价值工程研究的地点和环境条件、收集初步信息、考察现场、成本或费用分析、准备有关模型和数据。详细内容分述于后。

二、召开动员会

在正式开始价值工程研究活动之前的一到两个星期召开一次动员会是非常有效的。参加动员会的人员可以包括：价值工程协调人，1～2 个价值工程研究小组核心人员，业主代表和设计方代表等等。动员会的目的是初步了解项目的要求和业主的目标以便明确开展价值工程研究所需要的资料，并为组建价值工程研究小组进行准备；同时价值工程协调人可以借此机会了解设计的约束条件和边界条件，了解价值工程研究的范围。

会议可以讨论一些战略性问题，如价值工程研究小组的人员结构，价值工程研究持续时间，业主方和设计方参加研究活动的人员，以及其他一些具体的事务，如从哪一天开始、吃住等的安排。价值工程协调人对项目的主要方面了解清楚以后，就可以向各个单位提出要求，明确各个单位应该提供的信息资料，以便各单位有时间分别准备。

三、组建价值工程研究小组

合适的组织结构是价值工程研究活动能否成功的关键。在组建价值工程研究小组时，必须仔细考虑和权衡，既要全面考虑各个相关领域的专家代表，又要保证价值工程研究小组的规模。

关于价值工程研究小组的人员选择，已经在第二章详细介绍过，此处只强调以下几个关键问题。

（1）价值工程研究小组的规模应以6～12人为宜，不宜太少，也不应过多。

（2）价值工程研究小组应该考虑项目参与各方或利益各方的代表，如业主代表、用户代表、运行管理代表（或物业管理代表）等。

（3）应根据所研究的问题或研究的时间来选择参与者，如在项目早期开展价值工程研究，应选择那些对项目宏观问题和战略问题比较熟悉的专家参与，而在项目后期开展研究，则要选择具体专业领域内的专家，选择对具体问题和具体战术问题比较熟悉的专家。

（4）可选择原设计人员参与，也可以选择独立于原设计单位的设计人员参与。

（5）要十分重视价值工程协调人的素质和作用。

四、确定价值工程研究的持续时间

由于项目的规模、特点和复杂的程度不同，不同项目的价值工程研究的持续时间也不相同。即使是同一项目，由于研究的时间阶段不同（前期还是后期）、研究的任务和重点内容不同，价值工程研究的持续时间也应该有所区别。

传统的价值工程研究一般是5天。持续5天的研究会议一般是从星期一开始，星期五结束。对大多数项目而言，这个时间是足够的，但对大型项目或特别复杂的项目，可能需要增加时间。相反，对小型项目，比如造价在500万英镑或更小的项目，可以缩短时间。但是，不管项目规模多么小，按照价值工程研究的实施步骤，要想在3天之内完成是不太可能的。有人试图在此基础上再压缩时间，应该注意的是，这种压缩可能会限制价值工程研究每一步骤工作的广泛性和深入性，有可能严重影响价值工程研究的成效。

在项目的初期阶段开展价值工程研究，比如在方案设计阶段或初步设计的开始阶段进行价值工程研究，可以参照以上原则确定价值工程持续时间。在项目前期，如在项目战略策划阶段、项目目标分析和论证阶段进行价值工程研究，可以考虑缩短持续时间。

一般情况下，价值工程研究活动都是连续进行的。有时候，也可以间断分两次完成，这也有一定的好处。比如，在收集信息阶段结束后暂停一下，以便造价工程师有足够的时间计算功能系统的成本，其他人也可以利用这段时间再次收集一些必要的信息。价值工程研究活动分两次进行应该没有什么不良影响，但如果分成很多次，则可能影响研究的持续性以及参与人员的积极性和热情。

总之，应根据项目的具体情况确定价值工程研究活动的持续时间，尽管对某些阶段可以压缩时间，但无限制地压缩将影响价值工程研究的效果。

五、选择研究地点和环境条件

地点和环境的选择将对价值工程研究的成功与否产生重要影响。最好将人们组织到远离其原工作环境的地方，这是很重要的。因为，如果人们在原来的工作环境中开展研究，整个研究工作将受到各种各样的干扰，他可能会处理一些日常的手头工作，偶尔去听几个电话，回答一下同事的问题。一旦离开其日常工作环境，他就不得不抛开原来的工作，全部精力投入到价值工程研究中。因此，为了保持价值工程研究的效率和参与人员的热情，应该选择适当的场所进行集中研究。

通常的做法是由业主或其他单位在另外的地方（远离现场）安排一个会议室，如果没有这种条件，也可以在酒店里借用会议室。

价值工程研究活动场所应该宽敞，有大的办公桌可以摆放和翻阅图纸，通信和办公设施如电话、传真、复印机、计算机等应该齐全。办公用品也不可少，如粘纸、记号笔、胶带、大头针等都是必要的。房间里应该具有足够的空间用于悬挂或粘贴功能系统图。

六、收集信息

显然，价值工程研究的成效依赖于信息的质量、数量以及对信息的理解和掌握程度。在正式开始价值工程研究之前，设计人员要花很多精力收集整理信息，价值工程协调人应负责组织将有关信息整理，使条理清楚，简明易懂，使价值工程研究人员容易理解消化。

所应收集的信息包括项目的构思、有关图纸和技术说明、投资估算、工作计划、设计计算书等。应尽可能收集到现场条件、项目约束条件等方面的信息。表 3-1 是建设项目价值工程研究所应收集的典型的信息清单。

建设项目价值工程信息清单 **表 3-1**

序　号	信 息 内 容	备　注
1	项目总体构思	
2	设计原则	
3	空间规划	
4	施工进度要求	
5	图纸 ● 建筑 ● 结构 ● 机械 ● 电气 ● 土木	
6	场地计划	
7	费用估算	
8	设计计算书 ● 结构 ● 机械 ● 电气 ● 其他	
9	技术说明书	
10	有关的技术规程	
11	地质勘探报告	
12	环境报告	
13	现场照片	
14	全寿命周期费用的信息 ● 折现率 ● 燃料成本，如电、煤气、油等 ● 项目预期使用寿命 ● 运行计划成本 ● 运行期间维护成本	
15	项目采购战略	
16	其他	

以上信息应从设计单位和业主处得到。价值工程协调人在早期就应与各种信息源建立良好的关系，得到他们的支持和配合，这对价值工程的成功是很重要的。某些关键信息如图纸和技术说明等，一旦得到，就应尽快分发到价值工程研究人员手中，使他们在价值工程研究正式开始之前有充分的时间去理解、消化。

七、考察现场

在开始价值工程研究之前，先考察一下工程现场，有助于人们把项目形象化、具体化，更容易想象项目的某些方面，也可帮助人们更好地理解项目。即使现场是荒地或农田，通过考察也可以了解现场出入口、地表概况和周围情况等。对于那些改造项目或扩建项目，现场考察就更为重要，可以帮助人们更好地了解已有结构情况。如果价值工程研究人员不能全都去考察，至少价值工程协调人应该去。若价值工程协调人都无法前去考察，那就只好借助于现场照片了，这是必不可少的。

八、费用分析——核实费用估算

价值工程研究的结果是形成许多提案，而这些提案的形成是在费用估算的基础上产生的，因而费用分析就是价值工程研究的关键之一，也是很重要的方面，其数据应该尽可能详细与精确。有关费用的数据首先是用来确定项目中价值偏低的部分，在提出改进提案后，再用于评估改进方案的造价，并因此得出对比结果。

认识到费用分析的重要性，价值工程研究人员通常都会在研究准备阶段独立地做一份费用估算，然后再与设计单位提供的费用估算对比。双方的估算人员应该面对面地进行对比交流，消除不一致的部分，使之尽可能精确。这种对比分析的另外一个好处是，可以在价值工程研究之前将估算人员对项目的误解暴露出来，并通过分析讨论而消除误解。如果价值工程研究人员来不及或经济上不允许或由于其他原因而无法重新做一遍费用估算，那也必须对设计单位提供的费用估算进行审核，确保其准确和详细。对费用估算进行审核比再做一遍省事，也节约成本，但效果却要差一些。

九、模型和有效数据

在正式的价值工程研究活动开始之前，应将各种数据和模型准备好，以帮助价值工程研究人员尽快准确地确定价值低的部分，明确研究的具体对象。各种信息应该以一定的格式准备好，以方便价值工程研究专家和非专业人员理解，确保价值工程研究人员能够识别有节约潜力的领域。各种模型也应该建立在广泛的信息基础上，以免价值工程研究人员陷入不相关的细节中。

（一）费用模型

应该建立一套与价值工程研究活动有关系的费用模型，表明项目各组成部分的成本。多数情况下都是由价值工程协调人、预算工程师或测量师事先准备，在价值工程研究活动过程中再修订细化，也有的在价值工程研究阶段才进行估算，建立费用模型。

费用模型可以用两种基本形式来表达，即图表式示意图（diagrammatic）和形象示意图（graphic），选用任何一种都可以。可以按照空间功能或建筑组成部分进行费用分解。

图 3-1 是一个图表式费用模型的示意图，这是根据某大学的某教学实验大楼的空间面积计算的，这种图可以看出不同功能空间上的费用分配。

图 3-2 是从图表式示意图（图 3-1）转化而成的费用分解形象图，这种图能让人一下子就直观地知道费用高的部分或区域，可以据此再继续深入地分析更详细的资料，获得进一步的信息。根据空间面积进行费用分解分析，要求将某些共同费用分摊到相应的建筑面积上，比如，基础的造价要根据该基础对应的上部建筑面积的比例来分配而不是仅仅根据占地面积计算。同样，空调系统的造价要根据使用面积分配而不是仅仅根据机电用房的面积计算。当然，这种分摊可以近似地进行，以求简化，因为我们的目标并不是一定要求出

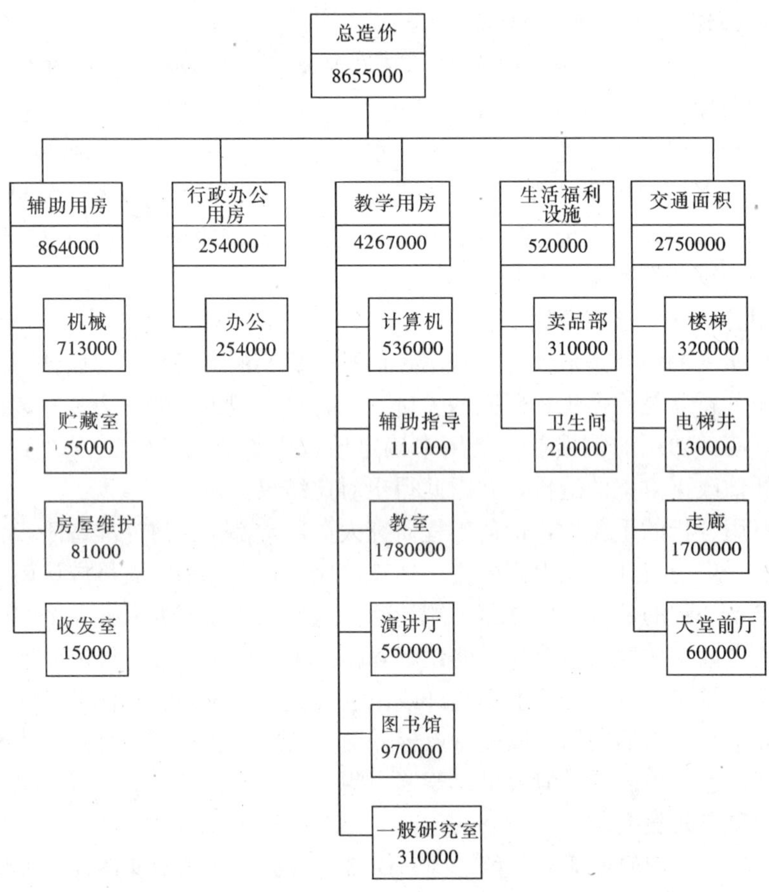

图 3-1　某大学教学实验大楼各种空间的费用模型图（图表式）（英镑）

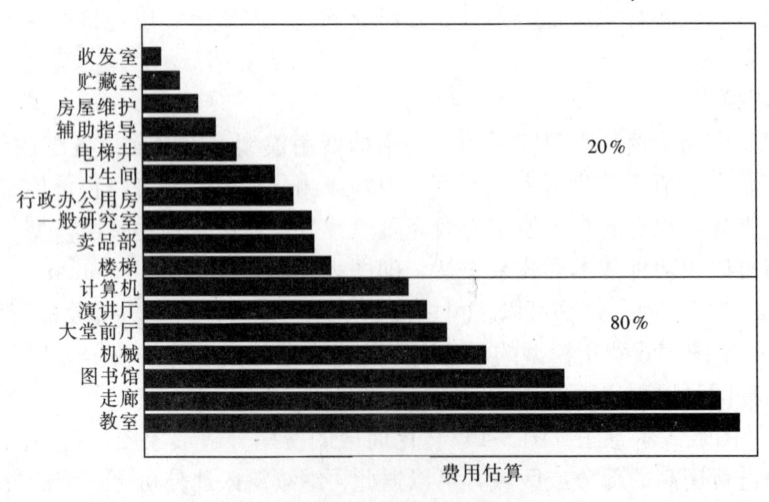

图 3-2　某大学教学实验大楼各空间的费用模型（形象图）

其真实成本，而是为了发现价值低的部分或区域，以便明确今后努力的方向。所以，费用分解不求精确，但求能明确费用高低的顺序。

图 3-3 是由施工专业人员准备的费用模型图，用图表形式表示各部分的费用，可以帮助价值工程研究人员了解其专业范围内的工程造价，也有助于价值工程协调人估计和安排方案创造阶段各专业所需的时间。

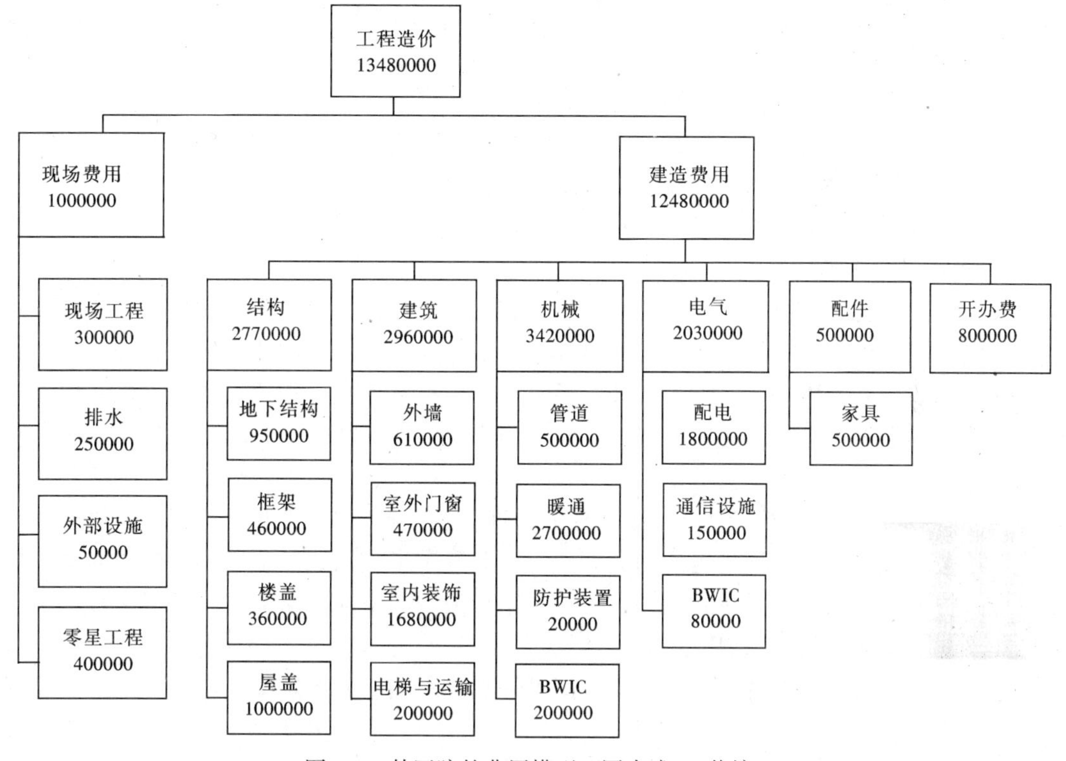

图 3-3　某医院的费用模型（图表式）（英镑）

通过以上各图可以看出，如果费用分解用横道线表示，各部分的费用可以用递增或递减顺序排列，可以很形象地表达费用的比例和高低，比较容易理解。当然，费用的组成情况也可以用圆饼图表示，如图 3-4 所示。圆饼图也是很形象的表达方法。

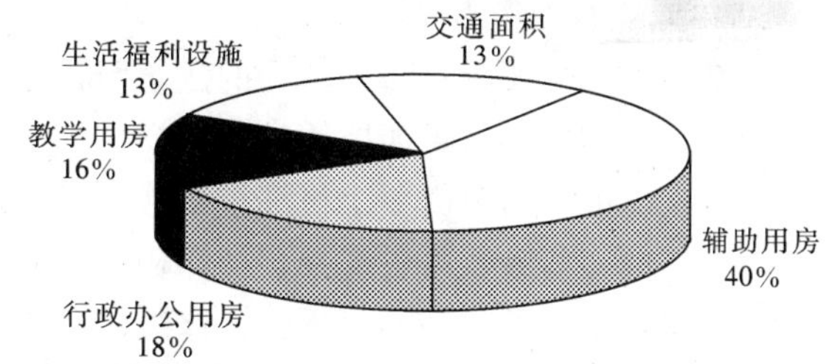

图 3-4　某大学教学实验空间分配圆饼图

除了上述按空间或组成部分分解外，还可以按照功能将费用分解。因为首先要进行功能分析，所以这种分解方法通常是在正式的价值工程研究活动开始之后才进行，根据功能分解建立费用模型的内容将在后面介绍。

（二）2-8 定律（Pareto's Law）

在价值工程研究中可以采用 2-8 定律来选择确定研究对象，即有 20％的构件或功能花费了 80％的成本，这 20％的构件或功能是价值工程研究所关注的重点。可以在费用模型形象图中用一条线划分出占 80％费用的构件或功能，清楚地显示出费用高的构件或功能。

费用模型对价值工程研究活动是非常必要而且重要的。

（三）空间分析

除费用模型以外，进行空间分析，建立空间模型也是很有价值的。空间分析主要是指业主所需求的面积分配与实际设计的面积分配的对比分析。在价值工程研究过程中，价值工程研究人员还可能会提出自己的意见，认为如何调整和分配更合理。这种分析比较有助于发现业主需求与实际设计之间的不和谐之处，也有助于暴露、解决某些不合理之处。对面积重新进行分配或取消其中某些不合理的或不必要的空间，这也是对项目的很大贡献，是对项目的增值。

（四）比较参数

某些参数可以反映项目的效益。将费用模型和功能分析结合起来，可以发现或明确价值工程研究对象。有些参数是由设计者确定的，也有的必须由价值工程协调人准备。有许多参数可以采用，以下几种是经常用到的。

1. 净使用面积与建筑面积之比

净使用面积也就是可以产生效益的面积，它不应包括出入口通道、走廊、楼梯、竖井以及机电设备用房等，尽管这些面积都是要计入建筑面积，但却不能产生直接收益。

这个参数在商务用房中（如办公楼）经常用到，在其他类型的建筑中也可以采用。比如，在对某教学设施进行研究时，发现净使用面积占总建筑面积的55%，价值工程研究人员认为这个比例太低，尽管在教学楼中，教室之间的联络以及疏散人群需要较大的空间，但55%这个比例仍然太低，65%可能更合理一些。于是他们开始集中精力找出这些空间，调整尺寸。他们发现将走道的宽度减少一些并不影响人流的疏散，另外，取消了某些过道，将平面形状和尺寸重新调整，去掉了某些浪费的空间，从而节约了费用。

2. 外墙面积与总建筑面积之比

这个参数是由建筑平面的形状、楼层高度和总的平面尺寸决定的。这个参数的比较也可以帮助我们发现异常的、不合规划的地方，然后引导价值工程研究人员去解决。例如，上述的教学楼项目中，人们发现外墙面积与建筑面积之比太大，超过了期望的合理值。其平面形状为L形，应该是合理的形状，说明不是平面问题，而是其他方面出了问题。再考察楼层高度，把过高的层高降下来后，外墙的总面积少了5%，也就明显节约了费用。

3. 单元建筑面积

对某些项目需要分析每个单元的建筑面积，比如，对医院项目可能要比较每个床位的空间面积；对学校项目可能要比较每个学生的建筑面积。当然，也可以用每个单元的费用作为参数，比如，当研究一个机场航站楼项目时可以用每位旅客的费用这一指标。

还有其他一些参数可供选择，如体积或面积等等。可以根据不同项目的特点和类型选择，当考虑费用模型和功能分析时，这些参数可以帮助我们识别价值低的部分和区域，从而可以明确价值工程研究重点，以便集中精力进行重点研究。

十、选择价值工程研究的重点

在第二章第四节，介绍了如何在多种建筑产品中筛选出适当的价值工程研究对象。一般地说，在建筑业中，从多个产品中选择一个或多个进行价值工程研究的情况并不多见，除非某单位同时在从事许多项目的开发或服务而需要有选择地区别对待。在西方许多国家，在建筑业中普遍要求开展价值工程研究活动，如何从同一个项目中选择确定价值工程研究的重点是所要考虑的主要问题。

要确定价值工程研究的重点，其基础就是要建立适当的模型或比较参数，根据这个基础，再加上价值工程研究人员的经验，主要是过去项目的经验，就可以比较容易地选择确定价值工程努力的方向了。

例如，B 市某国际会展中心项目，在扩初设计完成后进行成本分析时发现结构工程造价偏高。对比前一年完成的 A 市某国际会展中心项目的造价，结果如表 3-2。

两个会展中心项目造价比较 **表 3-2**

项目		A 市会展中心	B 市会展中心
钢筋混凝土	用量	0.48m³/m²	1.07m³/m²
	单价	1500 元/m³	1500 元/m³
钢	用量	82.5kg/m²	40.5kg/m²
	单价	8140 元/t	10600 元/t
结构造价		1150 元/m²	1500 元/m²

以上比较说明，B 市会展中心项目的结构方案可能不合理，价值偏低，应该将结构工程列为价值工程研究活动的重点。

仔细研究还可以发现，B 市会展中心以钢筋混凝土为主，钢用量少，而 A 市会展中心则以钢结构为主，钢用量大，钢筋混凝土用量少。由此可以看出，可能在会展类大跨度项目中，用钢结构的经济效益会高于钢筋混凝土结构。

第二节 信 息 阶 段

本阶段的目标是让参与价值工程研究的每一个成员都能充分理解和了解所研究的项目，并且能够拓宽视野。其次，通过本阶段的各项活动，使各成员能够凝聚成一个整体，形成一个团队，共同协调工作。另外，在本阶段要引导价值工程各成员寻找发现有潜力、有研究价值的部分，寻找提高价值的机会。

本阶段的主要工作内容有：

(1) 对项目的概况进行介绍和说明，使价值工程研究人员都能理解项目构思、设计思路、项目现状、约束条件等；

(2) 进行功能定义与分类，这是价值工程研究的关键，应该在充分理解项目要求的基础上由价值工程研究人员讨论完成；

(3) 形成功能分析系统图（FAST 图），把各功能按逻辑关系排序，以明确各功能的重要程度；

(4) 对各功能进行评价。

一、项目介绍与说明

作为价值工程正式研究活动的第一阶段，信息阶段的第一项工作就是对项目的有关情况进行介绍与说明。通常是在项目参与单位中选择一位高级代表进行介绍，比如业主代表、设计负责人或业主的顾问。通过介绍，明确价值工程研究的目标，并使价值工程人员加强使命感、紧迫感，使他们明确研究目的，为后面的研究工作打下基础。

高层领导的支持非常重要，通过上述介绍与动员，能使那些不愿坚持、三心二意的人员消除对价值工程研究的怀疑，集中全副精力投入研究工作。

项目情况介绍完以后，价值工程协调人应该宣布整个价值工程研究活动的日程安排。如果价值工程研究小组中有人从未参加过价值工程研究，还应该首先对价值工程研究的过程进行说明。在组建价值工程研究小组时，尽管希望但不能保证也没有必要要求每一位成员都很熟悉价值工程过程。但是，使他们对价值工程有个基本的了解是很重要的，然后才能正式开始研究活动，集中精力研究各自相关的问题。否则，如果对价值工程没有一个总体的了解，没有总体目标，他们会无所适从，不知道该怎么做。

接下来应该由业主代表对项目的目标和需求进行介绍。然后由设计人员介绍各专业的设计方案，参与项目的每个专业都要介绍。比如，对房屋建筑而言，建筑师要对建筑设计的有关问题解释，比如建筑美观、形体、尺寸、相邻关系等等。然后，结构工程师、机械工程师和电气工程师都要对其各自的设计方案进行介绍。有些项目可能会有些特殊的要求，比如安全保卫方面要求严格，那也应该由相关专业设计人员向价值工程小组做介绍。

设计人员介绍的内容应该包括设计方案概况以及选择该方案的背景和思路，具体地讲，应该包括设计的主要约束条件，是否进行了多方案的比较，选择该方案的原因等等。在每个专业介绍完以后，应该给价值工程研究人员以提问的机会，以免留下任何误解。

在前面已经介绍过价值工程研究小组的人员组成情况，其中提到，价值工程研究人员可以来自项目参与单位，可以是项目参与人员，也可以聘请独立的专家，即在此前没有参与过本项目的人员。如果属于前者，即价值工程研究人员多数是项目参与人员，可能会有一种倾向，即减少项目介绍和说明的时间，因为他们会普遍认为对该项目已经很熟悉、很了解，可以直接进入下一阶段工作。这种做法会产生一个弊端，就是设计人员只对其本专业的问题有兴趣，而对其他专业的问题仍然不理解、不了解，因而不能起到集体研究的作用。通常这种介绍可以消除各专业之间的误解，否则将引起价值降低。另外，价值工程研究小组中仍然会有一些人没有参与项目的设计，对项目的情况了解相对较少，这种介绍对于他们理解这个项目是非常重要的，否则将无法与设计人员一起参与研究。

在完成介绍之后应该有一段安静时间，使各成员能阅读图纸和有关文件，这段时间的长短视人们对项目图纸的熟悉程度而定。尽管在研究准备阶段可能已经将图纸送给有关人员，给他们提前阅读的机会（而且提前阅读图纸确实是很好的办法），但由于各种原因，许多时候许多人往往很难做到这一点。因此，可能要花几个小时做这个工作。如果所有成员确实已提前熟悉了图纸，这个时间可以缩短，可仅仅对项目介绍时提出的问题部分进行阅读或审核。

二、功能定义

价值工程的核心是功能分析，功能分析包括功能定义、功能整理与功能评价三部分内容，功能定义与功能整理的过程，是明确价值工程研究对象应具有何种功能的过程，同时也是对功能及功能之间联系进行系统分析的过程。通过功能定义与功能整理，既为功能评价创造条件，又为以后的方案创造奠定基础。

这里先介绍一下功能和定义的概念。

功能：事物或构成事物整体的各个互相关联的因素所具有的任务、物品的功用、作用或用途。

定义：限定概念的内容，明确构成某概念内涵的本质属性，以区别于其他概念。因此，价值工程中的功能定义就是把价值工程对象及其组成部分的功用以及它与别的事物的区别，明确地表达出来。

功能是任何劳动产品得以存在的前提条件。从这个意义上讲，生产者生产的是功能，消费者使用的也是功能。正是基于这种思想，价值工程改变了以往的以实物为中心的研究方式，转而以功能为中心来研究问题。既然以功能为中心来研究问题，那么在对事物进行功能分析时，首先就必须把功能从事物的实体中抽象出来，用定义的形式加以明确。因此，功能定义就是在对某一价值工程研究对象进行解剖的基础上，对其所具有的功能所作的语词描述。通过这种描述，把功能的内容及其水平准确地表达出来，如果把价值工程研究对象视作一个系统，那么功能定义时就不仅需要对整个系统所具有的功能进行语词描述，而且需要对构成该系统的各个要素所具有的功能也进行语词描述。

价值工程对象的现行设计方案，是实现用户要求功能的一种手段的具体化。在设计的最初阶段，只有功能这一抽象概念，并没有具体的结构。以功能为出发点，通过综合大量的经验和知识，才能产生具体的结构。功能定义就是确认设计的出发点。如果忘记了这个出发点，就不能做出价值高的设计。价值工程就是根据已下了定义的功能来制订改进方案的。因此，必须正确地给价值工程对象的功能下定义。

要对功能正确地下定义，就需要得到有关价值工程对象的准确信息。没有这些信息，就不能将对象及其组成部分的功能以及它与别的事物的区别明确地表达出来。如果根据一般的概念或推测来给功能下定义，则会有使价值工程活动走上邪路的危险。因此，应该在收集到正确的信息并熟悉价值工程对象之后，才对功能下定义。

（一）功能定义的目的和作用

给价值工程对象的功能进行定义的目的和作用是：明确所要求的功能，使功能评价容易进行以及扩大思路等。

1. 明确用户的功能要求

用户的功能要求是产品设计和制造的出发点与归宿，只有明确用户的功能要求，准确地把握用户的功能要求，才能使设计充分反映用户的功能要求，制造出符合用户功能要求的产品。对一项新设计而言，设计的最直接依据就是用户的功能要求，但对于已有产品的改进而言，设计者面对已有的结构与手段，很容易受到原有结构和手段的束缚。因此，对改进设计来说，为了摆脱原有设计的束缚，必须通过功能定义的方法，明确设计所要达到的用户功能要求，不论是新设计还是改进设计，通过功能定义，搞清用户的功能要求，从而规定设计的内容和水平。

2. 开阔创新思路

首先应该肯定，某一种功能是可以通过多种途径或方法来实现的，而且从发展的观点看，现有的功能实现手段也一定是可以进一步改进的。因此，我们在考虑问题时，不能只着眼于现行方案，或者局限于某一固定手段。为了更好地实现用户的功能要求，我们必须冲破现有的产品结构的束缚，大胆创新方案，进行多方案比较，从中选择较优的方案。要做到这一点，就必须进行功能定义，把分析问题的着眼点转移到功能上来，围绕用户的功能要求进行本质思考，由此我们可以抓住问题的本质扩大思考范围、开阔创新思路。

3. 便于功能系统分析和功能评价

功能系统分析是功能整理的重要内容，它是在功能定义的基础上展开的。例如，功能系统分析是针对功能系统图进行的，而功能系统图则是由功能定义构成的。因此，没有功能定义就无法进行功能系统分析。就功能评价而言，它是价值工程的重要步骤和内容，其最终目的是要确定实现功能的最低费用。由于功能费用与功能水平的关联性，以及功能水平对功能定义的依赖性，只有通过功能定义，对功能做出定量的描述，具体确定出功能的水平，才能进行有效的功能评价。

（二）功能定义的方法

功能定义是价值工程的关键，通过功能定义可以对项目加深和加宽理解。

1. 项目的组成部分及其功能

价值工程对象一般可以分为若干个组成部分，每个部分相互作用以实现整体功能。要改善价值工程对象的价值，不仅要从整体上分析功能，还应分别找出每个部分的功能。把大问题分成小问题，解决起来就容易一些。如一幢房屋建筑，可以分为建筑、结构、机械、电气等组成部分，而结构又可以分为梁、板、柱等构件。一个项目的整体可以分解为具体的组成构件，对构件分别研究，更容易解决问题。

项目的功能又可以分为不同的层次，最高层次的功能是与项目本身的宏观要求、与项目的整体目的相关的，是根据业主的目标确定的，与项目的根本目的或项目为什么建设有关。相对低层次的功能包括项目的功能区、部件或构件的功能。在功能定义时考虑不同的层次可以加深对项目的理解。

以房屋建筑为例，房屋建筑的功能是提供一个可以控制其内部环境的空间，供人们在其中进行一系列的活动，它具有以下一些特征：

（1）由一系列组件（component）组成，比如砖、石、钢、木、玻璃等；

（2）这些组件组成建筑的元素（element），比如梁、板、柱、墙、窗等；

（3）建筑的元素组成建筑的空间（space），在这些空间内可以进行各种活动，比如教室、餐厅、会议室、车间等；

（4）整个建筑项目代表了业主方组织的一个战略发展阶段以及其投资的价值。

以上每一个特征都代表了建筑的一个层次，在每个层次上都可以进行适当的功能分析。上述各个层次是逐层递增的。在项目的实施过程中，这一次序是相反的，即：

（1）第一层次——任务（task）：代表了项目的第一阶段，业主要认知一个问题。这个问题的认知可通过研究效率、安全、市场、利润等实现。目前，如果业主将新建一个建筑视为解决问题的方案，就有可能与建筑企业建立联系。这时建筑业的专家一般会赞成建设这个项目，并会建议业主应该怎样操作，于是业主开始了项目的采购和建设过程，其中会遇到各种干扰，直至新大楼建成移交。

（2）第二层次——空间（space）：这是建筑师和其他设计人员与业主一起完成项目概要（brief）的阶段。一般情况下很难从业主那里得到描述项目要求的详细文件，常常是由设计人员首先作出初步方案草图和费用估算，建立起项目的一个框架轮廓，再与业主反复交流，确定其空间需求。

（3）第三层次——元素（element）：这时要确定建筑的结构形式。通常这一阶段也会并入第二层次，但从功能角度来看很混淆，因为此处所谓的元素是为了获得舒适的封闭空间，而不是满足业主的要求。

（4）第四层次——组件（component）：此时，要按照建筑形式确定元素。在这个阶段，与业主的联系基本上可以忽略，因为业主的价值系统已经在前几层中明确清楚了。此时主要是根据周围环境和服务空间选择组件以满足元素的要求。

项目生命周期中几个特定的决策阶段和项目功能分析的层次见图 3-5。

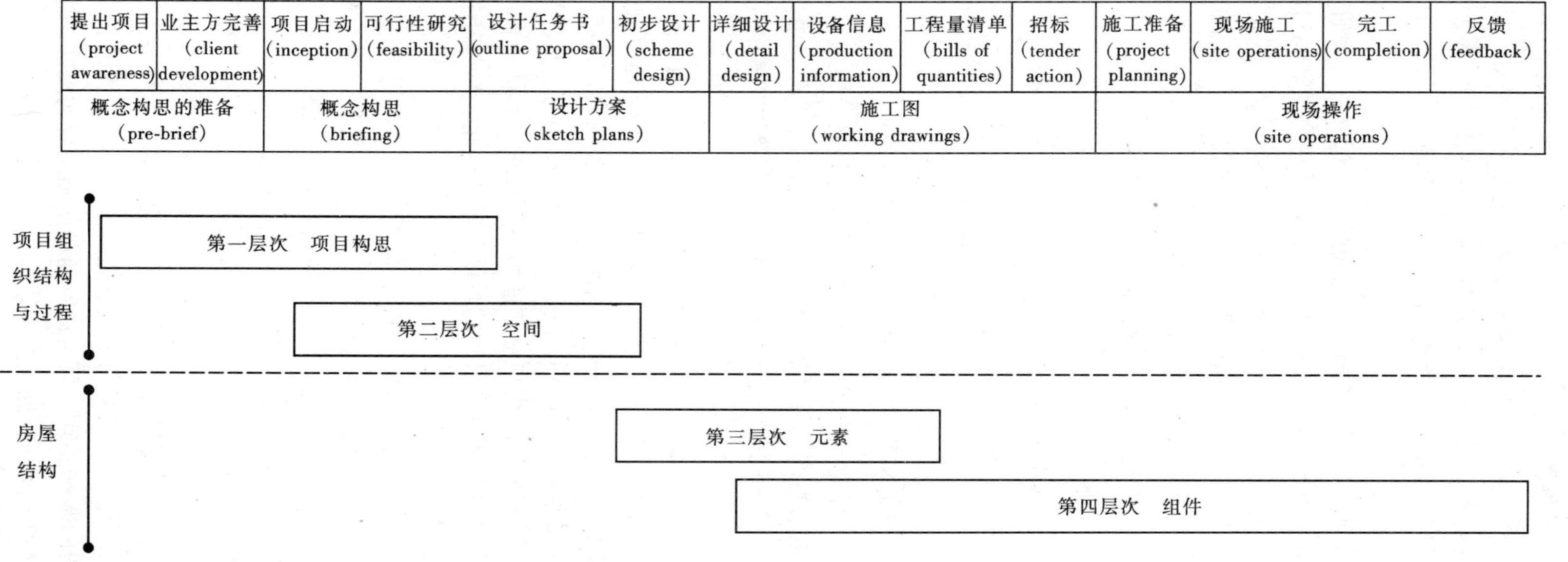
提出项目 (project awareness)
业主方完善 (client development)
项目启动 (inception)
可行性研究 (feasibility)
设计任务书 (outline proposal)
初步设计 (scheme design)
详细设计 (detail design)
设备信息 (production information)
工程量清单 (bills of quantities)
招标 (tender action)
施工准备 (project planning)
现场施工 (site operations)
完工 (completion)
反馈 (feedback)
概念构思的准备 (pre-brief)
概念构思 (briefing)
设计方案 (sketch plans)
施工图 (working drawings)
现场操作 (site operations)
项目组织结构与过程
第一层次　项目构思
第二层次　空间
房屋结构
第三层次　元素
第四层次　组件

图 3-5　项目生命周期中决策和功能分析的层次

2. 功能定义词组的两种类型

在价值工程研究方法中，通常用两个词来对功能进行定义，如一个动词和一个名词。通过这两个词来界定研究对象的功能内容，并与其他功能相区别。根据语词的词性及语词的搭配结构，功能定义可以分为动宾词组型和主谓词组型两种方式。

（1）动宾词组型功能定义

动宾词组是由一个动词加上一个名词构成的词组。在对价值工程研究对象进行功能定义时，若采用两个语词，一个是动词，一个是名词，并且符合动宾词组的搭配要求，则把这种方式的功能定义称为动宾词组型功能定义。在这种功能定义形式中，动词用来陈述研究对象的动作，名词用作宾语，表示承受动作的对象。实际上作为功能载体的研究对象，与动宾词组中的动词和名词是主、谓、宾关系。例如：

主语	谓语	宾语
基础	承受	荷载
间隔墙	分隔	空间
圈梁	加固	墙体
抹灰	保护	墙体
给水管	输送	自来水

掌握这种主谓宾关系，有助于我们更恰当和准确地进行功能定义。例如有人把电表的功能定义为“看电耗”，运用主谓宾关系进行分析，可以看出“看”用得不确切。若改为“度量”更为准确。显然，电表的功能定义为“度量电耗”要比“看电耗”好得多。

（2）主谓词组型功能定义

即使具有同一功能的产品，其功能的实现程度也不会是完全相同的。例如，具有同一“提供居住空间”功能的宾馆与住宅，二者的功能实现程度存在相当大的差异。一般来说，功能实现程度，亦即功能水平，需要由一些技术经济指标和综合特性指标来表示。由于用户经济负担能力等条件存在差异，所以用户对功能实现程度的要求是不尽相同的。在功能定义时必须注意这一点，以充分反映用户对功能水平的要求。具体而言，可以用名词加形容词构成主谓词组，来描述用户对功能水平的具体要求。这里，特性指标用名词表示，用户的功能水平要求用形容词表达。

例如，住宅的主要功能是“提供居住空间”。除此要求外，用户还有一些功能水平要求，诸如：“居住舒适”、“维修方便”、“造型大方”、“色泽柔和”等。即使是组成住宅整体的构配件，用户除基本要求外，也还会提出具体的功能水平要求。

（3）动宾词组型功能定义与主谓词组型功能定义的关系

动宾词组型功能定义与主谓词组型功能定义的关系是主从关系。动宾词组型功能定义是基本和主要的形式，它是构成功能系统图的基本单位。每个研究对象都需要进行动宾词组型功能定义。通常说的功能定义都是指动宾词组型功能定义。

相对于动宾词组型功能定义，主谓词组型功能定义是一种从属的、次要的功能定义形式。它不构成功能系统图的基本要素，只是从不同侧面辅助说明动宾词组型功能定义的功能水平要求，为功能评价和方案创造提供参考依据。

初次参与价值工程研究活动的人可能会觉得用二词法描述功能有困难，并试图用更多的词或用一句话来描述。价值工程协调人应该正确引导并严格要求采用二词法，用二个词来描述功能有几个优点：一是精确，并可以节约时间；二是使功能彼此独立不混淆，并使人容易理解；三是避免集中于某种特殊解决方案而束缚人们的思路。

另外，有时用两个词来表达某个功能确实有困难，但功能定义过程可以引发人们的讨论，从而可以加深人们的理解。价值工程协调人不要试图阻止人们讨论，相反还要引导这些讨论，直到所有的功能定义全部完成。这种讨论也是暴露人们的误解，加深彼此理解的有效办法。

（三）功能定义的要求

定义建筑产品的功能，往往需要对建筑产品或构配件的作用有深刻的认识，有一定的专业知识并且理解全面，功能定义才能准确无误，深入浅出。具体说，功能定义有如下要求。

1. 精确简练

所谓精确简练，是指用简明扼要的语词把价值工程研究对象的功能正确无误地定义出来。这里，精确是第一位要求，它直接关系到价值工程活动的效益。如果功能定义不准确，很可能把价值工程活动引向歧途，至少会造成思想上的混乱。在功能定义准确的基础上，还要求功能定义简练，用最凝练的语词充分描述功能含义，界定功能的范围和内容。

例如，某大桥工程，桥面上设置排水孔，如图 3-6 所示，设计时考虑排水孔的功能是：

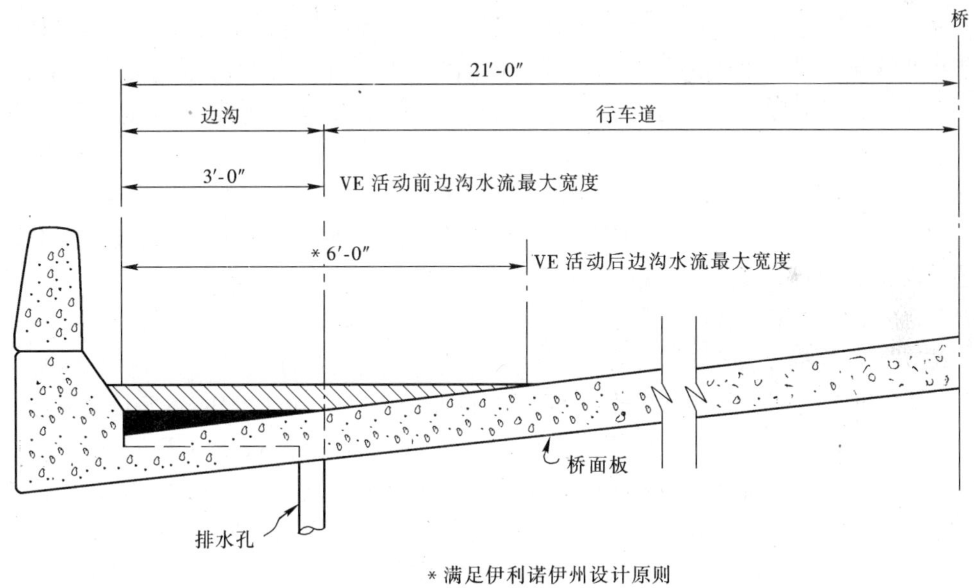

图 3-6　某桥面示意图

- 排水
- 防止（forbid）漫水，即防止雨水不能及时排除，积水向桥面中央漫延导致车辆打滑，从而防止事故

据此，按 50 年一遇标准设计了排水孔的直径和间距。

但是，进一步的分析表明，排水孔的功能定义不够准确，应该修正为：

- 排水

- “限制（limit）”漫水
- 控制水流

这里，把“防止（forbid）漫水”改成“限制（limit）漫水”，即允许雨水有限度地向桥面中央漫（而不是禁止）。出现50年一遇的暴雨的情况是罕见的，即使出现了，允许桥面有一定范围的积水（如图3-6所示，不是全面积水），只要司机降低车速也不至于出现事故。本案例价值工程活动的结果是，节约排水工程造价130 000美元，降低了75%；同时节约了排水工程全寿命费用3 700美元。

2. 要适当抽象

功能定义要适当抽象，是指功能定义时要看到本质，对研究对象的功能进行本质分析，再通过概括把功能定义出来。实践也已证明，适当抽象的功能定义，有利于开阔创新思路，而写实性的功能定义，容易限制人们的思维。例如室内墙壁粉刷大白浆，其功能可定义为“增加美观”，如果定义为“刷白墙壁”，就过于写实，容易使人们的思维受到限制，因为实现“增加美观”的功能，除了粉刷大白浆外，还可以通过粘贴壁纸、涂刷油漆等手段实现。

3. 尽可能量化

功能定义要尽可能做到定量化，尽量使用可测定数量的词汇给功能下定义。这样做的好处是便于功能分析评价，把实现功能的费用与功能水平的高低有机地联系在一起。例如定义建筑物基础的功能，其功能为“承受荷载”，由于荷载是可以度量的，所以在有具体要求时就可以写成“承受荷载20t/m^2”等。再如施工机械千斤顶，功能定义为“承重量”就比较好，因为重量可以直接度量，如果定义为“支承物体”，度量起来就比较困难了。

三、功能分类

用户的功能要求和建设项目所具备的功能是多种多样的。功能的性质不同，其重要程度也不同。为使建设项目的价值工程研究活动能够确保必要功能、剔除不必要的功能，有必要把功能加以分类，以便区别对待。

功能的分类有以下几种方法。

1. 按功能重要程度分类

从产品角度看，根据功能的重要程度，功能可分为基本功能（Basic Functions）、次要功能（Secondary Functions）和必需的次要功能（Required secondary Functions）。

基本功能是与建设项目或构配件的使用目的直接有关系且不可缺少的功能，也是建设项目或构配件得以存在的条件和理由。它回答的是“建设项目或构配件必须提供什么?”对一个建设项目而言，基本功能是满足业主的需求和要求的功能，而其期望的功能则不一定是基本功能。如对一个图书馆项目，“储藏书籍”就是基本功能，而其周围的停车场能够停放汽车则不是基本功能。

对建筑的组成部分而言，基本功能是指要求该部分或该构件所应该具备的基本用途。例如承重墙的基本功能是承受荷载；室内分隔墙的基本功能是分隔空间等。

基本功能可以大致从回答以下三个方面的问题来确定：它的作用是不是不可缺少的?它的作用是不是主要的?如果它的作用发生了变化，那么产品的结构和构配件是否也会发生根本变化?如果上述回答是肯定的，则这个功能就是基本功能。

一个项目或其一个部分、一个构件的基本功能也可能有多个。例如，学校里的图书馆，其基本功能除了“储藏书籍”以外，还包括“容纳学生”在其中阅览等，也就是说，图书馆是一个提供信息的场所或者提供人们学习的场所。对空调系统而言，“冷却设备”和“凉爽人体”就是基本功能。

次要功能是那些既不是基本功能，对实现基本功能也没有贡献的特征或功能。应该说，除了基本功能以外的所有功能都是次要的。如屋盖的基本功能是遮盖空间；而涂刷防护漆以保护防水层就是次要功能；同样，在图书馆项目中，具备停车场，能够停放汽车就是次要功能。次要功能通常是与所选择的实现基本功能的方法有关的，例如，在屋盖上涂刷防护漆或铺设碎石是为了保护沥青防水层，而如果用橡胶防水层则不需要这样做。

次要功能中有些是可以取消的，而有的则不可以取消，我们称这些不可取消的次要功能为“必需的次要功能”。在工程建设领域，有许多规范、规定和标准是必须遵守的，比如安全方面的规定。可以将这些满足规范、标准和法律规范方面的要求而必须具备的功能叫做“必需的次要功能”。

例如，一幢医院大楼项目，其基本功能是“救治病人”，其中的“防火”功能就是次要的。没有这个功能，医院照样可以去“救治病人”，有了这个功能，也不会对“救治病人”功能更有帮助。由此可以认为，“防火”功能的价值为零，即没有必要。但是，谁会造一幢没有防火消防功能的医院？根据消防部门的法规，这样的项目是不符合要求的。所以，在功能定义时分清基本功能、次要功能和必需的次要功能是很重要的，不仅可以深化对项目和项目组成部分的理解，而且可以使人们知道哪些是必需的次要功能，不要试图取消这些功能。

2. 按用户的需求分类

根据用户的功能要求，功能可分为必要功能与不必要功能。必要功能是指为满足用户的需求而必须具备的功能。不必要功能是指建筑产品所具有的与满足用户的需求无关的功能。

在现有技术条件下，对任意一种结构的建筑产品来说，总是可以根据用户的功能要求，把产品所具有的功能分为必要功能和不必要功能。如此划分的意义在于，可以促使建筑产品的技术经济性能更加合理，以更好地满足用户的要求。

例如，美国某大型军事通信设施，在主建筑周围设置了很厚的围护结构，价值工程研究人员认为设计太保守，进行功能分析时许多人也不了解这么做的功能要求究竟是什么，于是建议降低设计要求。在汇报价值工程提案时，有人解释说，当时的设想是为了能够抵御苏联坦克的攻击，因而围护结构的厚度比苏联坦克炮弹的穿透力还要厚25cm。当时在座的一位司令官讽刺地问道：“什么？在我们的国土上，苏联坦克攻击我们的军事设施?”当然，该价值工程提案顺利获得通过。

3. 按使用性质分类

根据功能的使用性质，功能可分为使用功能与美学功能。使用功能是指与建筑产品所具有的技术经济用途直接有关的功能。美学功能是指与建筑产品的技术经济用途无关的外观功能和艺术功能。

建筑产品的使用功能一般包括用途和可靠性、安全性和维修性等。建筑产品的美学功能一般包括造型、色彩、图案等。不论是使用功能还是美学功能，它们都是通过基本功能和次要功能来实现的。有的建筑产品或构配件只要求有使用功能而不要求有美学功能，如地下管道、输电暗线、基础等；有的则只要求有美学功能，而不要求有使用功能，如门窗贴脸、陶瓷壁画、塑料墙纸等。但是绝大多数的产品则要求二者兼备，只是侧重点有所不同。随着生产力的发展，人们生活水平的提高，人们对美学功能的要求会越来越高，造型美观大方、色彩柔和悦目、式样新颖别致将成为人们选购建筑产品的重要条件之一。

区分使用功能和美学功能的意义在于，可以发现一些建筑产品存在的不必要功能。通过剔除这些不必要功能，来降低建筑产品的成本。例如对只要求使用功能，不要求美学功能的产品，就不应在外观上多花成本。

4. 按功能水平分类

根据标准功能水平，功能可分为过剩功能与不足功能。过剩功能是指建筑产品所具有的、超过用户要求的功能，亦即相对于标准功能水平来说存在的过剩部分的功能。不足功能是指建筑产品尚未满足用户要求的那部分功能，亦即相对于标准功能水平来说有一部分未达到要求的功能。

例如建筑物的条形基础，若采用刚性材料砌筑，就要符合刚性角的要求。若砌筑成矩形断面，那么基础的功能就有一部分是过剩功能；反之基础的砌筑小于刚性角，则会形成不足功能。再如在潮湿环境中用石灰砂浆砌筑基础，其功能与标准功能水平比较就会存在不足功能。

四、功能整理

所谓功能整理，就是按照一定的逻辑顺序，把建筑产品等价值工程研究对象各组成部分的功能相互连接，从局部功能与整体功能以及局部功能之间的相互关系上分析建筑产品功能系统的一种方法。一般而言，建筑产品的结构复杂，功能繁多，功能之间存在着复杂的联系。因此，仅仅把建筑产品的功能定义出来是远远不够的，价值工程还要求在大量的功能定义基础上进行功能整理，亦即理清功能之间的关系，找出哪些是建筑产品的基本功能，哪些是不必要功能，以便围绕必要功能这个重点创造和选择更加合理的方案。

功能整理有一套成熟的方法程序，即功能分析系统技术（FAST）。这种技术是围绕着绘制功能系统图而展开的，因此，要掌握功能分析系统技术，就必须首先弄清楚功能系统图及其相关的几个概念。

1. 功能系统图及其相关概念

所谓功能系统图，就是一种由功能定义为组成单元，将功能按照目的功能居左、手段功能居右、同级功能上下并列的逻辑顺序、由左向右扩展加以排列的用以表示价值工程研究对象功能体系内在联系的图形。功能系统图有多种形式，如图 3-7 所示就是一种典型的功能系统图，叫做功能层次模型（Function Hierarchy Models），是一种树状结构的功能系统图，得到相当普遍的应用。

功能系统分析技术（FAST）由美国的查理 · W · 巴塞威（Charles W. Bythaway）于 1964 年首次提出，并于 1965 年首次在 SAVE 会议上发表，以后经过许多人的不断发展和完善，形成了成熟的系统方法，在本章的下一节中将做详细介绍。

关于功能系统图，有以下几个概念需要明确。

（1）整体功能

在功能系统图中，排在最左边的是产品的整体功能，也可称为总功能。它是用户的直接要求，是功能系统最终要达到的目标。在图 3-7 中，F0 就代表整体功能。

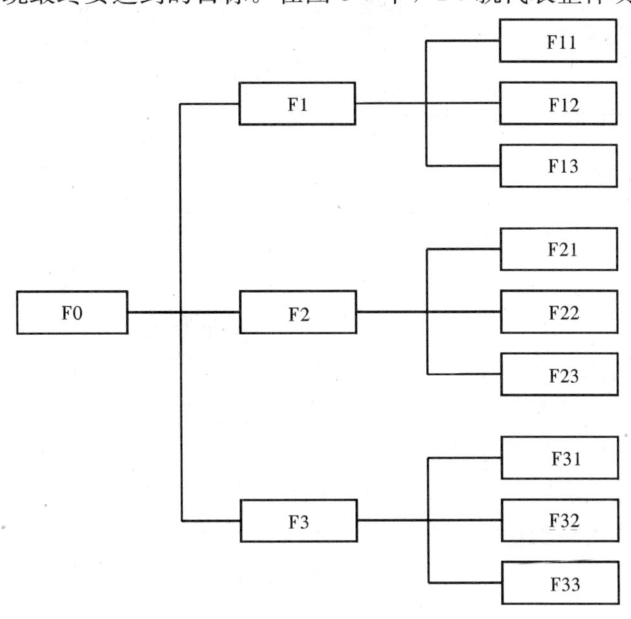

图 3-7　功能系统图的一般形式

（2）功能区域

所谓功能区域，是指作为整个功能系统组成部分的子功能系统，亦即作为整体功能组成部分的子功能，与实现这一功能的直接与间接的手段功能所组成的功能范围。功能区域以该区域的最终目的功能为标准进行划分。如图 3-7 中，功能区域 F1 是以 F1 为最终目的功能，所以功能区域的划分就以 F1 为标准。在功能区域 F1 中，除 F1 外，还包括 F11，F12 和 F13。比较复杂的功能系统图，往往由几个功能区域组成。

（3）功能级别

所谓功能级别，就是功能系统图中功能定义从左向右排列所形成的等级层次。在图 3-7中，F0 为第一级功能，F1、F2 和 F13 为第二级功能，F11、F12、F13、F21、F22、F23 和 F31、F32、F33 为第三级功能。

（4）目的功能与手段功能

所谓目的功能与手段功能，是指两个功能具有直接的依存关系，其中一个功能是另一个功能的目的，而另一个功能是实现这一个功能的手段。这样，前者称为目的功能，后者称为手段功能。在图 3-7 中，F0 为目的功能，F1、F2、F13 就是手段功能。同样，F1 是 F11、F12、F13 的目的功能，而 F11、F12、F13 又是 F1 的手段功能。

例如，要实现住宅建筑中的“通风”功能，就必须使室内有穿堂风。那么，“组织穿堂风”就是实现“通风”这一目的的手段。但是必须注意的是，目的功能和手段功能是相对而言的，例如“提供进、出风口”以“组织穿堂风”为目的，“组织穿堂风”以“通风”为目的。从“组织穿堂风”来看，它的目的是“通风”，它的手段是“提供进、出口”。这种目的—手段关系如图 3-8 所示。

（5）上位功能、下位功能和同位功能

在功能系统图中，具有直接依存关系的两个功能，居左边的功能称为上位功能；居右

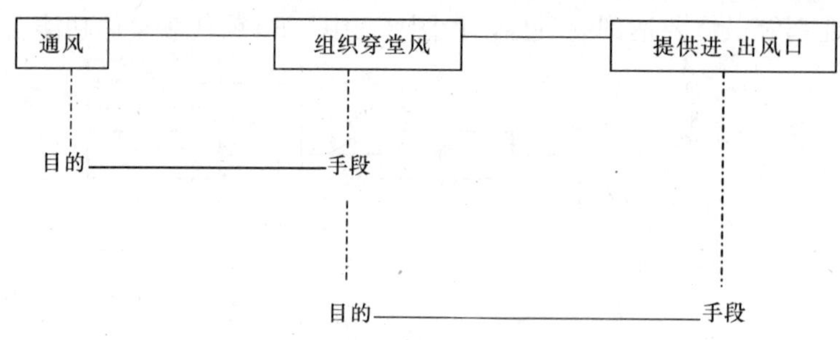

图 3-8　目的功能与手段功能的关系

边的功能称为下位功能。实际上，上位功能与下位功能关系等同于目的与手段功能的关系，区别只在于，上位功能与下位功能强调的是功能在功能系统图上的位置关系，而目的功能与手段功能强调的是功能之间作用关系。

同位功能则是指共有同一上位功能的各个下位功能。同位功能反映了功能之间的并列关系，这种并列关系反映到功能系统图上，表现为在同一功能等级上上下排列。

在图 3-7 中，F1 是 F11、F12、F13 的上位功能，F11、F12、F13 则是 F1 的下位功能。由于 F11、F12、F13 共有 F1 这个上位功能，所以 F11、F12、F13 为同位功能。但应注意的是同位功能与同级功能之间的关系。同位功能属于同级功能，例如 F11、F12、F13；但是同级功能却未必是同位功能，如 F11 与 F31 同是第三级功能，但却不是同位功能，因为 F11 的上位功能是 F1，F31 的上位功能却是 F3。

2. 功能整理的具体方法

运用功能分析系统技术，功能整理的步骤大致如下。

（1）制作功能卡片。每项功能制作一张卡片，在卡片上标明功能定义、功能水平指标、功能载体，可能时还要表明功能成本。

（2）任意抽出一张卡片，寻找它的目的功能和手段功能，以及目的功能的目的功能和手段功能的手段功能，直到找不到为止。然后把这些功能卡片依照目的功能在左，手段功能居右的位置加以排列。

（3）对未排列出来的功能，重复以上步骤，直到最后一张卡片。

（4）功能之间的连接。目的功能与手段功能除上述左右位置连接外，同位功能要上下并列连接。

（5）检查上述连接是否有误，如果正确，则据以绘制功能系统图。

功能系统图可以使功能之间的关系明了，有助于功能分析，发现不必要功能，找出提高研究对象价值的途径。

现以建筑物的平屋顶为例，说明功能系统图的绘制。图 3-9 为建筑物的平屋顶功能系统图的主要部分。

功能整理一般是按照先整体后局部的方法，即按照从上位功能开始到下位功能逐步深入的方法。对一个建设项目而言，首先是项目的总体功能，其次才是空间区域，再次是部位、区域和组成单元，可能的话，才具体到构件。

值得说明的是，没有绝对正确的功能系统图。功能系统图只是一个工具，能使我们把各功能按照逻辑关系进行排列，可能没有完全相同的两个功能系统图，即使是对同一项目，由两组不同的人进行功能分析，可能得到不同的结果。最重要的是，价值工程研究各成员通过分析讨论，对最终的功能系统图达成了一致意见。功能系统分析技术的创始者查理·巴塞威本人就说："功能系统图只是一个思考过程，你可以把这个结果（图）扔在一边"。

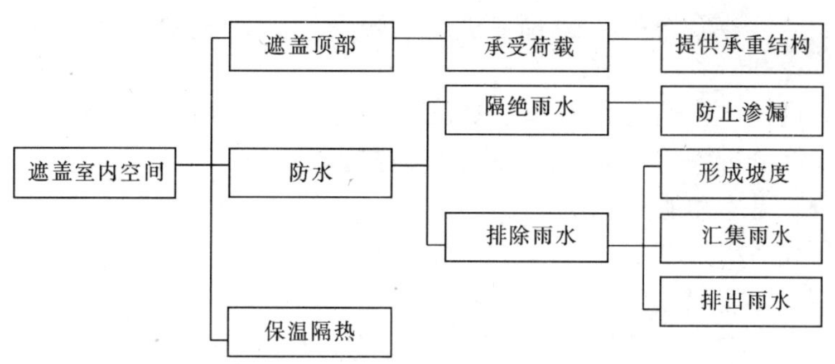

图 3-9　平屋顶功能系统图

3. 功能整理的意义

对功能进行整理并制成功能系统图，然后再研究价值工程对象的价值，预期能在以下几个方面取得效果。

（1）掌握必要功能。价值工程对象的价值，是根据实现必要功能需要花费多少成本决定的。因此，要提高价值，就必须正确掌握必要功能。价值工程对象是实现必要功能的一种手段的具体形式。所以，通过整理价值工程对象各个组成部分的功能，就可以找到必要功能。通过对功能整理的结果与在收集信息阶段收集到的信息进行综合研究，必要功能则会更加明确。而且通过功能系统图，可以表示功能的相对重要性，因而有可能使价值提高到更高的水平。

（2）掌握不必要功能。在进行功能整理的过程中，有时会发现与其他功能无关的功能。这种功能没有上位功能，很可能是不必要功能。无论对于用户还是制造厂商来说，不必要功能是无用的，如果能将它消除了，则可以提高价值工程对象的价值，因为不必要功能也要花费成本。不必要功能常常要通过研究它同价值工程对象的目的是否有联系才能暴露出来。因此，只有将各个功能的相互关系系统化了，才能发现不必要功能。

（3）掌握功能区域。从功能系统图可以清楚地看出功能的相互关系和功能群。例如，在图 3-7 的功能系统图中，为了实现功能 F0，有下位功能 F1，F2，F3，而功能 F1 又有下位功能 F11，F12，F13。F11、F12、F13 都是为了实现功能 F1 的，可以看作是一组功能。这样，可以把相互关系密切的功能集中起来成为一个功能群。这种功能群就是功能区域。价值工程活动是以功能区域为对象，而不是以各个组成部分的功能为对象。如以各个组成部分的功能为对象，就不能取得很大的价值改善效果。只有排列出功能系统图，才能明确作为初步改善对象的功能区域。因此，功能整理是非常重要的。

（4）明确改进的功能级别。什么是确定改进的功能级别呢？以图 3-7 为例，这是一个价值工程对象的功能系统图，在进行价值改善的时候，我们要确定，是以 F1 这个功能级别作为改进对象呢？还是以 F11，F12，F13 的功能级别作为改进对象？如果以上位级别的功能作为改进对象，可以期待有大幅度的价值改善效果，但这样做，研究的范围要扩大，为把这些方案具体化，要收集更多的信息。反之，如以下位级别功能作为改进对象，方案的具体化较容易，但改进范围窄。所以，制成了功能系统图，明确了改进的功能级别之后，价值工程活动范围也就明确了，可以防止思维和讨论的不必要扩散和混乱。

第三节　功能分析系统技术（FAST）

上节提到，进行功能整理形成功能系统图的主要方法是功能分析系统技术（FAST），此处详细介绍功能分析系统技术的有关内容。

一、如何确定基本功能

价值工程研究活动是以功能为基础的创新活动，这个功能就是产品或对象的基本功能。如何确定基本功能呢？

在价值工程技术发展的过程中，确定基本功能的方法也经历了三个阶段。

（1）根据功能的重要性程度确定基本功能

（2）根据抽象的阶梯法确定基本功能

（3）用功能分析系统技术确定基本功能

（一）功能的重要程度

早期，马奇（Art Mudge 于 1971 年）提出一种确定制造产品的基本功能的方法，这是一种量化的方法。首先，列举该产品所有的零部件及其功能，然后确定每个零部件的基本功能（该方法假定每个零部件都有一个基本功能）。最后，比较这些以零部件为基础的基本功能，判断或估计哪一个功能更重要。

比如，可以用字母表示功能（A 功能、B 功能、C 功能……），由价值工程研究小组讨论哪个功能（A 功能或 B 功能）更重要，确定之后再分析其重要程度如何，并给以权重系数。将这些以零部件为基础的功能按其重要程度（权数）进行排列，权数最高的即为该产品的基本功能，其他的功能即为辅助功能。

（二）抽象的阶梯法

早期的第二种方法是抽象的阶梯法，亚尔博（Jarbo）和弗格森（Ferguson）在《功能分析——VE 手册》中对该法进行了描述。

亚尔博和弗格森通过一个燃料系统的例子说明不同层次的基本功能，如图 3-10 所示。在抽象的阶梯中，用“怎么办”这个问题沿阶梯向下定义各个功能，用“为什么”这个问题沿阶梯向上进行分析。

比如，“一个燃料系统如何提供能量?”，其回答是“通过分配燃料”，而“为什么要获得燃料?”，回答是“为了储存燃料”。

作者用一根范围线将这些功能或步骤分开，以明确工作重点。

在创造阶段，也可以用这种抽象的阶梯方法对不同的功能要求提出新的解决方案。

（三）功能分析系统技术法

巴塞威于 20 世纪 60 年代就开始进行价值工程研究和相关咨询活动，对价值工程技术很有兴趣，但是也常常为难以确定基本功能而苦恼。经过多年研究探索，他提出一个新的概念，并将其命名为功能分析技术，在 1965 年的 SAVE 年会上提出后，获得了 SAVE 的最高奖。

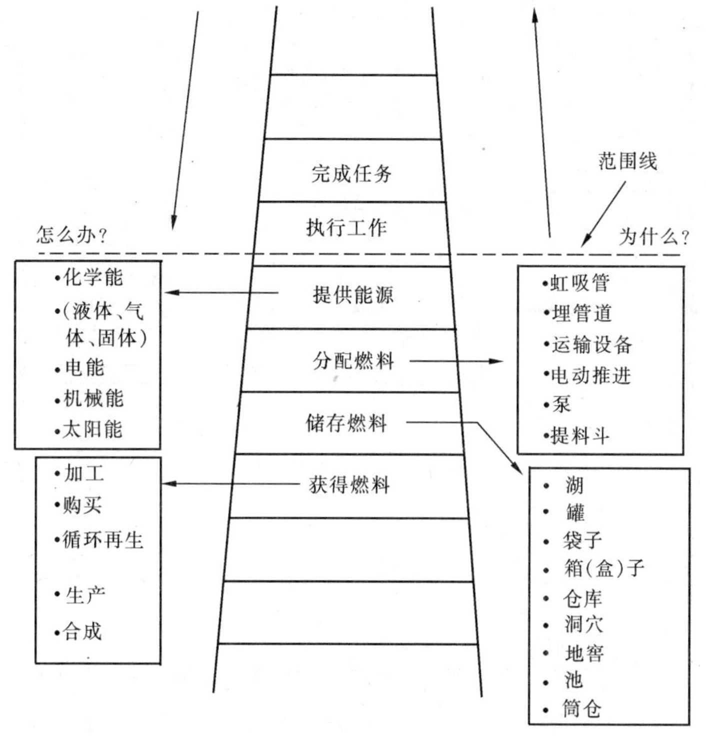

图 3-10 抽象的阶梯法示例——某燃料系统的基本功能

巴塞威借鉴“抽象的阶梯法”思想，将其发展演变成水平形式，通过不断地提问“怎么办”将高位功能放在最左边，低位功能放在右边，而用“为什么”进行逻辑校核。

“怎么办”这个问题迫使我们对某个抽象问题产生确定方案，相对而言是比较容易回答的，而“为什么”这个问题往往很难回答，因为它需要对一个确定的方案（或功能）如“排水”变换思考到一个抽象的高位功能，如“防止打滑”。

自 1965 年到 1975 年，许多价值工程专家对 FAST 技术进行了发展，建立了各具特点的 FAST 图形方法，这些 FAST 技术的共同之处是利用“怎么办——为什么”的逻辑关系确定功能之间的顺序，换句话说，任何一个功能都必须回答这两个问题。

1975 年在威斯康辛（Wisconsin）大学发起的一个价值工程论坛上，有 7 位专家参与了一项活动，这项活动选择了一个手钻作为研究对象，参加者分别对其进行功能分析，提出了 6 个 FAST 图，各图都不相同。究其原因，是由于不同的人具有不同的视点，其观察和处理问题的结果也可能不同。

1975 年 12 月，在 Wisconsin 大学举办了一个为期 5 天的价值工程研讨会，会上提出了两种典型的 FAST 图，都是广泛应用而且相当成功的。一种是技术型 FAST，如图 3-11 所示，一种是任务型 FAST，如图 3-12 所示。

起初，会议的目的是想将这两种 FAST 图统一起来，包括 SAVE 特设委员会成员在内的专家都认为这将是最好的结论。有 20 位与会者参加了四个真实项目的模拟价值工程活动，每个人选择其中的一个项目分别建立两种 FAST 图。尽管这些参与者的背景不同，但他们有一个共同点，即此前他们都从未参与过任何形式的 FAST 做图活动。一周以后，

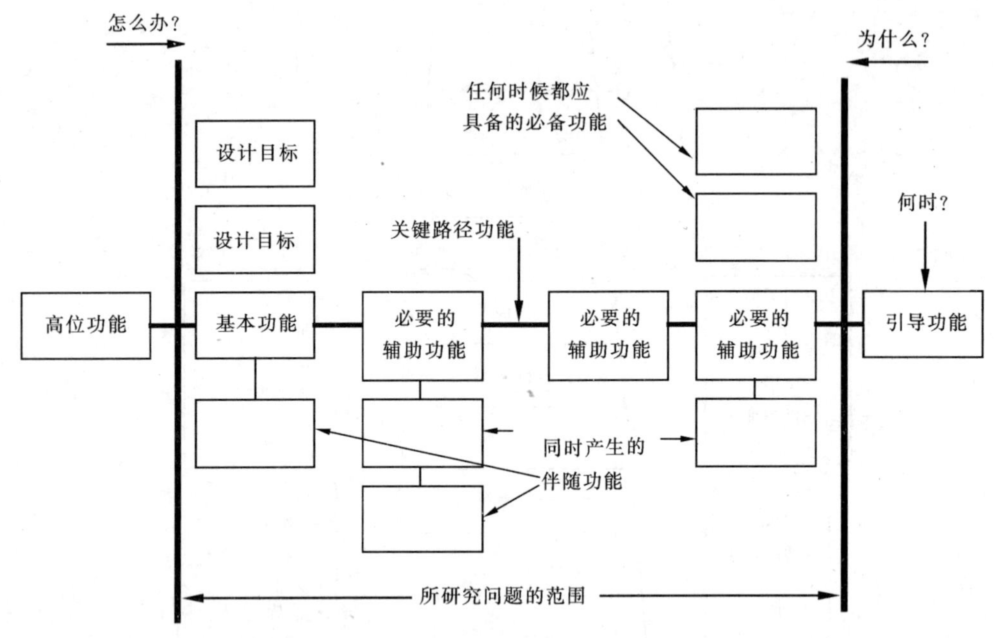

图 3-11　技术型功能系统图（FAST 图）

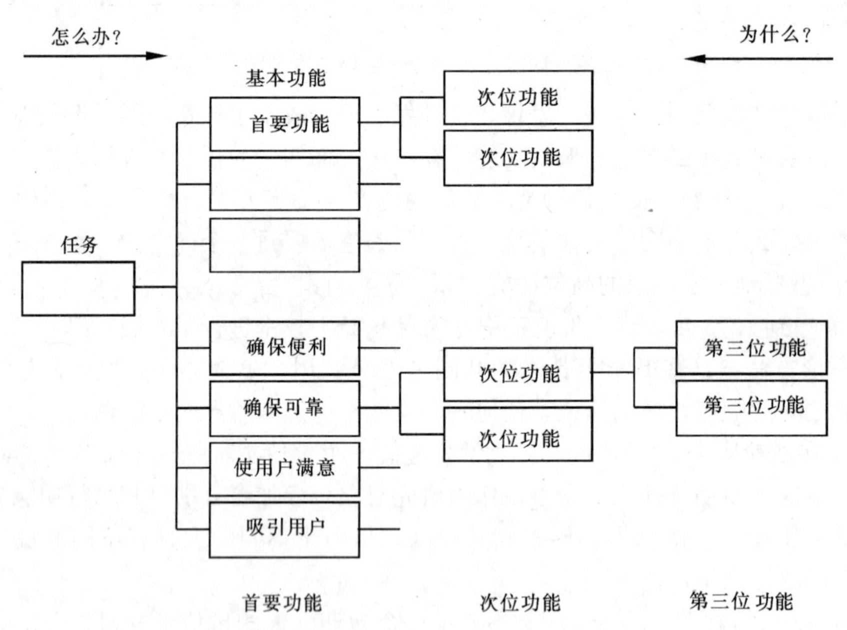

图 3-12　任务型功能系统图（FAST 图）

即在应用了这两种 FAST 做图技术之后，他们再被问起“如果将两种 FAST 图结合起来怎么样”这个问题，令会议组织者大吃一惊的是，所有参与者都异口同声地说：每种 FAST 图都有其相应的特殊用途。

技术型 FAST 图适用于一个完整产品的零部件或完整设计的一个组成部分，其工作范围线把价值工程小组的工作范围限定到特定的构件上。而且，它消除了任务型FAST图的主要问题——即必须从顾客或用户的要求等高位功能开始。任务型FAST图的优点是用一张FAST图就可以完整地表达一个产品或设计的功能体系，因而比技术型FAST图更有效。

二、技术型功能系统图（Technically-oriented FAST Diagram）

技术型功能系统图通常用于表达一种特殊情况，即其对象为某个制造产品的一个零部件或某个建设项目的一个组成部分，特别适用于程序化的生产或制造过程。通常，必须实现的特殊要求要非常明确。顾名思义，技术型功能系统图倾向于用以技术活动（方法）为导向的词语来描述功能。完整的产品、过程或系统都是面向最终用户的，而最好的技术型功能系统图往往是表达其中的一部分内容。

（一）技术型功能系统图的结构

首先，技术型功能系统图有两条范围线，在两线之间覆盖了所选对象的所有功能。左线将高位功能和基本功能分开，基本功能居于线的右侧，高位功能居于线的左侧，基本功能和高位功能的关系可以通过回答“怎么办——为什么”的问题来确定。

如何确定基本功能呢？通常的方法是，首先由价值工程小组讨论提出某研究对象可能包括的一系列功能，然后从中初步选择一个作为基本功能，并应用“怎么办——为什么”逻辑关系来判定。如果“为什么”这个问题可由另外一个功能所回答，则这个答案功能就是基本功能的另一个候选功能，而其右边的功能就是必要的辅助功能。一旦确定了基本功能，必要的辅助功能也就确定了。要尽可能使范围线之间的功能数量限定在3～5个，这组功能形成一个关键路径。还要确定右边线以左的“必要辅助功能”，对这个功能提问“怎么办”，其答案就是线外的“候选”功能，线外的功能被称为引导功能（causative function），它始于关键路径的基本功能和高位功能。

另外一组功能就是支持功能，它有三种类型，一种是伴随功能（“caused by” or “same time” function，即由之引起或同时产生的功能，译为伴随功能），它与关键路径上的某个功能直接有关或与其共同作用才能达到预期目的，源自关键路径功能的特殊功能特性，对该关键功能起修饰、补充作用；第二种是必备功能（all the time function，任何时候都应具备的功能，译为必备功能），即改善二个或多个关键功能的功能；三是设计功能，表达一些具体说明或要求，通常是外部人员而不是设计人员或操作（施工、加工制作）人员提出。

总之，技术型功能系统图包括以下7个部分：

- 两条范围线
- 基本功能
- 关键路径功能
- “怎么办——为什么”逻辑问题
- 引导功能
- 必要的辅助功能
- 支持功能，包括

——任何时候都应具备的必备功能

——同时产生的功能和（或）由之引起的伴随功能

——设计功能。

以上任何一部分的缺失都不能构成完整的技术型功能系统图。图 3-13 是技术型功能系统图的一个示例。

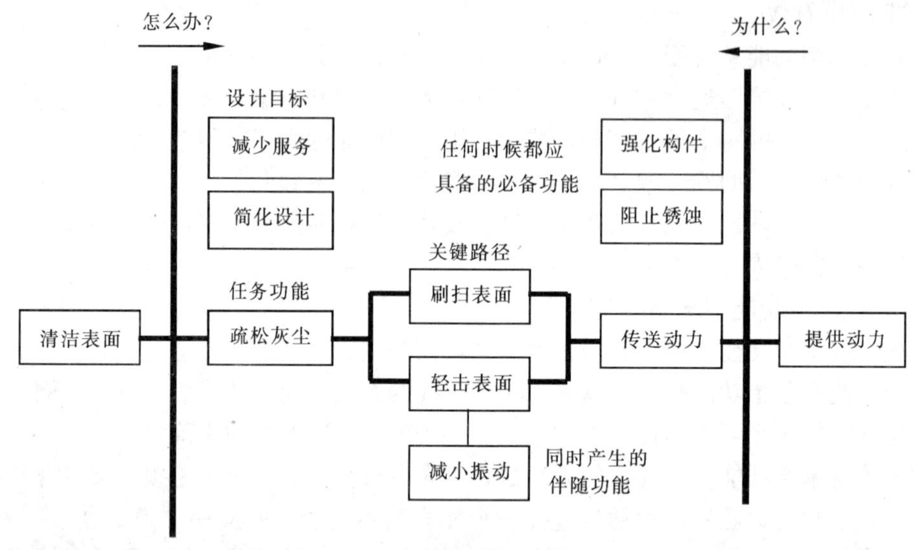

图 3-13　滚刷吸尘器的技术型功能系统图

（二）技术型功能系统图的建立步骤

技术型功能系统图的建立过程主要包括以下几个步骤：

（1）列出所有的功能（利用组件/功能表）；

（2）讨论确定一个基本功能；

（3）寻找上位功能（目的）和下位功能（手段），确定关键路径；

（4）确定支持功能；

（5）检查连接错误，完善功能系统图。

以下以案例说明技术型功能系统图的建立过程。

某管理集团决定建立一个退休规划（retirement plan），下面以此为例对技术型功能系统图的 7 个组成部分进行详细分析。

1. 列举所有功能，明确该计划能够做什么

这是建立技术型功能系统图的第一步，要将该退休规划中可能涉及的所有功能全部列举出来。如果有的功能比较接近，则将其放在一起，通过下一步的逻辑关系进行校核和明确。

该退休规划可能包括以下一些功能，当然读者也可能有自己的见解和想法，不妨在看以下这些功能之前先罗列您自己对该项目功能的看法。

增加收入	规划风险
分钱	承担积累的风险
分配基金	谋划战略
节约钱	策划财务
测算收入	计算资产

规划需求
发展需求
列举需求
列举希望
挣钱
保护投资
投资资金
减少税费
免除税费
增加资产
控制风险
避免风险
列举收入
建立目标
确定目标
研究投资
学习投资
讨论投资
积累基金
风险投资
谋划退休
准备退休
减小风险
接受风险

2. 建立关键路径

为了建立一个退休规划，应该用 2～5 个功能来描述其关键过程。价值工程小组对上述功能进行审核分析，选择其中的一个作为关键路径功能，比如选择“积累基金”，对此提问：我们应该怎样“积累基金”？回答是“投资资金”。然后再问：怎样“投资资金”？回答是“谋划（投资）战略”。因此，价值工程小组就得到三个关键路径功能，如图 3-14 所示。

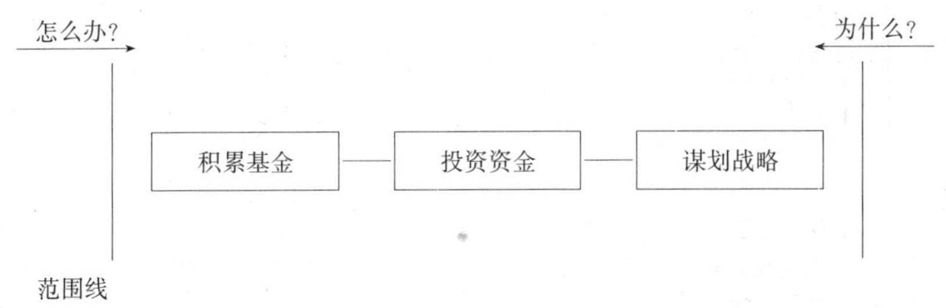

图 3-14　分析过程中的关键路径功能

然后，再反过来对每个功能提问“为什么”，看其答案是否合适。

紧接着，就要开始寻找基本功能和高位功能。考虑将“谋划退休”、“准备退休”、“准备个人事务”作为可能的高位功能，经过讨论，最终选定了“谋划退休”作为高位功能。

然而，当价值工程小组提问“为什么积累基金?”时，发现其答案为“谋划退休”并不十分恰当，总感觉有什么东西遗失了。讨论分析之后，发现将“分配基金”作为基本功能可能比“积累基金”更合适，因此便在“积累基金”之前又增加了“分配基金”作为关键路径功能。然后，对高位功能“谋划退休”、基本功能“分配基金”进行“怎么办——为什么”的逻辑分析，发现可以较好地符合逻辑，由此可以确定：“谋划退休”就是高位功能，“分配基金”就是基本功能。

价值工程小组还要确定“谋划战略”功能是否可以作为最末位的必要辅助功能，以便结束关键路径。既然功能分析的目的是为“退休规划”创造出更多的规划方案，那么，“研究多种方案”就成为引导功能的自然选择，列在右线之外，也可以用“怎么办——为什么”逻辑问题来验证“谋划战略”就是最末位的必要辅助功能。至此，关键路径功能就变成了图 3-15 的样式。

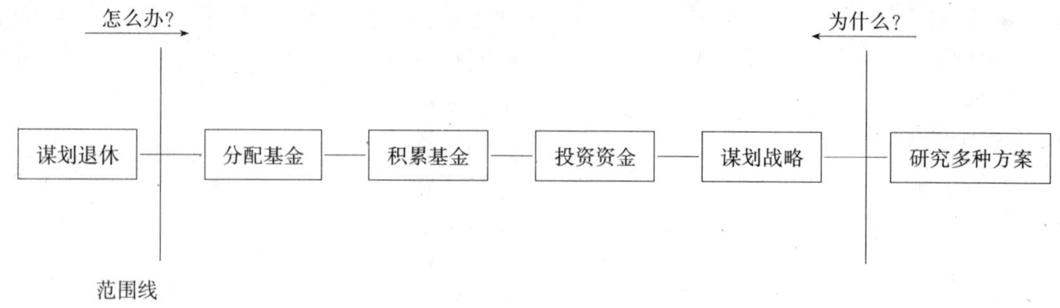

图 3-15　进一步分析过程中的关键路径功能

3. 建立支持功能

价值工程小组从上述的一系列功能清单中找到各个关键功能的伴随功能，结果“谋划战略”找到 5 个伴随功能，其他关键功能各找到 3～4 个伴随功能。必备功能只找到 2 个，即“控制风险”和“跟踪进程”。设计功能有 3 个，即“免除税费”、“减少税费”和“指定收益人”，从而完成了 FAST 图，如图 3-16 所示。

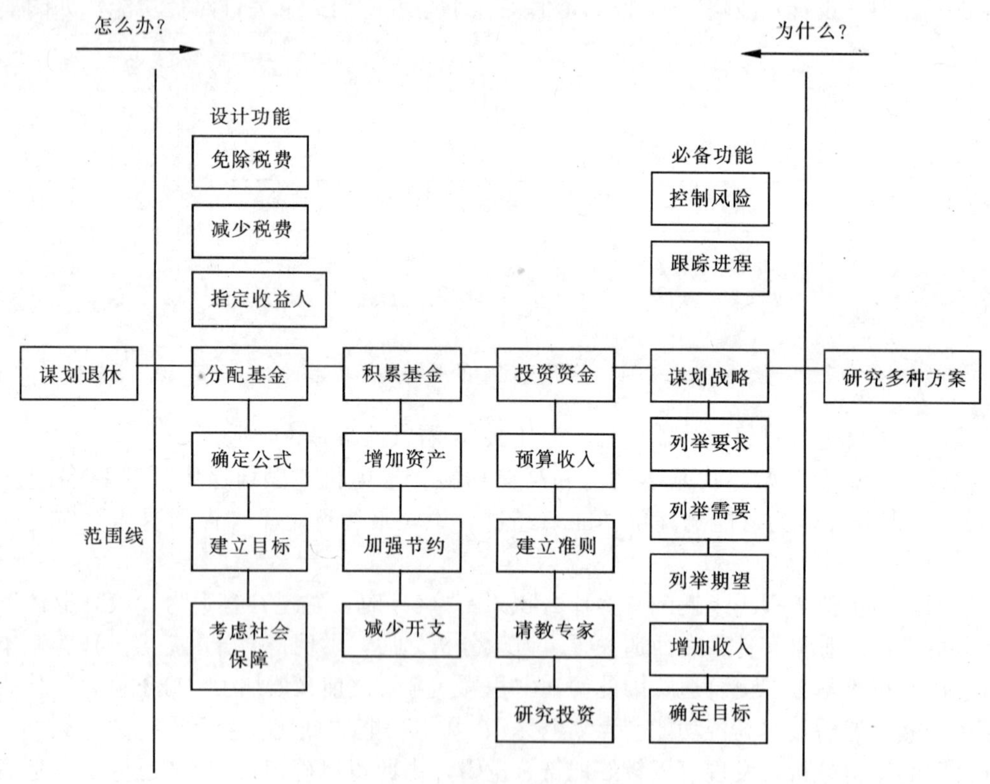

图 3-16　某集团退休规划的技术型功能系统图

4. 功能准确化

以上的功能清单和功能系统图的结果可能会因人而异，即不同的人或不同的价值工程小组可能会得到不同的结果，尽管总的原则和方法是一致的，但其功能图的结果可能不同。例如，功能系统图中出现的以下几个支持功能就可能因人而异：

- 承担风险
- 减小风险
- 避免风险
- 谋划风险

这几个支持功能都是由同一个功能引起，即“投资资金”功能，假定一个价值工程小组只能选一个支持功能，图 3-17 说明，四个不同的小组因为其视点和准则的不同而选择了不同的支持功能。

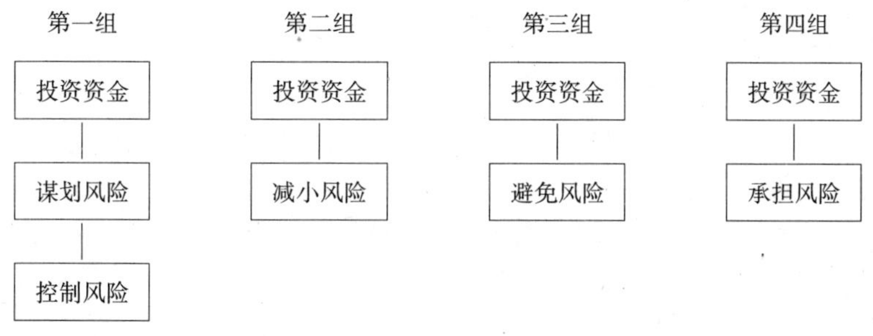

图 3-17 “投资资金”功能的不同行动方案

图 3-18 说明，价值工程小组选择不同的支持功能作为最合适的选择，就会产生不同的行动方案。例如，如果所要进行的计划投资是大额信用存款，则“避免风险”就是其最合适的支持功能。同时还可以说明，不合适的功能定义会导致不恰当的决策或行动方案。在后面的内容中也会说明，精确和恰当的功能定义有助于创造和评价阶段的工作。

以上的分析说明，功能系统图是基本的沟通工具，适当的功能系统图能够：

- 为我们建立正确的思想框架
- 强迫建立一个逻辑的过程和路径
- 暴露遗漏的功能
- 排除不恰当的功能
- 为创造阶段建立宽厚的工作基础

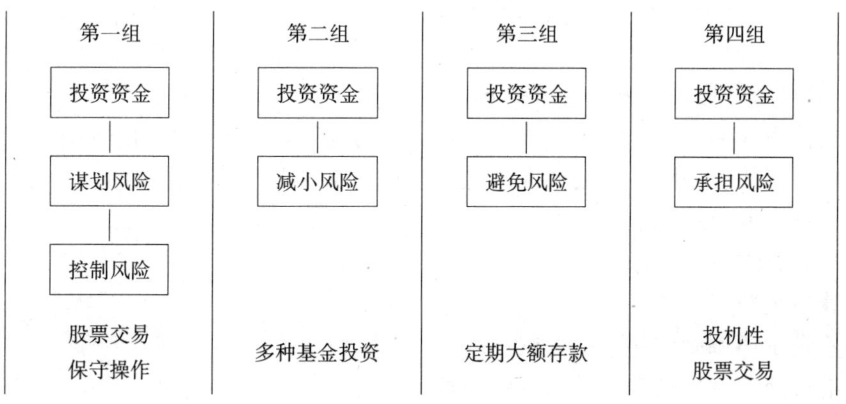

图 3-18 基于同一功能的不同准则和行动方案

三、技术型功能系统图案例

本案例是关于某高层建筑中的钢筋混凝土柱子的，介绍在其设计、优化设计和施工中运用技术型功能系统图的做法。对同一根柱子，介绍三种不同的功能系统图，分别代表设计者、计算机程序员和承包商的视点。

（一）混凝土柱子成本的组成

技术型功能系统图要利用许多技术术语，一般来说设计者和技术人员喜欢采用而用户和非技术人员则不太喜欢。因为，采用技术术语描述功能更容易、更恰当。

图 3-19 是某钢筋混凝土柱子断面图。影响柱子造价的主要因素有：

- 混凝土柱子尺寸
- 混凝土强度
- 混凝土模板
- 钢筋

对一般的柱子设计，有：

- 尺寸：36 英寸×36 英寸（约 91cm×91cm）
- 混凝土强度（ksi）：6.0（4.02MPa）
- 钢筋含量：1.92

柱子的费用（美元）组成如表 3-3 所示。

混凝土柱子造价　　表 3-3

	费用（美元）	百分比（%）
混凝土	269.9	31.2
模　板	259.2	29.9
钢　筋		
主　筋	248.2	28.6
箍　筋	44.6	5.2
绑扎筋	44.5	5.1
合　计	866.4	100

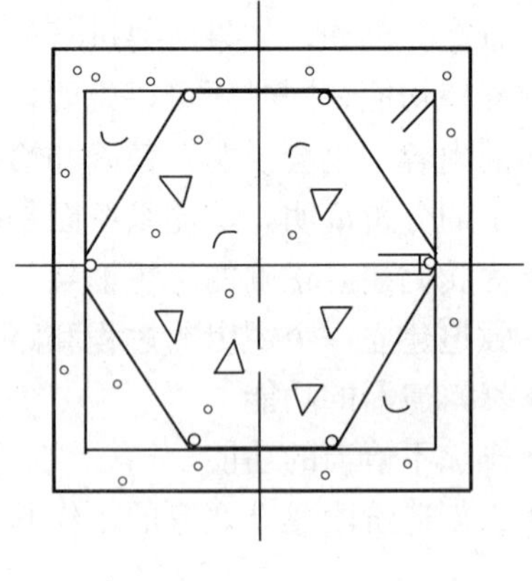

图 3-19　混凝土柱子断面图

（二）设计者的思路和方法

柱子的荷载大部分是由混凝土承受的，但遗憾的是，柱子造价的三分之二是花在其他方面。因此，应该设法降低钢筋和模板的费用。而设计者考虑的是如何设计柱子并使它承受荷载，设计者的思路可以归纳为：

- 列举、归纳可能采用的柱子类型
- 计算最大荷载
- 与建筑师协调确定柱子的形状和尺寸
- 一般情况下圆形柱和矩形柱的造价差别不大
- 综合调整，使各楼层的混凝土强度和含筋量尽量一致

●钢筋含量不小于 1%，不大于 4%

●尽可能使尽量多的楼层的柱子尺寸保持一致，以降低模板成本

任何一个影响柱子造价的因素都不能独立地看待，任何一个因素的变化都可能引起其他因素的变化，因此要系统地分析这些因素的影响。图 3-20 所示的功能系统图反映了设计者的一般思路。

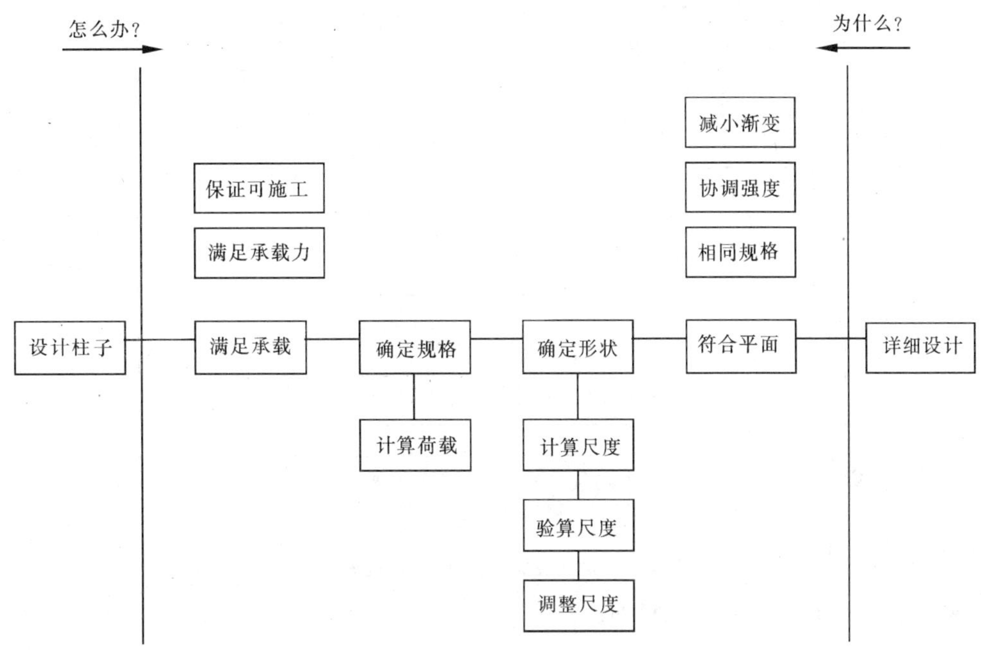

图 3-20 设计者一般思路的混凝土柱子的功能系统图

（三）程序员的思路和方法

现在一般都采用计算机进行设计和计算。计算机程序接受输入数据，计算出荷载，并设计出符合设计准则（比如尺寸、强度和含筋量）的柱子。如果计算机程序根据上述功能系统图进行计算和设计，可能产生一个符合要求的结果，但是这个结果往往不是最优（最经济），整个设计方法需要改进。在多位专家的共同努力下，一个新的优化程序产生了。这个程序以柱子尺寸、混凝土强度和柱子形状为变量，设计和估算了 80 多种不同的柱子，对每种形状的柱子都给出了优化的结果。图 3-21 反映了这种新方法的思路。值得注意的是，图 3-21 中的高位功能“设计柱子”变为“优化柱子”，“成本”这一因素被放到关键路径中而不是放在必备功能中。

根据这个思路，我们不妨分析一下功能是如何影响成本的。对“比较柱子”这个功能，可以有四种方法：

●调整尺寸；

●调整强度；

●钢筋混凝土含筋量；

●调整形状。

首先，对前述的柱子，保持强度和形状不变，调整柱子的尺寸，调整优化的结果为：

●尺寸：40 英寸×40 英寸（约 102cm×102cm）

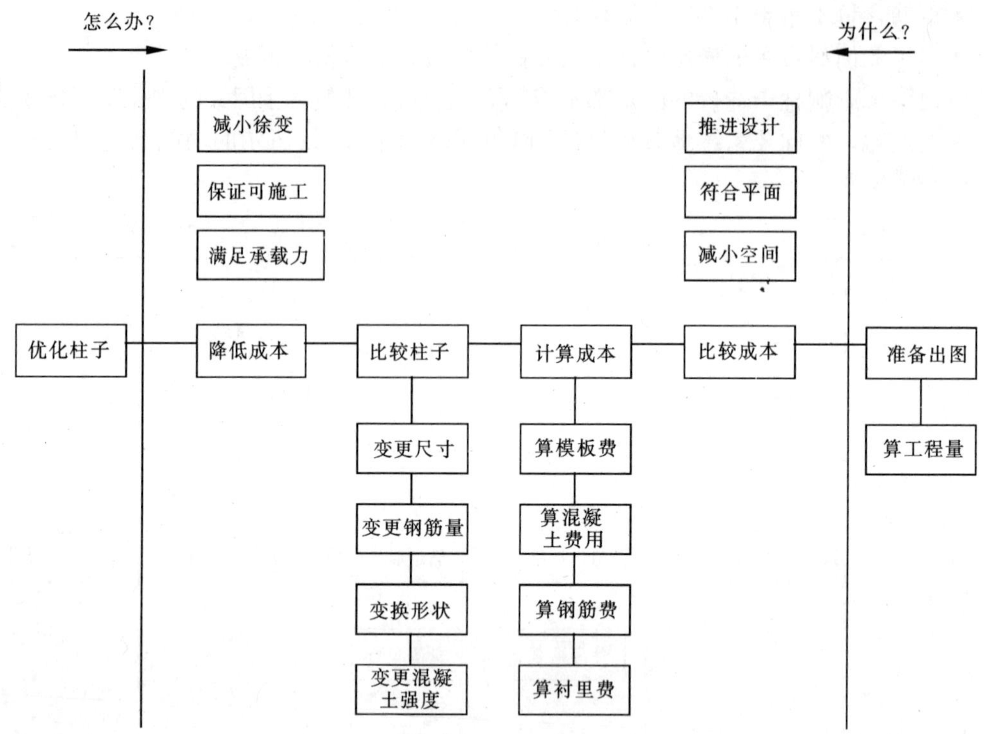

图 3-21　新方法思路的柱子功能系统图

- 强度（ksi）：6.0（4.02MPa）
- 含筋量：0.95

其成本如表 3-4 所示。

其次，同时调整柱子的尺寸、混凝土强度、含筋量，得到最经济的结果为：

- 尺寸：32 英寸×32 英寸（81cm×81cm）
- 强度（ksi）：9.0
- 含筋量：1.07

其成本如表 3-5 所示。

调整柱子尺寸、含筋量优化结果的成本　　表 3-4

	费用（美元）	百分比（%）
混凝土	328.4	39.5
模　板	288	34.6
钢　筋		
主　筋	146.5	17.5
箍　筋	44.6	5.4
绑扎筋	24.8	2.9
合　计	832.3	100

同时调整柱子尺寸、混凝土强度、含筋量得到最经济的结果的成本　表 3-5

	费用（美元）	百分比（%）
混凝土	296.5	43.3
模　板	230.3	33.7
钢　筋		
主　筋	97.6	14.2
箍　筋	44.6	6.5
绑扎筋	14.9	2.3
合　计	683.9	100

模板是混凝土施工必不可少的部分，但对承载能力则没有任何贡献。因此从逻辑上讲，这部分费用应该尽可能降低。对相同承载能力（柱截面面积）的柱子而言，柱子的形状直接影响模板的用量（周长）。正方形、圆形的“周长/面积之比”相等且最小，而矩形的“周长/面积之比”则比较大，即矩形截面的模板用量大，因而经济性较差；其次圆形模板可以用单片材料制作，可以重复利用，而矩形、方形模板则需要四片材料制作，所以经济性相对较差。但是，在有些条件下，方形和矩形柱子可以更好地符合建筑平面要求。

通过程序软件，调整柱子的尺寸、混凝土强度、含筋量，得到最经济的圆形柱子为：

- 尺寸：直径 36 英寸（约 91.4cm）
- 强度（ksi）：9.0（6.03MPa）
- 含筋量：0.99

其成本如表 3-6 所示。

通过以上功能的比较分析，得到各功能的经济性影响如表 3-7。

通过计算机程序软件优化得到最经济的圆形柱子的成本　　表 3-6

	费用（美元）	百分比（%）
混凝土	295.1	52.8
模　板	93.6	16.8
钢　筋		
主　筋	108.5	19.5
箍　筋	46.9	8.4
绑扎筋	13.8	2.5
合　计	557.9	100

各功能的经济性影响　　表 3-7

	费用节约（美元）	节约额（美元）
调整尺寸	866.4～832.3	34.1
调整强度	832.3～683.9	148.4
调整形状	683.9～557.9	126.0
合　计		308.5
节约比率	308.5/866.4=35%	

（四）承包商的视点

由承包商建立混凝土柱子的功能系统图，其关键路径功能可能如图 3-22 所示。在这里，高位功能又变为“施工柱子”。

对承包商而言，其设计目标功能是有利于“推进施工”和“符合设计”，必须满足的必备功能是“保护工人”、“重复利用材料”和“减少错误”。

（五）小结

三种功能系统图分别由设计者、程序员和承包商提出，尽管是针对同一对象，但结果不同，因为他们的视点不同，观察和解决问题的角度就不同。

最近实施的一个高层建筑项目中，下面的少数几层采用了矩形柱子，上面的所有柱子都采用了圆形柱子，由此带来的节约额高达 25 万美元。

四、任务型功能系统图（Task-oriented FAST Diagram）

以下介绍以用户、顾客或任务为导向的功能系统图。

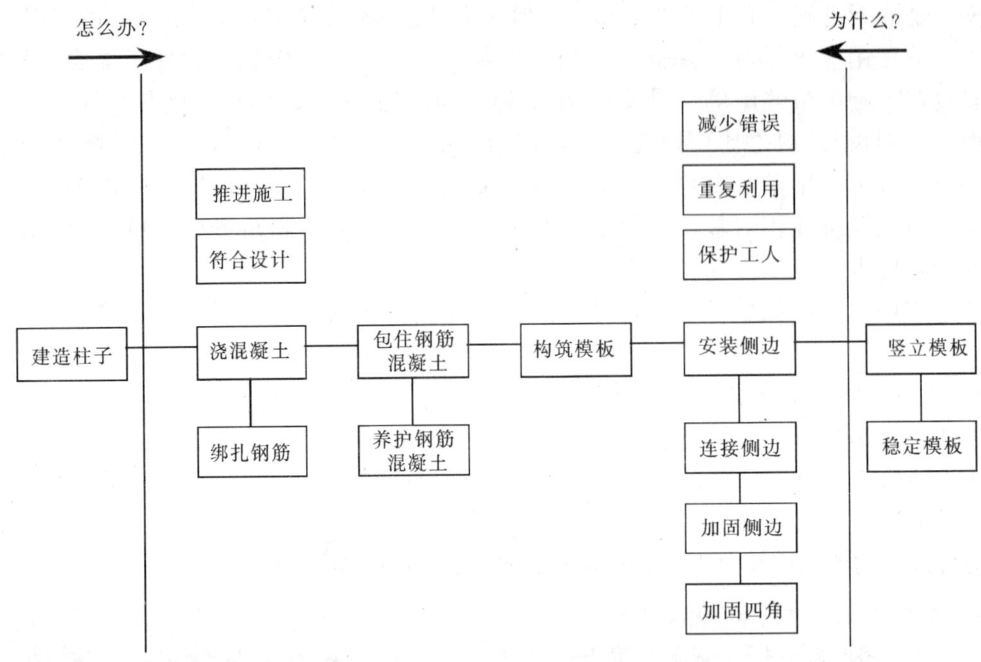

图 3-22　由承包商建立的混凝土柱子的功能系统图

任务型功能系统图是由价值工程领域的第二代先驱创立的，这种方法强调这个事实：只有当用户或顾客的需求、期望被认识、理解和满足以后，才能说明项目或产品是成功的。在建立任务型功能系统图过程中，用户或顾客是关键角色。在分析技术型功能系统图时曾经提到，技术型功能系统图常常用于表达完整产品或过程的一部分，往往只有一个基本功能，并由此展开形成关键路径。而任务型功能系统图是以完整产品、服务、系统或过程为对象，可能会具有多个相互依赖的基本功能，对用户或顾客来说，每个基本功能都是必要的，都需要很好地实现。

1. 任务型功能系统图的组成

任务型功能系统图是由斯诺格拉斯（Thomas Snodgrass）和福勒（Theodore Fowler）提出的，其基本形式如图 3-12 所示，包括四个组成部分：范围线；任务；基本功能（又分首要基本功能、次位基本功能）；支持功能（又分首要支持功能、次位支持功能）。

2. 建立系统图的步骤

与技术型功能系统图类似，建立任务型功能系统图也要按照一定的程序和步骤，即第一步识别项目的功能，第二步区分基本功能和支持功能，第三步确定首要基本功能和任务，第四步归类支持功能。

首先要识别项目的功能。同建立技术型功能系统图一样，要列举所有可能的功能，形成功能清单。

其次，将功能分为基本功能和支持功能。首先要明确什么是基本功能，什么是支持功能。

基本功能是该项任务的本质性能或表现，没有这个基本功能，产品或系统将无法正常工作。基本功能分为首要基本功能和次位基本功能，首要基本功能是位于范围线右边并与任务直接连接的基本功能，次位基本功能是由首要基本功能延伸出的功能。

支持功能尽管不是本质要求的，但也是在销售产品或服务时能促使顾客接受的相当重要的功能，也分为首要支持功能和次位支持功能。首要支持功能可以分为以下四种类型：确保便利、确保可靠、使用户满意和吸引用户。

第三步，确定首要基本功能和任务功能。

任务功能可以定义为顾客的需求（needs），这是产品或服务存在的基础和理由，必须预估或理解这种需求以使产品或服务具有价值。“怎么办——为什么”的逻辑必须针对具体的任务和首要基本功能来提问和检验。

这些首要基本功能是相互依赖的，并且是该任务的本质性能的表现，一旦确定了首要基本功能，就可以用“怎么办”问题来对每个首要基本功能进行提问。通常，“怎么办”问题的答案就放在首要基本功能右边，成为次位基本功能。应该至少有2个以上的次位基本功能，以便进行验证。这一规则，使基本功能可以扩展到第三层次，尽管通常会到第三层为止，但真正的末位基本功能要到硬件为止，即硬件名称就是功能要求的名词部分。

第四步，将余下的功能归类为四类首要支持功能。支持功能在产品中扮演重要角色。比如，在建筑产品中，结构工程师首先要致力于解决基本功能，在此基础上还要重点致力于“确保可靠”这一支持功能；机械和电气工程师主要致力于“确保方便”这一支持功能；建筑师既要致力于基本功能的实现，又要提供“吸引用户”和“使用户满意”等支持功能。

3. 次位支持功能

几种首要支持功能细化的次位支持功能

确保方便（Assure convenience）

C1：有助于空间布置的功能

C2：方便维护、修理的功能

C3：向用户提供说明书和指导书

确保可靠（Assure Dependability）

D1：从设计者和适用规范的角度，能使产品/结构更加牢固坚强

D2：使用安全——保护用户

D3：延长结构/产品的使用寿命，并减少维护费用

D4：确保操作的可靠性

D5：保护环境

使用户满意（Satisfy User）

S1：改善基本功能，如使其更快、更小、更轻，等等

S2：提高舒适性能

S3：使用更方便、更容易

S4：使生活更舒适，如降低噪音等

S5：用户/业主期望的其他方面

吸引用户（Attract User）

A1：强调或满足视觉享受

A2：突出表现广受欢迎的形象或方面（如公众或社会名人接受的著名商标、标记）

A3：实现业主/用户的视觉期望

A4：从用户/业主角度，使产品/结构看起来更坚固，而从设计者角度看则不一定必要

A5：利用业主/用户更喜欢的材料和方法（比如用钢结构建造房屋）

次位支持功能是在首位支持功能基础上根据“怎么办”问题向右扩展出来的，同样应该具备至少2层以上次位支持功能以校验这些扩展功能。以下将用一个工业产品和一个建设项目来解释任务型功能系统图的建立过程。为简化起见，不一定按部就班地分析。

五、任务型 FAST 图案例一

以下是关于工业产品——罐式真空清洁器的 FAST 图分析。

“罐式真空清洁器”能做什么？

可以用一系列的“动词＋名词”表达的功能来回答这个问题。答案会有很多，即它的功能会有很多个。在所有的功能中，“顾客要购买该产品的主要原因”就是一个非常典型的功能。可能我们都会同意，这个主要原因就是它能够起清洁物体表面的作用，据此，我们可以将“清洁表面”作为罐式真空清洁器的任务。

1. 首要基本功能

“真空清洁器怎样清洁表面?”

在真空清洁器内创造一个真空环境，引起空气流动，空气流动时带走物体表面的灰尘，同时要将灰尘留在清洁器内部。“运动空气”、“去除灰尘”和“储存灰尘”是实现该产品任务（清洁表面）的3个功能，是首要基本功能，如图3-23所示。

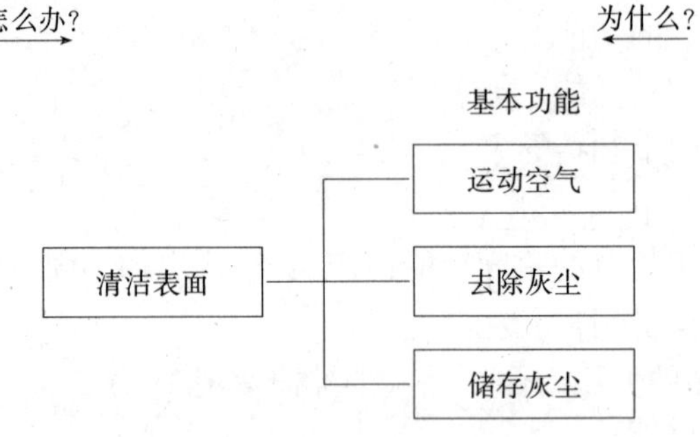

图 3-23　真空清洁器的基本功能

图3-23中的基本功能是第一层次的基本功能，这些功能可以通过“怎么办”提问进行扩展。比如，“怎样去除灰尘?”，回答是“疏松灰尘”、“带走灰尘”、“传输灰尘”。图3-24是扩展以后包括第二层所有次位基本功能的功能系统图。

2. 支持功能——需求、希望、渴望和要求（Needs，Wants，Desires and Requirements）

顾客一般都希望产品可靠，使用方便，并具有吸引力，市场调研人员列举了关于真空清洁器的一系列要求，如下：

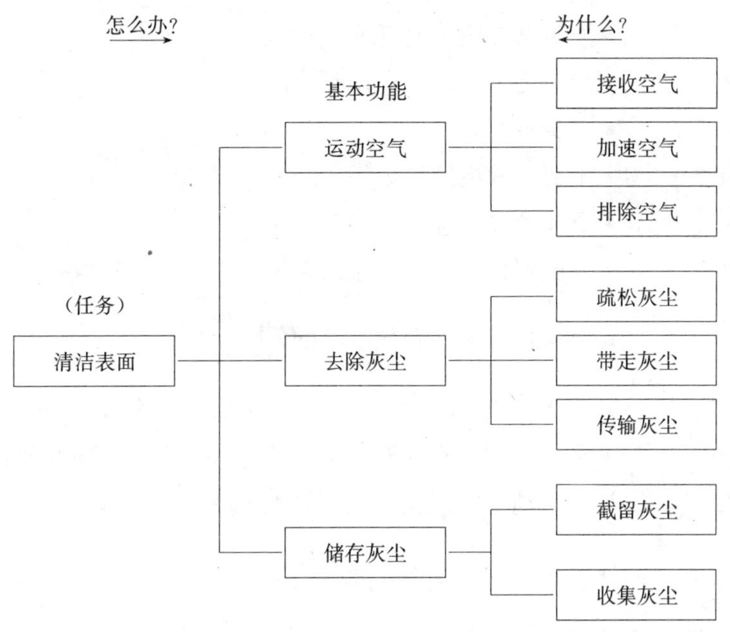

图 3-24　真空清洁器的基本功能和第二层次位功能

- 尺寸足够小以方便储存
- 不需要费太大事就能将灰尘吸走
- 应该不需要保养
- 说明书应该简明清晰
- 垃圾袋装满以后应该能够提示
- 声音不要太吵
- 不要经常更换垃圾袋
- 更换垃圾袋不要太费事
- 要能够独自行走，但碰到家具时不至于引起损坏
- 是可携带的、轻便小巧的
- 希望功率大以便更快更好地工作
- 颜色和风格是两个重要方面
- 必须配备合适的零件以便能够清洁缝隙、布料和家具
- 各项操作（包括更换零件）应该尽量简单
- 希望有不同的功率档位
- 不需要太多储藏空间

……

这些要求可以认为是次位支持功能，用“二词法”定义如下：

减小储藏	• 尺寸足够小以方便储存
省力	• 不需要费太大事就能将灰尘吸走

售后服务	●应该不需要保养
简化说明	●说明书应该简明清晰
更换提示	●垃圾袋装满以后应该能够提示
降低噪音	●声音不要太吵
处理灰尘	●不要经常更换垃圾袋
操作简便	●更换垃圾袋不要太费事
保护家具	●要能够自行走，但碰到家具时不至于引起损坏
减轻重量 省力	●是可携带的、轻便小巧的
产品个性化	●有些用户更喜欢小巧的方形清洁器而不喜欢圆形清洁器
产品个性化	●另一些用户喜欢圆形清洁器，因为它可以储存在较小的角落里
提高功率	●希望功率大以便更快更好地工作
增加色彩 产品个性化	●颜色和风格是两个重要方面
清洁缝隙 清洁布料 清洁家具	●必须装备适当，以便容易清洁缝隙、布料和家具
简化操作	●各项操作（包括更换零件）应该尽量简单
推行机器	●要能够自行走
控制高度	●清洁器的高度容易调节，不要损坏地毯
控制电流	●希望有不同的功率档位
减小储藏	●不需要太多储藏空间
体现质量	●能够表现质量、牢固和可靠

3. 一般功能与特殊功能

支持功能可以分成两组，一组是描述顾客要求的一般功能，另一组是反映该机器某元素（零件）作用或顾客特殊要求的特殊功能，如下：

一般功能	特殊功能
减小储藏	减小噪声
减小努力（省力）	保护家具
简化说明	体现质量
改善外形	控制高度
产品个性化	更换提示
简化操作	减轻重量

4. 高位功能与低位功能

许多情况下，列为一般功能的都是高位功能，列为特殊功能的都是低位功能。通过对特殊功能提问“为什么”，能够建立起与一般功能的联系。同样，对一般功能提问“怎么办”，也可以找到相应的次位功能，例如：

为什么清洁器应该“保护家具”和“保护外表”？回答是“保护环境”。

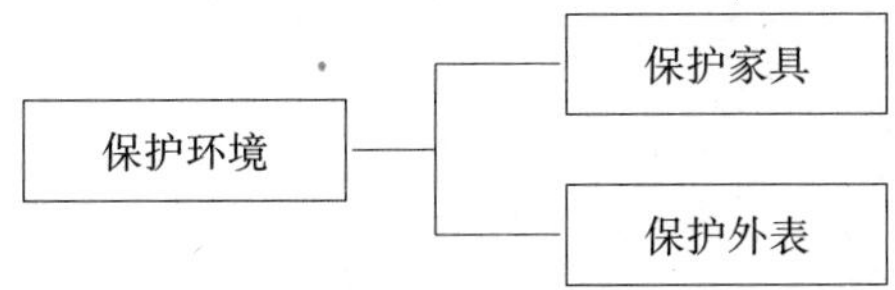

清洁器怎样才能“省力”？回答是“减小重量”、“减小尺寸”和“能够驱动它”。

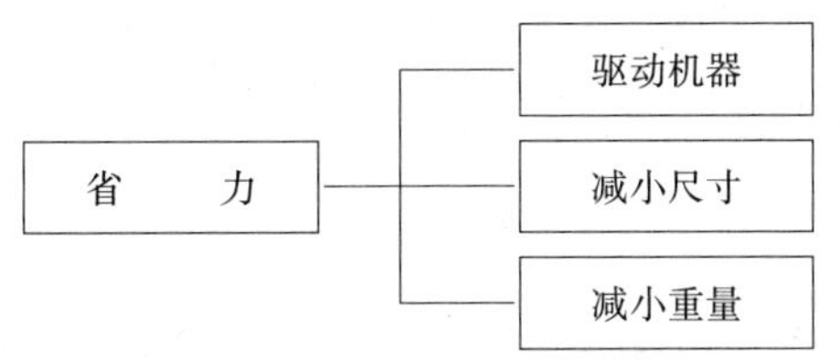

5. 作功能系统图

如前所述，支持功能可以分为四种类型，将清洁器的所有功能按此分类进行归纳编组如下：

<u>确保方便</u>

<u>C1：使用方便</u>

- 减小储藏
- 简化说明
- 更换提示

<u>C2：简化维修和服务</u>

- 提供售后服务
- 方便保养
- 操作简便

<u>确保可靠</u>

<u>D2：使用安全</u>

- 保护家具
- 保护用户
- 保护外表

<u>使用户满意</u>

<u>S2：采用用户喜好的任何方法</u>

- 清洁缝隙
- 清洁挂毯
- 清洁家具

<u>S3：使用更容易、更方便</u>

- 增加功率
- 控制高度
- 控制抽力

<u>S4：容易使用</u>

● 推动机器

● 省力

S5：使生活更愉快

● 减小噪音

吸引用户

A1：视觉上的

● 产品个性化

● 增加色彩

A2：突出受欢迎的方面

● 突出品位

● 表现质量

图 3-25 是该清洁器功能系统图的一部分，图中列出了主要的支持功能。

六、任务型 FAST 图案例二

以下对建设项目——某高速公路改造项目进行功能分析，讨论在某高速公路重建过程中如何保持正常的交通。

某高速公路需要重新修建，为了保证正常的交通不受大的影响，使车辆能够绕道通过维修的路段，计划沿原高速公路修建一条临时道路。

首先，我们要分析："临时道路能做什么？"

建设者、用户和设计者对这条临时道路的期望都是相同的，即保持施工期间的正常交通，所以，这条临时道路的任务就是"保持交通"。

1. 基本功能

"这条临时道路怎样保持交通？"

首先，应该使车流通过指定的车道从施工区域转移出来，并引导车流通过临时道路。在施工路段的端头，临时道路应该与原高速公路合并，使车流合并到原道路上。因此，临时道路的基本功能可以归纳为：

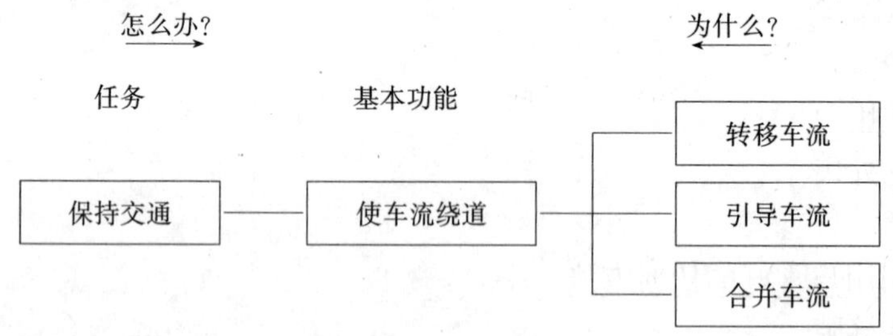

2. 功能

项目协调人通过会见州、市和联邦的各级官员和许多公众，了解并总结了他们对该项目的需求和要求，总结如下：

● 城市当局要求在施工期间保持交通正常

● 联邦政府官员建议，在施工期间可以在两个方向各保留一个车道

● 有许多人在关心是否会在当地的某条街道另辟通路使车辆分流

● 在任何一条分流街道，车速都应该被限制在 20mph（约 32.19km/h）以内

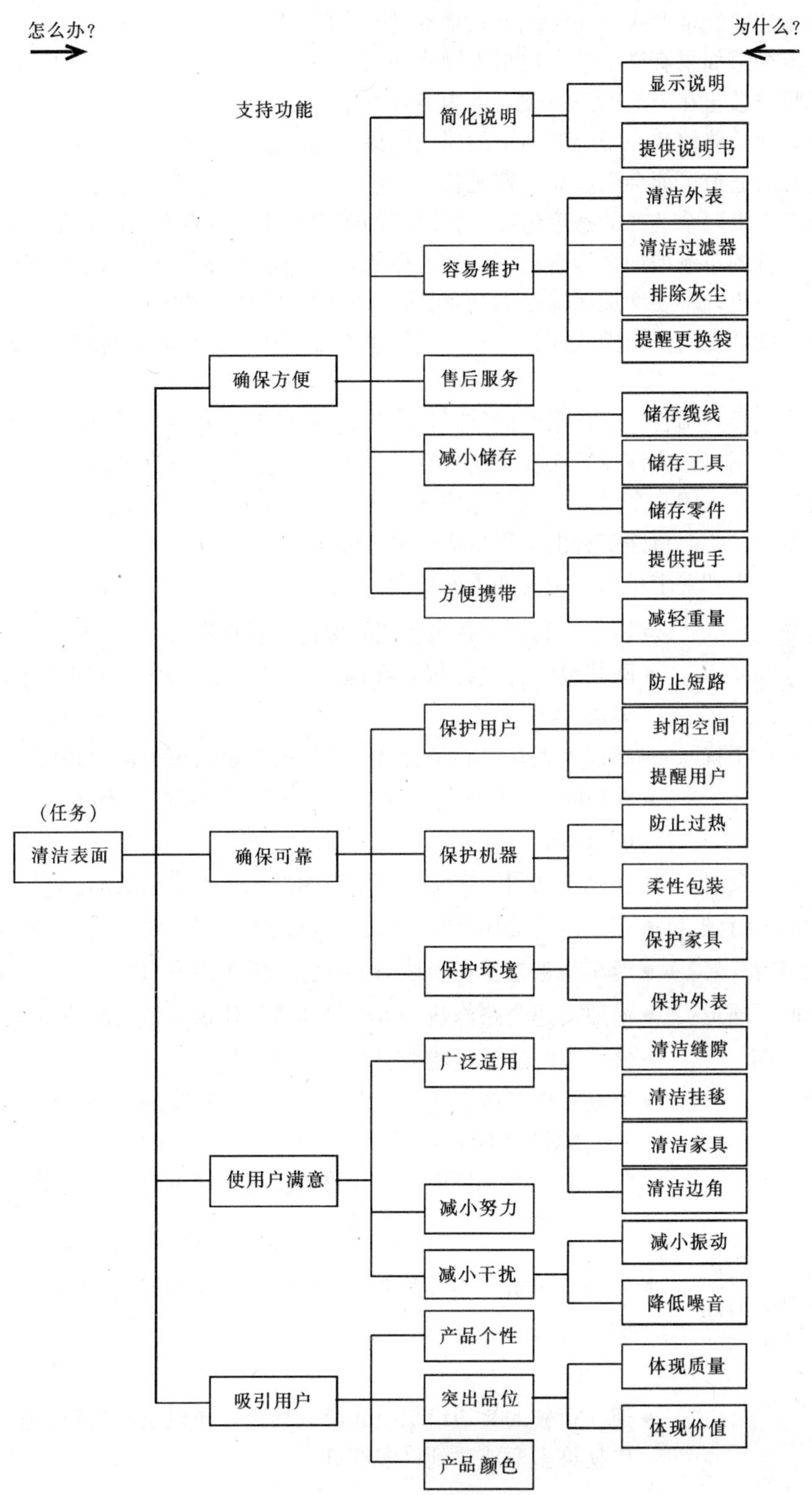

图 3-25　罐式真空清洁器的功能系统图

- 在施工期间经常变换交通组织方式是不受欢迎的
- 在分流街道如果有许多急弯也是不受欢迎的
- 卡车将被禁止在当地街道行驶，因为声音太吵
- 沿原高速公路修建一条临时通道的建议应该引起注意
- 修建临时通道可能会引起总工期延长
- 公众对以下两个选择的态度怎样：长时间的较小不便，或者短时间的很大不便？
- 临近街道的车流增加会导致更多的交通事故，人们很关心其财产和生命安全
- 要关心司机，不要增加运输距离和延长行车时间，不要浪费能源
- 逆向行驶的交通组织模式应该禁止，司机也不希望在临近街道中拐许多弯或碰到许多红灯
- 这是公共投资项目，应该采取措施降低造价，为此产生的一些不便也应该忍受
- 为了提醒司机，应该设置必要的信号灯，也应该适当安排人员引导交通
- 将高速公路关闭几个星期，以便加快施工进度，尽早完工
- 经费有限，临时道路工程的工程量应该尽量减小

以上这些需求和要求可以定义为如下的功能：

功能	需求和要求
保持交通	• 城市当局要求在施工期间保持交通正常
限制交通	• 联邦政府官员建议，在施工期间可以在两个方向各保留一个车道
减少（临时）干扰	• 有许多人在关心是否会在当地的某条街道另辟通路使车辆分流
降低速度	• 在任何一条分流街道，车速都应该被限制在20mph（32.19km/h）以内
减少（交通）变更	• 在施工期间经常变换交通组织方式是不受欢迎的
避免（逆向）行驶	• 在分流街道如果有许多急弯也是不受欢迎的
减少噪音	• 卡车将被禁止在当地街道行驶，因为声音太吵
修建（临时）通道	• 沿原高速公路修建一条临时通道的建议应该引起注意
缩短工期	• 修建临时通道可能会引起总工期延长
减少时间 减少不便	• 公众对以下两个选择的态度怎样：长时间的较小不便，或者短时间的很大不便？
保护财产 保护居民	• 临近街道的车流增加会导致更多的交通事故，人们很关心其财产和生命安全
减少（行驶）距离 减少（行驶）时间 节约能源	• 要关心司机，不要增加运输距离和延长行车时间，不要浪费能源
避免逆行 减少转弯 减少停顿	• 逆向行驶的交通组织模式应该禁止，司机也不希望在临近街道中拐许多弯或碰到许多红灯
降低造价	• 这是公共投资项目，应该采取措施降低造价，为此产生的一些不便也应该忍受

提醒司机　　　　● 为了提醒司机，应该设置必要的信号灯，也应该适当安排人员
引导交通　　　　　引导交通
关闭交通　　　　● 将高速公路关闭几个星期，以便加快施工进度，尽早完工
减少（临时）工程　● 经费有限，临时道路工程的工程量应该尽量减小

明确了所有功能，还要对一些互相矛盾或冲突的功能进行识别、筛选。比如，“保持交通”、“限制交通”、“关闭交通”就是互相矛盾的，只能同时满足其中的一个功能。在研究的开始就曾经明确了这个要求，即施工阶段的交通应该保持，所以“保持交通”这一功能应该满足，并被确定为任务，而“限制交通”和“关闭交通”则应该被剔除。

3. 次位支持功能

剩下的功能可以分为一般功能和特殊功能，所有这些功能都是支持功能。

一般功能	特殊功能
减少干扰	减少噪音
保护财产	降低速度
保护居民	减少（交通）变更
避免（逆向）行驶	减少转向
推进施工	减少停顿
	提醒司机
	引导交通
	减少（临时工程）施工

许多情况下，一般功能可以归类为次位支持功能，非常特殊的功能被列为第三位功能，可以通过“怎么办——为什么”的提问来确定他们之间的关系。

“该项目怎样‘保护财产’？”

回答是：通过“提醒司机”、“减慢车速”和“限制车流”来实现。

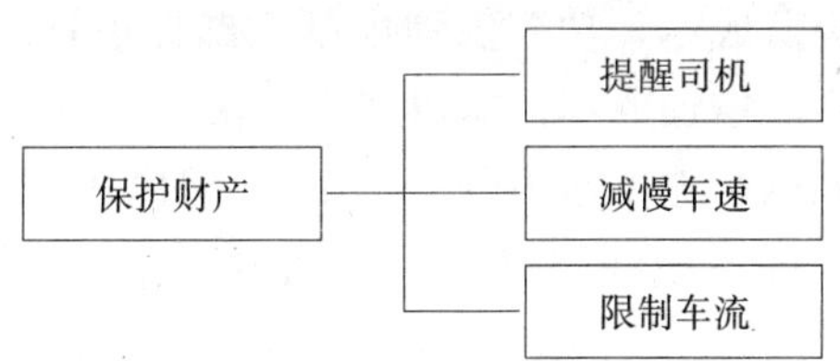

“该项目如何‘降低造价’？”

通过“简化施工”和“减少（临时）施工”来实现。

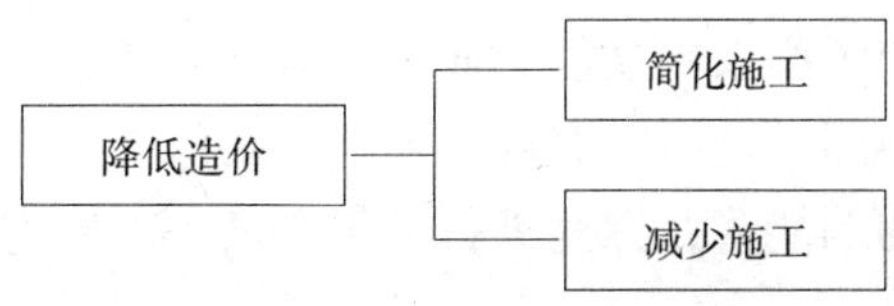

有时候，对某个一般功能进行“怎么办”提问，可能会由另一个一般功能和/或特殊功能作为回答，如下所示：

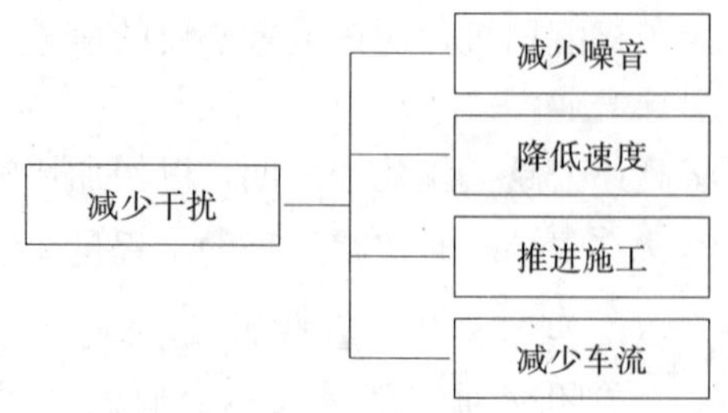

4. 支持功能的分类

根据前面的分类方法，对该项目的功能分类如下：

确保方便

C4：方便使用

- 避免（逆向）行驶
- 减少拥堵
- 确保出入口

确保可靠

D2：安全使用

- 保护财产
- 保护司机
- 保护居民

使用户/业主满意

- 减少（对邻近地区的）影响
- 控制（施工）灰尘
- 节约能源

图 3-26 所示是功能系统图的一部分。

为什么要对这些功能进行定义和分类？对产品或项目的功能分析有助于设计者发现并剔除不必要的费用，从而降低成本。功能识别也可以确保设计者考虑那些对用户/业主而言十分重要的功能，尽管可能增加成本，但可能提高价值或提高项目的被接受程度。

在本案例中，如果车流从当地街道中分流，用户/居民非常关心由此引起的干扰问题。设计者曾提出另一个方案，即沿原线路增加一条临时道路使车辆通行，这个方案代价较高，将增加造价 45 万美元，并延长工期 6 个月。因此，消除干扰这一功能的成本就是 45 万美元，而且会对驾车人造成不便，因此工期也大大延长了。在对造价进行分析之后，当地官员毫不犹豫地做出决定，功能“减少造价”和“缩短工期”比功能“消除干扰”更重要。同时，他们采取一些措施限制对当地道路的使用，并在后期拿出一笔钱用于修复受损的当地街道。这个方法改变了原来的功能，即“消除干扰”变为“减少干扰”。这是用户真正希望的吗？只有精确地用“动词＋名词”来定义功能，并且通过与用户、设计者交流沟通，才能保证选择正确的功能，并据此进行方案创新和方案选择。

七、功能层次模型

功能层次模型图（Function Hierarchy Models）是另一种功能系统图，同样是根据“怎么办——为什么”的逻辑关系建立起来的功能之间的层次关系模型，这种模型是一种树状结构，可以水平或垂直。某图书馆的功能层次模型如图 3-27 所示。

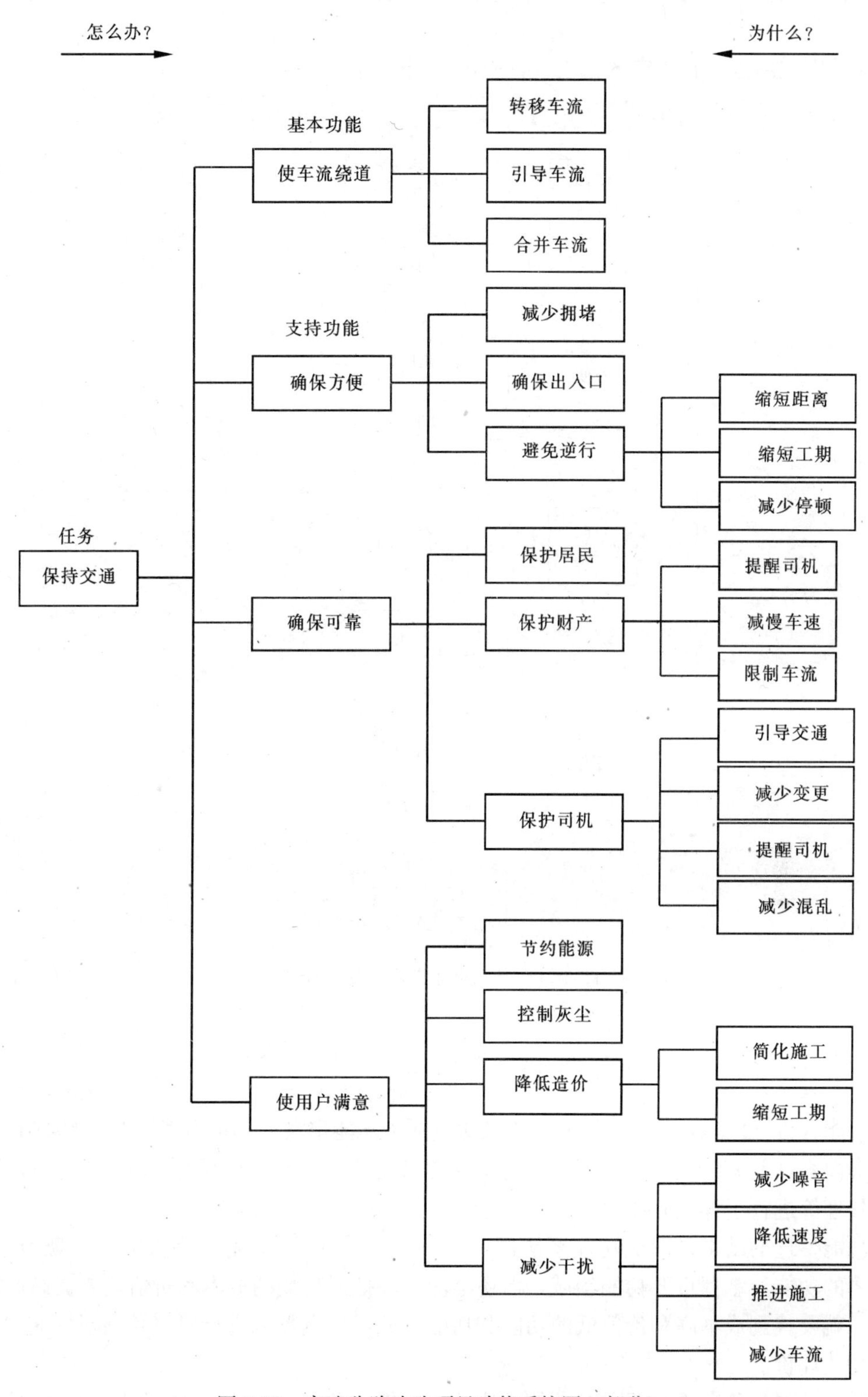

图 3-26　高速公路改造项目功能系统图（部分）

这种模型图并不像技术型功能系统图一样要识别关键线路，因而比较简单，容易建立。当某个项目十分复杂，用技术型功能系统图比较困难时，就可以考虑采用功能层次模型。

这种模型图也具有一定的代表性，应用相当普遍。

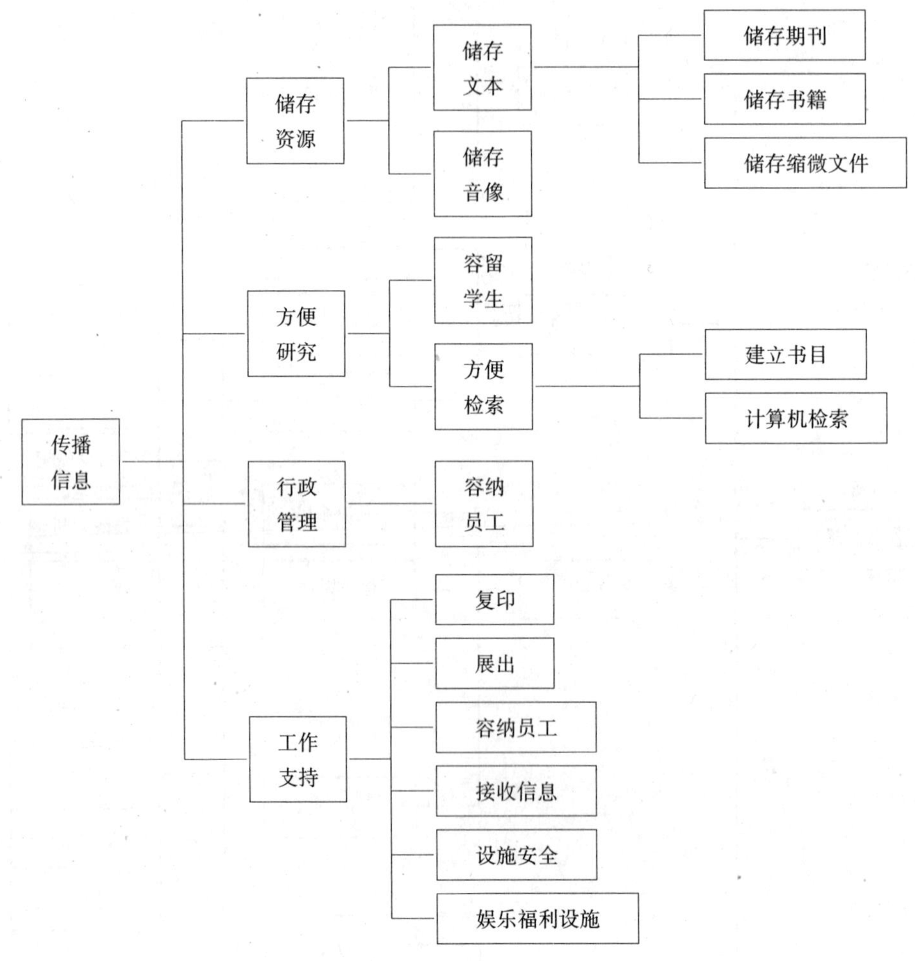

图 3-27　某图书馆的功能层次模型

第四节　功　能　评　价

功能分析（Function Analysis）的概念包括了功能定义、功能分类、功能整理和功能评价等内容，前面已经对功能定义、功能分类以及利用功能分析系统技术（FAST）进行功能整理等进行了详细介绍。

功能整理的结果是形成功能系统图（FAST 图），通过功能系统图可以发现多余的、不必要的功能，掌握重要功能领域，但还不能完整把握功能的成本和价值，要提高产品的价值，就要找到成本高和价值低的功能和功能领域，有重点地进行研究和创新。这就需要进行功能评价。

所谓功能评价，就是要了解功能的成本、功能的价值（worth）以及用户对产品或功能的态度或接受程度，从而了解其价值是否偏离了成本，是否需要改进和提高。因此，功能评价就是要回答“它的成本是多少?”“它的价值（worth）是多少?”，从而明确价值工程研究的重点目标和方向。

功能评价的方法主要有两种，一是功能成本化评价方法，即用费用表示功能的方法；二是功能评分化评价方法，即通过用户调查或专家打分获得人们对功能的接受程度的方法。以下将分别进行介绍。

一、功能成本化评价方法

功能成本化评价方法是一种极为重要的功能评价方法，由价值工程的创始人迈尔斯最先提出，经过实践检验，是一种比较理想的功能评价方法，得到了广泛的应用。

（一）功能成本化评价方法概述

功能成本化是一种功能数量化形式，在这种形式下，功能被定量地表示为实现这一功能所需要的成本金额。在这种功能成本化条件下所进行的功能评价，我们称之为功能成本化功能评价。这里，功能的单位是货币。

功能成本化评价把功能定量地表示为功能评价值，也就是实现某功能的目标成本，所以功能成本化评价又叫做功能评价值法、目标成本法等。

功能成本化评价首先要计算功能的成本（cost），然后再评价功能的评价值（worth），根据评价值和成本的比值，判断或选择价值工程研究的重点方向。

功能与成本是相互关联的。在一定的生产技术条件下，实现一定的功能需要投入一定的成本，一定的成本只能实现一定的功能。功能成本化评价的目的在于找出实现功能的社会最低成本，并以这个成本作为评价标准，来衡量自身的成本是高还是低。只有通过功能评价值与实际成本的比较，才能作出正确的决策，采取适宜的措施达到先进水平。

（二）功能成本的计算

在成本和功能之间建立联系使功能赋予了新的含义。当发现几个零件联动或几个操作活动的共同作用就能实现某个功能时，你可能会觉得很有兴趣；但当得知这些零件或操作的成本占了整个产品成本的25%时，你可能会说“这太贵了”或“应该寻找其他办法”。

1. 产品成本计算

产品或服务的主要成本一般是与产品直接有关或与服务的某个操作或系统的某个性能直接有关的。对产品而言，主要成本就是生产成本，包括材料成本、直接人工成本和可变的管理成本。有时候，生产成本也包括固定管理成本，一般地说，单个产品的研究不影响固定管理成本，计算功能的成本时一般不考虑固定管理成本。

在工业生产中，计算材料成本、直接人工成本和可变的管理成本通常是财务部门的事，他们的工作就是进行成本估算、成本分析和控制。因此，应该由财务部门的人员收集或建立产品或项目的成本数据。但是，为了将成本分配到各个功能上，价值工程研究小组的人员应该知道成本是怎样计算出来的。

比如，某锁具由410型不锈钢制成，该不锈钢可以通过热处理来延长弯折寿命和强度，其材料成本为0.64美元/磅（1.41美元/kg）。该锁具宽0.625英寸（16mm），长0.625英寸（16mm），厚0.010英寸（0.25mm）。由于在加工过程中需要切掉一部分，所以材料长度需要增加0.125英寸（3.2mm），这样实际长度就变成0.75英寸（19mm）。可以用如下的公式计算材料成本：

长×宽×厚×材料密度×材料单价

经过计算，每个锁具的材料成本为 0.00086 美元。

直接人工成本可以用劳动力的小时工资除以小时产量来计算。在该锁具生产中，劳动力工资为 5 $/h（美元/小时），每个劳动力可以同时管理 4 台机器，每台机器每小时产量为 3600 只，因而，直接人工成本为：

$$5\div4\div3600=0.0003\ \text{美元}$$

经过分析计算，锁具生产的管理成本相当高，是直接人工成本的 18.7 倍，因此，每个锁具的管理成本为：

$$0.0003\times18.7=0.0056\ \text{美元}$$

最后一项成本是将锁具送到外厂进行硬化处理，这个过程需要 0.0017 美元。

综合以上，每只锁具的成本为：

$$0.00086+0.0003+0.0056+0.0017=0.00846\ \text{美元}$$

其中，材料成本包括 410 型不锈钢的材料成本 0.00086 美元和热处理费 0.0017 美元，合计为 0.00256 美元。

直接人工成本包括劳动力成本 0.0003 美元和管理成本 0.0056 美元，合计为 0.0059 美元。

还有间接人工成本，比如培训、生产过程的检查等，也是根据投入的时间、成本和产量等进行计算。间接人工成本的管理成本，也可以用间接人工成本的百分比计取。在本例中，间接人工成本为 0.0011 美元，管理成本为 0.0005 美元，合计为 0.0016 美元。

2. 将成本分配到功能上

完成了功能系统图，并将成本填写在适当表格中以后，就可以进行成本分配了。

如何把零件的成本分配到该零件所实现的功能上呢？

首先，零件的材料成本要分配到该零件所具有的全部功能上，如前述的锁具，其功能有 5 个，分别是：

- 提供锁扣（Supply fastener）
- 抗破损（Resist Breakage）
- 耐氧化（Resist Oxidation）
- 变换尺寸（Vary size）
- 表现质地（Project substance）

其中，“提供锁扣”被认为是基本功能，另外四个功能是支持功能。为了把成本分配到基本功能上，价值工程研究人员问：“实现‘提供锁扣’功能的主要成本是多少?”

大家认为，用冷轧钢，而且用一半宽度就可以实现这个基本功能，厚度也只需要 0.0007 英寸（0.018mm）而不必需要 0.01 英寸（0.25mm）。该规格的冷轧钢的单价只需 0.28 美元/磅（0.62 美元/kg）。

然后，价值工程研究小组开始用成本分配的基本原则对功能成本进行分配。

首先，用冷轧钢代替 410 型不锈钢，取其一半宽度和 0.0007 英寸（0.018mm）厚，计算其等效材料成本为 0.00014 美元，这是属于基本功能的成本。

然后，用同样的方法计算“抗破损”功能的成本，该功能可以用硬合金钢材料实现，材料价格为 0.40 美元/磅（0.88 美元/kg），比冷轧钢贵 0.12 美元/磅（0.26 美元/kg）。由于 0.28

美元/磅（0.62 美元/kg）可以实现并且已经分配到基本功能“提供锁扣”上，其差价 0.12 美元/磅（0.26 美元/kg）就是为了实现“抗破损”这一功能的成本，经过计算，为 0.00012 美元。

0.28 美元/磅（0.62 美元/kg）材料成本被分配到基本功能“提供锁扣”上，0.12 美元/磅（0.26 美元/kg）材料成本被分配到支持功能“抗破损”上，采用 410 型不锈钢的材料成本减去“提供锁扣”功能和“抗破损”功能的成本就是“耐氧化”功能的成本，为：

$$0.64-0.28-0.12=0.24 \text{ 美元/磅}（0.53 \text{ 美元/kg}）$$

因此，“耐氧化”功能的材料成本为 0.00034 美元。

最后，计算“变换尺寸”和“表现质地”功能的成本，分别为 0.00014 美元和 0.00012 美元。

用上述方法可以计算功能成本和价值指数，如滚刷吸尘器的功能成本如图 3-28 所示。

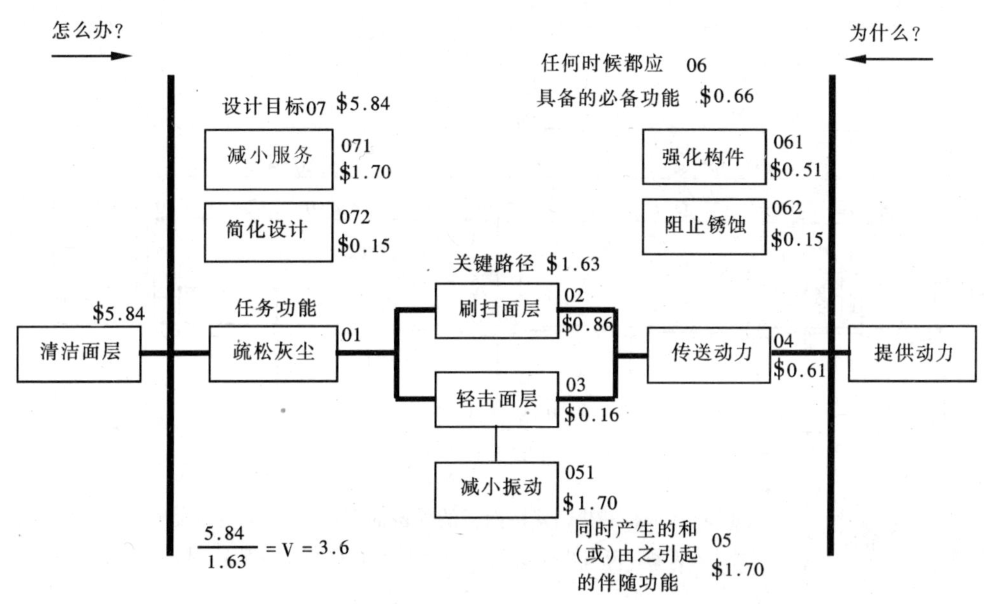

图 3-28　滚刷吸尘器的功能成本

3. 建设项目功能成本计算

建设项目设计与施工中的费用估算不同于工业产品。在设计的初期阶段，常常用平方米造价指标进行估算。随着设计的深入，可通过估算材料用量来估算项目或功能的成本。

以下以某桥面为例分析建设项目成本的分配。

一般而言，对一个特定的建设项目，不会有十分精确的费用分布图。在工业制造领域，在开展价值工程活动时，对象产品的生产制造者是已知的。在建设领域，开展价值工程活动时往往还不知道将来由谁承包。尽管可以从其他承包商那里得到估算成本，但其精确性就值得怀疑，因为施工方法和施工设备会因承包商的不同而不同。因此，进行成本分配就要采取相对合理、相对精确的方法。这也是确定伴随功能的成本、识别不必要费用以及确定高成本功能的唯一方法。

图 3-29 为某桥面板的横截面图，该截面主要包括三部分：

- 女儿墙
- 隔离墙
- 桥面板

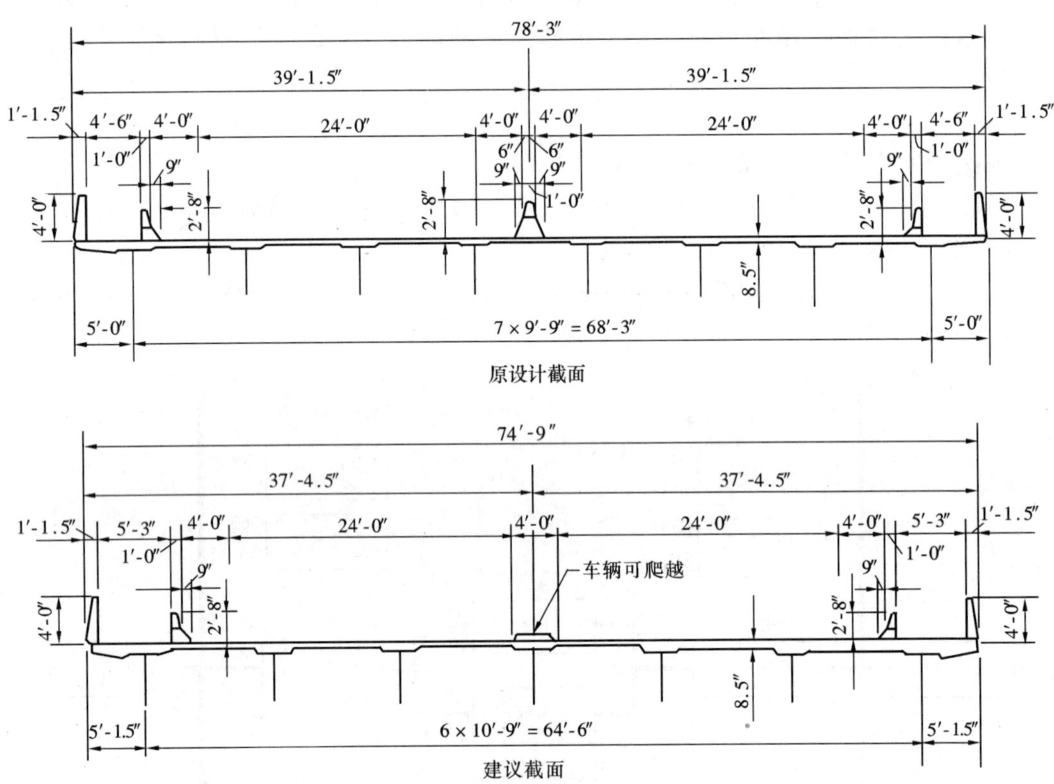

图 3-29　某桥面板的横截面图

注：图中尺寸为英制、按英尺-英寸表示。1 英尺等于 12 英寸，即 1′＝12″。

英尺，1′＝30.48cm

英寸，1″＝2.54cm

换算。

例如 78′－3″＝2385.06cm≈23.85m

价值工程活动的目的是分析桥面的宽度。女儿墙和隔离墙的形式和尺寸是根据当地的标准设计的，不在讨论范围，尽管这些功能的费用可能处于较高的水平。所有的成本将被分摊到以下 3 个功能上：

- 防止事故
- 保护车辆
- 保护行人

女儿墙的厚度为 12″（英寸，合 30.48cm），是否有必要这么厚才能实现“防止事故”的功能要求？这个问题暂且不去研究。当然，在必要时可以专门举行价值工程活动来研究这些规范和标准的尺寸要求问题。在此主要讨论桥面板，要把桥面板宽度范围内的费用分配到相应的功能上。

以下是桥面板的功能：

- 支撑车辆
- 支撑骑车人
- 支撑行人
- 保护车辆
- 保护骑车人
- 保护行人
- 防止事故
- 防止打滑
- 停放故障车
- 改善外观
- 延长寿命
- 提高通行力

桥面板各有关部分的成本见表 3-8。

桥面板各部分的成本 **表 3-8**

项　　目		量	单价（$）	总价（$）
混凝土立方码（1 码^3＝0.7646m^3）				
8″板		2397	80.00	191760
肋		223	80.00	17840
人行道女儿墙		267	100.00	26700
隔离带与女儿墙		254	100.00	25400
中间隔离带		156	100.00	15600
模板平方英尺（英尺^2＝9.29dm^2）				
桥　面	内	61088	1.56	95300
	外	8089	1.90	15370
	侧边	2207	3.20	7062
人行道	肋	4812	3.50	16842
女儿墙	外　侧	9830	5.69	55933
	内　侧	9830	4.69	46102
隔离带与女儿墙的收头		14130	4.69	66270
中间隔离带		7294	4.69	34210
斜　角		1053	0.51	537
钢筋（磅）				
桥　面　板		242980	0.45	109341
人行道女儿墙		11640	0.45	5238
环氧树脂涂层钢筋				
桥　面　板		369608	0.70	258726
人行道女儿墙		13807	0.70	9665
隔离带与女儿墙		16057	0.70	11240
中间隔离带		9834	0.70	6884
合　　计		$ 1016581		

①板的宽度方面

整个桥面板的宽度是 78′－3″，可以分为以下几个部分：

A　2×1′－1.5″　人行道女儿墙

B　2×4′－6″　人行道和非机动车道

C　2×1′－0″　女儿墙

D　2×9″　路缘石

E　2×3′－3″　路肩

F　　2×24′−0″　车行道

G　　2×3′−3″　路肩

H　　2×9″　中间隔离带

J　　1′−0″　中间女儿墙

对功能成本的分配，分析如下。

A　　2×1′−1.5″　人行道女儿墙，功能是“保护行人”

实际上，该女儿墙既可以“保护行人”又可以“保护骑车人”，“保护骑车人”的女儿墙和“保护行人”的女儿墙的区别是其高度不同，而其厚度是一样的。不管骑车人是否会利用人行道，这部分成本全部摊到首要功能——“保护行人”。

B　　2×4′−6″　人行道和非机动车道

首要功能是为行人“提供通道”。超出人行道最小宽度要求的部分，其成本将被分配到非机动车道上。因此：

2×3′−6″　支撑行人

2×1′−0″　支撑骑车人

C　　2×1′−0″　女儿墙，功能是“防止事故”，即防止机动车偏离车道碰撞行人。

D　　2×9″　路缘石，功能是“保护车辆”

带斜角的路缘石能将偏离车道的机动车弹回，而不会导致驾车人失去控制，也不会对车子碰撞墙的这一侧面造成很严重的损坏。

E、F、G 共计是 3′−3″+24′−0″+3′−3″=30′−6″（单向）

两个车道的宽度应该是 20′−00″。为了在雨天能够沿纵向排水，防止车辆打滑，应该留 3′−3″的净间距。这 3′−3″和另外的 4′−0″加起来可以供故障车临时停放，因此，这个 3′−3″的成本应该分配到“防止事故”功能。

H　　2×9″　中间隔离带，功能是“保护车辆”。

J　　1′−0″　中间女儿墙，功能是“防止事故”。

②板的厚度方面

整个板厚是 8.5″，其中的 1.25″是钢筋保护层，所以以上各个功能成本的计算应该乘以折减系数（8.5−1.25）/8.5。整个桥面宽度 78.25′，乘以系数 1.25/8.5，其成本就是“延长（结构）寿命”的功能成本。同样，有环氧树脂涂层钢筋和无环氧树脂涂层钢筋之间的差价也就是“延长寿命”的功能成本。板的底部大梁做成斜面是为了美观，由此增加的成本就是“改善外观”的功能成本。

③女儿墙和路缘石的高度

人行道女儿墙（4′−0″高）

至少需要 3′−0″来“保护行人”

另外的 1′−0″是“保护骑车人”

④斜角

斜角的功能是“改善外观”

各个功能的成本计算见表 3-9 所示。其中 13%的成本用于保护钢筋，即“延长寿命”。当然这部分的成本也不是本次活动的研究重点，不过这么高的成本应该引起有关制订标准和规范的人员注意。

桥面板各个功能的成本 **表 3-9**

	组成	总成本	延长寿命	保护行人	支撑行人	支撑骑车人	保护骑车人	防止事故	保护车辆	支撑车辆	防止打滑	停放抛锚车	改善外观	提高通行力
混凝土	板	$ 191760	$\frac{1.25\times191760}{8.5}$ =$ 28200	$\frac{2.25}{78.25}\times\frac{7.25\times191760}{8.5}$ =$ 4703	$\frac{7.0}{78.25}\times\frac{7.25\times191760}{8.5}$ =$ 14632	$\frac{2.0}{78.25}\times\frac{7.25\times191760}{8.5}$ =$ 4180		$\frac{9.5}{78.25}\times\frac{7.25\times191760}{8.5}$ =$ 19857	$\frac{3.0}{78.25}\times\frac{7.25\times191760}{8.5}$ =$ 6271	$\frac{40.0}{78.25}\times\frac{7.25\times191760}{8.5}$ =$ 83609	$\frac{3.25}{78.25}\times\frac{7.25\times191760}{8.5}$ =$ 6793	$\frac{11.25}{78.25}\times\frac{7.25\times191760}{8.5}$ =$ 23515		
	肋	$ 17840												$ 17840
	人行道女儿墙	$ 26700		$ 20025			$ 6675							
	隔离带与女儿墙	$ 25400						$ 12700	$ 12700					
	中间隔离带	$ 15600						$ 7800	$ 7800					
模板	板	$ 118290		$\frac{2.25}{78.25}\times$(118290−12296) =$ 3048	$\frac{7.0}{78.25}\times$(118290−12296) =$ 9482	$\frac{2.0}{78.25}\times$(118290−12296) =$ 2709		$\frac{9.5}{78.25}\times$(118290−12296) =$ 12868	$\frac{3.0}{78.25}\times$(118290−12296) =$ 4064	$\frac{40.0}{78.25}\times$(118290−12296) =$ 54182	$\frac{3.25}{78.25}\times$(118290−12296) =$ 4402	$\frac{11.25}{78.25}\times$(118290−12296) =$ 15239	15370×8 =$ 122960	
	肋	$ 16840												$ 16840
	人行道女儿墙	$ 102035		$ 76526			$ 25509							
	中间隔离带	$ 34210						$ 17105	$ 17105					

续表

	组成	总成本	延长寿命	保护行人	支撑行人	支撑骑车人	保护骑车人	防止事故	保护车辆	支撑车辆	防止打滑	停放抛锚车	改善外观	提高通行力
模板	隔离带与女儿墙	\$ 66270						\$ 33135	\$ 33135					
模板	斜角	\$ 540											\$ 540	
模板														
钢筋	板	\$ 275665		$\frac{2.25}{78.25}\times$ 275665 =\$ 7927	$\frac{7.0}{78.25}\times$ 275665 =\$ 24660	$\frac{2.0}{78.25}\times$ 275665 =\$ 7046	$\frac{2.25}{78.25}\times$ 275665 =\$ 7927	$\frac{9.5}{78.25}\times$ 275665 =\$ 33467	$\frac{3.0}{78.25}\times$ 275665 =\$ 10569	$\frac{40.0}{78.25}\times$ 275665 =\$ 140915	$\frac{3.25}{78.25}\times$ 275665 =\$ 11449	$\frac{11.25}{78.25}\times$ 275665 =\$ 39632		
钢筋	人行道女儿墙	\$ 11453		\$ 8590			\$ 2863							
钢筋	隔离带与女儿墙	\$ 7226						\$ 3613	\$ 3613					
钢筋	中间隔离带	\$ 4425						\$ 2213	\$ 2213					
钢筋	环氧树脂涂层	\$ 102327	\$ 102327											
合计	金额	\$ 1016581	\$ 130527	\$ 120819	\$ 48774	\$ 13935	\$ 35047	\$ 142758	\$ 97470	\$ 278706	\$ 22644	\$ 78386	\$ 12836	\$ 34680
合计	百分比%		12.84%	11.89%	4.80%	1.36%	3.45%	14.04%	9.59%	27.42%	2.23%	7.71%	1.26%	3.41%

根据表 3-9 的计算，有关功能的成本比例分别为：

支撑车辆	27.4%（基本功能）
保护行人	11.89%（支持功能）
支撑行人	4.80%（支持功能）
防止事故	14.04%（支持功能）
保护车辆	9.59%（支持功能）

根据交通流量和公路设计要求，研究小组认为“支撑车辆”功能是以最低成本实现的。但是，要实现“保护行人”和“支撑行人”这两个功能，可以只在一边设置通道而不必两边都设置。再看中间隔离用的路缘石，对于车速低于 30mph（英里/h、合 48.28 km/h）的道路来讲是没有必要的，所以，“防止事故”和“保护车辆”的功能成本可以取消。

以下是价值工程小组的建议。

（1）人行道不需要两边设置，建议取消一边。

支撑行人	=	48774×0.5	=	$	24387
保护行人	=	120819×0.5	=	$	60375
保护骑车人	=	35047×0.5	=	$	17559
延长寿命	=	130527×5.625/78.25	=	$	9383
合计：				$	111704

（2）设计时速 30mph（48.28km/h）不需要中间隔离带，可以利用 4 英尺宽的可爬骑式路缘石分隔，其成本为（3′—3″+3′—0″+9″+1′—0″+9″=8′—9″比 4′—0″）：

5′—0″宽的桥面	=	43330
原路缘石和女儿墙	=	54235
建议的路缘石	=	—14000
合计：	$	83565

节约额度为 19.21%。

第（1）项建议表明，“支撑行人”、“支撑骑车人”和“保护行人”等必要功能有过剩，可以降低。

第（2）项建议表明，“保护车辆”和“防止事故”功能，可以用更经济的办法实现。

（三）功能评价值的确定

进行功能评价，不仅要看功能的成本是多少，还要考察其价值（worth）有多高，从而判别其成本和功能是否相配，是否值得。因此，所谓确定评价对象的功能评价值，也就是确定与功能相匹配的目标成本。

为准确合理地确定价值工程研究对象的功能评价值，必须根据价值工程研究对象的具体情况以及功能的特点，采用相应的方法进行测算。一般说来，确定功能评价值的常用方法有：经验估算法、实际调查法、低价格比例法等。在建设项目价值工程研究中，一般采用经验估算法，有时候也会用到实际调查法。

1. 经验估算法

所谓经验估算法，就是由价值工程研究人员或其他有经验的专家根据用户的要求，对实现某一产品功能的几个方案依据其经验进行成本估算，取各方案中成本平均值最低的作为功能评价值。

由此可以看出，这种方法的特点是：

(1) 这种方法要求评价人员具有扎实的专业知识和丰富的实践经验，只有这样，才能依据经验和某些现成的技术经济资料估算出某些产品的功能评价值；

(2) 这种方法要求评价人员站在用户的立场上，以“如果是花我自己的钱去买，这个功能值多少钱?”为标准去进行估算，保证估算出符合功能的最低费用；

(3) 这种方法强调功能评价值不是由某一个专家单独作出的，而是由几个或更多的专家共同作出的，因此，尽管估计值可能因人而异，但求取多个专家估算值的平均值，并以成本平均值最低的作为功能评价值，就可以使估算的功能评价值尽可能客观和准确；

(4) 简便易行，只要运用得当，能收到良好效果，可以广泛应用，在实际工作中，不仅可以用来确定功能评价值，也可以用来对其他评价方法确定的功能评价值进行验证或修正；

(5) 如果评价人员缺乏必要的经验和资料，或者评价对象比较复杂或无先例可循时，评价结果的准确程度就会减低。

2. 实际调查法

所谓实际调查法，是指对具有同样功能的产品的实际成本进行广泛调查收集，从中选择功能水平相同而成本最低的作为评价对象的功能评价值。

这种方法的特点是：

(1) 由于数据来源于实际，因而所确定的功能评价值比较客观可靠；

(2) 由于广泛收集不同水平功能的成本资料，所以有利于企业从实际情况出发，灵活地根据不同功能水平要求确定功能评价值；

(3) 由于运用实际调查法确定的功能评价值，是社会上其他先进企业或先进做法已经实现了的成本目标值，所以对本企业达到这个目标成本不存在心理上的压力；

(4) 由于这种方法确定的功能评价值依据现实产品的成本，很可能还包含过剩功能，尽管它是最低成本，仍有可能存在节约潜力。同时，由于实际产品的功能和成本不断发生变化，某种功能水平的产品最低成本也会发生变化，所以确定功能评价值要充分注意这些变化因素，根据新发生的情况，不断修正功能评价值。

二、功能评分化评价方法

功能评分化评价方法是另一种重要的功能评价方法，在实践中应用十分广泛。

在功能评分化评价方法中，将采用各种评分方法来对功能进行评价和量化。在对功能评价值和功能成本进行比较时，要对功能的实际成本进行处理，求出成本指数，采用功能评价值和功能实际成本相对比较的方法。所以，功能评分化评价方法又叫做相对值法。

(一) 概述

所谓功能评分化评价，是根据功能的重要程度和实现难度，通过各评价对象的相对评分，计算其功能指数和成本指数，从而进一步确定评价对象目标成本的方法。

功能评分化评价方法，在我国应用比较广泛。在功能评价值不易求解，或者求解的功能评价值可靠性较差时，应用这种方法可以较准确地进行功能评价。

在进行评分时，有时需要依据评价对象的功能重要程度和实现难度打分，即功能重要程度和实现难度是功能评分的客观基础。功能重要程度是指某项功能在整个功能体系中所具有的作用等级。功能实现难度是指某项功能在一定的生产技术条件下实现的难易程度。

最早开展价值工程研究活动时，人们往往将注意力集中于成本方面。在一个系统内部，成本数据是很容易得到的，降低成本变成了生产的一种方式。而在任务型功能系统图（FAST 图）产生以后，一个新的参数也随之产生了，这就是顾客/用户的接受程度和态度。任务型功能系统图（FAST 图）要求我们充分考虑顾客/用户的满意程度，因此，在信息阶段的提问中，又增加了一个很重要的问题，即在原来的三个问题：

- 这是什么？
- 这能做什么？
- 成本是多少？

的基础上又增加了一个问题：

- 顾客/用户的想法是什么？

获知顾客/用户态度和意见的过程，也是对功能进行评价的过程，对功能进行评分化评价的结果也反映了顾客/用户对产品功能接受的程度，因此，获知顾客/用户态度和意见的方法也是对功能进行评分化评价的方法，其结果也是一致的。

如何获知顾客/用户的态度和意见呢？目前主要有两种方法，一是内推法（或由已知原因推出事实结论法——A PRIORI），二是市场调查法。在上述两种方法无法获知顾客/用户的态度和意见情况下，可以采用专家打分法进行评价。

（二）内推法

顾名思义，采用内推法确定用户的态度，是从一个组织内收集用户的意见和态度，从而对功能进行评价的方法，共分如下 8 个步骤：

（1）选择产品；

（2）识别竞争对象；

（3）收集产品特征；

（4）确定市场范围；

（5）选择评价小组；

（6）确定重要性因子；

（7）按照特征对产品进行排序；

（8）汇总和评价。

如果在一个完整的价值工程研究计划中采用该方法，步骤（1）、（2）应该已经包括在价值工程研究早期工作中了。

比如，在对某通用电动机进行价值工程研究时就曾经采用这种方法。该电动机的型号为 A，其主要竞争对象为 B，在第（3）步收集产品特征时确定了 7 个方面的特点，即操作性、电动机寿命、外观、安装、安全特征、包装与标记、能源消耗等。

可以把这些特征填入一张表格中，让评价人员对每一项特征打分。

第（4）步，确定了设备制造商、批发商和零售商为市场范围。

第（5）至第（8）步工作，可以有两种办法完成。

一种办法是，选择市场中各单位的高级管理者，这些人应该了解其组织机构内的主要部门，熟悉产品特征的各个方面，由他们确定产品各个特征的重要性因子（用 1～10 之间的数字来表示），然后再对每个型号的产品特征情况打分，并乘以相应的重要性系数，合计得到该型号产品的总分，作为总体功能评价值。

第二种办法是，从销售部或市场部中选择一个熟悉情况的人填写与功能评价有关的整套表格，包括重要性因子、每个型号的产品及其每个特征的相应得分等，由此可对每个型号产品计算一个汇总得分，从而得到其评价结论。

产品的每个特征都可以与一定的功能相对应，因此，每个特征的分值也代表了用户对相应功能的态度和意见。

用内推法收集和分析客户的态度和意见有许多优势。首先，不需要市场调查方面的开支，同时也为有关管理者之间的沟通提供了可能。另外，使管理者在完成这项工作后具有一种成就感。

其主要缺点是约有25%的不准确性。这也使我们思考这样一个问题，“管理者们忽略了什么?”，“哪个特征被过高或过低地估计了价值?”，“竞争形势被低估了吗?”。要弥补这个缺陷，可以采用市场调查的方法。

（三）市场调查法

用市场调查法了解用户/顾客的态度可以分为以下四个步骤：

（1）选择产品；

（2）识别竞争对象；

（3）确定调查区域；

（4）选择调查方法，例如：核心组法、电话采访法、邮寄问卷法、面谈法、用户记录法等。

以上步骤中的第（1）、（2）步与内推法相似。

第（3）步表明，不同地区的用户可能会有不同的态度和意见，这种地域差别对许多产品都是十分重要的。

在常用的调查方法中，上面仅列举了五种最常用的调查技术。

核心组法是由代表潜在用户的5～15人组成一个小组，可以多选几个小组进行调查。在每个小组中，都要对产品进行介绍或展示，然后进行提问。这种方法对产品或服务的早期开发阶段很有效。

电话采访法是事先设计一整套问题，通过电话采访请被访者回答。采用这种方法，时间是一个关键因素，所以信息的数量和详细程度就容易受到限制。

通过问卷调查是经常采用的一种方法。采用这种方法，单个被访者的调查成本低，缺点是回收率低，仅占1%～30%，从而影响了调查结果。

通过个人面谈可以确保被访者准确了解产品情况，可以获得大量的详细信息，其主要缺点是成本太高。

最后一种方法是用户记录使用日记法，可以记下使用时的感受，采用个人面谈法再结合用户使用记录法，会得到最理想的结果，而如果通过邮寄方法调查用户的使用记录，同样可能产生回收率低的问题。

如同内推法一样，应该将收集的意见和建议反映到功能上，与功能联系起来，得到用户对功能满意、功能不足或功能过剩等的意见。

（四）专家评分法

除上述两种方法外，还有一种重要的功能评价方法就是专家评分法，这种方法在我国应用得最为广泛和普遍，即一般由参与价值工程活动小组的专家根据自己的经验对研究对象的各个功能进行评价打分，经过汇总统计和处理，形成该功能的评价结果。

1. 需要遵守的规则

专家评分法需要遵守一定的规则，主要有以下几点。

(1) 坚持集体评分，避免个人主观认识的片面性和局限性。

(2) 坚持专家评分，即参加评分的人员一般应是该领域或该方面的专家。

(3) 应该站在用户的立场上评分，充分反映用户的功能要求。

(4) 确定统一的功能评分方法。因为有多种评分方法，必须统一方法和标准。

(5) 坚持各人独立评分，避免权威人士或其他人员的影响。

(6) 坚持统一整理，计算平均值，作为集体评定结果。

2. 主要评分方法

常用的专家评分法主要包括：对比求和评分法（又称为强制确定法）、环比法或倍数确定法（DARE 法）、环比比例法、直接评分法、逻辑判断法等。以下介绍其中最常用的三种方法——对比求和评分法、环比法和直接评分法。

(1) 对比求和评分法（强制确定法——FD 法，即 Forced Decision）

所谓对比求和评分法，就是把某个评价对象同其他评价对象逐个进行对比，根据功能的重要程度（或功能实现难度），按照对比分值和一定限值评分，然后计算该评价对象的评分之和，即得该评价对象的功能评分。由于事先人为地规定了评分限值，所以这种方法又叫做强制确定法。

在几个评价对象中，假定评价对象 i 与评价对象 j 相比较时，评价对象 i 的功能重要程度评分为 S_{ij}，则有：

$S_{ij}+S_{ji}=$定常数$=S$，即两两比较时，两评价对象的相对评分之和为定值 S。

根据两两比较时评分值 S_{ij} 规定的不同，对比求和评分法又可以分为多种具体方法，比如 0-1 法、0-4 法和多比例评分法等。

0-1 法。这种方法规定，两个评价对象在进行比较时，功能比较重要的评价对象评 1 分，功能较次要的评价对象评 0 分，二者评分之和为 1 分。例如，某工程有 A、B、C、D、E 五个功能，按照功能重要程度评分，结果如表 3-10 所示。

0-1 评分法评分表 **表 3-10**

评价对象	A	B	C	D	E	功能评分
A		1	1	1	1	4
B	0		1	1	0	2
C	0	0		0	0	0
D	0	0	1		0	1
E	0	1	1	1		3

这种方法准确性较差，主要用于对评价对象按照功能重要程度或实现难度进行排序。

0-4 法。由于 0-1 法不管评价对象的差别程度，要么是 0 分，要么是 1 分，难以反映量的差别，所以为了提高评分的准确性，提出 0-4 法。0-4 法要求评价对象两两比较时，功能非常重要的得 4 分，另一个功能则很不重要，得 0 分；比较重要的得 3 分，相对不太重要的则得 1 分；两个评价对象相比同样重要时，则各得 2 分。举例如表 3-11所示。

0-4 评分法评分表 **表 3-11**

评价对象	A	B	C	D	E	F	功能评分
A		3	1	3	4	4	15
B	1		3	2	3	3	12
C	3	1		4	4	4	16
D	1	2	0		3	2	8
E	0	1	0	1		2	4
F	0	1	0	2	2		5

多比例评分法。有时评价对象的功能用上述两种方法仍然不能充分反映量的差别，因此，可以用多种比例，如 9∶1，8∶2，7∶3，6∶4，5∶5 和 0∶10 等，增加评分档次，从而使功能评分更加客观。

环比法评分表 **表 3-12**

评价对象	环比值	功能评分
A	1.5	9
B	2	6
C	3	3
D	1（基准）	1

（2）环比法或倍数确定法

也叫做 DARE 法或重要系数法等。首先根据评价对象之间的相互比较而定出评价对象的环比值，然后从基准评价对象的评分开始逐个累计倍乘环比值而得到其他评价对象的功能评分。如某工程分 A、B、C、D 四个评价对象，运用环比法评分，如表 3-12 所示。

（3）直接评分法

直接评分法也称为经验评分法，是由若干有经验的人凭经验根据评价对象的功能重要程度（或实现难度）直接进行打分而取得功能评分的方法。这种方法简便灵活，只要评价者对各个评价对象之间的功能重要程度（或实现难度）有较为透彻的了解，就可以通过打分的高低，把这种差别反映出来。

这种方法不需要严格的步骤，可以根据具体情况随意选定 10 分制、100 分制等总分固定的评分方法，也可以选定总分不固定的方法。

三、价值偏离（value mismatch）

在收集信息阶段，专家们识别了与项目有关的客户，更加重要的是，通过功能分析认清了客户的功能需求，将功能进行了分类；通过功能评价，把成本分解分配到各个功能上，并了解了客户对产品或项目的接受程度。不管该产品或项目如何圆满地实现了要求的功能，如果它不能很好地实现客户的期望，它就没有价值。对那些需要投入很大努力或成本的产品或项目，如果这些投入不能提升客户的接受程度，结果就会更加糟糕、更加突出。这种情况可以称为价值偏离（value mismatch）。

价值偏离是一个重要的概念，可以用于判断和改进产品或项目的价值。托马斯·库克（Thomas Cook）对成本、性能和接受程度的关系进行了研究分析，提出了价值偏离的概念，指出价值偏离必然导致价值降低，通过识别构件（零件）或功能的价值偏离，就可以发现并消除不必要功能的成本和必要功能的成本中的超额部分。

没有人能对价值下一个精确的、能够适用所有情况的定义。对任何事物的价值评判，

价值偏离情况　　　　表 3-13

	所付代价/费用的高低	接受/满意程度	
1A	高	高	
1B		中等	
1C		低	价值低
2A	中等	高	
2B		中等	
2C		低	价值低
3A	低	高	价值高
3B		中等	
3C		低	

不同的人会得出不同的结论，甚至同一个人在不同的条件下也会得出不同的结论。换句话说，价值是时间、人、对象和周围条件的功能表现，而不仅仅是对象本身。因此，价值不能被统一化，用变量的数学公式来计算和衡量事物的价值，在许多情况下会得出不恰当的结果。应该根据其性能和客户的满意程度来衡量，价值高意味着产品或项目满足或超过了客户的期望。

根据前面的描述，我们已经进行了功能分析，得到了功能系统图（FAST图），对功能的成本进行了分析，了解了客户对功能的满意程度，接下来就可以分析是否存在着价值偏离了。

价值偏离有几种情况，如表 3-13 所示。

如果付出很大努力或代价，而客户的满意程度仍然很低，就是典型的价值偏离。而如果不需要太大努力或代价，客户满意程度也不高，就可以分析“如果适当增加花费是否可以提高客户满意度?”如果回答“是”，说明这种低投入所产生的低满意度就是价值偏离；如果回答“不是”，说明这种低投入所产生的低满意度就根本没有价值，其相关的功能就应该取消。

因此，识别功能的类型和客户的接受程度是确定价值的关键。运用帕累托法则（Pareto's law）可以帮助我们寻找价值偏离。往往是少数的几个功能（20%）会大大影响客户对产品或项目的接受程度，投入到这些功能中的代价就决定了是否存在价值偏离。而对另外的大多数功能（80%），客户并不看重，如果投入的代价很高，就存在着价值偏离。

第五节　方　案　创　造

在价值工程研究活动中，最令人兴奋的就是方案创造阶段。组织得好，可以调动价值工程研究人员的极大热情，在活跃的气氛中产生丰富的成果。

本阶段的目的是在前一阶段功能分析和评价的基础上，发挥创造性思维，针对不同的功能要求创造出尽可能多的代用方案。首次参与价值工程研究的人员可能会对本阶段的丰富成果感到吃惊，本阶段的成果也可以使那些对价值工程研究有所怀疑的人充分认识和理解价值工程的重要性。

一、方案创造的基本原则

1. 创造性思维方法

用创造性思维方法，比如头脑风暴法、哥顿法、类比法等后面将要介绍的这些方法，可以使人摆脱传统的解决问题思维模式，有助于找到更为有利的创新方法。

运用创造性思维方法，要求人们积极思考，大胆创新。方案创造是一种智力开发性工作，只有发挥创造力才能取得创新成果。而发挥创造力需要依靠人们发自内心的积极进取精神。积极思考，有利于点燃智慧的火花，产生创造性设想。大胆创新，则有利于发挥自由奔放的思维能力，突破旧框框的束缚，获得创造性成果。

2. 方案多多益善

在方案创造阶段，方案的数量比质量更为重要。一个新的想法，既可能是解决问题的一个可行方案，也可能是引导产生其他意见和想法的催化剂，引导启发更多方案的产生。许多价值工程研究的最佳方案，就是在看似荒诞的想法的启发下产生的。

方案的优劣，只有通过比较才能鉴别。方案提得越多，获得最佳方案的可能性就越大，满足用户的要求就越彻底。因此，在方案创造中，应当多提方案，越多越好。如果提出的方案寥寥无几，漏掉了许多可行方案，那么从这些有限的方案中选择，就难以断定所选的方案是否最优，因为所漏掉的方案可能就是最优的方案。

3. "搭便车"思考方法（Hitchhiking of ideas）

有时候，有人会提出一些看似荒诞的、难以实现的想法，但是绝对不要低估这些想法，这些可能成为其他想法的基础，有人可能会受此启发（搭便车）而产生很有价值的方案。一个建议或想法可能会对整个价值工程研究活动产生极大的影响。

这种"搭便车"思考方法有时会在极短时间产生很多想法，难以及时记录。在现实中经常会碰到这种情况，如果要求一个人讲 5 个笑话，他可能一下子连一个都想不起来，但当他听完别人讲的笑话后，可能会讲出一个又一个故事，远远不止 5 个。

因此，要多引导、鼓励、刺激人们的思维，多产生新想法、新建议。

4. 优先考虑上位功能

方案创造应当优先考虑上位功能，因为上位功能比较抽象，围绕它进行方案创造，思路比较开阔，易于提出较多的有成效的方案。而下位功能一般比较具体，容易使人的创新思路受到限制，但据此提出的方案往往比较具体可行。这种上位功能和下位功能对方案创造的影响及其关系，示于表 3-14 之中。

上位功能和下位功能对方案创造的影响 **表 3-14**

上位功能	下位功能	上位功能	下位功能
功能定义比较抽象	功能定义比较具体	设想复杂、实施困难	设想具体、可行
创新思路比较开阔	创新思路比较狭窄	易于获得突破性的改进方案	难以冲破现有框框
所提设想数量较多	所提设想数量较少	改进效果较大	改进效果较小

5. 不要急于判断

在方案创造阶段，应该禁止对某一个意见或设想进行评价和判断。每个人都不应对自己的意见和想法进行评论，也不应对别人的意见和想法进行评价。

禁止评论任何一个意见或想法，主要是基于以下三个方面的原因。

第一，不讨论和评价某个意见和想法，就可以保证新意见和新想法的不断产生，否则就会终止人们去思考新的想法。

第二，看似荒诞的想法或主意，可以给别人以启发，可能是产生更有价值的方案的基础，促进人们"搭便车"思考。

第三，对一个想法或主意的评论，容易挫伤人们的积极性，受到表扬的人当然会高兴，但受到批评的人则会三缄其口，很难再发表新的意见和想法，那些胆小的参与者也会受到影响而不敢积极主动发言。

6. 创造轻松愉快的环境气氛

在轻松愉快的气氛中，人们的心情放松，思维活跃，无所顾虑，能够创造出更多的方案，也会畅所欲言，尽情表达其意见。

二、创造力的障碍

认识影响创造性的障碍，目的是在创造阶段克服它们。这些障碍可能包括五个方面。

1. 认识障碍

这是指没有认识到问题的关键，或错误地认识问题，因而阻碍了方案的构思，表现在以下几个方面：

- 被周围的现象所迷惑，抓不住问题的实质；
- 不能从不同的问题中找出它们的共同点；
- 受自己所设条件的束缚；
- 漏掉了所给的条件；
- 颠倒了目的与手段、本质与现象的关系；
- 感官上的偏差；
- 颠倒了因果关系；
- 因表面相似而误认为实质相同。

人们认识事物有不同途径、思路和方法。我们常常会把不符合自己思路的信息剔出，抛弃在一边。一个健全的价值工程研究活动通常都是由多专业人员组成的团队，可以利用不同专业人员认识问题的角度和方法。业主、建筑师、工程师、预算人员和其他参与者，每个人都从自己的角度看问题，每个人的角度可能都具有片面性，但是把他们组织起来共同工作、讨论，彼此可以了解对方的想法、观点和方法，就可以对同一个问题形成全局的理解，因而可能找到更多更好的方法。

2. 习惯障碍

在建筑业中，影响创造性的一个很重要的障碍就是传统的习惯做法，也可能与过时的标准规范和传统的设计方法有关。

如同在其他工业领域中一样，建筑业中的科学技术也在不断地发展进步，我们过去天天采用的标准和方法很有可能已经落伍，在实践中也并不能保证每一个设计者都会及时了解和掌握最新的技术方法。也有的人尽管知道有新技术新方法也宁愿采用老办法，他们会觉得老办法更成熟、更安全、更可靠。

例如，根据新的健康规范要求，某游泳池过滤系统的过滤能力已经不能满足要求，必须提高。某设计者提出一个方案，对正在运行的低速过滤系统进行扩建，以提高总的过滤能力。这种扩建方案需要再造一幢设备用房，以安放增加的设备。对该项目开展价值工程研究活动时，邀请了一位对游泳池设计很有经验的专家参加。他提出建议，现在有一种新的过滤系统，已经成为新建游泳池的常用方法，利用这种新系统，将不必再造设备用房。这位专家提出了有说服力的资料和数据，证明这种新系统能够满足新的健康规范要求，因而该建议被采纳，结果与原方案相比节约了大约 75 万英镑。而且，当地政府部门修订了相应的技术标准，允许这种新的过滤系统在其他游泳池中应用，因而也使其他类似项目节约了成本，产生了更大的效益。

上述案例是一个典型，房屋建筑规范的更新很难保证与技术进步同步，由此而引起的问题可能是越来越多。有关标准和规范的另一个案例是与某教育项目有关，设计方提出的供水管采用黄铜管，而这种铜管价格昂贵。于是有人提出采用另一种广泛应用且价格便宜的紫铜管代替，尽管教育当局知道设计者的要求是按照过时的旧标准提出的，但由于找不到足够的支持根据而不得不采用原设计方案。

习惯性的做法也会在很大程度上影响业主的项目构思，以下又是一个典型案例。

某新建警察局大楼，原项目构思是根据传统的做法，即地上三层，地下有一层地下室，多数警察局大楼都是采用这种形式。价值工程研究人员在研究时发现，该项目基地内许多地方的地表都是岩石，要建地下室意味着要凿除岩石，成本很高。于是价值工程研究人员就提出问题：为什么警察局大楼的建设都是这种标准做法。由于不能得到令人满意的解释，价值工程研究人员提出建议，修订项目构思，改为：地上两层楼，在岩层比较深的地方局部建造地下室，放置机械和电气设备。这种方案节约成本 20%左右，也使用户很满意，两层楼的设计使公共功能区和非公共功能区截然分开，分别放在一楼和二楼，安全性提高了。

本案例中，价值工程研究人员敢于向项目构思和传统的设计做法挑战，这是非常重要的，可能会发现不尽理想的决策或设计方案。

3. 感情障碍

很多人在成长过程中，目睹或经历了许多失败者或犯错误的人被嘲弄的情形，这种经历或体验使得人们不愿意提出新想法，特别是当这些想法可能不理想、不完善或不准确时。这种心理抑制了新方法新技术的产生，参与价值工程研究的人必须克服这种怕犯错误的心理，不怕别人嘲笑，更不要嘲笑别人的错误。

另外，缺乏感情上的动力或由于自卑、思想僵化等感情上和性格上的原因，也会妨碍新构思的产生。这方面可能的因素有：

- 害怕别人批评
- 拘泥于一件事
- 过分急躁
- 对某些人容易感情用事
- 嫌麻烦
- 没有魄力
- 天生的保守

4. 职业障碍

职业的教育和行业的法规容易约束人们的行为和思想，使其不超越一定的界限。尽管在一定场合一定范围中这种界限是很有用的，但是他们的存在无疑也会对人们的创造性思维产生影响。

5. 文化和环境障碍

在日常生活中，文化给人们的好处是很大的。可以说，文化就是幸福。但对构思来说，它却有着不受欢迎的一面。这是因为，第一，在社会生活中，要受法律、规则、道德和习惯等特定规范的约束。因此，在不知不觉中，人们的思路受到常识框框的束缚，形成思想上的僵化。结果，很难跳出旧框框进行大胆创新。第二，文化水平的不断提高和科学的迅速发展，给我们的生活带来了合理性和方便，随着这种状态的继续，使人们对成为构思动力的钻研意识逐渐迟钝起来。最后，生活在文化社会中的人们就会受到以亚里士多德为代表的逻辑学的影响，用形式逻辑来解决一切问题。

文化方面的障碍有：

- 生搬硬套，墨守成规
- 想尽快辨明是非
- 认为什么都想打听是一种不好的习惯
- 推理和逻辑万能论
- 认为热衷于空想是浪费时间
- 过分竞争与过分妥协
- 盲目相信统计
- 知识的一般化
- 知识过多和知识过少

三、创造性思维方法

有许多创造性思维方法可以激发人们的创造能力。至今为止，在价值工程研究过程中最常用的方法是头脑风暴法（Brain storming）。当然，还有许多其他方法，在有些场合可能会比头脑风暴法更有效。以下介绍几种常用的创造性思维方法。

1. 头脑风暴法

头脑风暴法（Brain storming）是针对一个问题，把几个人召集在一起，自由奔放地提出解决问题的想法，这些意见和想法互相影响，产生连锁反应。头脑风暴这一词的原意是指精神病患者表现出来的一种思想错乱的状态。转用它的意思为自由奔放地思考问题。这种方法是采用一种开会方式，当然具有与普通会议完全不同的四条规则：

（1）不批判别人的意见；

（2）欢迎自由奔放地思考；

（3）提出的方案越多越好；

（4）要求在别人的方案基础上进行改进或与之结合。

这样做是为了使会议在一种与普通会议完全不同的气氛环境下提出更多的设想。这种方法比较简单，参加者以 10 人左右为宜，先决定会议主持人和记录员，主持人向与会者宣布四条规则，并要求大家就某个问题出主意，提出来的设想或方案彼此能听到，并由记录员记录下来。

2. 哥顿法

这种方法是美国人哥顿（William J. J. Gordon）在 1964 年提出来的，其方法是召开会议提方案，但要解决什么问题，事先并不让与会者知道，只有主持人知道。开会时，主持人只提出一个很抽象的概念，用抽象阶梯的方法把问题抽象化，并不把要解决的问题全部摊开。例如，要研究探讨一种新型屋顶设计方案时，开始时会议主持人只笼统地说，今天讨论的题目是“怎样把东西盖住?”而不具体说出“怎样设计新屋顶?”这样，会上就能提出十分广泛的意见。当会议酝酿出若干可行方案后，会议主持人宣布所研究的主题。针对新型屋顶留下可行方案，舍弃不可行方案，这样就有可能提出较好方案。

哥顿法的优点在于先把问题抽象化，然后提出解决的方案。在开发新产品时，如果只根据具体的事物想办法，会受到现有事物的约束，得不出彻底的解决方案。如果根据抽象的问题想办法，创造出来的方案中，会得到一些平常看不到的办法。不过，会议主持者如何引导和启发是比较难的。另外，在适当的时候把问题揭开，这一点也很重要。

3. 缺点列举法

人们提出的各种方案，是以存在的问题作为根据的。所谓问题，即某事物在本质上有什么缺点。如果发现了这些缺点，很自然就会想到怎样才能消除这些缺点。把缺点都摆出来的方法就是缺点列举法。

就拿一个水壶来说，我们发现它有缺点：当水沸腾的时候，在气孔的地方会烫手。我们就会想，怎样才能消除这个缺点呢？发现了缺点，就知道问题的所在了，这是很重要的。

在头脑风暴法的会议开得最热烈的时候，有关缺点的问题，也可以用提示的方式让大家讨论，这能促进提出更多解决方案。先让与会者说出缺点，然后研究如何消除这些缺点。这样的方法叫二会议法。

4. 希望列举法

希望列举法，是把对事物的一切要求一一列举出来，从中寻找可行的希望点，作为价值工程的目标。有时看上去这些要求是离奇的，不着边际的。但是往往在这种不切实际的离奇要求中，孕育了新的产品。这一方法的特点，是使人由幻想导出愿望，由愿望引出构思，由构思勾画出方案，最后使可行希望变成为具体的事实。不少发明创造就是经历这样的过程而获得成功的。

从另外一个角度看，希望列举法实际上是把缺点列举法倒过来。例如，希望从水壶气孔里冒出来的蒸汽烫不着手，这是把在气孔上会烫手的缺点倒过来说。但是，如果提出积极的希望，就可以得到比仅仅克服了缺点还要好的产品。例如，希望水开了火就停。作为水壶的缺点，这是很难提出来的。所以要提出积极的希望。过去有许多伟大的发现或发明，也许就是从积极的幻想开始，经过努力而实现的。

当头脑风暴的会议开得正热烈的时候，使用这种方法，给与会者一个刺激，也就是采用二会议法，先提出希望，然后想办法来满足这些希望。

5. 检查提问法

在想主意的时候，泛泛地思考往往想不出什么主意来。如果事先提出要点，并把它作为一种检查的方式，想主意就容易得多，检查提问可以说是方案构思的刺激剂，个人也能够构思方案。

这种方法是事先列举各种可能有用的改进措施，可能存在的问题，可能挖掘的潜力，编成检查提问清单，帮助人们唤起记忆，产生联想，形成改进设想。

奥斯本的检查提问如下：

(1) 就现在这样或稍加变化，还能有别的用途吗？

(2) 能不能借用别的方案，有什么东西与这个相似？能借用别的方案吗？过去有过相似的东西吗？能模仿什么东西吗？模仿谁？

(3) 能不能变化一下，改变它的意义、颜色、运动、声音、味道、形状、样式等，搞出一些独出心裁的东西。

(4) 能不能扩大，增加一些什么东西、延长时间、增加次数、增加长度、增加强度、增加另外的价值、加倍、综合、加大。

(5) 能不能缩小，把某些东西取消、变小、压缩、变薄、降低、缩短、减轻、消除、流线型、分割、往里缩。

(6) 能不能代用，以别的东西来代用，如别的人、别的东西、别的元件、别的材料、别的工艺、别的动力、别的方法、别的声音。

(7) 能不能替换，元件的替换、造型的变换、改变布置、改变顺序、因果互换、改变速度、改变日程。

(8) 能不能颠倒，正反颠倒、里外颠倒、上下颠倒、任务颠倒。

(9) 能不能组合，合金材料的组合、装配组合、部件组合、目的组合、方案组合。

6. 组合法

这种方法是当现有的各方案还不够十分完善时，应采用各方案之长，组成一个新的方案。从不同的角度出发，抽出各方案中符合某一方面的方案，进行重新组合。从而得到符合这一方面的理想方案。比如“最低成本组合”就是把各方案中实现某一功能的最低成本部分抽出来加以组合，就可以得到实现降低成本意图的方案，如表 3-15 所示。表中 A、B、C、D、E 为已有方案，F1、F2、F3、F4 为产品应具备的功能。对各方案依照实现某一功能所花成本的高低排序，成本最低者为 1，次低者为 2，依次为 3、4、5……

表 3-15

方案 成本 / 功能	A	B	C	D	E	最低成本方案
F1	5	3	4	7	9	B
F2	13	15	20	18	14	A
F3	15	14	9	12	11	C
F4	3	4	2	3	1	E

对实现功能 F1 来说，成本最低者为 B 方案；对于 F2 来说成本最低者为 A 方案；对于 F3 为 C 方案，对于 F4 为 E 方案。我们把 B 中的 F1、A 中的 F2、C 中的 F3、E 中的 F4 抽出来，重新进行组合，就可得到一个降低成本的较好方案。

四、价值工程协调人的角色

在方案创造阶段，价值工程协调人的角色相当重要，将在很大程度上影响本阶段的工作成效。价值工程协调人应该在以下几个方面起到组织、引导和控制作用。

1. 引导价值工程研究人员采用创造性思维方法

价值工程协调人必须选择恰当的创造性思维方法，并且指导参与人员运用这些方法进行方案创造活动。这就要求价值工程协调人彻底掌握各种创造性思维方法，并且知道在什么场合该用什么方法。通常，价值工程协调人还要充当“开球”的角色，即首先提出一些想法，以“抛砖引玉”，促进其他人员的思考。

不同的参与人员对不同的创造性方法有不同的偏好。价值工程协调人要善于从害羞的人那里获得有价值的建议，使研究活动能够从每个参与者那里都得到收获，而不仅仅是听从声音响亮的或最有胆量发言的人的意见。价值工程协调人还要控制讨论过程，按计划进行，当发现有偏离主题的情况或趋势，应立即将话题引导到正题方向。

2. 组织整个创造性讨论过程

要组织并控制整个创造性讨论过程，按照先从项目总体概念和构思，再到详细的具体部分的实施方案。这种思路和步骤是按照由宏观到微观、由粗到细的程序进行的。组织讨论的问题可能包括：项目运行、维修保养以及现场施工、建筑、结构、机械和电气等方面。

3. 能够识别有价值的想法

价值工程协调人能够根据自己的经验，迅速理解、把握有潜力有价值的想法，并引导价值工程研究小组深入讨论，直至产生有价值的方案。

4. 不要急于判断

价值工程协调人应引导参与人员不要急于对别人的意见和想法进行判断和评论，这是不太容易的事。价值工程协调人应礼貌地同时必须坚决地阻止这种行为。可能每个价值工程协调人都有自己的办法去引导和控制各个成员。一种有效的办法是对妄加评论者以惩罚，比如每评论一次罚一角钱，这既可以活跃气氛，又可以培养团队精神。

5. 创造有益的环境气氛

应该创造宽松有益的气氛，在这方面，价值工程协调人的作用是十分关键的，特别是在方案创造阶段。如果价值工程协调人能够用笑话或幽默的方法激发人们的创造性和活力，使各成员感觉轻松愉快，将有助于缓解人们的紧张和压抑心理，取得更大成效。

6. 及时记录

创造阶段所产生的任何意见和想法都要尽可能记录下来，由价值工程协调人或其助手记录，通常是记录在粘贴纸上，然后挂在墙上，以便每个人都能看到。但是，要保持同步记录每一个想法或意见是很困难的，要么就会降低讨论的速度，影响会议的效率。有时，这种记录很可能会有遗漏，或由于边听边思考而影响记录。为了避免上述情况的发生，通常采取发言人自己记录的办法，在介绍完自己的想法以后，将其记录下来交给打字员，在会议结束时将所有的意见和想法汇总打印，用于下一阶段的研究和评价。

各种意见和想法一般是分专题归纳和记录，首先是建筑方面的问题，其次是机械、电气、结构、现场施工、项目运行维护等方面的问题。表 3-16 是某项目方案创造阶段的想法汇总表，已经做了删节，只保留了其中几项作为示意。

创造性想法汇总表（部分） **表 3-16**

项目：举例		页码：第 1 页/总共 1 页
编号	意见描述	排　序
	建筑	
A-1	提升建筑标高，以避开岩石	
A-5	降低层高	
A-13	取消可开启窗	
	空调（HVAC）	
H-1	利用吊顶作为回风空间	
H-13	特殊过滤改为标准过滤	
H-17	用深井水冷却	
	电气	
E-1	取消自备发电机，利用干电池	

续表

项目：举例		页码：第 1 页/总共 1 页
编号	意见描述	排　序
E-11	将开关柜和发电机外置	
	现场	
S-12	取消停车场	
S-17	增加自行车库	
S-18	设置吸烟区	

第六节　方　案　评　价

到了方案评价阶段，在方案创造阶段规定的不允许评价的禁令解除了，此时可以对任何方案和建议进行评价，发表意见。

价值工程的目的是提供可行的、可能被实施的建议或方案，如果所提的建议不能被实施，其价值就不能实现。不管一个建议或设想有多么好，只有别人接受并付诸实施了才能体现其价值。为了使价值工程的建议能够得到实施，必须保证每一个建议都经过深思熟虑，并且有计算依据，有详细而不模糊的论据，这一点是十分重要的。所以对每一个建议进行分析评价并将其发展成为提案是需要大量时间的，这就意味着在价值工程研究的成果中要限制提案的数量，保证提案的质量。因此，本阶段的目标是筛选创造阶段的建议和设想，选择最好的想法来发展细化，形成提案。

在回顾和分析每一个建议和想法时，要有意识地尝试将各意见的优点组合起来形成更有价值、更容易实施的解决方案。经过适当组合，有些不可行的方案也可能会变得可行。

评价工作必须客观公正，既要看到某建议的优点，又要注意其不利的方面，也不应因为某个建议有缺点就轻易放弃，相反，要想办法克服其缺点，必要时可再利用创造阶段的技巧和方法，对其缺点进行再讨论、再创造。

尽管本阶段要对所有意见和想法进行评价，但有一点需要特别注意，就是批评时尽量用建设性的方法。有人说，多数人都希望“索取”，不愿意“给予”，而“批评”是人们愿意“给予”别人的有限的东西之一。价值工程协调人要注意引导那些用词尖刻、过分地批评别人的人员，不要对别人造成伤害，影响价值工程研究的顺利进行。在对方案进行评价和建设性批评时，幽默是最重要的。

有时候，在筛选方案时，也要维护职业人员的面子。比如，价值工程研究小组可能会发现设计中遗漏了什么，而这些遗漏内容对项目又是很重要的。这种情况下，与其将这些缺陷公开告诉业主，还不如悄悄地通知设计人员自己检查，让他们自己发现并改正。在业主面前让设计人员难堪，不会对项目或价值工程研究带来任何好处。

一、方案评价步骤

首先，价值工程协调人要提出方案评价的标准，并与小组成员共同讨论确定。

然后，价值工程协调人要依次念出每一个建议和设想，并请提出建议和设想的人进行解释。每个建议的优点和缺点都要记录下来，如有必要，价值工程协调人还要就某个建议组织讨论，再用创造性方法克服其缺点和不足。

当研究小组听完了所有建议的解释，讨论了他们的优点和缺点，就要开始应用评价技术和方法，筛选有价值的建议，剔除不可行、不现实的设想。关于评价方法，后文将会介绍。评价过程中，研究小组将淘汰四分之三、甚至更多的建议，只保留较少的很有价值的几个建议，以供下一阶段细化和发展成为提案。

尽管经历了信息阶段，外来的研究人员已经对项目情况有所了解，但在如此短的时间内了解全部约束和限制条件也是比较困难的，而这些约束和限制条件，很可能会影响到价值工程提案的实施。所以，在这个阶段应该邀请原设计人员或业主方决策人员到会，请他们审核各种意见和建议是否存在不合实际或无法实施的问题。这种方法叫做“现实性检查”，可以避免在后期对不切实际的方案花费很多时间。

最后，将经过筛选的优秀建议提交给相应的专业人员，分别进行细化，发展成为价值工程提案。

二、评价准则

方案评价的准则可能会因不同的项目、不同的建议和设想而有所不同。以下是几种典型的评价准则，但实际应用的可能远不止这些。

1. 费用

- 节约潜力，包括一次性投资的节约潜力，项目运行阶段运行费、维护费和人员工资方面的节约潜力等；
- 实施的方便性，是否容易实施，进行设计或修改设计的成本是多少等；
- 间接成本的影响等。

2. 功能

- 美观功能；
- 建议方案能否满足必要的功能要求；
- 建议方案是否比原设计方案有所改进；
- 将来扩展或使用的灵活性；
- 使用期间的可靠性；
- 安全防护。

3. 时间

- 对设计进度的影响；
- 对施工进度和计划的影响；
- 对涉及施工和构件的耐久性、可靠性和使用寿命的影响。

4. 总体方面

- 可施工性；
- 施工过程的安全；
- 法律方面注意的问题。

除了上述的技术准则外，还应注意社会关系方面的因素和影响。比如，如果某位重要人物喜欢某个方案，价值工程研究最好不要去碰它，不管你有多么好的替代方案，都有可能遭到拒绝，所以不必去浪费时间。

三、评价方法

评价方法有多种，每种方法也各有特点，分别适用于不同的情况。价值工程协调人要了解这些方法的特点，并根据不同情况选择适当的方法。下面是几种普遍应用的方法。

1. 由价值工程协调人选择

这种方法是由价值工程协调人提议或选择哪些建议可用来进一步发展细化，此法又分为两种：独裁法和修正独裁法。

（1）独裁法

所谓独裁法，就是由价值工程协调人选择他认为有价值、有潜力、值得细化的建议，不需要听任何人的意见。这个方法速度快，可以为下一步的方案细化预留较多的时间，也可以避免由于参与人员没有经验而产生的问题和困难。其缺点是不能充分利用其他参与人员的知识和经验。价值工程协调人是一个推动者、协调者，并不一定是该问题领域的专家，由他独自决定容易产生问题，一般尽量少用。

（2）修正独裁法

所谓修正独裁法，也是由价值工程协调人提出一些有价值的建议，但要征求小组其他成员的意见，这是对前述方法的一种改进，参与人员可以根据自己的知识和经验提出一些意见。按照这种方法选定的一些想法可能也会存在一些问题，但毕竟经过小组的讨论，问题可能会少一些。这种方法的速度可能会慢一些，但由于所选择的建议的质量会好一些，因而可以抵消一些负面影响。

相对而言，只有在时间很有限，而且参与人员都没有经验的情况下才使用独裁法。

2. 简单民主方法

用简单民主方法选择价值工程建议，具体也有两种方法，即讨论排序法和投票表决法。

（1）讨论排序法

所谓讨论排序方法，就是让参与价值工程研究的人员讨论，对每一个价值工程建议发表意见，并进行排序或打分，排序方法有以下几种。

①用 0～10 数字打分

用 1～10 这 10 个数字对所有价值工程建议打分排序。一般情况下，得 9～10 分的建议可以被选择进一步细化，而 8 分的建议则视时间而定，若时间充裕，可以进一步发展细化，否则就连同 7 分以下的建议一同抛弃。尽管 7 分及其以下的建议全都进不了下一阶段的发展细化行列，但当业主有进一步压缩投资的要求时，还可以将这些建议拿出来进一步讨论。这个方法的缺点是，花了很多时间讨论每个建议的排序打分，但在 7 分以下的建议中所花的时间全部是浪费，而且某人的建议得分很低，他面子上也不好过。

②用 0～4 数字打分

用 1～4 这 4 个数字给每个想法打分，每个数字的意义如下：

1：本建议将进一步发展细化；

2：如果有时间，本建议将进一步发展细化；

3：本建议有优点，但不准备进一步发展细化；

4：本建议优点少，不予考虑。

这种方法克服了用数字 1～10 进行排序的弊端，可以节约时间，是一种有效的方法。

③双重排序方法

这种方法是对技术、功能和费用影响分别打分，首先在技术和功能方面进行打分排序，打分标准及分值如下：

1：接受建议；

2：接受建议，在时间允许、有节约潜力情况下再进一步发展细化；

3：本建议有优点，但不准备采用；

4：本建议优点少，不予考虑。

其次，再对费用影响排序：

1：节约潜力很大；

2：节约潜力一般；

3：无节约潜力；

4：增加费用。

通过上述排序，获得 1/1、1/2、或 2/1 的设想、建议将被集中起来，留作下一阶段的发展细化，因为这些设想和建议无论在技术上还是在经济上都是比较好的。问题是，这种排序方法比单一排序方法要复杂，也要花费较多的时间；另外，按照这种方法，将要淘汰技术上很先进，费用可能增加的那些建议，而这些建议也可能是有很高价值的。

④接受/拒绝方法

这是最简单的排序方法，对某一个建议要么接受，要么拒绝。尽管看似简单，但有时候也要花费很多时间。因为有许多建议处于选择或抛弃的边缘，可能会为此花费很多时间去讨论。另外，这种方法也不可能为业主提供一个得分高低的排序，而这个排序在以后的费用控制中可能是很有用的。

上述讨论排序方法的优点是，对每个建议都进行了讨论，因此，每个选中的建议都有技术方面的支持。但对缺乏经验的价值工程协调人来说，要控制这些讨论有时是很困难的，一方面是时间的控制，另一方面，要使所有的人都平等参与讨论，而不能由某一、两个人主宰这些讨论。

（2）投票法

投票法也是经常应用的方法。投票前可以经过讨论，也可以不经过讨论。通过投票，决定是否对某个建议进行进一步的发展细化，超过规定票数的建议被选中。

可规定每位参与人员只能选择几个建议，即他只拥有几票，所有票数的总和可少于所有建议的总和（比如一半），对每个建议，每个人只能投一票，得票数多的建议，自然是优秀的、值得进一步发展细化的。

投票方法速度快，可以使所有的成员都参与，对价值工程协调人来说比较容易控制。但是也有缺点，可能支持某一建议的人都不是该领域的专家，由于他不太了解这个方案究竟是否可行，有时候根据表面情况投票所选择的建议实际上并不可行。

3. 复杂的民主方法

这种方法首先要根据某些要求或评价指标的重要性给出相应的权重系数，然后才对各备选方案打分，根据权重系数和分值的综合评价，确定各个建议的排序。这种方法称之为组合权值矩阵和方案分析矩阵，这个分析过程如图 3-30 所示，详细步骤如下。

第一步：确定几个评价标准，列于矩阵的左边。尽管在理论上没有一个关于评价标准的数量的限制，但由于时间所限，在实际的价值工程研究中很少超过 20 个标准，一般选择 5～10 个标准比较合适。如图 3-30 所示，每一个标准有一个代表字母，如建设成本用 A 代表，维护费用用 B 代表，美观方面用 C 代表，等等。

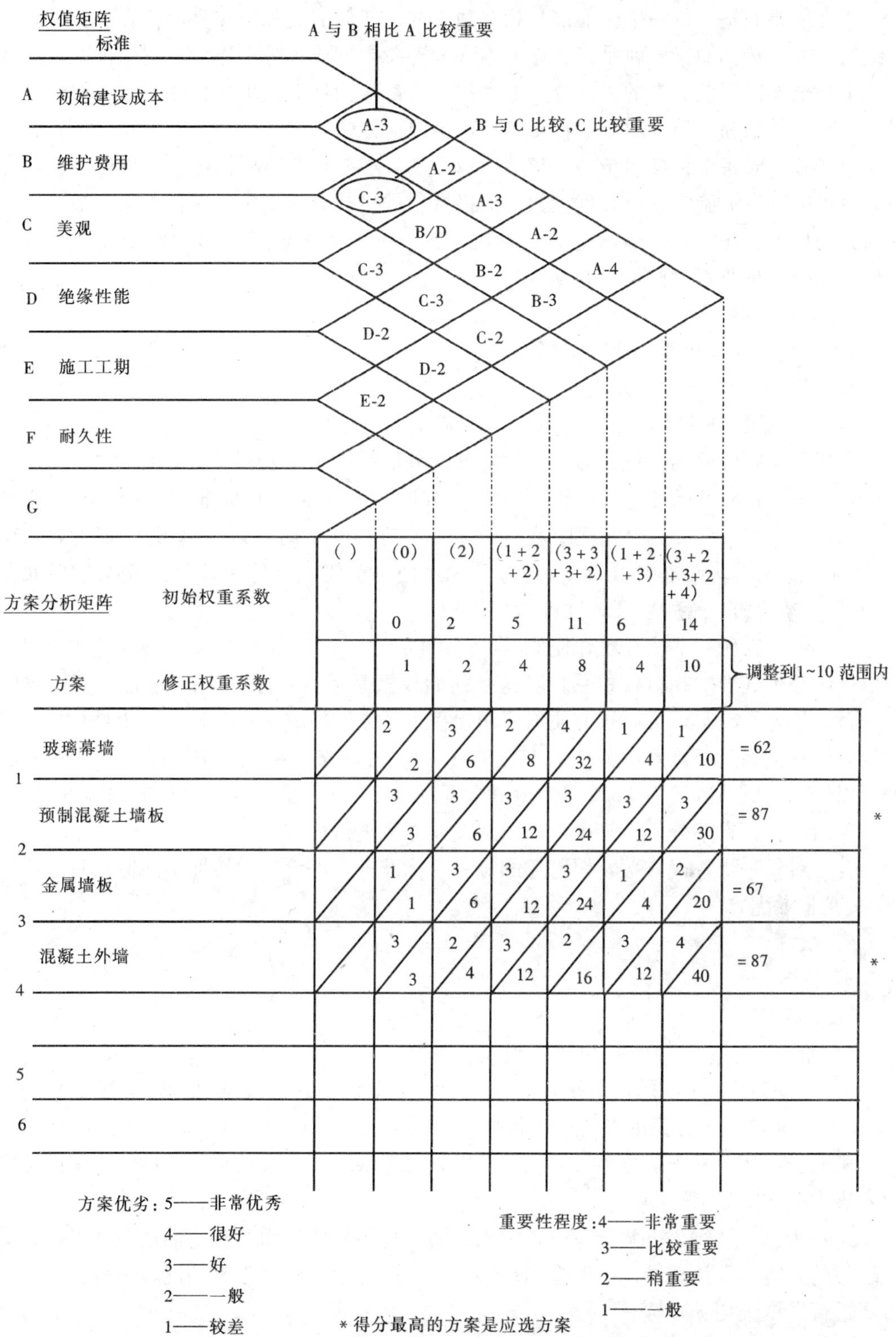

图 3-30　某外墙多方案比较时的组合权值矩阵和方案分析矩阵

非常重要的是，每一个标准都是相对独立的。任何的交叉或重叠都将影响到最终的评价结果。一个常见的错误就是将建设成本和全寿命周期成本分别作为不同的标准，因为建设成本是全寿命周期成本的一部分，如果把两者都作为标准列出来，就相当于将建设成本考虑了两次，增加了建设成本的权重。这种情况应该防止。

第二步：对每个标准给予一个权数，权数的大小根据其重要性确定。价值工程研究人员可以根据其直觉确定其重要性权数，但最好根据目标分析确定。这种方法是把每一个标准与其他标准相比，如标准 A 分别与标准 B、C 和 D 等等比较，通过比较确定哪一个更重要，根据其重要程度按下列原则打分：

4：与其他标准相比，非常重要

3：与其他标准相比，比较重要

2：与其他标准相比，稍重要

1：与其他标准相比，没有优势（二者相当）

根据以上打分原则，把相对重要的标准的分值写进矩阵表相应的交叉格中。从左上角开始，对 A、B 两个标准进行比较。图 3-30 表明，A 标准与 B 标准相比，A 标准比较重要，因此在 A、B 交叉的单元框中填 A-3。在 A 与 C 相比时，认为 A 比 C 稍重要，于是在 A 与 C 交叉的单元框中填 A-2。B 与 D 相比同等重要，于是在 B 与 D 交叉的单元框中填B/D，在后面的计算中，B、D 各占 1 分。

第三步：在所有的比较工作完成后，就可以计算每个字母（即每个标准）的总分值，可以得到每个标准的相对权重系数。这是初始权重系数，见图 3-30 中组合权值矩阵的最后一行。为方便理解，可以很方便地将初始权重系数转换成 1～10 表达。于是初始权重分数最高的标准，其权重系数为 10，其他在 1～10 之间依次降低，初始权重系数为零的标准可以将其权重系数定为 1，以免该标准被取消。

第四步：在方案分析矩阵中对不同的设计方案进行比较。

首先对每一个替代方案，用前述的每一个标准进行评价，并按照下述原则打分：

5：非常优秀

4：很好

3：好

2：一般

1：差

将分值填入图 3-30 的评价矩阵表中，如对方案 1 而言，标准 A（建造成本）的得分为 1，说明实施这个方案的造价是比较高的。

第五步：将上一步的分值乘以权重系数，以反映不同标准的重要程度。所得的数字也填入表中，如图 3-30 所示。

第六步：统计每个方案的总分，填入右边一列表格中，得总分最高的方案可以认为是最理想的方案，应该选择。有时会出现多个方案的分值比较接近的情况，也可以选择多个方案进行发展细化。

这种方法比前述的两种方法要复杂得多，要花费很多精力和时间，所以在研究比较复杂的问题时才使用。当所研究的问题很复杂或很重要时，这种方法很有效。它可以向业主或决策者表明，所选择的方案是如何产生的。这种方法也使我们在考虑项目目标时既可以考虑经济因素，也可以考虑非经济因素；既可以用于项目的方案选择，也可以用于项目组成部分或构件的方案选择；既可以用于项目决策阶段的方案选择，也可以用于项目设计阶段和施工阶段的优化和决策。

以上列举了常用的几种方案评价方法，在实践中可以根据具体情况灵活运用，表3-17是对上述方法选用的建议，供参考。

评价方法选择指南 **表 3-17**

<table>
<tr><td rowspan="3" colspan="2">方　法</td><td colspan="2">由 VE 协调人选择</td><td colspan="3">简单民主法</td><td>复杂民主法</td></tr>
<tr><td rowspan="2">独裁方法</td><td rowspan="2">有益的独裁方法</td><td rowspan="2">评论排序法</td><td colspan="2">投票法</td><td rowspan="2">评分矩阵</td></tr>
<tr><td>不经过讨论</td><td>经过讨论</td></tr>
<tr><td>研究持续时间</td><td>很短
短
中等
长</td><td rowspan="3">不推荐采用</td><td>×</td><td>×
×</td><td rowspan="3">不推荐采用</td><td>×</td><td>×</td></tr>
<tr><td>项目问题复杂程度</td><td>低
中等
高</td><td>×
×</td><td>×
×</td><td>×
×</td><td>×
×</td></tr>
<tr><td>项目阶段</td><td>概念阶段
方案阶段
详细设计</td><td>×
×</td><td>×
×
×</td><td>×
×
×</td><td>×
×</td></tr>
<tr><td>决策文件要求的水平</td><td>低
中等
高</td><td></td><td>×</td><td>×
×</td><td>×</td><td>×
×</td><td>×
×</td></tr>
</table>

第七节　方　案　发　展

一、概述

本阶段的目标是将上一阶段筛选出来的建议和设想进一步发展细化，形成可操作的提案。这可能是价值工程研究过程中最艰苦的阶段，也是最重要的阶段。

在方案发展阶段，技术方面专家的作用更加重要，对每个建议都应该深入研究，努力转化成推荐方案，应该有计算数据的支持，有方案图，有关于费用估算的说明以及其他方面的解释。本阶段的工作性质决定了这是最耗费时间的阶段，差不多需要占用整个价值工程研究时间的一半左右，因此，在对价值工程研究各阶段分配时间时就要注意这一点。

有时候，多个建议组合才会形成一个推荐方案，因此每个推荐方案需要单独分析。通常价值工程研究小组提出的方案可能会相互排斥，即当一个方案被选中，另一个则被排除。当研究某一具体设计问题时经常会出现这种情况。

例如，在对某室外地面的铺设问题进行研究时，价值工程研究小组提出了两个方案。原方案是采用花岗岩铺设，价值工程研究小组提出的两个方案分别是用混凝土砖和水磨石地面。提出这两个方案主要是基于花岗岩的维护保养问题而不仅仅是费用高的问题。这两个方案在美观方面都是可靠的，这就给了设计人员选择的机会，有了挑选的余地。

在上述的情况下，美观方面的考虑是很重要的方面，因此多提供几个费用低的方案是很有帮助的，如果只提出一个推荐方案，被否定的概率很大，而两个方案全部被否定的可能性就大大降低了。

因为本阶段的工作艰苦，耗费时间，所以有人就试图简化和压缩。经验不多的价值工程研究人员可能会屈服于这种倾向的压力，但是没有意识到这样做的严重后果。

方案发展阶段工作的重要性体现在以下几个方面。

首先，本阶段工作是方案评价工作的延伸，而评价阶段的工作目的是从一系列的好建议中选择几个更好的，以便发展、细化，形成价值工程提案，因此，评价阶段的审核评价是粗略的、仓促的。对于每个建议的经济潜力和非经济方面的优缺点的理解，只能根据价值工程研究人员的经验和判断，没有进行全面详细的分析。

所有建议的潜在影响将在本阶段被揭示或评估，通过计算，如结构的荷载等可以被量化，设计简图也可以画出。通过计算和深入分析，原以为是某个建议的优点可能又被否定了，这是很正常的现象。出现这种情况，就要果断放弃这个建议，不再继续考虑。

没有详细的分析计算，不经过严格的发展细化阶段，有些不可行的建议也可能被作为推荐方案提交给业主。如果设计人员经过进一步的分析计算，证明价值工程研究小组的某个提案不可行，其他提案在人们心目中的可信度就会下降，也会引起人们对价值工程研究的抵触情绪。而且，推荐了不可行的方案，也会影响设计进度，浪费设计人员的时间，对日益紧迫的设计进度而言，这种影响的代价是很大的。

第二，如果价值工程提案的描述不够详细，没有足够的数据支持，就很难被决策者准确理解，这种误解很容易导致提案被否决，尽管这可能确实是一个可行的、经济的方案。

第三，当采用外部专家进行价值工程研究时，对推荐方案进行发展细化也可以减少对原设计计划的影响。价值工程研究人员会非常理解设计人员的地位和处境，他们希望得到充分的详细资料，以精确证明一个推荐方案。另外，有了详细的资料，将给设计人员的设计变更带来方便，从而可以减少实施的阻力。

最后，推荐方案必须要容易理解，因为经常会由各种不同的听众对此推荐方案进行审核，业主代表也可能不懂建设方面的技术问题，因此，要使推荐方案通俗易懂，一般人都能理解，同时又要给设计人员提供足够的技术信息。

将方案发展过程简化会极大地影响价值工程研究的效果，潜在效益可能会大大降低，也可能给业主和设计人员留下不良印象，这种不良印象一旦形成就很难克服，最终可能流传开来而影响到整个建筑业的价值工程研究。

二、价值工程提案的主要内容

一般情况下，价值工程提案中应该包括以下内容：

- 原设计方案的描述；
- 建议的改进方案的描述；
- 建议方案的优点；
- 建议方案的缺点；
- 讨论；
- 全寿命周期费用影响；
- 技术方面的支持。

对以上内容分别解释如下。

(1) 对原设计方案的描述

这种描述是很必要的，因为对价值工程提案进行审核的人员中可能有人对原设计不熟悉、不了解，有针对性地提供这方面的信息有助于对推荐方案进行审核，提高了被接受的可能性。

(2) 对推荐方案的描述

毫无疑问这是非常必要而且重要的，必须清楚地表明推荐方案的不同之处。

(3) 推荐方案的优点

要与原设计方案进行比较，说明推荐方案具有哪些优点，以说服审核者接受。应该既说明经济方面的优点，也说明非经济方面的优点，比如对工程进度、工程质量、功能、施工的方便程度等。

(4) 不利的方面

要让决策者知道，如果采纳推荐方案可能会带来哪些不利的因素。这样做的目的也可以迫使参与人员对提案有一个客观的评价，从而杜绝不可行方案。

(5) 分析讨论

价值工程提案中分析讨论的内容可能很多。可以包括一些非技术性的描述，以帮助那些不懂技术的决策者理解。采用推荐方案对项目可能产生的影响（如对设计和施工进度的影响）应该进行讨论分析。这可以帮助决策者，并迫使研究人员充分考虑实施的困难，以及这些困难是否会抵消因此而带来的收益。

(6) 全寿命周期费用的影响

这是必须涉及的内容。最好将建造费用和使用阶段费用分别考虑，因为对不同的业主来说，其重要程度不同。尽管价值工程研究的目的是降低成本，但有时推荐方案也会产生一些附加成本，这些都必须描述清楚。

(7) 技术方面的支持

技术方面的支持是为了向人们证明推荐方案是可行的、有效的。技术支持作为提案的一部分内容，是为了方便原设计人员理解和知道推荐的是什么，为什么推荐这个方案等。技术支持应该包括简图、计算书等，还要包括相关参考资料、标准、技术规范、规程等等。另外，有关成本的计算资料也应该包括在其中。价值工程协调人应该审核价值工程提案的每一个部分，督促提案编写人员将内容细化、完善。

三、费用估算

在价值工程研究中，要考虑全寿命周期费用，其中包括：建造费用、使用阶段各种费用的折现值、机械设备零配件的更新费用等等。计算全寿命周期费用的方法将在后面介绍，此处重点分析建造费用。

在价值工程研究准备阶段，已经对项目的建造成本进行过估算，可用当时的单价估算推荐方案的建造费，关于工程量和费用单价的计算依据都应该放在提案的技术支持资料中。如果没有足够的、现成的费用单价数据，可以由价值工程研究小组中的造价工程师从其数据库中获得，也可以从定期公布的价格信息中获得。

对节约费用的估算最好保守一些，如果夸大了节约潜力，并被原设计人员指出，整个价值工程提案的可信度就大大降低了。由于时间有限，费用的估算可能有些不十分精确，这是自然的。如果需要精确地估算，可能就要多增加几位预算工程师协助，光靠价值工程研究小组中的估价人员是不够的，因为价值工程研究的提案可能有很多个，对每个提案都要详细计算和精确估价是需要时间的。

费用估算工作最好在研究过程中同步进行，因为所有的技术专家都在现场，有什么问题就可以及时解释，也可以提高效率，不影响价值工程研究的进程。如果在提案即将结束时才开始费用估算，估价人员很可能会对某些问题不理解而导致费用估算有偏差。

四、寿命周期费用

前面已经多次提出，寿命周期费用是价值工程研究的重点之一，其计算有一套成熟的方法，在许多书中都有详细介绍，此处只简单说明如何应用到价值工程研究中。

（一）寿命周期费用的重要性

不同设计方案对项目的运行费用和维护费用影响很大，所以运用寿命周期费用的理论和方法进行决策和方案选择是很重要的。运行费用和维护费用将在很长的时间内不断发生，全部加起来常常超出了建造费用。有时一个小小的设计变更，尽管可能使建造成本稍微增加一些，却可以使运行费和维护费大幅度降低，足以抵消建造成本的增加部分。

在有些情况下，寿命周期费用的意义是有争议的。比如，有的开发商，房屋建完以后就立即销售给用户，因而不会关心使用阶段的费用，而即将使用这些房屋的用户则更关心这个问题。毫无疑问，这种争议是存在的，但寿命周期费用的概念已经越来越引起重视，因为越来越多的用户都知道设计对物业运行和维护费用的影响。实际上，聪明的开发商也会把较低的寿命周期费用（比如节能住宅建筑）作为一个卖点，不管是出售物业还是出租物业。

（二）寿命周期费用的内容

顾名思义，从项目开始到项目报废期间的所有费用都是寿命周期费用的组成部分，具体包括三个方面：建设投资、使用费和处置费。

1. 建设投资

建设投资包括前期进行可行性研究等方面的费用，为获得土地使用权而支付的费用，支付给专业人士的费用，如设计费、项目管理费、法律方面的咨询费等，以及施工费用、装修费用、设备费以及家具费等。

这些费用一般容易计算，在项目决策时也比较注重。

2. 运行费用

项目的使用费包括项目运行费用、维护费用、更新改造费用和有关的税费等。

项目的运行费用又可以分成两大方面，即一般性费用和功能性费用。一般性费用是那些诸如清洁、燃料、保险和安全保卫等之类的费用，所有这些费用都会在很大程度上受设计方案的影响。

- 清洁费，受所选材料的影响，例如，如果选用固定窗，外窗的清洁就必须借助于梯子或擦窗器，这就可能比可开窗户增加费用。
- 燃料与电力等能源费，这也在很大程度上与设计有关，比如建筑的体积、形状等；也与运行参数有关，如照明要求、湿度范围等；也与其他更详细的方面有关，如外墙的绝缘效率，机电设备的效率等。
- 保险费，也会与设计方案有关系，比如，每个区域是否都在消防喷淋范围之内。
- 安全保卫费，常常会受到建筑体型、出入口数量等方面的影响。

运行费用的第二方面是与建筑物的使用功能有关，即功能性费用，包括为实现项目的功能而必须配备的员工的费用。在有些项目中，设计方案会明显地影响对员工的要求。

例如，某监狱项目，计划建造500间牢房，在价值工程研究过程中，研究人员提出建议，增加每间牢房关押犯人的数量，可以大幅度减少警卫的数量，因为总的牢房数减少了。其次，每位犯人所需要的警卫数量也降低了。

另外，在原设计方案中，牢房里没有厕所，因而晚上犯人上厕所时，警卫不得不跟随他一起去。价值工程研究小组建议在牢房里增加厕所，还可以再降低对警员数量的要求。该监狱在运行阶段，每天要求三班轮换，每年365天，由于大幅度降低了警员的数量，一年中警员工资的节约额就达数百万英镑，考虑这座监狱的整个运行周期，短短几年的节约总额就完全可以弥补增加的所有建造成本。

由于运行期间员工数量的增加而引起的费用变化很少引起人们的注意，但可能对运行费用总额产生很大的影响，特别是在运行期间需要较多员工的项目，如监狱、医院等。

功能性运行费用的另一个方面是经营费用，可能占运行费用的很大比例。这些费用可能与项目的地点有关，也与项目的用途有关，比如办公楼的经营费用将与生产厂房或仓库等有很大不同。

3. 维护费用

维护费用也分为两类，即定期维护费用和不定期维护费用。定期维护包括那些预防性的维护活动，如为设备添加润滑油，或者在工厂停产期间进行有计划地保养活动。不定期维护包括在紧急或特殊情况下的一些维修活动，例如超市里的冰柜出现故障，需要维修。相对而言，定期保养费用可以比较容易地计算，而不定期维护费用则难以精确预测。一般情况下，物业使用年限越长，其每年的维护费用就越高。

4. 更新改造费用

这也是阶段性费用，每隔一定时间就会发生。

更新费用包括对设施或设备的部件、构件达到其寿命期以后而必须进行更换所引起的费用。例如，某公寓屋顶防水层需15年更换一次；空调系统的冷却塔需20年更新一次。

改造费用与设施的功能有很大关系，可能比更新费用更难以预测。改造包括对项目功能的改变，比如办公室内空间的形状与尺寸的变更。可以想象，在项目的寿命期内，其功能可能会多次改变，因此要注意功能改变的灵活性。比较典型的做法是采用标准布局的照明系统，采用可拆卸的分隔墙等。

5. 税务费用

在寿命周期费用中也应考虑税费部分。有时候，某些项目的支出可以通过税收方面的补贴得到弥补。维护和运行费用可以从企业的应纳税费用总额中扣除，从而可以降低税费负担。建造成本与运行成本的增减对税费方面的影响是很复杂的，选择一位税务方面的专家参与价值工程研究对某些大型项目而言可能是非常必要的。

6. 项目残值或拆除处置费

这是指项目到达其寿命期后，可以将设施或设备出售而得到的收入以及为了拆除或处理这些设施或设备而需要支付的费用。

（三）计算所需的信息及其来源

不同的项目或同一项目中不同的研究部分或元素，计算寿命周期费用所需的信息也不同。一般而言，所需的信息数据包括以下几个方面。

1. 折现率

折现率是把将来可能发生的费用折算成现值而采用的一种比率。在本质上，折现率是业主的资金成本，尽管价值工程研究经常采用借款利率代替折现率，但其本质并不是业主的资金成本。计算折现率的方法比较复杂，要考虑各种费用的比例，如贷款、股票投资等，以及考虑风险、税率和通货膨胀率等。

折现率的大小对寿命周期费用的计算有很大影响。折现率取值高，其建造成本的计算值就比较高，而每年发生的使用费的计算值相对较低。计算寿命短，折现率取值低，其结果正好相反。

折现率的取值很复杂，也很重要，将对计算结果产生重大影响，所以这个数字一定要从业主处获得。

2. 项目的预期寿命

项目的预期寿命对计算寿命周期费用也是必要的，原因在以下两方面。

第一，确定项目计算周期，并全面考虑这个期限内的所有费用。项目的预期寿命必须由业主决定。

第二，项目各组成部分或元素的预期寿命，考虑到这些部分或元素要定期更换，要计算其费用。比如屋面防水层的寿命一般是 15 年，然后必须更换，这种信息一般由供应或生产厂家提供，也可以由业主的维护部门或设计人员提供，有的价值工程研究人员也可以提供这些信息。对获得的信息应该有个正确的认识，因为有些供应厂家会夸大其产品的寿命，而维护人员则可能根据其经验预测。

3. 经常费用

既要了解一次性费用，也要了解每年都要发生的经常费用，项目建设成本、项目使用阶段的维护和更新成本等数据可以从测量师、造价工程师或定期发布的公共信息中获得。

项目使用阶段的一些经常费用就比较难以获得，其中最重要的数据之一就是燃料和能源费。不同的机构其费用也不同，比如用量大小和用户的层次不同，其价格也不同。这种数据最好从业主处获得。如果业主没有这些信息，可以直接从电力、煤气、油料等供应厂家获得。其他一些经常费用如员工工资、保险、商务方面的费用则可以由业主提供。

维护费用可能是最难得到的，对项目的不同组成部分或元素来讲，不太容易预测其所需要的维护水平。如果业主有类似的物业，可以从以前的其他设施运行记录中得到有关数据，但如果这些记录不够全面，只能再想其他办法。数据的来源也可以是制造厂家、维护人员、设计人员或价值工程研究人员，当然这些信息的可靠性应该引起注意，谨慎采用。从公开出版的物业维护的历史数据中可以得到很多信息。另外，从业主已经签订的物业维护管理协议中也可以得到许多数据。

（四）计算方法

在价值工程研究中，计算寿命周期费用的方法一般有两种，最常用的是净现值法（NPV），即把各年发生的所有的费用和所有的收入都折算成现值，并合计成一个总和。另一个方法是年均值法（AEV），这种方法不是将所有费用折算成一个总的现值，而是折算成每年平均发生的等值费用。任何一种方法都可以对多个方案进行排序，其结果应该是一样的。总的来说，考虑通货膨胀时用净现值法简单方便，因而更多采用这种方法。

下面通过案例简单介绍两种方法的应用。

1. 净现值法（NPV）

本案例假定有两种设备 A 和 B，其功能相同，用净现值法对其寿命周期费用进行比较，步骤如下：

① 设定研究参数，如折现率、设施寿命周期等等；

② 确定初始工程造价；

③ 确定阶段性费用，如损坏零件的更换、几年更换一次；

④ 确定每年的经常性费用，如燃料费、能源费等；

⑤ 确定项目残值和处置费，如项目报废时设备出售收入、拆除项目的费用等；

⑥ 将所有的现值相加，得到一个净现值的总和。

对两种设备，采用上述方法计算，可以分别得到其净现值总和。

如果假定折现率为 10%，设施的寿命周期为 10 年，各种相关的费用列于表 3-18 中，则每种设备的净现值计算列于表 3-19 中。

A、B 两种设备的相关费用 **表 3-18**

序号	费 用 名 称	设备 A、元	设备 B、元
1	初始费用	20000	17000
2	阶段性费用		
（1）	零部件 X 的更换，6 年一次		3000
（2）	零部件 Y 的更换，7 年一次	2000	
（3）	零部件 Z 的更换，8 年一次	1500	
3	每年的经常费		
（1）	能源费（电费）	1500	2000
（2）	维护费	500	750
4	残值回收与处置费		
	假定作为二手设备出售收入	2000	1700

净现值计算案例 **表 3-19**

步骤	计算内容	费用、元	有关系数	设备 A、元	设备 B、元
1	折现率：10%				
	计算寿命：10 年				
2	初始成本			20000	17000
3	阶段性费用		现值系数		
	第 6 年更换部件 X	3000	0.5645		1693.5
	第 7 年更换部件 Y	2000	0.5132	1026.4	
	第 8 年更换部件 Z	1500	0.4665	699.75	
4	年度费用		10 年内每年发生的费用现值系数		
	设备 A				
	能源费	1500	6.145	9217.5	
	维护保养费	500	6.145	3072.5	
	设备 B				

续表

步骤	计算内容	费用、元	有关系数	设备 A、元	设备 B、元
	能源费	2000	6.145		12290
	维护保养费	750	6.145		4608.75
5	残值		现值系数		
	设备 A	2000	0.3855	−771	
	设备 B	1700	0.3855		−655.35
6	净现值合计			33245.15	34936.9

2. 年均值法（AEV）

计算年均值法的步骤如下：

① 确定计算参数，如折现率和设施的寿命周期；

② 确定初始工程造价；

③ 确定阶段性费用，设施残值或处置费，并选用适当的参数将其折算成现值；

④ 确定每年的经常性费用；

⑤ 将上述初始工程造价、阶段性费用、设施残值或处置费等折算成的现值再折算成年平均值（根据查表得到的年均值系数计算）；

⑥ 将上步计算得到的初始工程造价、阶段性费用、设施残值或处置费等的年平均值加上第④步得到的每年经常性费用，即可得到年均值（AEV）。

仍采用上述案例，根据与净现值法相同的计算假定，年均值法（AEV）的计算过程和结果见表 3-20 所示。

年均值计算案例 **表 3-20**

步骤	计算内容	费用、元	有关系数	设备 A、元	设备 B、元
1	折现率：10%				
	计算寿命：10 年				
2	初始成本			20000	17000
3	阶段性费用		现值系数		
	第 6 年更换部件 X	3000	0.5645		1693.5
	第 7 年更换部件 Y	2000	0.5132	1026.4	
	第 8 年更换部件 Z	1500	0.4665	699.75	
4	年度费用				
	能源费			1500	2000
	维护保养费			500	750
5	年均值折算		均值系数		
	初始成本				
	设备 A	20000	0.163	3260	
	设备 B	17000	0.163		2771
	阶段性费用				

续表

步骤	计算内容	费用、元	有关系数	设备 A、元	设备 B、元
	第 6 年更换部件 X	1693.5	0.163	276.04	
	第 7 年更换部件 Y	1026.4	0.163		167.3
	第 8 年更换部件 Z	699.75	0.163		114.06
	残值				
	设备 A	−771	0.163	−125.67	
	设备 B	−655.35	0.163		−106.82
6	净现值合计			5410.37	5695.54

（五）方案比较和选择

计算了净现值（NPV）或年均值（AEV）以后，进行方案比较和选择就比较简单了，最常用的方法就是直接比较方案的净现值或年均值，哪个方案的低，那个方案的经济性就好。因此，根据前述的计算结果，采用 A 种设备可能是比较好的选择，尽管其初始造价高，但其全寿命周期费用低，因而总体上是经济的。

（六）其他比较方法

在价值工程研究中，有时也会用到其他一些方法，尽管不太常用，但也值得做一介绍。

在既有支出也有收入情况下，可以采用内部收益率法（IRR）进行方案比较。这个内部收益率（IRR）是使折现的净现值（NPV）等于零而计算得出的，一般要通过试算得到。在进行方案比较选择时，内部收益率高的方案应该优先选择。但这种方法也有缺点，即两个方案的赢利绝对值可能相差很大。比如，IRR＝10％，赢利 100 英镑，或 IRR＝5％，而赢利为 1000 英镑，这两个方案，根据 IRR 判断，应选择前者；但显然其价值低于后者。所以，在计算寿命周期费用时，一般不采用内部收益率法，当然还有其他方面的原因。

另外还有其他方法，如投资回收期法等。

（七）计算中的问题和解决方法

许多学者对寿命周期费用的计算和应用提出了问题，这些问题是确实存在的，人们也在寻求许多途径去克服。以下是其中的几个主要问题及其对策。

1. 不切实际的折现率

确定合理的折现率是很复杂的，有人甚至怀疑能否找到一个合理的折现率。折现率对寿命周期费用的计算结果有很大影响，不同的折现率会引起不同的结果，甚至造成方案排序的变化。

解决这个问题，可以采用敏感性分析方法，即通过采用不同的折现率计算寿命周期费用，分析方案对折现率的敏感程度。如果折现率变化 1％，计算结果使方案排序发生变化，表明方案对折现率的敏感度很高，反之则表明方案对折现率的敏感度不高。通过分析测试敏感度水平，可以评估选择方案的有效性和可靠性。

2. 通货膨胀率

一般情况下，通货膨胀率不需要考虑，对多数费用而言，也并不是一定存在通货膨胀问题，但有时候对一些特定的费用项目如燃料费，可能会比其他费用如砖、瓦、水泥等有更大的增幅。如果不考虑这些差别，寿命周期费用的计算结果就不太现实。要解决这个问题，可能要针对不同的费用项目采用相应的通货膨胀率。

3. 寿命周期的不确定性

在计算寿命周期时，应该预测设施和设备、构件（部分）的使用寿命，这种预测具有不确定性，可能影响到计算结果。

首先，设施的使用寿命常常由业主进行估计或预测，而业主往往根据其期望的使用年限考虑，而不考虑设施是否会由于物理的、社会的、经济的或技术的原因而过时，提前失去使用价值。如何应对这个问题呢？缩短寿命周期费用所考虑的年限可能是一个办法。比如，当所研究的项目的使用寿命为60年时，计算寿命周期费用的年限仅考虑20年。在实际应用中，最长的合理使用年限一般不超过25年。

其次，对设施中的各种设备、部件的寿命估算也具有很大的不确定性。比如，有的设备很容易被腐蚀，需要定期更换，但精确地确定更换期限是比较困难的。另外，在这期间，可能会开发研制出更加先进的设备，为了提高效率，即使原设备未达到使用年限也很有可能用新型设备取代原来的设备。同样地，解决这类问题的主要办法就是缩短所考虑的年限，即对设备而言，不考虑设施的25年计算周期，而取5年的计算周期可能更合理。

4. 费用数据的不确定性

对将来发生的费用的估算也有很大的不确定性。有些费用，可以根据多年的历史数据来预测，不确定性可以降低，而有些费用的历史数据很少。如维护费用，其不确定性就比较高。在这种情况下，寿命周期费用的计算更应该看作是一次练习，而不是为了得到精确的数字，也就是说，计算得到的寿命周期费用不能说明将来的费用的准确大小，而只是一个大概的范围，仅为了对多个方案进行排序，进行方案选择。对这种排序的结果也应该有清醒的认识和判断，比如，美国联邦政府就明确，若方案之间的计算结果相差10%以内，不能仅仅根据其排序结果选择方案，还要进行不确定性经济分析。

5. 投资与经营的责任

在许多组织中，投资和经营是由两个不同的部门分别负责的。在建设项目中，通常是在组织内组建一个项目管理班子负责项目的预算、组织与管理。这个项目管理班子一般主要负责项目的投资建设，而对其长期的使用阶段的成本则不承担什么责任。这种分工使项目管理人员一般注重于对建设资金的节约和控制，而对使用阶段费用是否提高则考虑较少。显然，如果选择了使用成本高的方案，从长远来看，对该组织的发展没有什么好处。

对一次性建设投资与长期费用缺乏全面考虑和控制，没有明确相应的责任是大多数项目不采用寿命周期费用的主要原因。在价值工程研究中，如果有高层领导的支持和参与，这个问题可能被引起重视，并得到解决。当组织中的高层领导审核这些价值工程提案时，他们更容易从长期的全局的角度决策，选择寿命周期费用最低的方案。

第八节　提案提交与汇报

一、概述

价值工程正式研究阶段的最后一个步骤是将价值工程提案提交给决策者和原设计者，

并且要向他们介绍这些提案。如果对提案不理解或者误解，他们很可能会拒绝这些提案，所以必须尽一切可能确保每一个提案都能被有关人员理解。本阶段的任务是将提案向有关人员作口头汇报，以便他们在阅读提案报告时能较容易地理解。

根据经验，比较好的办法是在价值工程研究的最后一天向决策者汇报，此时，价值工程研究小组尚未解散，也就是说，他们随时可以回答相关的专业问题，假如决策者在听取汇报时提问的话。

一般而言，听取汇报和介绍的人员可能有两种。首先，当采用外部设计人员进行价值工程研究时，原设计人员就是其中一种，这些人对每个提案的技术性问题很感兴趣。第二种是管理的决策者或者是其他有兴趣的或相关利益的各方代表，如物业使用、维护方面的人员等，但他们对技术性问题可能不像设计人员那么有兴趣。但最主要的是，所有的决策者都来了，他们只有完全理解了价值工程提案才能做出正式决策。

对两种不同的人员汇报，应该针对其不同需求准备相应的介绍和汇报。因此，对提案的介绍既要包括技术的方面，又要进行简单的一般性介绍，使所有的听众都能受益。介绍过程应该控制在合理的时间范围内，一般在 1～2 小时之间。介绍也应该突出重点，选择最好的 1～2 个提案介绍，以提高决策者去进一步仔细阅读书面报告的热情和兴趣。

如前所述，汇报与介绍的主要目的是进行沟通和交流，使决策者能够理解而不是请他们当场做出决策。正式的决策要等设计者和决策者详细研究书面报告之后才能做出。因此，价值工程协调人要注意控制和引导参加会议的人不要详细讨论赞成或反对某个提案，而应该集中精力澄清对价值工程提案理解上的一些问题，以充分利用简短的汇报时间。赞成或反对某个提案的意见和论据可以在研究后阶段进行讨论。

二、创造良好气氛

在汇报和介绍价值工程提案时也要创造一个友好的气氛，这非常重要。可以通过一些大方好客的招待，比如用茶水、饼干等食品的招待来创造友好的气氛。价值工程协调人要注意与设计人员建立良好的信任关系，开始时原设计人员可能会因为不知道提案的内容而紧张，特别是以前没有经历过价值工程研究的人员。价值工程协调人应该站在他们的立场上去思考，要说明如果没有他们的设计成果，价值工程研究活动就没有工作的基础，也就没有所谓的价值工程提案。原设计人员花了很大工夫并且设计出了很好的方案，在此基础上，价值工程研究活动只是对设计工作的帮助，而不是批评和挑刺。

用这样的态度、这样的开场白去肯定设计人员的作用，有助于消除他们的不安和抵触情绪，并且还要请求设计人员仔细检查每一个提案，确保所有有关的问题和注意事项都已经考虑周到。价值工程协调人应该始终保持这样的尊敬态度，即原设计中的错误或不合理的问题，已经单独与设计者沟通过，使他们对提案有思想准备，不至于过分吃惊或难堪。

三、会议议程

表 3-21 是某项目价值工程提案汇报会的议程。会议主要分为 6 部分内容。

首先是概括介绍，包括：

● 所研究的项目和问题范围：介绍项目的主要约束条件和限制条件，价值工程研究所要解决的主要问题；

● 汇报目的：主要是加强沟通和理解，而不是当场决策；

● 与会人员：包括参加会议的决策者、设计人员和价值工程研究小组成员的介绍。

表 3-21

序　　号	内　　容
1	概括介绍
1.1	研究的目标和范围
1.2	汇报目的
1.3	与会人员介绍
2	价值工程研究的过程和方法介绍
2.1	价值工程研究持续时间和地点
2.2	参与价值工程研究的人员
2.3	价值工程研究的各个阶段的概括
2.4	价值工程提案的概括介绍
3	价值工程提案的介绍
4	问题和讨论
5	研究后阶段工作
6	总　　结

其次，也值得对价值工程研究的整个过程进行介绍，这个介绍有助于人们理解：价值工程研究不只是一个降低成本的方法，也是使项目目标得到改善和提升的方法。要将价值工程研究的地点、持续时间、参加人员特别是兼职参与的原设计人员、业主方代表或用户代表等介绍清楚，并向有关人员表示感谢，感谢其支持和帮助。

对价值工程研究过程的介绍应该全面概括。比如：

- 介绍在项目信息阶段建立了怎样的费用分解模型，功能分析模型，如何选择了价值工程研究的对象和研究重点；
- 介绍在方案创造阶段采用了哪种创造技术，产生了多少价值工程建议；
- 介绍在方案评价阶段采用的评价方法，如何考虑了业主的目标和要求；
- 介绍在方案发展和细化阶段发展了哪些提案，并概括介绍每一个提案。

介绍完价值工程研究的全部过程，会议将转向对各个提案进行讨论，此时，价值工程协调人才算完成了汇报工作。接下来的讨论应重点分析“为什么要实施这些提案?”“对节约全寿命周期费用和改善项目目标的作用是什么?”“有什么不足或缺点?”。另外一些问题也应引起与会者注意，如对项目实施进度的影响等。应该欢迎和鼓励人们提问，这样有助于对提案的深刻理解，不应该过分讨论是否采用某个提案，而应对每一个提案的优缺点进行详细讨论。

会议的最后，要讨论价值工程研究后阶段（post-study）应进行的工作，听取各方的要求，并尽快确定什么时间开会，以讨论提案是否实施，尽量减少延误。

第九节　研 究 后 阶 段

一、概述

价值工程研究过程的结束并不意味着价值工程活动的终止。研究结束后还有一些必要的工作要做，以使价值工程研究活动的效益真正得到实现。这其中最主要的工作就是确保那些可行的、优点突出的提案能够真正实施。价值工程研究的最终成效依赖于提案的顺利实施。不管价值工程研究提出了多少提案，也不管这些提案有多么好，如果实施提案的数量不多或没有实施，就意味着价值工程研究的失败。所以在研究后阶段，工作的核心是采取适当的措施确保最好的价值工程提案能够实施，而不被抛弃。另外，研究后阶段也是一个很好的积累和总结经验的过程，将更有利于今后的价值工程研究活动。

研究后阶段可以再细分为三个阶段，即报告的编写和审核、提案实施、后续工作。

二、报告的编写和审核

由于在价值工程研究阶段没有足够的时间编写价值工程研究报告，因此，在价值工程研究结束后，首先要编写一份正式的书面报告。

报告也分两种，首先是初步报告。这是在提案实施前编写，帮助决策者确定实施哪些提案。在提案实施之后还应再写一份最终报告。二者的区别是后者将包括对提案的处理情况（是否实施），以及对价值工程研究经验教训的总结等。

显然，不同的价值工程研究对象，价值工程报告的内容和范围也有很大不同。业主的需求和要求不同，以及开展价值工程研究的时间不同，价值工程报告的内容也不同。可根据报告的详细程度分为简化报告、标准报告和详细报告三种。各种报告中应该包括的一些基本内容如表 3-22 所示。以下就各项内容作简要说明。

价值工程报告书的类型与内容 **表 3-22**

	简化报告	标准报告	详细报告
初步报告	●给经理们的概要报告 ●各价值工程提案的提要 ●价值工程研究的各个提案和设计建议 ●价值工程研究成员名单	除了简化报告以外，再增加以下内容： ●项目的描述 ●价值工程研究小组的有关建议 ●功能分析表、图 ●价值工程研究的创造性想法和排序 ●费用估算的复印件 ●设计文件目录	除了标准报告以外，再增加以下内容： ●介绍 ●所应用的价值工程研究方法
最终报告	除以上内容外，再增加： ●每个提案的处理结果（采纳还是未采纳）	除以上内容外，再增加： ●每个提案的处理结果 ●经验教训	除以上内容外，再增加： ●每个提案的处理结果 ●经验教训

（1）给经理们的概要报告

一个组织中的最高领导们常常没有很多时间阅读长篇报告，他们只能从简洁的报告中对问题进行分析、判断和决策，给经理们准备一份概要报告是很必要的，要用简洁精确的1～2 页报告将价值工程研究的最重要方面表达清楚。通常是由这些经理们决定价值工程提案的命运，即采用还是不采用。因此，用简洁的语言使他们理解是很重要的。概要报告可以包括以下内容：

- 价值工程研究的目标；
- 价值工程研究的日期、地点；
- 价值工程提案汇报会议的日期、地点、与会人员名单；
- 价值工程研究小组人员名单和联系办法；
- 价值工程研究成果的介绍，比如提案的数量、节约潜力等；
- 价值工程研究过程中的主要建议，所提出的主要问题的介绍；
- 下阶段工作计划。

（2）各提案的提要

这可能是价值工程研究报告中最重要的部分，也是阅读人数最多和最先阅读的部分，也可能是某些人所愿看的唯一内容。要对各提案进行浓缩，形成提要和总结，根据不同的专业，按一定的顺序介绍清楚。

(3) 各提案和设计建议

报告应该包括价值工程研究形成的每一个提案，提案的内容和格式如前述。

(4) 价值工程研究成员名单

参与价值工程研究的成员名单也很重要，可以说明研究小组的实力和权威性。通常将各成员的联络办法也提供到报告中，以便阅读报告的人有问题时联络。

(5) 项目描述

通常要将项目的目标、约束条件、设计的阶段等描述清楚。有的人对项目情况不太了解，查阅起来就比较方便。另外，若干年后，这些报告也可以作为资料供其他人借鉴。

(6) 价值工程研究所依据的图纸清单

本部分内容可以反映价值工程研究时的设计深度。除了一般的图纸目录以外，最好能包括业主提供的补充资料清单，如公用配套设施的费用等等。

(7) 费用估算的复印件

这是价值工程研究过程中费用估算的依据，除此以外，尚应说明价值工程提案的费用估算依据或参考资料目录。

(8) 价值工程研究小组的有关建议

(9) 功能分析表

既然功能分析是价值工程研究的关键，功能分析的结果也应该包括在报告中。应当注意的是，要将功能分析与项目的目标和价值工程研究的成果联系起来，避免引起混乱。

(10) 价值工程研究的创造性设想及其排序

典型的创造性设想及其排序表已在前面介绍过，在价值工程报告中加上这部分内容，可以与最终提案形成对比，表明哪些想法和建议被发展成了提案，而没有被选中的设想和建议可能也是很有价值的，但是由于时间所限，没有进一步发展，若需要，今后还可以进一步对其发展细化。

(11) 价值工程研究方法

对所采用的价值工程研究方法进行描述，从价值工程研究准备阶段到研究活动完成的每一步骤，以及对研究后阶段的全部工作进行概述。也可以包括价值工程研究的日程安排情况，这对说明价值工程研究不同于一般的费用控制是很有效的。

三、提案实施

价值工程研究产生了多个优秀方案并不意味着这些方案就一定能实施，需要认真考虑和策划如何提高提案的实施比例。价值工程研究也需要很好的收尾工作，要对收尾工作进行策划，这成为价值工程研究后阶段工作的重要组成部分。这个工作最好由价值工程研究小组中的业主方代表来完成，要对实施提案的阻力进行分析，并提出对策。

1. 可能的阻力或障碍

要提前预测所有的阻力和障碍也是不太可能、不太现实的，但常见的阻力和障碍不外乎以下几个方面。

(1) 设计人员的反对

当从项目的实施组织外部邀请专家进行价值工程研究时，原设计人员会找出许多理由反对提案的实施。其中一些理由是基于客观的情况，比如提案的某些不利方面，等等。因此，这些理由是说得过去的。但也有些理由就不太充分，而且基于主观。一般情况下，设计者会坚持自己的设计方案，不允许对其进行修改。如果接受了提案，就意味着自己工作的不足，面子上难以承受。在阻力的背后还有一个非常重要的现实原因，不便于明说，那就是，如果接受提案，意味着有些设计工作要返工，而业主很可能不愿为此另外支付费用。

(2) 用户的阻力

有时候，某些项目的最终用户会规定一些设计准则，这些准则不尽合理或完全没有道理，只是基于其习惯做法、文化传统或政治上的原因。不管出于何种原因，有时候这些最终用户可能会极力坚持其原来的原则，尽管可能不合理，但也不允许改变。

(3) 进度方面的原因

有时候采用提案确实会影响项目的进度，在进度要求紧迫的情况下，这种提案会遭到拒绝。但有时候，实施提案对进度计划影响不大，甚至在进度要求允许的情况下，这个因素也成为许多人拒绝提案的理由，而其真正反对提案的理由并不在于此。

(4) 意见不统一

如果有关方面对某项或某些提案不能达成共识，意见不统一，那就难以实施，解决分歧的最简单的办法就是拒绝这个提案。

(5) 缺乏推动力

如果没有人负责监督、推动提案的实施，可能只有少量的容易实施的提案被实施，而那些稍有难度的优秀的提案则可能被“束之高阁”。有时候，尽管在合同条款中规定了强制进行价值工程研究，但当实施者得不到实惠时，价值工程研究也只是走过场，很难得到实质性的好结果。

在实践中应该设法克服以上各种阻力和障碍，可以任命价值工程项目经理来负责推动，防止不公正、不合理地拒绝价值工程提案。价值工程项目经理不同于价值工程协调人，他是负责总体的监督而不是指导组织整个研究活动。

2. 实施步骤

提案实施阶段的目的是确定每个提案的处理办法，可按以下两个步骤来实施。

首先，请参与决策的有关各方审核价值工程研究报告，要给予他们足够的时间阅读和审核分析，并且要给出初步意见或反应。这些反应或意见要写成书面的，对每一个提案，应该明确地表明：

接受，或反对，或要求进一步研究。

尽管用一个词就可以表达其意见，但最好是要求各方能提供简短的解释，为什么要赞成，为什么要反对，为什么要进一步研究等。这样做的好处是，如果有人反对某个提案，而其理由不够充分，不够客观，或难以启齿，他就不愿意将不充分的理由写在书面上，那也就不会公开强烈反对提案的实施了。

将各方意见收齐后，价值工程项目经理就要将意见结果汇总成表，并且要分析反对意见或要求进一步研究的意见，看看这些意见的理由是否充分和正当有理。当然有不同意见是很正常的，协调和谈判的工作将在下一步的实施会议中进行。

实施会议可以邀请所有有兴趣的各方参加，此外，决策机构应该有代表参加，设计单位、价值工程研究小组等也应该派代表参加。如果高层领导中能有人参加就更好了，这将鼓励和推动会议的效率和成果。

实施会议的主要目的是消除分歧，针对不同的提案，统一意见，确定其最终处理意见。对任何一个有反对意见的提案都要拿出来讨论。由于有价值工程研究人员在场，任何对提案有误解或有问题的方面都可以进行解释。对那些需要进一步研究的提案，也应该拿出来讨论，讨论之后再确定解决办法。通过会议讨论，一般会达成统一意见：要么接受，要么拒绝，要么再进一步研究。如果不能达成统一意见，可以将提案记录下来，作为一个开放的问题，等待进一步研究或深化，然后才做决定。

四、后续工作

首先，应该跟踪那些未确定的开放的提案，使之有确定的结果。

其次，认真总结整个价值工程研究工作的经验，形成总结报告，供下次价值工程研究参考。下一阶段进行价值工程研究时，通过阅读本次价值工程总结报告，可以得到许多启发和帮助，同时也有助于建立一个完整的数据库，集中所有的研究结果。在项目的使用阶段，也可以根据项目的运行和使用情况编写一份评价报告，总结价值工程研究的效益和影响，同样也会对今后其他项目价值工程研究提供帮助。

复习思考题

1. 简述研究准备阶段价值工程活动的主要工作内容。
2. 简述功能定义的目的和作用。
3. 简述功能定义的方法和要求。
4. 简述确定基本功能的方法。
5. 简述技术型功能系统图的结构、建立步骤和应用范围。
6. 简述任务型功能系统图的结构、建立步骤和应用范围。
7. 简述功能评价方法和步骤。
8. 人的创造性障碍有哪些？如何克服？
9. 方案创造的原则有哪些？
10. 常用的创造性方法有哪些？
11. 简述价值工程协调人的作用。
12. 简述方案评价的步骤和方法。
13. 价值工程提案的主要内容有哪些？
14. 简述全寿命周期费用的组成。
15. 影响全寿命周期费用计算的关键因素有哪些？
16. 简述研究后阶段的主要工作内容。
17. 简述价值工程研究报告的主要内容。
18. 实施价值工程提案的阻力可能来自哪些方面？

第四章　价值工程在旧房改造投资决策中的应用

第一节　旧房改造投资决策的原理

一、旧房改造的先决条件

对于旧住宅建筑（单体或单排），如不属于需要原样保留的历史性建筑，也不属于小区或城市建设开发需拆除的建筑，可以通过维修、改造或翻建加以利用。哪些该修？哪些该改造？哪些该拆？这是首先必须解决的。应有一个简单易行的旧住宅分类方法，以便于住宅的科学管理，便于制订维修计划或改造计划，并纳入城市的住宅建设计划中；还有最关键的，就是投资的经济效果问题。

旧房技术状况是决定房屋是否有利用价值的先决条件，旧房技术状况包括房屋部件和设施的完好程度（V_1）以及使用功能完善程度（V_2）两部分。房屋部件和设施的完好程度主要是指房屋物质完好的状况，反映了房屋的自然损耗程度；使用功能的完善程度是指生活设施的有无、大小及面积、采光、通风、隔声等房屋质量状况，反映了房屋的功能损耗程度。V_1 和 V_2 值可以用本章后面将要叙述的旧房评价方法定量表示。V_1 值越小，说明房屋损坏越严重，无论维修或改造，均将花费较大；V_2 值越小，说明房屋质量越差，若进行改造，则所需投资较大。

本书以 V_1 和 V_2 值对旧住宅进行分类：

(1) $V_1 \leqslant 2.7$ 者，住宅的完好程度已为极差状态，应优先考虑拆除。

(2) $2.7 < V_1 \leqslant 3.6$ 且 $V_2 \leqslant 2.7$ 者，有条件者应予拆除，无条件者可维持使用。

(3) $V_1 > 3.6$ 且 $V_2 > 2.7$ 者，其本身技术状况适宜改造，如有改造的可能性，可进行改造，以改善使用功能，修复破损部分；若无改造的可能性，则可通过维修来延长其使用寿命。

旧住宅利用方案的有效性，必须以能否取得投资经济效果为依据，即成本一定时，获取功能越大，则经济效果越好，越值得改造利用。有改造需要，并有实施可能性的旧住宅，应制订改造方案，并进行各种改造方案或改造与维修方案，或改造与翻建方案的投资经济效果比较，以经济效果大者为佳。

二、旧房改造投资决策的方法

关于住宅建设的投资决策方法，国内外在新建方面研究得较多，在旧房改造方面，据了解，国外在 20 世纪 70 年代后期才有所开展，国内尚无可借鉴之处。纵观国外旧房改造的投资决策方法，每种方法也都有其不足或局限之处。下面对这些方法作一分析比较。

总费用法：应用最小支出的原理，即各比较方案在功能相同情况下，取总费用支出最小者。这种方法的不足之处在于对功能的要求不具体，而改造和维修两种方案所面向的使用功能完善程度有明显的不同，所以不适宜作为旧房改造的投资决策方法。

投入产出法：基本原理是所花的成本与收入相平衡，旧房改造、翻建、维修的成本要通过房租收入回收，且利润不应低于原先的水平。我国目前仍实行低房租政策，房租收入远不足以支付维修管理费，而改造后或翻建后的房租，由于生活设施较为完善，每平方米租金虽略有提高，依然不能“以租养房”，改造或翻建的投资是根本无法回收的。因此，在我国目前的情况下，投入产出法也不适宜作为旧房改造的投资决策方法。

价值工程法：着眼点在于资源的有效利用，一定成本时，获得功能最大；或一定功能时，成本最低。

其投资决策经济效果可用下列公式表示：

$$E = V/C$$

式中 E——投资决策经济效果系数；

V——功能指数；

C——获取功能所需成本。

运用价值工程的关键和难点是 V 和 C 的信息和内容，而其中 C 为定量指标，V 是定性指标。要综合分析 $V-C$ 因素，必须把 V 作为定量指标，在把定性转化为定量的设计过程中，总免不了要带有一定的主观或客观局限性。与上述各种方法相比较：价值工程法中既可包括人力、物力、财力的消耗（C），又可包括获得的功能（V）。而住宅是多功能的产品，是社会大量需求的产品，更需提高经济效果。因此，价值工程法可用于住宅建设中，作为新建和旧房改造方案的投资决策方法。

在投资决策方法中，要化不可比因素为可比因素，这里设想用价值工程法 $E=V/C$ 来进行投资决策，其中，V 就是前面提到的旧房评价中计算所得的功能指数，由于旧房改造是在旧房基础上进行，应考虑旧房原有的功能指数 V_0，利用方案评价时，评价公式的分子应采用被利用方案的 V 值和 V_0 的差额 ΔV 表示，C 为每平方米建筑面积获取 ΔV 的寿命期内年平均成本，这样，就把投资、寿命期、面积等三项因素都包含进去了。因此，投资决策公式应修正为：

$$E = \Delta V/C$$

式中 E——投资决策经济效果系数；

ΔV——被利用方案改造后功能指数提高值；

C——为获此功能的寿命期内年平均成本。

三、房屋功能评价的方法

对旧房的自然损耗和功能损耗进行现场鉴定后，就可以对现有建筑的完好程度和完善程度进行评价，房屋完好程度和完善程度总称为房屋的功能指数，房屋的功能指数值越大，房屋就越好，就越令人满意。

假定：V 为房屋功能指数；V_1 为房屋完好程度；V_2 为房屋完善程度；W_1、W_2 分别为二者的权重系数。则：

$$V = W_1V_1 + W_2V_2 \tag{4-1}$$

权重系数根据专家评分法确定为：

$$W_1 = 0.49 \quad W_2 = 0.51$$

完好程度 V_1 和完善程度 V_2 采用层次分析确定，在第四、第五节分别展开论述。

第二节 房屋完好程度的评价

层次分析法（The Analytic Hierachy Process，简称 AHP）是一种思维方式，它把复杂问题分解成各个组成因素，又将这些因素按支配关系分组形成递阶层次结构，通过两两比较的方式确定层次中诸因素的相对重要性，然后综合决策者的判断，确定政策方案相对重要性的总的排序。层次分析法又是一种定量与定性相结合、将人的主观判断用数量形式表达和处理的方法。利用层次分析法确定房屋完好程度的第一步是将定性指标定量化。

一、定性指标定量化

层次分析法的一个重要特点是尽可能地将定性指标定量化，最大限度地减弱主观随意性的影响，根据房屋的具体情况，将各项评价指标定为 9 级标度，通常取 1，3，5，7，9 的分析标准，若需折中，则取相邻两标度的中间值。

（一）结构部分

1. 地基基础

有足够承载力，无不均匀沉降：9

有足够承载力，但有少量不均匀沉降：7

承载力不足，出现部分不均匀沉降，对上部结构影响较小：5

承载力不足，但不均匀沉降不太明显，对上部结构有一定影响：3

承载力不足，不均匀沉降明显，对上部结构有明显影响：1

2. 承重构件

有足够承载力，裂缝及变形满足规范要求：9

有足够承载力，有轻微裂缝及变形但不影响使用安全性：7

有足够承载力，但裂缝及变形较明显且对使用安全性有一些影响：5

承载力不足，有明显的裂缝及变形且局部腐蚀锈蚀：3

承载力不足，有对房屋使用安全有明显影响的裂缝及变形倾斜：1

3. 非承重墙

墙体完好无损且牢固：9

墙体有轻微裂缝，少量破损：7

墙体局部损坏，但失修不太严重：5

墙体有明显开裂，破损：3

墙体严重开裂、破损或倾斜：1

4. 屋面

不渗漏，基层平整完好且排水畅通：9

局部渗漏，排水基本畅通：7

局部渗漏，隔热层、排水层局部破损，排水设施局部损坏：5

局部渗漏，隔热层、排水层明显破损，排水设施明显损坏：3

渗漏严重，排水设施破坏严重：1

5. 楼地面

整体面层完好平整且油漆完好：9

整体面层稍有裂缝，但基层完好：7
整体面层局部空鼓，脱落：5
整体面层起砂，剥落明显：3
整体面层起砂，剥落严重，且基层明显损坏：1

（二）装饰部分

1. 门窗

开关灵活，且完整无损：9
少量开关不灵，玻璃五金出现少量残缺：7
部分开关不灵，玻璃五金残缺，油漆出现老化剥落：5
大部分开关不灵，木材腐蚀或钢门窗锈蚀，变形明显：3
开关严重不灵，破坏严重：1

2. 内外粉刷

完整无损：9
稍有脱灰，空鼓、开裂：7
局部空鼓，开裂剥落：5
明显空鼓、剥落：3
大面积空鼓、剥落、破损：1

3. 顶棚

完整牢固、无变形：9
面层有裂缝、缺损、脱钉：7
面层局部损坏，有下垂变形：5
面层破损，出现明显下垂：3
面层破损相当严重，下垂变形对使用安全造成危险：1

（三）设备部分

1. 水卫设备

上、下水管道畅通无阻，各种卫生器具完好：9
上、下水管道基本畅通，各卫生器具基本完好：7
上水管锈蚀，下水管不够畅通，卫生器具有些损坏：5
上、下水管道出现堵塞，卫生器具残缺不全：3
上、下水管道出现严重堵塞，卫生器具严重破损：1

2. 电照设备

线路、照明装置完好无缺，绝缘良好：9
线路、照明装置基本完好，绝缘基本良好：7
设备较陈旧，电线出现老化，照明装置不全：5
电线大部分老化，照明装置残缺：3
电线严重老化，照明装置严重破损，绝缘严重破坏：1

3. 公用设施

现状良好，使用正常：9
现状基本完好，使用基本正常：7

出现损坏，影响正常使用：5

损坏较严重：3

损坏很严重，基本不能使用：1

二、权重值的确定

（一）建立递阶层次结构

采用层次分析法，首先要把问题条理化、层次化，构造出一个层次分析的结构模型，一般按目标层、准则层和子准则层排列，如图 4-1 所示。

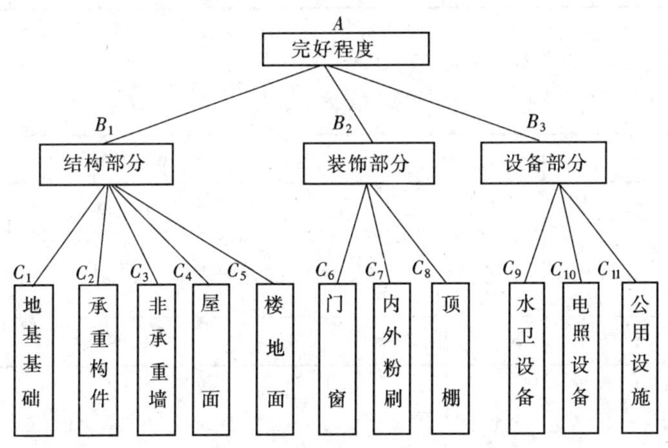

图 4-1　完好程度分析的结构模型

A—目标层；*B*—准则层；*C*—子准则层

（二）构造判断矩阵

在建立递阶层次结构后，根据上下层次之间的隶属关系构造判断矩阵。在同一分支内，上层是基准层，上层元素对下层各因素起支配作用；而下层各因素对上层元素的重要程度（即影响程度）一般是不相同的，通过因素间的两两对比，并借用分值法可以表示出其重要程度。一般采用 9 级标度法赋值。由于这种重要性程度的划分和分值的赋予是经有关专家评比和有关部门审定的，对一定类型的房屋，均一视同仁，所以具有较好的客观公正性，下面建立一般房屋的判断矩阵。

1. 判断矩阵 $A—B$（对 A 而言，B 层各元素之间的两两相比），如表 4-1 所示。

判断矩阵 $A—B$　　　　**表 4-1**

A	B_1	B_2	B_3	W（权重）	指　标
B_1	1	6	5	0.726	$\lambda_{max}=3.029$
B_2	1/6	1	1/2	0.102	$CI=0.014$ $RI=0.58$
B_3	1/5	2	1	0.172	$CR=0.025$

2. 判断矩阵 $B_1—C$（对 B_1 而言，$C_1 \sim C_5$ 之间两两相比），如表 4-2 所示。

判断矩阵 B_1—C 表 4-2

B_1	C_1	C_2	C_3	C_4	C_5	W（权重）	指　标
C_1	1	2	5	6	7	0.451	$\lambda_{max}=5.153$
C_2	1/2	1	5	6	7	0.341	$CI=0.038$
C_3	1/5	1/5	1	2	3	0.100	$RI=1.12$
C_4	1/6	1/6	1/2	1	2	0.065	$CR=0.034$
C_5	1/7	1/3	1/3	1/2	1	0.043	

3. 判断矩阵 B_2—C（如表 4-3 所示）

判断矩阵 B_2—C 表 4-3

B_2	C_6	C_7	C_8	W（权重）	指　标
C_6	1	5	7	0.739	$\lambda_{max}=3.014$
C_7	1/5	1	2	0.167	$CI=0.0071$ $RI=0.58$
C_8	1/7	1/2	1	0.094	$CR=0.012$

4. 判断矩阵 B_3—C（如表 4-4 所示）

判断矩阵 B_3—C 表 4-4

B_3	C_9	C_{10}	C_{11}	W（权重）	指　标
C_9	1	1	5	0.455	$\lambda_{max}=3$
C_{10}	1	1	5	0.454	$CI=0$ $RI=0.58$
C_{11}	1/5	1/5	1	0.091	$CR=0$

（三）计算矩阵的指标及各层中因素的权重

1. 矩阵的最大特征值 λ_{max}

编制计算机程序，用幂法求出判断矩阵的最大特征值和特征向量。

2. 各因素的权重

对特征向量经归一化处理就是各层中因素的权重

3. 一致性检验

由于判断矩阵的分值是人为赋予的，故需进行一致性检验，即评价判断矩阵的可靠度，其具体步骤如下：

（1）计算一致性指标 CI

$$CI=(\lambda_{max}-n)/(n-1) \tag{4-2}$$

式中 λ_{max}——判断矩阵的最大特征值；

n——判断矩阵的阶数。

（2）查找相应的平均随机一致性指标 RI（如表 4-5 所示）

矩阵的随机一致性指标 **表 4-5**

矩阵阶数 n	1	2	3	4	5	6	7	8	9	10
RI	0	0	0.58	0.89	1.12	1.26	1.36	1.41	1.46	1.49

(3) 计算相对一致性指标 CR

$$CR = CI/RI \tag{4-3}$$

当 $CR \leqslant 0.1$ 时，认为判断矩阵的一致性可以接受，当 $CR > 0.1$ 时，应对判断矩阵作适当修正。

(四) 计算各层因素对系统合成权重

设通过判断矩阵已获得 B 层各因素的权重为 b_i，其列向量 $b=[b_1 \quad b_2 \quad \cdots \quad b_n]^T$，同理，已经求得 C 层各因素对应于 B 层各因素的矩阵为 $C=[C(B_1) \quad C(B_2) \quad \cdots \quad C(B_n)]$，于是合成权重为 $I=Cb$。

如前所述：$b=[0.726 \quad 0.102 \quad 0.172]^T$

$$C=[C(B_1) \quad C(B_2) \quad C(B_3)]$$

$$C(B_1)=[0.451 \quad 0.341 \quad 0.100 \quad 0.065 \quad 0.043]$$

$$C(B_2)=[0.739 \quad 0.167 \quad 0.094]$$

$$C(B_3)=[0.455 \quad 0.454 \quad 0.091]$$

于是有 $I=[0.327 \quad 0.248 \quad 0.073 \quad 0.047 \quad 0.031 \quad 0.075 \quad 0.017 \quad 0.010 \quad 0.078 \quad 0.078 \quad 0.016]^T$

三、确定完好程度值

$$V_1 = \sum_{i=1}^{n} F_i I_i$$

式中 V_1——房屋完好程度值；

F_i——各影响因素的计分值；

I_i——各影响因素的权重值；

n——影响因素的个数。

第三节 房屋完善程度的评价

房屋完善程度的确定，也是利用层次分析法，其第一步工作也是将定性指标定量化。

一、定性指标定量化

(一) 平面空间部分

1. 建筑面积

户平均建筑面积≥45m²：9

户平均建筑面积=35～44m²：7

户平均建筑面积=25～34m²：5

户平均建筑面积=15～25m²：3

户平均建筑面积<15m²：1

2. 楼层层高

层高≥2.8m：9

层高＝2.6～2.8m：7

层高＝2.4～2.6m：5

层高＝2.2～2.4m：3

层高＜2.2m：1

3. 平面空间布置

每户房间配置合理，交通联系方便，分区明确，私密性好：9

每户房间配置较合理，交通联系较方便，分区较明确，私密性较好：7

有30％的户数房间配置不合理，分区不明确，私密性不太好：5

有50％的户数房间配置明显不合理，私密性明显不好：3

有70％以上的户数房间配置明显不合理，私密性极不好：1

4. 储藏设施

每户的杂物间、壁橱、吊柜、搁板等合理利用空间，使用方便：9

每户的杂物间、壁橱、吊柜、搁板等利用空间不太合理，使用不太方便：7

每户的杂物间、壁橱、吊柜、搁板等利用空间明显不合理，使用明显不方便：5

储藏设施不够，而且空间利用极不合理，使用极不方便：3

没有储藏设施：1

（二）物理功能部分

1. 采光

采光面积与房间面积之比＞1/8：9

采光面积与房间面积之比≥1/9：7

采光面积与房间面积之比≥1/10：5

采光面积与房间面积之比＜1/10：3

需人工照明的暗房间数＞1/4：1

2. 通风

通风线路短直，空气流畅，感觉舒适：9

对角通风，空气流通，感受较舒适：7

通风线路曲折，感觉一般：5

通风受阻，感觉不适：3

无出风口，通风闭塞：1

3. 隔声

分户墙隔声相当一砖墙性能，楼板隔声相当于混凝土楼板加木板：9

分户墙隔声相当半砖墙或14～18cm混凝土墙，楼板相当有吊顶的混凝土楼板：7

分户墙相当双面粉刷的灰板墙，楼板相当9～18cm空心板：5

分户墙相当单面灰板墙，楼板相当无吊平顶木楼板：3

分户墙用木板隔断，楼板用槽形板或钢丝网水泥大板：1

4. 保温或隔热

相当24～37cm砖墙：9

相当22～24cm砖墙：7

相当18～22cm砖墙：5

相当12～18cm砖墙：3

保温性能低于半砖墙，且外无屏蔽物：1

（三）厨卫部分

1. 厨房面积

独用厨房，面积≥$4m^2$：9

独用厨房，面积<$4m^2$：7

两户合用：5

多户合用：3

无厨房：1

2. 煤气设施

大煤气：9

双灶煤气：7

单灶煤气：5

有安设条件，暂未安装：3

无安设条件：1

3. 卫生间面积

独用卫生间，面积≥$1.5m^2$：9

独用卫生间，面积<$1.5m^2$：7

两户合用：5

多户合用：3

无卫生间：1

4. 卫生设备

抽水马桶，大浴缸，洗脸盆独用：9

两户合用抽水马桶，大或小浴缸独用：7

多户合用抽水马桶，两户合用浴缸：5

倒粪坑，多户合用浴缸：3

无卫生设备：1

5. 给水排水设备

给水到户，有排水系统：9

两户合用水龙头，有排水系统：7

给水到层：5

给水到幢：3

给水站供水：1

二、权重值的确定

（一）建立递阶层次结构

采用层次分析法，首先要把问题条理化、层次化，构造出一个层次分析的结构模型，一般按目标层、准则层和子准则层排列，如图4-2所示。

（二）构造判断矩阵

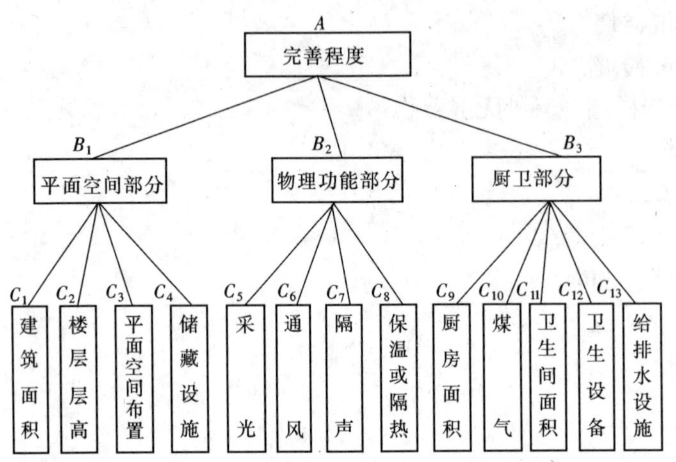

图 4-2　完善程度分析的结构模型

A—目标层；B—准则层；C—子准则层

1. 判断矩阵 A—B（如表 4-6 所示）

判 断 矩 阵 *A*—*B*　　**表 4-6**

A	B_1	B_2	B_3	W（权重）	指　标
B_1	1	2	2	0.493	$\lambda_{max}=3.054$
B_2	1/2	1	1/2	0.196	$CI=0.027$，$RI=0.58$
B_3	1/2	2	1	0.311	$CR=0.046$

2. 判断矩阵 B_1—C（如表 4-7 所示）。

判 断 矩 阵 *B*₁—*C*　　**表 4-7**

B_1	C_1	C_2	C_3	C_4	W（权重）	指　标
C_1	1	5	6	7	0.642	$\lambda_{max}=4.139$
C_2	1/5	1	3	3	0.196	$CI=0.046$
C_3	1/6	1/3	1	2	0.097	$RI=0.89$
C_4	1/7	1/3	1/2	1	0.065	$CR=0.052$

3. 判断矩阵 B_2—C（如表 4-8 所示）

判 断 矩 阵 B_2—C　　**表 4-8**

B_2	C_5	C_6	C_7	C_8	W（权重）	指　标
C_5	1	1/2	1	1	0.205	$\lambda_{max}=4.061$
C_6	2	1	1	2	0.338	$CI=0.020$
C_7	1	1	1	2	0.288	$RI=0.89$
C_8	1	1/2	1/2	1	0.169	$CR=0.023$

4. 判断矩阵 B_3—C（如表 4-9 所示）

判断矩阵 B_3—C **表 4-9**

B_3	C_9	C_{10}	C_{11}	C_{12}	C_{13}	W（权重）	指　标
C_9	1	2	2	2	1	0.277	λ_{max}=5.059
C_{10}	1/2	1	1/2	1	1/3	0.110	CI=0.015
C_{11}	1/2	2	1	2	1/2	0.182	RI=1.12
C_{12}	1/2	1	1/2	1	1/3	0.110	CR=0.013
C_{13}	1	3	2	3	1	0.321	

（三）计算各层因素的权重

权重计算和一致性检验与房屋完好程度部分相同，也是用幂法求出判断矩阵的最大特征值和特征向量，然后对特征向量经归一化处理就得到各层因素的权重，一致性检验也是求出 CI，查找 RI，最后计算 CR，求出的权重及各种指标见判断矩阵中的权重项和指标项。

（四）计算各层因素对系统的合成权重

如前所述：$b=[0.493,\ 0.196,\ 0.311]^T$

$C=[C(B_1)\quad C(B_2)\quad C(B_3)]$

$C(B_1)=[0.642\quad 0.196\quad 0.097\quad 0.065]$

$C(B_2)=[0.205\quad 0.338\quad 0.288\quad 0.169]$

$C(B_3)=[0.277\quad 0.110\quad 0.182\quad 0.110\quad 0.321]$

于是有 $I=[0.316\quad 0.097\quad 0.048\quad 0.032\quad 0.040\quad 0.067\quad 0.056\quad 0.033\quad 0.086\quad 0.034\quad 0.057\quad 0.034\quad 0.100]^T$

三、确定房屋完善程度值

$$V_2=\sum_{i=1}^{n}F_iI_i$$

式中 V_2——房屋的完善程度值；

F_i——各影响因素的计分值；

I_i——各影响因素的权重值；

n——影响因素的个数。

第四节　利用价值工程进行投资决策的方法

一、计算房屋的功能指数

用公式 $V=W_1V_1+W_2V_2$（式 4-1）计算，房屋功能指数 V，如表 4-10 所示。

房屋功能指数 V 计算表 **表 4-10**

<table>
<tr><td>地　址</td><td colspan="6"></td></tr>
<tr><td>房屋分类</td><td></td><td>建造年份</td><td></td><td>建筑面积</td><td></td><td>层数</td></tr>
<tr><td>类别</td><td>类别权重
W_j</td><td>指标项目</td><td>指标权重
I_i</td><td>指标评分
F_i</td><td colspan="2">指标分值
F_iI_i</td></tr>
<tr><td rowspan="12">完
好
程
度
V_1</td><td rowspan="12">0.49</td><td>地基基础</td><td>0.327</td><td></td><td colspan="2"></td></tr>
<tr><td>承重构件</td><td>0.248</td><td></td><td colspan="2"></td></tr>
<tr><td>非承重墙</td><td>0.073</td><td></td><td colspan="2"></td></tr>
<tr><td>屋面</td><td>0.047</td><td></td><td colspan="2"></td></tr>
<tr><td>楼地面</td><td>0.031</td><td></td><td colspan="2"></td></tr>
<tr><td>门窗</td><td>0.075</td><td></td><td colspan="2"></td></tr>
<tr><td>内外粉刷</td><td>0.017</td><td></td><td colspan="2"></td></tr>
<tr><td>顶棚</td><td>0.010</td><td></td><td colspan="2"></td></tr>
<tr><td>水卫设备</td><td>0.078</td><td></td><td colspan="2"></td></tr>
<tr><td>电照设备</td><td>0.078</td><td></td><td colspan="2"></td></tr>
<tr><td>公用设施</td><td>0.016</td><td></td><td colspan="2"></td></tr>
<tr><td>小计</td><td>1.000</td><td></td><td colspan="2">$V_1=\sum_{i=1}^{11}F_iI_i$</td></tr>
<tr><td rowspan="14">完
善
程
度
V_2</td><td rowspan="14">0.51</td><td>建筑面积</td><td>0.316</td><td></td><td colspan="2"></td></tr>
<tr><td>楼层层高</td><td>0.097</td><td></td><td colspan="2"></td></tr>
<tr><td>平面空间布置</td><td>0.048</td><td></td><td colspan="2"></td></tr>
<tr><td>储藏设施</td><td>0.032</td><td></td><td colspan="2"></td></tr>
<tr><td>采光</td><td>0.040</td><td></td><td colspan="2"></td></tr>
<tr><td>通风</td><td>0.067</td><td></td><td colspan="2"></td></tr>
<tr><td>隔声</td><td>0.056</td><td></td><td colspan="2"></td></tr>
<tr><td>保温或隔热</td><td>0.033</td><td></td><td colspan="2"></td></tr>
<tr><td>厨房面积</td><td>0.086</td><td></td><td colspan="2"></td></tr>
<tr><td>煤气</td><td>0.034</td><td></td><td colspan="2"></td></tr>
<tr><td>卫生间面积</td><td>0.057</td><td></td><td colspan="2"></td></tr>
<tr><td>卫生设备</td><td>0.034</td><td></td><td colspan="2"></td></tr>
<tr><td>给排水设施</td><td>0.100</td><td></td><td colspan="2"></td></tr>
<tr><td>小计</td><td>1.000</td><td></td><td colspan="2">$V_2=\sum_{i=1}^{13}F_iI_i$</td></tr>
<tr><td colspan="3">功能指数总计</td><td colspan="4">$V=W_1V_1+W_2V_2=0.49V_1+0.51V_2$</td></tr>
</table>

二、计算改造工程成本

每平方米建筑面积在寿命期内的年平均成本 C 的计算方法如下。

不考虑利率时 $$C=C_0/N_r \tag{4-4}$$

考虑利率时 $$C=C_0i(1+i)^{N_r}/[(1+i)^{N_r}-1] \tag{4-5}$$

式中 C_0——每平方米建筑面积的维修或改造或翻建的工程成本（元/m^2）；

N_r——维修或改造翻建工程的剩余寿命（年）；

i——利率（%）。

每平方米建筑面积工程成本 $$C_0=P/A \tag{4-6}$$

式中 P——相应建筑面积的工程总成本（元）；

A——相应建筑面积（m^2）。

计算总成本 P 时，应注意下列特殊情况：改造工程中增设厨房、卫生设备而减少居住面积时，应增加迁出居民而需补偿新建面积的费用；当增建或翻建时，除改善原有居民的居住条件所需相应建筑面积 A 外，多余建筑面积的工程费用应予以扣除。多余建筑面积的单位费用应以新建的单位费用乘上折扣系数，折扣系数即为此增建或翻建房屋的剩余寿命除以同样房屋作为新建房屋时的耐用寿命。

其中，维修、改造或翻建工程的剩余寿命 N_r 的估测是一个比较复杂的问题，在这方面，前苏联做过比较多的研究工作，提出过一些有实用价值的计算公式，其中引用得比较多的一个公式如下：

$$N_r = (1 - KN_K)/a \tag{4-7}$$

式中 K——房屋的损坏系数；

N_K——房屋的自然损耗值；

a——房屋的折旧率，即房屋耐用寿命的倒数（1/年）。

由于房屋的剩余寿命是根据自然损耗确定的，而自然损耗达 70%～75%（平均 72.5%）的房屋被认为是完全破旧的房屋，已无使用价值。因此，为了把房屋实际自然损耗值折算成相当损耗值，必须运用它们的相互关系，以求出损坏系数 $K=100/72.5=1.4$。

前苏联对住宅房屋耐用寿命的规定如表 4-11 所示。

住宅的耐用寿命 **表 4-11**

建筑的坚固性特征	坚固性等级	耐用寿命（年）	折旧率（1/年）
特别坚固的砖石建筑；石块基础和混凝土基础，砖墙和大型砌块墙，钢筋混凝土楼板	Ⅰ	150	0.007
一般砖石建筑：石块基础、砖墙、大型砌块和大板墙，钢筋混凝土或混合楼板，以及金属梁上的石拱	Ⅱ	125	0.008
轻型砖石建筑：石块和混凝土基础，用砖、矿渣砌体和贝壳石灰岩砌筑的轻砌墙墙体，木、钢筋混凝土或金属梁上的石拱	Ⅲ	100	0.010
木制建筑（方木或圆木）；条状毛石基础，原木墙，木质楼板	Ⅳ	50	0.020
拼接或柴泥围护骨架式房屋：木台架或毛石基础	Ⅴ	30	0.030
芦苇板或其他轻型房屋	Ⅵ	15	0.070

本章对公式（4-7）作适当修改，作为估算房屋剩余寿命的经验公式。在本章前面所提出的房屋完好程度值 V_1 是对房屋的自然损耗进行鉴定和评价后得到的，由于用 9 级标度进行评分，V_1 的最大值是 9，所以 1－（$V_1/9$）就相当于公式（4-7）中的 N_K，因此，

公式（4-7）修正为

$$N_r = [1 - K(1 - V_1/9)]/a \tag{4-8}$$

式中，K 值仍采用前苏联的规定值 1.4，房屋的耐用寿命可参考原城市房屋服务部 1957 年规定的值（表 4-12）。

房屋的耐用寿命 **表 4-12**

结型类型	耐用寿命（年）	说　明	折旧率（1/年）
钢筋混凝土结构	80～100	高、多层住宅	0.010～0.0125
砖混结构	50～80	多层住宅	0.0125～0.020
砖木结构	25～70	五层以下住宅	0.014～0.040

三、投资决策程序

旧房改造投资决策顺序如下：

(1) 评定旧房的功能指数 V_0；

(2) 制定改造方案（维修、改造、新建），并计算出改造后房屋的功能指数 V；

(3) 求出方案功能指数的提高值 $\Delta V = V - V_0$；

(4) 求出方案的总成本；

(5) 求出单位平方米建筑面积的成本；

(6) 按方案的完好程度值 V_1，求出改造后房屋的剩余寿命；

(7) 求单位平方米建筑面积的年平均成本 C；

(8) 计算决策的效果系数 $E = \Delta V / C$；

(9) 比较各方案的效果系数 E；

(10) 结合方案的社会效益，最终决定采用的方案。

第五节　投资决策实例分析

上海市内某排旧式里弄房屋建于 1923 年，二层砖木结构，建筑面积 733m^2，居住面积 540m^2，居住 21 户，共 78 人，人均居住面积 6.3m^2，有 3 户的人均面积少于 4m^2。在生活设施方面，无抽水马桶，多户合用厨房。平面布置不便于按户居住，分户隔墙为木板和板条墙，相互干扰较大，二楼南外墙为裙板，隔热通风较差。

这类住宅由于房龄高，建筑陈旧，居住拥挤，设备条件差，虽然经过大修，但改善不大。随着人口增多，房屋的自然损耗加剧，与新工房相比较，居住条件差劣程度更为突出，居民要求改善居住条件的呼声很高。为了提高居民的居住水平和改善居住条件，同时减少对新建住宅的需求，应充分利用旧住宅，合理挖潜改造。本书以此为例说明旧房改造投资决策方法的应用。

一、对旧房进行鉴定和评价

求旧房功能指数 V_0，具体计算见表 4-13。

旧房功能指数 V_0 　　　　表 4-13

地　址	上海市蓬莱路 303 弄 13～18 号（旧房）						
房屋分类	砖　木	建造年份	1923 年	建筑面积	733m^2	层　数	二　层

类　别	类别权重 W_j	指标项目	指标权重 I_i	指标评分 F_i	指标分值 F_iI_i
完好程度 V_1	0.49	地基基础	0.327	7	2.289
		承重构件	0.248	6	1.488
		非承重墙	0.073	5	0.365
		屋　面	0.047	3	0.141
		楼地面	0.031	3	0.093
		门　窗	0.075	3	0.225
		内外粉刷	0.017	5	0.085
		顶　棚	0.010	3	0.030
		水卫设备	0.078	5	0.390
		电照设备	0.078	5	0.390
		公用设施	0.016	3	0.048
		小　计	1.000		$V_1=\sum_{i=1}^{11}F_iI_i=5.544$
完善程度 V_2	0.51	建筑面积	0.316	6	1.896
		楼层层高	0.097	7	0.679
		平面空间布置	0.048	5	0.240
		储藏设施	0.032	3	0.096
		采　光	0.040	7	0.280
		通　风	0.067	6	0.402
		隔　声	0.056	3	0.168
		保温或隔热	0.033	5	0.165
		厨房面积	0.086	3	0.258
		煤　气	0.034	1	0.034
		卫生间面积	0.057	1	0.057
		卫生设备	0.034	1	0.034
		给排水设施	0.100	3	0.300
		小　计	1.000		$V_2=\sum_{i=1}^{13}F_iI_i=4.609$
功能指数总计			$V=W_1V_1+W_2V_2$ $=0.49\times5.544+0.51\times4.609=5.067$		

从上表可知，该房屋的完好程度 $V_1=5.544$，完善程度 $V_2=4.609$，功能指数 $V_0=5.067$，其本身技术状况适宜改造。

二、旧房改造实施的实际可能性

影响实施改造可能性的因素有下列几个方面：

1. 初始设计：该旧住宅原有结构布置、建筑平面可适应改造要求。

2. 规划要求：不属于历史保留和近期内规划拆除的建筑，与前排房屋的间距大于2m。

3. 市政设施：有增加供水、供电能力，污水排放用化粪池方式，无煤气供应。

4. 邻近建筑：该住宅改造或适当地加层，对邻近建筑无明显影响。

5. 资金：改造投资中，超出维修费用的部分，由上海市建委从城市建设费补贴。

6. 建材：利用部分旧料，其余由所在区房管局材料科供应。

7. 施工力量：由所在区修建公司工程队施工。

8. 施工现场：前后排房屋各有 3m 间距，施工用井字架，对道路通行影响不大。

9. 环境：周围环境无污染现象。

三、改造方案的制定

1. 维修方案

对住宅的屋面、门窗、内粉刷、外粉刷、给排水管道电线等的损坏部分修复，原有住宅建筑的结构、平面布置、生活设施不变。

2. 加层改造方案

保证原有日照、间距，层数由二层改为假四层，设计方法是将屋面升高 2m，增建第三层，再利用坡屋顶下的净空，加建假四层。平面由单开间改组为四间一单元，并重新布置扶梯走道，使每户有独用厨房（约 $4m^2$）和卫生间（约 $1m^2$）。在房屋中部设置 3 个小天井，组织采光通风。还采取了一些改善措施，如南外墙裙板改为半砖清水墙，屋面、楼面下加做板条抹灰平顶，亭子间屋面加隔热层等。

由于加层增加了建筑面积，使改造后总建筑面积为 $1190m^2$，加层新增的面积中的 $177m^2$，用来改善居民居住水平，尚空余建筑面积 $280m^2$。改造后原居民人均居住面积达到 $7.96m^2$，3 户困难户改善为人均居住面积 $4m^2$。

3. 不加层改造方案

本方案除不加层外，其他改造措施均同加层改造方案，因此，要达到与加层改造方案相同的人均面积，尚缺建筑面积 $177m^2$，此建筑面积由统建工房补偿。

四、经济效果系数的计算

维修方案的功能指数见表 4-14。

1. 维修方案

方案功能指数提高 $\Delta V = V - V_0 = 5.382 - 5.067 = 0.315$

该维修方案预算维修总成本 $P = 87960$（元）

该住宅建筑面积 $A = 733$（m^2）

工程成本　　$C_0 = P/A = 87960/733 = 120$(元/$m^2$)

剩余寿命 $N_r = [1 - 1.4(1 - V_1/9)]/a$

该旧住宅为砖木结构，耐用寿命 $N = 60$ 年，

折旧率 $a = 1/N = 1/60 = 0.0167$(1/年)

$$N_r = [1 - 1.4(1 - 6.186/9)]/0.0167 = 34(\text{年})$$

单位平方米建筑面积的年平均成本；

$C = C_0 i(1+i)^{N_r}/[(1+i)^{N_r} - 1]$　$(i = 0.12)$

$C = 120 \times 0.12 \times (1 + 0.12)^{34}/[(1 + 0.12)^{34} - 1] = 14.71$(元/$m^2$·年)

效果系数 $E = \Delta V/C = 0.315/14.71 = 0.0214$

2. 加层改造方案

加层改造方案的功能指数见表 4-15

加层改造方案功能提高值 $\Delta V = V - V_0 = 7.786 - 5.067 = 2.719$

剩余寿命 $N_r = [1 - 1.4(1 - V_1/9)]/a = [1 - 1.4(1 - 8.737/9)]/0.0167 = 57$(年)

住宅功能指数 V **表 4-14**

地址	上海市蓬莱路 303 弄 13～18 号（维修方案）						
房屋分类	砖　木	建造年份	1923 年	建筑面积	$733m^2$	层　数	二　层

类　别	类别权重 W_j	指标项目	指标权重 I_i	指标评分 F_i	指标分值 F_iI_i
完好程度	0.49	地基基础	0.327	7	2.289
		承重构件	0.248	6	1.488
		非承重墙	0.073	6	0.438
		屋　面	0.047	7	0.329
		楼地面	0.031	6	0.186
		门　窗	0.075	8	0.600
		内外粉刷	0.017	8	0.136
		顶　棚	0.010	8	0.080
		水卫设备	0.078	7	0.546
		电照设备	0.078	7	0.546
		公用设施	0.016	5	0.080
		小　计	1.000		$V_1=6.186$
完善程度	0.51	建筑面积	0.316	6	1.896
		楼层层高	0.097	7	0.679
		平面空间布置	0.048	5	0.240
		储藏设施	0.032	3	0.096
		采　光	0.040	7	0.280
		通　风	0.067	6	0.402
		隔　声	0.056	3	0.168
		保温或隔热	0.033	5	0.165
		厨房面积	0.086	3	0.258
		煤　气	0.034	1	0.034
		卫生间面积	0.057	1	0.057
		卫生设备	0.034	1	0.034
		给排水设施	0.100	3	0.300
		小　计	1.000		$V_2=4.609$
功能指数总计			$V=W_1V_1+W_2V_2=0.49\times6.186+0.51\times4.609=5.382$		

该加层改造方案投资预算 595000 元。此方案加层之建筑面积除改善原居民的居住条件外，尚空余建筑面积 $280m^2$。此 $280m^2$ 的费用不应计入改造方案成本内。

加层部分是建造在旧住宅原有承重结构和基础之上，挖掘了结构、地基的承载潜力，因此加层每平方米的单价低于新建单价，它的耐用寿命和旧住宅改造部分的剩余寿命相同（57 年），为体现实际所得的效益，加层部分空余建筑面积每平方米费用应以新建单价乘上寿命折扣系数（即改造后剩余寿命/新建耐用寿命），现新建多层住宅一般为砖混结构，耐用寿命为 70 年，单价为 1000 元/m^2，则每平方米建筑面积扣除费用为（1000×57/70）元/m^2。

所以，加层改造方案的总成本 $P=595000-280\times1000\times57/70=367000$（元）。

该方案的建筑面积为 $1190m^2$，扣除空余 $280m^2$，实际为 $910m^2$，则单位平方米建筑面积的成本 $C_0=367000/910=403$（元/m^2）。

住宅功能指数 V 表 4-15

地址	上海市蓬莱路 303 弄 13～18 号（加层改造方案）						
房屋分类	砖 木	建造年份	1923 年	建筑面积	1190m²	层 数	假四层

类别	类别权重 W_j	指标项目	指标权重 I_i	指标评分 F_i	指标分值 F_iI_i
完好程度 V_1	0.49	地基基础	0.327	9	2.943
		承重构件	0.248	9	2.232
		非承重墙	0.073	9	0.657
		屋 面	0.047	9	0.423
		楼地面	0.031	9	0.279
		门 窗	0.075	8	0.600
		内外粉刷	0.017	9	0.153
		顶 棚	0.010	9	0.090
		水卫设备	0.078	8	0.624
		电照设备	0.078	8	0.624
		公用设施	0.016	7	0.112
		小 计	1.000		$V_1=8.737$
完善程度 V_2	0.51	建筑面积	0.316	9	2.844
		楼层层高	0.097	8	0.776
		平面空间布置	0.048	7	0.336
		储藏设施	0.032	7	0.224
		采 光	0.040	9	0.360
		通 风	0.067	8	0.536
		隔 声	0.056	7	0.392
		保温或隔热	0.033	6	0.198
		厨房面积	0.086	9	0.774
		煤 气	0.034	1	0.034
		卫生间面积	0.057	7	0.399
		卫生设备	0.034	9	0.306
		给排水设施	0.100	9	0.900
		小 计	1.000		$V_2=6.873$
功能指数总计			$V=W_1V_1+W_2V_2$ $=0.49\times8.737+0.51\times6.873=7.786$		

单位平方米建筑面积的年平均成本

$$
\begin{aligned}
C &= C_0 i(1+i)^{N_r}/[(1+i)^{N_r}-1] \quad (i=0.12)\\
&= 403\times0.12\times(1+0.12)^{57}/[(1+0.12)^{57}-1]\\
&= 48.43(\text{元}/\text{m}^2\cdot\text{年})
\end{aligned}
$$

效果系数 $E=\Delta V/C=2.719/48.43=0.0561$

3. 不加层改造方案

该方案需补偿新建工房面积 177m²，功能指数计算时，采用改造部分和新建部分的加权平均值。

$$V_1=[733\times8.737+177\times9]/910=8.788$$

$$V_2=[733\times6.873+177\times9]/910=7.287$$

功能指数 $V=0.49\times8.788+0.51\times7.287=8.022$

功能指数提高值　$\Delta V = V - V_0 = 8.022 - 5.067 = 2.955$

旧住宅改造部分需成本 293200 元，另需补偿新建建筑面积 177m²。新建每平方米建筑面积单价以 1000 元计，所以，不加层改造方案的总成本 $P = 293200 + 177 \times 1000 = 470200$（元）。

单位平方米建筑面积的成本 $C_0 = 470200/910 = 516.70$（元/m²）

剩余寿命取改造和新建的加权平均值为

$$N_r = (57 \times 733 + 70 \times 177)/910 = 60(\text{年})$$

单位平方米建筑面积的年平均成本为

$$\begin{aligned} C &= 516.7 \times 0.12 \times (1+0.12)^{60}/[(1+0.12)^{60}-1] \\ &= 62.07(\text{元}/\text{m}^2 \cdot \text{年}) \end{aligned}$$

效果系数　　$E = \Delta V / C = 2.955/62.07 = 0.0476$

五、计算结果的比较（如表 4-16 所示）

不同方案的经济效果比较　　**表 4-16**

项　　目	维　修	加层改造	不加层改造
完好程度 V_1	6.186	8.737	8.788
完善程度 V_2	4.609	6.873	7.287
功能指数 V	5.382	7.786	8.022
功能指数提高值 ΔV	0.315	2.719	2.955
剩余寿命 N_r（年）	34	57	60
总成本 P（元）	87960	367000	470200
单位平方米建筑面积成本 C_0（元/m²）	120	403	516.7
单位平方米建筑面积年平均成本 C（元/m²·年）	14.71	48.43	62.07
效果系数 E	0.0214	0.0561	0.0476

比较结果说明：综合成本和功能提高值等诸因素，加层改造方案的经济效果系数 E 为 0.0561，比其他两个方案分别高出 162%和 18%，说明加层改造方案的经济效果较好，单位年成本所获得的功能提高值最大。

结论：加层改造方案的技术可行，实际实施有可能，经济效果最好，故决定采用加层改造方案。

第五章　价值工程在项目建设中的应用

价值工程的应用领域非常广泛，在建设项目中，可以应用于设计、施工、设备选择、工程改造加固、材料选择、方案优化等方面。

第一节　价值工程在废水处理厂建设中的应用

建于美国俄克拉何马城附近的废水处理厂，可使该城周围几个城市受益。该废水处理厂的受益人口，在1975年大约为391000人，到2000年预计增长为503000人。如果该废水处理厂全部建成，将使这个地区现有排放的污水得以全部处理，并且可以满足直到2000年时增加的污水处理要求。

一、废水处理厂的受益区

在俄克拉何马城附近建设的废水处理厂，其受益区内主要包括两个盆地。本案例所研究的废水处理厂的受益区，主要是指北加拿大盆地和狄甫福克盆地。在北加拿大盆地原有六个较小的废水处理厂为这一地区服务。

新建的废水处理厂，计划最大污水处理能力为每日8000万加仑（30.28万m^3）。工程的第一阶段是提供每日处理4000万加仑（15.14万m^3）污水的能力，现已在建设中。工程的第二阶段，是价值工程研究的范围，它包括每日处理2000万加仑（7.57万m^3）流态污水的处理系统，并且为该厂最大的8000万加仑（30.28万m^3）污水日处理能力建设配套的固态废水处理系统。若以1978年为价格成本估算基础，估计扩建工程的费用为2689万美元。

根据美国联邦政府有关规定，该项工程需进行价值工程研究。价值工程研究由阿德·比尔德工程公司、格里利和汉森·坎宁安—贾德联合公司等实施，由格伦·哈特和拉里·齐默尔曼领导。

二、工程的要求条件

该废水处理厂的首要设计参数，是工厂的规模和必须满足排出物要求的污水处理程度。污水处理的要求条件在计划阶段就要确定。对排出物的限制，是国家健康部依据可吸收的蒸发物和其他影响人体健康的因素而确定的。对排出物的限制要求如表5-1所示。这些限制要求直接影响着污水处理水平的选择。

废水处理厂排出物限制要求　　**表5-1**

条　　件	单　　位	30天平均值	7天平均值
生物化学的氧需求	mg/L	20	30
悬浮的固体物	mg/L	30	45
大肠杆菌数目	100ml	200	400
pH的最小值		6～9	6～9

三、工程说明

该废水处理厂工程设有液流沉淀过滤工序和固态物焚化工序。这些工序的具体要求见表 5-2。在确定这个最终的污水处理方案之前，曾经对许多替代方案进行了分析。设备计划部门对每个污水处理方案及其成本进行了比较。图 5-1 是筛选后的工序流程图。

北加拿大盆地污水处理厂工序构成　　表 5-2

液流处理※※	沉积物处理※
1. 支流抽水	1. 初次抽取沉积物
2. 筛渣	2. 净化泥存放
3. 粗渣去除器	3. 净化泥抽吸
4. 初次澄清	4. 重力浓缩
5. 净化污泥装置	5. 漂浮物浓缩
6. 再次抽水	6. 化学调节
7. 最后澄清	7. 真空过滤
8. 氯化	8. 焚化

※是废水处理厂最大污水处理能力的工序；

※※是废水处理厂每日处理 2000 万加仑污水的工序。

该废水处理工程分为三个阶段，第一阶段为每日处理 4000 万加仑（15.14 万 m^3）污水，已在建设中；第二阶段为每日处理 2000 万加仑（7.57 万 m^3）液流和 8000 万加仑（30.28 万 m^3）污水中的固态物，其范围依价值工程研究而定；第三阶段计划将液流处理能力提高到每日 8000 万加仑（30.28 万 m^3）。

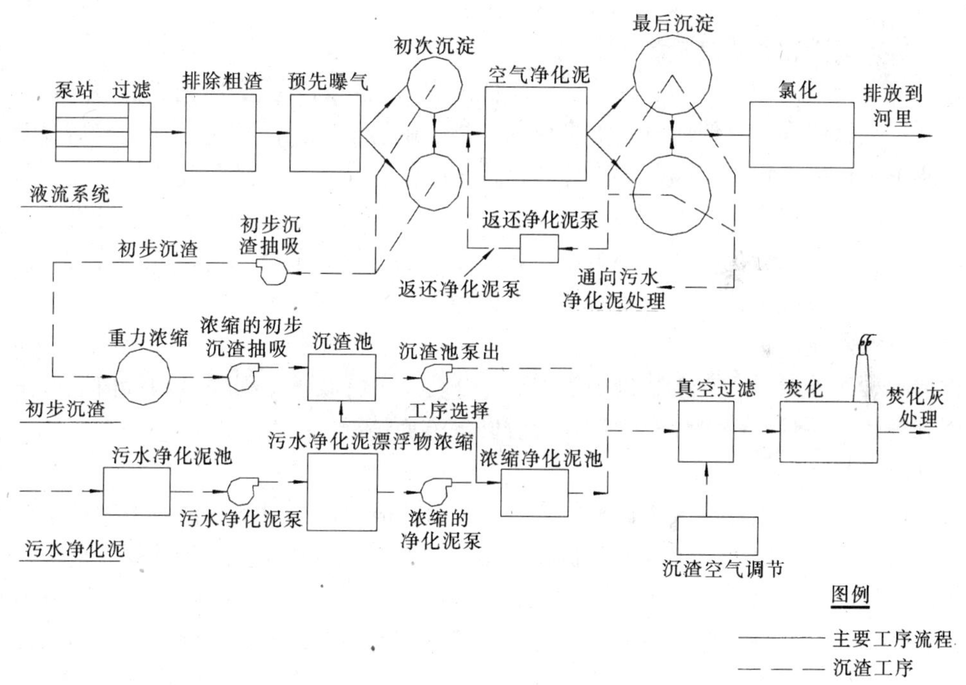

图 5-1　北加拿大盆地废水处理厂工序流程图

四、价值工程组织部署及小组成员

对于 2500 万美元的工程项目来说，在选择价值工程研究对象、价值工程小组人数和成员方面，尽量让各方面有才干的合适的设计人员参与价值工程研究是很重要的。价值工程研究人员熟悉整个工程计划的设计步骤及范围是非常必要的。价值工程小组的建立，是为了保证有足够的时间和才智来分析工程项目的各个方面问题。

价值工程组织部署的第一步是确定合适的研究数量和时间。计划作两次研究。一次研究是在设计的概念阶段（20%～35%），另一次研究是在设计完成 60%～75%时的设计发展阶段。由于价值工程研究运用两阶段的方法，所以大多数概念变化能够在工程早期完成，从而没有显著地影响工程规模和产生额外的再设计费。第一阶段价值工程研究分析工程设计程序、布局、设计标准、设备规格和安排、操作方式等。第二阶段价值工程研究分析金属器具、楼房和工程设计的详细方面。表 5-3 是价值工程小组人员构成。所有的价值工程小组成员都具有价值工程研究经验。价值工程研究顾问是按照规定程序选择的。

北加拿大盆地废水处理厂价值工程小组人员构成 **表 5-3**

	概念设计阶段 （设计完成 20%～35%）	设计发展阶段 （设计完成 60%～75%）		概念设计阶段 （设计完成 20%～35%）	设计发展阶段 （设计完成 60%～75%）
价值工程 第 1 组	注册价值工程专家 环境卫生工程师 土木工程师 环境美化专家 结构工程师	注册价值工程专家 机械工程师 环境卫生工程师 预算工程师 业主代表	价值工程 第 2 组	注册价值工程专家 环境卫生工程师 化学工程师 电气工程师 预算工程师 业主代表	结构工程师 电气工程师 土木工程师 建筑师 机械工程师

五、价值工程实务研讨概述

在价值工程研究的计划和签约阶段，价值工程研究顾问概括提出完成价值工程研究的必要步骤。举行协调会议使所有参加会议的人都了解价值工程的技术，并且概括说明设计人员、业主和价值工程研究顾问的责任。格伦·哈特和拉里·齐默尔曼主持会议，负责解释价值工程研究的程序，鉴别有利于价值工程研究的资料。有关工程项目的计划、技术要求和背景资料都提供给价值工程小组成员，以便他们了解先前所作的研究。分析由设计人员提供的初步建设成本估算，准备一个成本模型。

六、资料阶段

价值工程实务研讨（在本案例中为 40h）由设计人员概述工程项目和价值工程研究碰到的困难开始，并且介绍设计概念和建设合同等方面情况。

1. 成本模型

为价值工程研究提供的成本模型如表 5-4 所示。根据这个模型，价值工程小组辨别工程的主要成本范围。整个系统性的分析，指出了固态系统的成本高于液流系统的成本。液流系统的设计能力为日处理污水 2000 万加仑，固态系统的设计能力为日处理 8000 万加仑污水中固态物，这一事实部分地解释了何以固态系统的成本高于液流系统，同时，高成本的潜在范围也被证实了。成本模型非常有利于价值工程小组最大限度地节约成本。图 5-2 是根据初步估算用条形图形式来表明各建设要素分摊的成本。

2. 功能分析

废水处理厂的功能分析是要鉴别出要求的因素及其与之相联系的成本。价值工程小组分析了整个工厂处理污水的基本功能。每一道工序都用一个动词加以描述，并将它区分为基本功能或次级功能。其次，将每一道工序的成本都列示出来，并列示出它们的适当价值。我们已知道，价值被定义为形成所要求的功能的最低成本。确定价值有助于开拓创造性思维，价值的比较是创造性思维的开端。

北加拿大废水处理厂矩阵成本模型　　单位：美元　　表 5-4

序号	系统/工序/种类	场地工作	液流工作									固态工作						占全部%	总额
			抽水过滤	排出粗渣	预先曝气	初次沉淀	曝气	再循环泵	最后沉淀	氯化	其他	漂浮物浓缩	沉渣抽吸	沉渣池	重力浓缩	真空过滤	焚化		
1	挖掘、回填道路	1275000	14700	5700	15700	84300	88600	8800	122000	23500		5400	4800	24400	27200	85000	36000	7.4	1821100
2	混凝土		199200	188000	207400	352700	831000	93300	340800	65400		56500	35900	336600	114000	374000	475000	14.9	3669800
3	建筑		94500	18100	6000	2700	16200	101600	2600	2800		61500	37100	24200	900	595000	364000	5.4	1327200
4	各种金属		55000	26500	8400	9500	148700	51900	66700	17300		31400	15100	16700	3100			1.8	450300
5	工艺管道		2300	6300	9700	10300	217200	59000	24400	25600		35700	51500	42300	3300			2.0	487600
6	主要设备		590900	164200	100800	741800	1856400	62400	155200	83200		632500	104900	341900	254800	1651000	7350000	57.2	14090000
7	其他设备		17400				5200							23200		51000		0.4	96800
8	阀门、水口、玻璃纤维		117200	42100	150000	70500	130700								7600			2.1	518200
9	HVAC		72000	47600	9400	9500	4800	85200				51600	7900	21400	3100	136000	146000	2.4	594500
10	管路		30800	20300	4000	4100	2100	36600				22200	3500	8800	1300	34000	11000	0.7	178700
11	电气		44400	26200	8500	5200	91000	49000	8300	21200		29800	36300	21000	1700	204000	218000	3.2	764600
12	仪器		11600			9400	13100	22200		21000	520000	13400		9500	3000			2.5	623200
13	总成本	1275000	1250000	545000	520000	1300000	3405000	570000	720000	260000	520000	940000	297000	870000	420000	3130000	8600000		
14	工序百分比	5.2	5.1	2.2	2.1	5.3	13.8	2.3	2.9	1.1	2.1	3.8	1.2	3.6	1.7	12.7	34.9	100	24622000
15	系统百分比		36.9									57.9							

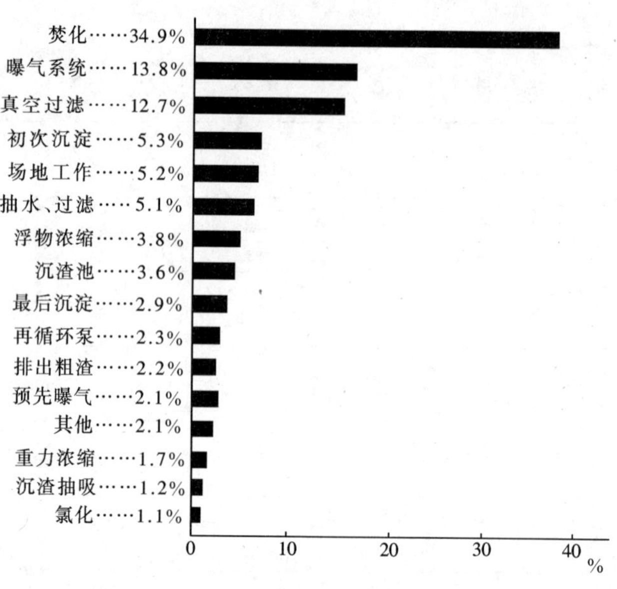

图 5-2　图解式成本概览

功能分析的最后一个步骤是计算成本与价值的比率。该工程项目的成本与价值的比率（即成本除以基本功能的价值）是 25.5 比 1。这是在假定固态处理系统不是基本功能的条件下取得的。这个较高的比率表明节约成本存在着相当大的潜力。表 5-5 是废水处理厂功能分析工作记录单。

整个工厂功能分析工作记录单　　　　**表 5-5**

功能分析								页号：	时间：	委托人：	地点：	工程项目：
项目	分类	功能			成本、美元	价值、美元	注释					
		动词	名词	级别								
	进水泵站	抽运	污水	S								
	筛网	去除	垃圾	S	1250	1000						
	流量测度仪	测度	流量	S								
	粗渣去除器	去除	粗渣	S	545	50		项目：整个工厂	功能：处理污水		功能分析	资料阶段
	预先曝气	净化	污水	S	520	0						
	初次沉淀	去除	固形物	B	1300	750						
	曝气池及设备	去除	有害物	B	3405	2000						
	再次抽水及二次沉淀	去除	固形物	B	1290	1000						
	氯化设备	消除	病菌	B	260	250						
	检测仪表	检测	工序	S	520	0						
	场地工作	安置	工厂	S	1275	500						
级别：B 为基本功能，S 为二级功能　成本与价值比率：												

续表

功能分析							
项目	分类	功能			成本、美元	价值、美元	注释
		动词	名词	级别			
	初级淤渣泵站	抽吸	淤渣	S	137	125	
	净化泥储备及抽吸	抽吸	淤渣	S	280	150	
	漂浮物浓缩	浓缩	淤渣	S	940	500	
	重力浓缩器	浓缩	淤渣	S	420	0	
	混合淤渣池	混合	淤渣	S	260	0	
	真空过滤	弄干	淤渣	S	2390	500	
	焚化	减小	体积	S	7500	500	
					22292	7325	成本/价值=3.04
							成本/基本功能价值=25.57
级别：B为基本功能，S为二级功能　成本与价值比率：							

工程项目：

地点：

委托人：

时间：

页号：

资料阶段

功能分析

功能：处理污水

项目：整个工厂

工作记录单 No. 2

七、创造阶段

在价值工程研究的创造阶段，价值工程小组成员重视各种能实现功能要求的替代方法，以便产生能被考虑并予以评价的思想或新主意。在功能分析和创造阶段，价值工程小组运用头脑风暴法等技术，系统地提出 70 种新的想法，部分创造性想法在表 5-6 中列示。正如大家看到的，这些创造性想法包括诸如地点安排、改变程序、改变材料以及与设计相联系的建设替代方案。

八、评价阶段

价值工程小组对于上述每一个创造性想法的技术性和可接受的潜力进行了评价。每一种创造性想法都按照下列标准运用 10 分制进行评价：

（1）潜在的成本节约额；

（2）想法的合理性；

（3）对设计的改进；

（4）对工程计划的影响；

（5）重新设计的成本；

（6）被接受的可能性。

评价的结果直接列在创造性想法表中（见表 5-6），对每一种想法的优点和缺点均采用研讨的办法确定。

创造性想法工作记录单之一 **表 5-6**

<table>
<tr><td colspan="2" rowspan="2">工程项目：
地点：
委托人：
日期：
页号：</td><td>创 造 阶 段</td><td colspan="2">评 价 阶 段</td></tr>
<tr><td>创造性想法列举</td><td colspan="2">创造性想法评价</td></tr>
<tr><td>序号</td><td>创 造 性 想 法</td><td>优　　点</td><td>缺　　点</td><td>得分</td></tr>
<tr><td>1</td><td>减少水泵上部空间的空气体积</td><td>减少能量</td><td></td><td>7</td></tr>
<tr><td>2</td><td>返还净化泥采用轴流泵</td><td>降低能量成本</td><td>缺少适应性</td><td>3</td></tr>
<tr><td>3</td><td>进水泵站与现存泵站结合</td><td>降低成本方便操作</td><td>在工厂运行中进行工作</td><td>6</td></tr>
<tr><td>4</td><td>只安装 2000 万加仑日处理污水能力</td><td>节省建设成本</td><td></td><td>6</td></tr>
<tr><td>5</td><td>控制水压的水位损失</td><td>使水位差减至最小</td><td>没有</td><td>7</td></tr>
<tr><td>6</td><td>在工厂建设第一阶段之后，重新确定粗渣池</td><td>减少中间环节结合工厂运行</td><td>没有</td><td>10</td></tr>
<tr><td>7</td><td>降低粗渣池构筑物屋顶的高度</td><td>节省建设成本</td><td>没有</td><td>7</td></tr>
<tr><td>8</td><td>减小预先曝气池的尺寸</td><td>节省能量</td><td>没有</td><td>10</td></tr>
<tr><td>9</td><td>粗渣池采用普通墙体结构</td><td>节省成本</td><td>成本节省较少</td><td>7</td></tr>
<tr><td>10</td><td>重新安置仪表</td><td>省钱</td><td>放松操作</td><td>10</td></tr>
<tr><td>11</td><td>采用长方形沉淀池</td><td>节省成本</td><td>重新设计</td><td>9</td></tr>
<tr><td>12</td><td>减少工场管道，采用沟渠</td><td></td><td>增加成本</td><td>4</td></tr>
</table>

注：在评价阶段之前，列举所有创造性想法。10 分是最理想的，1 分是最不理想的。

工作记录单　No. 3

推荐建议成本节约一览表 **表 5-7**

序号	分　　类	原成本	建议成本	原成本节约	年原成本节约	年原始和制造成本节约	总的年节约	年节约的现值
1A,1B,1C,2,3	选择 1：在第Ⅰ阶段道路的限制范围内，重新确定Ⅱ阶段的构造	1385304	783304	602000	55178	—	55178	601998
4	选择 2：采用直角构造和普通墙体建设	1385304	395304	990000	90742	—	90742	989993
2	减少道路	38500	—	38500	3529	—	3529	38500
10	重新设置污水泵站	317000	243000	74000	6780	1020	7800	85100
11,12	变更未来设计流量设备	328000	—	328000	30064	—	30064	328000
22	删掉预先曝气池—利用预先曝气沟渠	520000	40000	480000	43566	8199	52196	569458
24	在粗渣池和预先曝气池上应用普通墙体	28000	—	28000	2566	—	2566	28000

续表

序号	分　　类	原成本	建议成本	原成本节约	年原成本节约	年原始和制造成本节约	总的年节约	年节约的现值
26&40	把初次和再次沉淀池从圆形转变成长方形	2140000	1610000	530000	48580	—	48580	530000
29D	池盖采用混凝土	588400	331300	257100	23566	—	23566	257100
31	初次沉淀规模	1300000	900000	400000	36660	1000	37660	410870
38	返还淤渣系统和曝气池结合	438500	299700	138800	12726	—	12726	138840
47	重新确定 Cl_2 与氯气池的联系	330000	260000	70000	6416	—	6416	70000
48	出口线更改	70000	2000	68000	6235	—	6235	68025
52	去掉污水净化泥存放池	120000	—	120000	11000	19384	30384	331489
53&58A	减少漂浮物浓缩器的数量	940000	607500	332500	30477	—	30477	332504
54	去掉重力浓缩淤渣存放池和较长的抽水管线，增加水泵	137000	162000	(25000)	(2331)	9248	6917	75464
55	更改重力浓缩器	1953000	1815000	138000	12649	—	12649	138000
57	重新确定真空过滤楼的位置，缩短传送带	13200	—	13200	1209	400	1609	17554
58C	减小焚化楼的尺寸	1250000	849870	400130	36676	—	36676	400130
59	把大体积货栈移到室外	42000	24000	18000	1650	—	1650	18000
4D	去掉焚化装置，采用堆肥处理	8600000	5200000	3400000	311640	—	311640	3399992
65	在漂浮物浓缩中采用移动平台	20000	2000	18000	1650	—	1650	18000
66	去掉冲洗和淤渣装运区	490000	344000	146000	13382	—	13382	145998
68	更替水泵和淤渣漂浮物浓缩器	36800	25000	11800	1083	1000	2083	22725
69	初次澄清脱水线	36000	9000	27000	2475	—	2475	27000
70	减少污水净化泥预算	12930000	10980700	1949300	178671	—	178671	1949300

九、发展阶段

有 33 种创造性想法被推荐到发展阶段。这些创造性想法都被扩展成为初步设计而提供给设计人员和业主。表 5-7 是与这些推荐建议有关的成本节约一览表。设计人员对两个建议进行了改进，作为具体例子，见表 5-8 和表 5-10。其成本资料的比较分别见表 5-9 及表 5-11，为价值工程小组对每一个建议的设计的进一步改善提供了宝贵的思路。有关设计图分别见图 5-3～图 5-5。

例 1—氯气池出口线变更 **表 5-8**

<table>
<tr><td rowspan="2">工程项目：
地点：
委托人：
日期：
页号：</td><td colspan="2">发 展 和 建 议 阶 段</td></tr>
<tr><td>项目：删去出口线</td><td>NO：48</td></tr>
<tr><td colspan="3">原来概念（见图 5-3）：
在排放到沟渠前，氯气接触池包括 72 英寸（1.83m）直径的 RCP 管道。

建议改变（见图 5-3）：
减小氯气接触池中管道长度，在其中建造 450 套筒支座。

讨论：
建议的沟渠能够缩短沟渠到未来建成工厂的距离，该建议能够减少建设成本，是明确的优点。</td></tr>
</table>

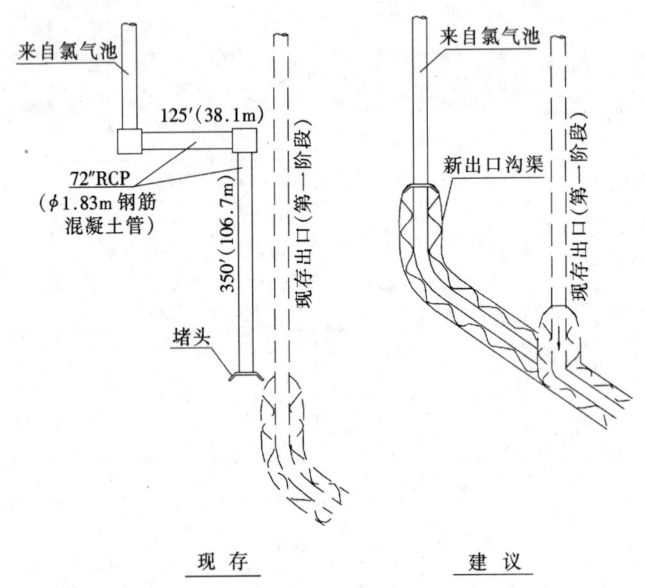

图 5-3 原出口设计图与建议出口设计图

氯气池出口线变更的成本资料 **表 5-9**

寿命周期成本一览	资　　本	原始和制造成本	总　　额
建设成本—原设计	70000		
—建议	2000		
—节约	68000		
年 成 本—原设计	6420	0	6420
—建议	185	0	185
—节约	6235	0	6235
目前价值—年节约			68000

例 2—合并返还净化泥泵站 **表 5-10**

<table>
<tr><td rowspan="2">工程项目：
地点：
委托人：
日期：
页号：</td><td colspan="2">发 展 和 建 议 阶 段</td></tr>
<tr><td>项目：合并返还净化泥泵站</td><td>No：38</td></tr>
<tr><td colspan="3">原来概念（见图 5-4）：
原设计采用三台直径为 54 英寸（1.37m）的返还净化泥泵，每台泵流量为 7000gPm（26.5m^3/min）。泵用的水量是由曝气池前的沟渠传送的，并且混合进了污水。该设计概念是，为日处理 2000 万加仑（7.57 万 m^3）污水的处理厂建立完全独立的返还净化泥泵站到最后规模日处理 8000 万加仑（30.28 万 m^3）污水时，要由 4 个泵站用于返还净化泥。
建议改变（见图 5-4）：
设计为日处理 4000 万加仑（15.14 万 m^3）污水的泵站，以满足日后扩展日处理 2000 万加仑（7.57 万 m^3）污水的需要。采用三台 72 英寸（1.83m）直径的轴流泵，每台 16000gPm（97.5m^3/min）。目前安装两台泵，另一台以后在安装。
尽管这一阶段需要较多资金，但总的成本要减少，曝气池的运作将更一致，操作一个泵站要比操作二个泵站方便得多。
讨论：
还可建议将返还净化泥搅拌并入一个池内进行，其构造如附图（见图 5-5）。</td></tr>
</table>

合并返还净化泥泵站的成本资料 **表 5-11**

寿命周期成本一览	资　本	原始和制造成本	总　额
建设成本—原设计	438540		
—建议	299700		
—节约	138840		
年 成 本—原设计	40196	0	40196
—建议	27470	0	27470
—节约	12726	0	12726
目前价值—年节约			138840

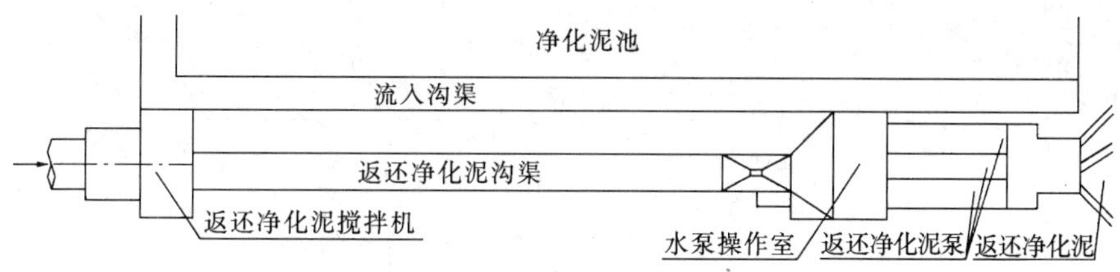

原设计返还净化泥系统

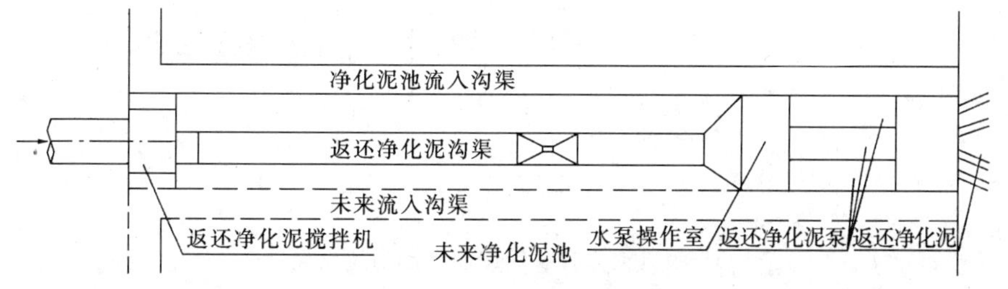

建议返还净化泥系统

图 5-4　返还净化泥泵站和输送系统的原设计图与建议设计图

十、建议阶段

在结束40小时价值工程实务研讨后，价值工程小组总结他们的工作，并且整理他们的工作成果。在价值工程实务研讨之后的星期二，价值工程顾问把价值工程的建议提交给业主、设计人员、国家健康部和美国环境保护局的代表。此后，价值工程总结报告也很快呈交上去。

价值工程的研究结果显示，既可以大幅度地节省废水处理厂的建造成本，也可以大幅度地节省寿命周期成本。其中有一个价值工程建议，提出改变固体脱水设备的类型，以便在焚化之前获得较干燥的沉渣。这个价值工程建议能够节约寿命周期成本15928000美元，充分显示了寿命周期成本方法的重要作用。

在业主和设计人员对价值工程建议进行考察，从而作出接纳或拒绝价值工程建议的决定之后，价值工程报告呈交给了州和联邦的有关管理机构。由这些管理机构所作的复审评价，属于复审程序的补充部分。于是，那些被接纳的价值工程建议就会用于设计，并进一步完善了。

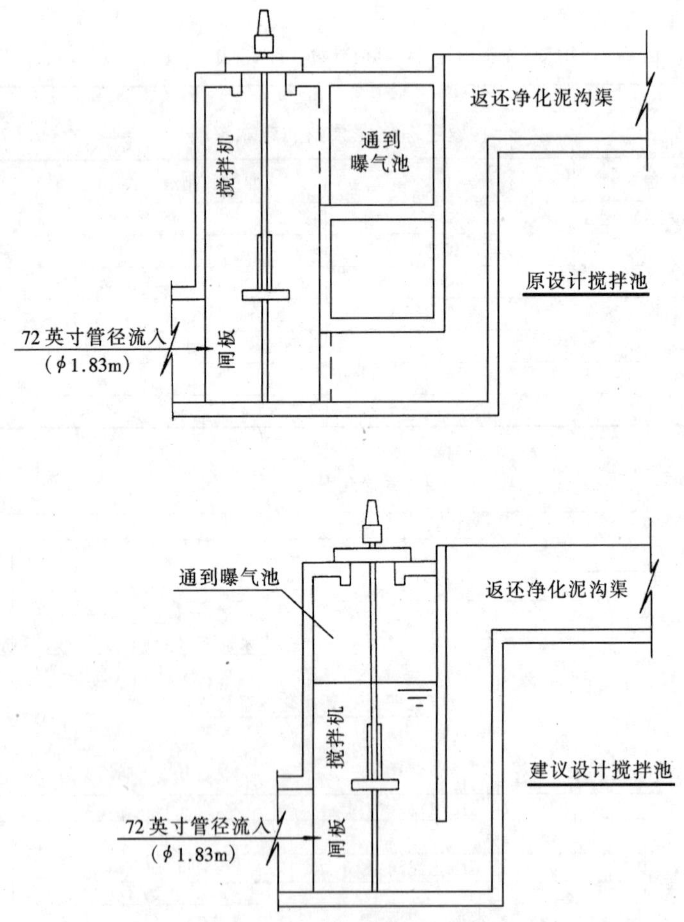

图5-5 曝气池混合泵的原设计图与建议设计图

第二节　某医院项目的价值工程研究

一、项目概况

某公立医院，现有建筑面积 95000m²，拟对其中的 40000m² 进行装修改造，并新建 20000m² 的空间。预算总投资 1.3 亿英镑，包括专业服务费用、施工费用、设备费用等。

预算投资一旦批准就将作为投资计划值固定下来，不允许再增加任何投资，即不允许突破投资计划值。该项目开展价值工程研究的目的主要是：以有限的投资获得最大的收益；确保在限定的投资额度范围内进行设计。

由于项目规模大，复杂程度高，共进行了三次价值工程研究活动：

- 研究活动 1，在项目构思阶段；
- 研究活动 2，在方案设计阶段；
- 研究活动 3，在初步设计阶段。

活动 1 和活动 2，也有人称之为价值规划研究（VP），研究活动 3 称为价值工程研究（VE）。之所以选择这三个时间点进行价值工程研究活动，主要是基于以下考虑：实施价值工程提案需要对设计进行变更，而这种变更通常会影响到设计进度，在这三个时间节点进行研究，要实施任何一个提案都可以在随后的下一阶段工作中进行变更，可以使变更工作顺利完成，从而避免设计返工。

二、价值工程研究工作概述

1. 价值工程研究活动 1——项目构思阶段

本阶段价值工程研究活动的目的是分析“建设什么”，而不是“怎么建设”。而且，本阶段价值工程研究活动不会按照后期价值工程研究活动的通常做法，即按照信息阶段、创造阶段、评价阶段和发展阶段等的步骤按部就班地去做。本阶段价值工程研究活动的重点是对空间的功能和面积分配进行审核。其做法是，要对其中每一部分面积的功能进行全面分析研究，做完某一部分面积的全面分析，之后再对下一部分面积的功能进行分析，也就是说，要求对每一部分面积都进行一次微型的价值工程研究，价值工程研究活动过程要重复多次。由于所要研究分析的功能空间很多，时间又很有限，所以每一部分功能面积的价值工程研究活动都要尽量在最短的时间内完成，有时甚至仅仅持续几分钟。

本阶段价值工程研究活动的日程安排如表 5-12 所示。

按照不同的空间功能，价值工程研究小组的建议分为 6 个方面：

(A) 护理

(B) 专业服务

(C) 心理卫生

(D) 流动护理

(E) 支持服务

(F) 行政管理

对上述第一类空间“(A) 护理”的：各种改进建议的面积变化情况如表 5-13 所示。表 5-14 是相应的价值工程研究详细建议。

某市医院项目功能审核的日程安排　　表 5-12

日　期	时　间	工　作　内　容
第一天	8∶30AM	介绍
	8∶35	研究目标
	8∶45	项目概况 ● 总体介绍——业主代表 ● 项目约束条件
	9∶00	设计情况 ● 计划面积分配 ● 业主和设计者 ● 构思、原则、费用估算、计划的项目运行模式
	10∶00	对设计文件和预算的集体审核 ● 研究设计文件 ● 审核并更新项目费用模型、全寿命周期费用模型和空间模型 ● 分析方法 ● 选择费用高的部分 ● 划分小组
	12∶30PM	午餐
	1∶30	创新阶段：循环 1（分小组进行） 个人：识别空间的功能类型 提出备选方案、并建立空间分配计划
	3∶30	集体：讨论备选方案和空间分配计划
	5∶00	休会
第二天	8∶30AM	创新阶段：循环 2（全体人员） 集体：讨论备选方案和空间分配计划 个人：识别功能和费用较高的组成部分，提出改进方案和空间分配计划
	12∶30PM	午餐
	1∶30	集体讨论（分小组进行） ● 从创新阶段循环 2 中将重要的想法摘选出来 ● 估算潜在的节约额 ● 选择最可行的想法进行讨论
	3∶00	审核创新方案（全体人员） 各小组将最可行的想法集中，分析计算节约潜力
	5∶00	休会
第三天	8∶30AM	评价阶段 ● 根据节约潜力和实施的必要性对可行的想法排序 ● 根据优先选定的研究对象重新划分研究小组 ● 讨论后续研究工作
	12∶30PM	午餐
	1∶30	评价阶段（分小组进行） ● 选定可进一步发展的创造性想法 ● 画出框图，进行估算和有关计算 ● 重要性评估 ● 全寿命周期费用估算
	5∶00	休会

续表

日　期	时　　间	工　作　内　容
第四天	8：30AM	认清现状和进度 ● 将创新想法进一步发展细化，并估算其节约潜力 ● 总结已经细化的创新想法和节约额度 ● 剩余工作
	10：30	发展阶段 ● 画出草图，进行费用估算和有关计算 ● 重要性评估 ● 全寿命周期费用分析
	12：30PM	午餐
	1：30	发展阶段（分小组进行） ● 对变更的汇总总结（原设计、建议方案讨论分析） ● 对费用和节约潜力的分析总结
	5：00	休会
第五天	8：30AM	汇报介绍 ● 对价值工程研究建议的介绍 ——建造成本的节约潜力 ——未来运行成本的节约潜力 ——进度安排 ● 未完工作和分工 ● 跟踪工作 ● 价值工程研究工作总结
	11：30	结束语 ● 业主方项目经理 ● 设计者 ● 价值工程研究专家
	12：30PM	休会

价值工程研究小组建议的面积变化情况　　表 5-13

项目名称：某市医院

编　号	内　　容	原设计（m^2）	价值工程研究改进建议（m^2）	节约额的折现值		
				减少一次性面积（m^2）		合计节约面积（m^2）
	护理					
A-1	提高治疗/手术的护理能力	7575	7424	133	NA	133
A-2	减少护理单元设施的尺寸	2301	463	1838	NA	1838
A-4	改变病房的尺寸	2304	1935	99	NA	99
A-5	改变操作室/急救室的计划	3228	3058	170	NA	170
A-11	改变劳动力和运输计划	1124	1054	70	NA	70

注：NA——不适用的（Not Applicable）。本表引自参考文献 4，原文如此。

价值工程研究提案 **表 5-14**

<table>
<tr><td colspan="3">项目名称：某市医院</td><td>日期：</td></tr>
<tr><td colspan="3" rowspan="2">建议内容：减少护理支持空间面积</td><td>编号：</td></tr>
<tr><td>页码：</td></tr>
<tr><td colspan="4">原设计：

改进建议：

优点：

缺点：

讨论：</td></tr>
<tr><td colspan="2">空间变化</td><td>运行和维护成本</td><td>空间面积（m^2）</td></tr>
<tr><td>原设计</td><td>2301</td><td></td><td>2301</td></tr>
<tr><td>价值工程
研究建议</td><td>463</td><td></td><td>463</td></tr>
<tr><td>节　约</td><td>1838</td><td></td><td>1838</td></tr>
</table>

价值工程研究 2 和研究 3 都是按 40h 安排研究活动日程。第一天基本上是进行信息收集，首先由业主和设计人员介绍项目概况和设计方案，并回答有关问题。然后让价值工程研究人员阅读有关文件和图纸，以进一步理解和了解项目的有关情况。最后，进行功能分析。第二天，主要是进行方案创造。第三天上午完成方案评价工作，下午进行方案发展和细化工作，可能要持续到第四天和第五天上午。在第五天下午提交价值工程研究提案并向业主和设计人员介绍。

表 5-15 是价值工程研究 3 的日程安排。

某医院项目价值工程研究的日程安排 **表 5-15**

日 期	时 间	工 作 内 容
星期一	9∶30AM	价值工程研究人员到达
	10∶30	介绍 ● 研究目标 ● 规定 ● 研究人员
	12∶00PM	午餐
	1∶00	与设计者展开讨论 设计者/业主 ● 概述 ● 约束条件 ● 公开的问题 ● 主要系统 ● 提问和解答 价值工程研究人员对设计文件和费用模型的审核 ● 研究最新图纸和技术说明 ● 审核费用、能耗和全寿命周期费用模型
	4∶00	功能分析 ● 利用费用、能耗和全寿命周期费用模型去明确价值（worth） ● 建立有关图形、图表，包括 FAST 图 ● 选择费用高的部分 ● 开始功能分析
	6∶00	休会
星期四	8∶00AM	发展阶段 ● 准备改进设计方案 ● 准备全寿命周期费用模型 ● 费用估算、计算，画简图
	12∶00PM	午餐
	1∶00	继续方案发展阶段 ● 建立权重准则和系数 ● 各种备选方案的矩阵评价 ● 备选方案的费用估算 ● 全寿命周期费用分析
	3∶00	方案发展与建议 编写建议
	6∶00	休会
星期五	8∶00AM	完成提案 ● 完成价值工程研究提案的编写工作 ● 准备建议和节约潜力的摘要 ● 完成汇报材料 ● 准备价值工程研究报告草稿
	12∶00PM	午餐
	1∶00	汇报会
	3∶00	休会

2. 价值工程研究 2——方案设计阶段

本阶段仍然是设计的早期阶段，价值工程研究可能引起较大的设计变更，不过由于已完的设计工作量不大，对设计工作和设计进度不会有太大的影响。

本阶段价值工程研究工作仍然是重点解决“建设什么”而不是“如何建设”的问题，所以价值工程研究小组重点关注宏观的全局性的设计方面。

表 5-16 是建筑方面的部分节约建议，表 5-17 是价值工程研究提案的内容之一。

有节约潜力的价值工程研究建议清单 表 5-16

项目名称：某市医院

编号	内容	原设计成本	价值工程研究建议的成本	节约费用的折现值		
				初始建造费	运行和维护费	全寿命周期费用
	建筑					
A-1	急救大楼西端的设计宜简化			190000		190000
A-2	取消二楼的室外露台			40000		40000
A-5	取消急救大楼东端上部不必要的机电设备空间			300000		300000
A-6	取消采光井			450000		450000
A-7	减少急救大楼的大堂面积			324000		324000
A-10	取消急救大楼入口处的扩展候诊面积			15000		15000
A-11	将圆形楼梯改为矩形楼梯			60000		60000
A-12	变更 A 端、B 端的楼梯			20000		20000
A-14	不考虑将来加层扩建			125000		125000
A-17	用砌体外墙			1359000		1359000
A-19	取消 C 端楼梯，利用现有楼梯			94000		94000
A-21	利用双层石膏板代替混凝土砌块分隔走道			454000		454000

价值工程研究提案 表 5-17

项目名称：某市医院	日期：
建议内容：减少紧急救护大楼的大堂面积	编号：A—17 页码：1/4

原设计：

门厅大堂为 45m×18m，通向各重要功能区的过道皆为 3m。

改进建议：

大堂宽度减少 3m，采用一条 5m 的过道通向重要功能区。减少的面积为 $45\times3=135m^2$，共 3 层，可以减少 $405m^2$，还可以减少阁楼屋顶的面积和外墙的面积。

优点：

缺点：

讨论：

全寿命周期费用的总结	初始造价	运行和维护费用		全寿命周期费用合计
		每年	全寿命期	
原设计				
价值工程研究改进建议方案				
节约额	324000			324000

3. 价值工程研究3——初步设计阶段

这是比较传统的典型的价值工程研究，注重于“怎样建设”这个项目。在信息阶段，每个专业都要进行功能分析，然后再进行方案创造。经过评价阶段的筛选，一些可行的有效的方案被进一步发展，形成价值工程研究提案。例如，电气设计中的内部广播系统，其价值工程研究过程以及有关表格见表5-18、表5-19和表5-20。

功能分析表 **表5-18**

项目名称：某市医院					日期：		页码：
问题：电气系统					功能：供应大楼		
编码	内容	功能			成本	评价值	建议
		动词	名词	分类			
	TV系统	娱乐	病人	S	109000	100000	审核其范围
	数据通信	提供	信息	B	35000	33000	
	安保系统	提高	安全	S	277000	200000	
	机械—HVAC系统	供能	系统	B	37000	37000	
	拆除	准备	场地	S	90000	90000	
	呼叫系统	确保	沟通	B	615000	437000	减少范围
	广播系统	确保	沟通	S	56000	11000	减少范围
	火警	提高	安全	B	213000	200000	

功能分类 B=基本功能　　基本功能的费用/价值=cost/worth=

S=辅助功能

RS=必要的辅助功能

创造性方案清单 **表5-19**

编号	方案描述	排序（得分）
E-1	在电动机控制中心的启动装置上增加扣环，取消断路开关	8
E-2	为将来的机械荷载提供空间储备	7
E-5	重新设计/变更电源线的尺寸	10
E-10	降低过道的照明	10
E-14	将4号自动切换开关移到3号开关附近	10
E-15	取消4号自动切换开关和DS-2CHS支线，直接从DS-2BEM线路供电	10
E-17	改进呼叫系统，与其他系统共用一个信号显示板	10
E-18	改进安保系统，利用信号显示板监视过道的情况	10
E-20	利用电话代替内部广播系统	9
E-21	显示荷载结果，如照明、电动机等	6
E-22	将开关柜控制室与机械空间结合	10
E-23	考虑利用1台900kW代替3台450kW发电机	6

注：DS—设计建议（Design Suggestion）。

能够节约投资的建议汇总表（部分） **表 5-20**

项目名称：某市医院		日期：		页码：		
编号	描　　述	原设计造　价	改进方案造价	节约费用的现值		
				一次性投　资	运行和维护费	全寿命周期费
E-1	在电动机控制中心的启动装置上增加扣环，取消断路开关			12900		12900
E-2	为将来的机械荷载提供空间储备			5500		5500
E-5	重新设计/变更电源线的尺寸			5300		5300
E-10	降低过道的照明水平			230200		230200
E-14	将 4 号自动切换开关移动到 3 号开关边上			4300		4300
E-15	取消 4 号自动切换开关和 DS—2CHS 支线，直接从 DS—2BEM 供电			8700		8700
E-17	改进呼叫系统，与其他系统共用信号显示板			311000		311000
E-18	改进安保系统，利用信号显示板			见 E-17		见 E-17
E-20	取消内部广播系统，利用电话通信			37000		37000
E-22	将开关柜控制室与机械空间结合			173000		173000

三、价值工程研究的人员组成

在上述三个不同的价值工程研究阶段，要根据设计的深度和所要形成的报告分别选择合适的价值工程研究人员。

对价值工程研究 1，在项目的概念构思阶段，价值工程研究小组所要审核的主要文件是功能计划和面积分配计划，所以价值工程研究小组应强调空间规划和物流管理方面专家的作用。在本次价值工程研究中，共请了三位空间规划方面的专家对项目的每一组成部分进行了深入研究。对医院设计而言，病人、工作人员和材料的流动是很重要的方面，物流管理方面的专家参与价值工程研究，可对其中每个系统进行分析评估。

对价值工程研究 2，在方案设计阶段，价值工程研究小组应该包括空间规划和不同专业的设计技术专家，本阶段，价值工程研究要重点审核医院的平面布置和设计，这些设计反映了空间的规划和面积分配，并且可能涉及建筑、结构、机械、电气和物流管理等专业。

对价值工程研究 3，在初步设计阶段（约 35%设计），价值工程研究要对不同专业的设计进行审核。在前两次参与价值工程研究的空间规划方面的专家也被邀请参与本阶段价值工程研究，从而可以为各专业技术专家提供支持和帮助。

由于本项目规模大，又比较复杂，除价值工程研究协调人（VETC）以外，还邀请了一位价值工程研究专家作为价值工程研究协调人（VETC）的助手。另外，有预算工程师/测量师参与研究，可以确保每个提案费用估算的精确性。业主方有一位价值工程研究项目经理参与了每次价值工程研究活动。

政府有关的公共事务部门也派出代表参加了每一次价值工程研究，医院也派出了行政管理代表参加，但是，他们的参与是受到一定限制的，仅限于在必要时为外部价值工程研究专家们提供相应的信息，因为业主想使价值工程研究尽可能地独立、客观，尽可能地反映外部专家的意见。

表 5-21 是价值工程研究人员的组成情况。

某医院项目价值工程研究的人员结构 **表 5-21**

价值工程研究 1——项目构思阶段	价值工程研究 2——方案设计阶段	价值工程研究 3——初步设计阶段
核心人员： 价值工程研究协调人（VETC） 价值工程研究协调人助理 3 位空间规划专家 3 位物流管理专家 预算人员 业主代表： 市长办公室——建设代表 市长办公室——行政管理代表 2 位医院管理代表 2 位项目经理 财政部门代表 价值工程研究项目经理	核心人员： 价值工程研究协调人（VETC） 价值工程研究协调人助理 建筑师 结构工程师 电气工程师 供热与空调工程师 管道工程师 2 名医院专家 物流管理专家 预算人员 业主代表： 医院项目经理 中心办公区的建筑师 中心办公区的电气工程师 价值工程研究项目经理	核心人员： 价值工程研究协调人（VETC） 价值工程研究协调人助理 建筑师 结构工程师 电气工程师 机械工程师 2 名医院专家 物流管理专家 预算人员 业主代表： 医院项目经理 中心办公区建筑师 中心办公区机电工程师

四、小结

在每次价值工程研究之前，投资估算的结果都表明项目造价将要超过计划投资。然而，由于价值工程研究创造了足够的节约方案，项目参与各方也接受了这些建议，在每次价值工程研究结束后，都使项目预算保持在计划投资限额之内。价值工程研究 1，节约总额为 1580 万英镑，价值工程研究 2，节约额为 1910 万英镑，价值工程研究 3，节约 343 万英镑。这些结果证明了价值工程研究的成功，也说明了价值工程研究的必要性。

这个项目是政府部门首次采用价值工程研究的项目，以尝试价值工程研究的效果，由于效果是如此的明显，有关部门决定，今后投资的所有项目（每年投资 20 亿英镑）都应该开展价值工程研究活动。

第三节　某基础设施项目前期价值工程研究

一、项目概况

某基础设施项目，在最终确定项目定义之前进行了一次价值工程研究，这属于早期的价值工程研究，有人称之为价值规划研究（VP）。该项目已经有了一个初步的方案，有一套方案设计草图，标明了公用设施的位置和布局等，同时根据这份设计文件进行了较详细的费用估算，整个项目的总造价估计为 2500 万英镑左右。

该基础设施项目是一个大型项目的首期工程，该大型项目是将三块很大的地块联成整体，在上面建设几幢新建筑，并对现有的房屋进行整修，该基础设施项目就是大型项目的一部分工程。在开展价值工程研究时，所有新建项目的位置已经确定了，基础设施项目不仅要为新建项目服务，还要为已有的老建筑物服务。

该基础设施项目包括以下几个部分：

- 锅炉房、冷冻机房和配水系统
- 天然气

● 供水系统：饮用水、消防和软水
● 喷淋系统用水储备和分配
● 污水排放
● 电力供应与分配，噪声和数据，房屋管理系统和消防报警系统等
● 安保、室外工程，零星工程等。

价值工程研究分两次进行，首先进行了信息收集工作，几天以后才开始余下的价值工程研究活动。这样做可以在方案创造之前有足够的时间进行功能分析和功能评价。因此，第一天进行信息收集工作，然后对功能进行估价，同时价值工程研究小组可以解散。价值工程研究人员第二次集中时进行余下的价值工程研究工作，按照价值工程研究工作计划（VE job plan）进行工作，持续 5 天时间，因而整个价值工程研究活动到完成报告为止，至少花了三个星期时间。

价值工程研究的议程见表 5-22。

基础设施项目价值工程研究议程表 **表 5-22**

日　期	活　动　安　排	时　　间
第一周，周四	介绍和讨论价值工程研究的目标	9：00AM
	设计方案介绍（功用设施、污水、管网、安保、室外工程、房屋建筑等）	9：30AM
	估价工程师介绍造价分析情况	11：15AM
	功能分析（价值工程研究人员参加）	12：45PM
	讨论应该进一步收集的信息和分工	4：00PM
	分发创造性方案记录表，介绍创造性思维方法	4：20PM
	小结	4：50PM
	休会	5：00PM
第一周，周五至第二周，周三	功能的评价——计算功能的成本，不必集体进行	
第二周，周四	写出在休会期间的想法	8：45AM
	价值工程研究协调人介绍	9：15AM
	分发和讨论功能分析和费用模型	9：30AM
	提出想法的人用口头初步介绍其想法	9：45AM
	头脑风暴法会议	11：00AM
	对各个想法的评价	3：15PM
	价值工程研究协调人进行小结	4：50PM
	休会	5：00PM
第二周，周五	价值工程研究协调人介绍	8：45AM
	对上一周末的想法的回顾	9：00AM
	对各个新的想法的评价	9：45AM
	挑选一些准备进一步细化的想法	10：15AM
	方案细化	11：00AM
	价值工程研究协调人进行小结	4：45PM
	休会	5：00PM

续表

日　期	活　动　安　排	时　　间
第三周，周一	价值工程研究协调人介绍 对上一周末的想法的回顾 对各个新的想法的评价 挑选一些准备进一步细化的想法 方案细化 价值工程研究协调人进行小结 休会	9：00AM 9：15AM 10：00AM 10：30AM 11：00AM 4：50PM 5：00PM
第三周，周二	价值工程研究协调人介绍 方案细化 讨论汇报的形式并进行分工 总结经验教训 价值工程研究协调人进行总结 休会	8：45AM 9：00AM 4：00PM 4：30PM 4：50PM 5：00PM
第三周，周三	由价值工程研究的某个核心人员对业主管理层汇报（汇报人待定）	2：00PM
第三周， 周四和周五	由价值工程研究协调人编写价值工程研究工作报告	

二、价值工程研究小组的人员

价值工程研究小组由以下核心人员组成：

- 价值工程研究协调人（VETC，价值工程专家）
- 价值工程研究协调人的助手（价值工程专家）
- 项目经理
- 总平面设计建筑师
- 机械工程师
- 电气工程师
- 基础设施/土木工程师
- 估价人员（在方案发展细化阶段参与）

除以上核心人员外，还有其他一些有兴趣参与的单位，分别在信息收集阶段或者在方案创造阶段参与，这些单位中参加的人员有：

- 业主方的高级代表
- 现场运行方面的代表
- 保安经理
- 通信经理
- 环境经理
- 工程设计经理

价值工程研究人员中，有些是参与项目设计的，也有些不是，后者的参与会给价值工程研究多增加一些客观性。

三、价值工程研究过程

1. 研究准备阶段

在此阶段，组织召开了一次动员会，价值工程研究协调人和其助手将项目总平面布置、机电设计的内容对与会人员做了介绍。

2. 正式研究阶段

(1) 信息阶段

本阶段的目的是使价值工程研究小组各成员对项目的有关情况进行深入了解和理解，包括其设计、运行、项目的功能、组成部分等等，通过本阶段的了解，能够确定具有节约潜力的部分和值得改进的地方，以便于下一步有针对性地研究。

要使价值工程研究小组中的多数人对项目的了解程度都相差无几，不宜使一部分人了解很多，一部分人了解很少。为了使多数人都能广泛全面地了解这个项目的情况，避免和消除各种误解，应该由项目经理对项目做总体介绍，参与设计的机械工程师和电气工程师也应该对其负责的相应工作内容进行介绍。这个介绍最好在一开始就进行，在价值工程研究协调人的开场白并宣布了价值工程研究的目的之后就进行。

对项目概况和设计情况介绍之后，价值工程研究协调人和其助手就要介绍一下本次价值工程研究的程序。然后就开始功能分析。功能分析的目的有二：

- 激发价值工程研究人员进行讨论，揭示每个人对项目功能以及项目组成部分功能的不同理解；
- 使成本高的部分功能暴露出来，实际上这些功能很可能以较低的成本就可以实现，因此需要寻找另外的设计方案。

功能分析应该面向整个项目总体，也应该包括项目各组成部分。每一个功能都应该用一个名词和一个动词来描述，并将功能分类为基本功能，辅助功能或必要的辅助功能。然后对功能的成本进行分析，如表 5-23 所示。

信息阶段的功能分析　　表 5-23

项目名称：			日期：				页码：
科目：基础设施			功能：为大楼服务				
编　码	名　称	功能：为大楼服务			费　用	评价价值	评　　价
		动　词	名　词	类　型			
5	喷淋系统	控　制	风　险	B			高位功能
		储　存	水	S	130000		水　罐
		分　配	水	B	180000	100000	管　道
		提　供	支　持	RS	84000	84000	水　泵
		遮　挡	视　线	S	15000		围绕水罐
		遮　盖	水　泵	S	40000		建　筑
	小　计				449000	184000	价值指数≈2.44
16	外部工程	提　供	通　道	B			道　路
		控　制	通　道	B			
		循　环	车　辆	B			
		通　向	停车场	B	930000	850000	
		改　善	方便性	S			
		适　应	递　送	B			
		适　应	搬　迁	B			

续表

项目名称：			日期：				页码：
科目：基础设施			功能：为大楼服务				
编　码	名　称	功能：为大楼服务			费　用	评价价值	评　　价
		动　词	名　词	类　型			
		服　务	建　筑	B	250000	150000	
		提　供	紧急通道	RS	225000	200000	
		减　小	拥　堵	RS		350000	
		符　合	法　规	RS			
		分　离	车　辆	S	70000		参观者停车场
		隔　离	停车场	S			
		提　高	安　全	RS			照　明
		照　明	道　路	RS	200000	200000	
		改　善	保　安	S			
		方　便	二期工程	S	135000		更换现场道路
		满　足	规划者	RS	140000	140000	循环方式
		存　放	轿　车	B	700000	700000	停车场
		存　放	自行车	S	70000		圆形车棚
		方　便	步　行	B			人行道
		引　导	步　行	RS	310000	275000	
		保　护	景　观	S			
		连　接	现　场	S	450000		
		提　供	休　憩	S	25000		长凳，等等
		淡　化	视觉影响	RS	54000	30000	道路的正面景观
		改　善	隐私性	S	60000		现场南面的缓冲景观
		遮　蔽	不良之举	RS			
		改　善	美　观	RS			
		改　善	环　境	S	2100000	1500000	景　观
		提　高	想　象	RS			
	合　计				6069000	4395000	价值指数≈1.4

行为动词　　　　类型　B=基本功能　　　　（仅仅是基本功能）

S=辅助功能

可度量的名词　　　　RS=要求的辅助功能　　　　费用/评价值=

信息阶段会议结束后，有四天时间休息。利用这段时间，可以对已经分析列举的功能进行成本分析，建立费用模型，该项工作可以利用前面的费用估算数据。费用模型的结果尽量用图表示，见图 5-6～图 5-9。

（2）方案创造阶段

根据项目投资估算和功能的成本分析，通过费用模型图，很容易发现成本高的功能部

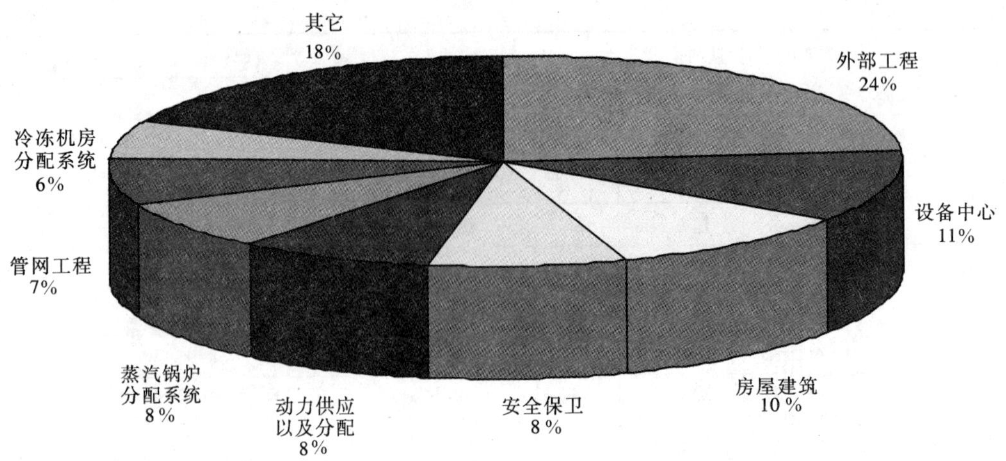

图 5-6　某基础设施项目投资分解图

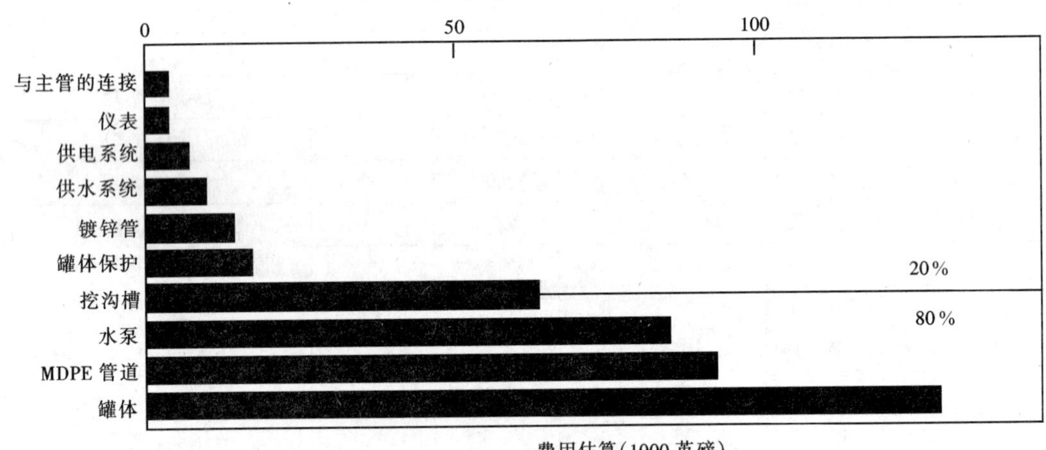

图 5-7　喷淋系统的费用分解

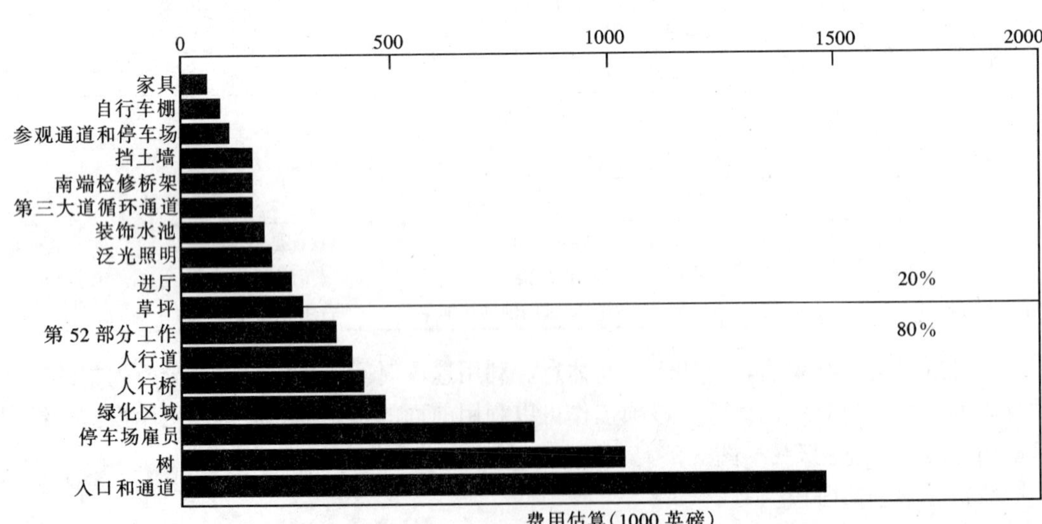

图 5-8　外部工程费用分解

分或功能区域，针对这些功能部分，价值工程研究人员利用头脑风暴法对每个问题进行了创造性分析，共产生了 295 个新想法。

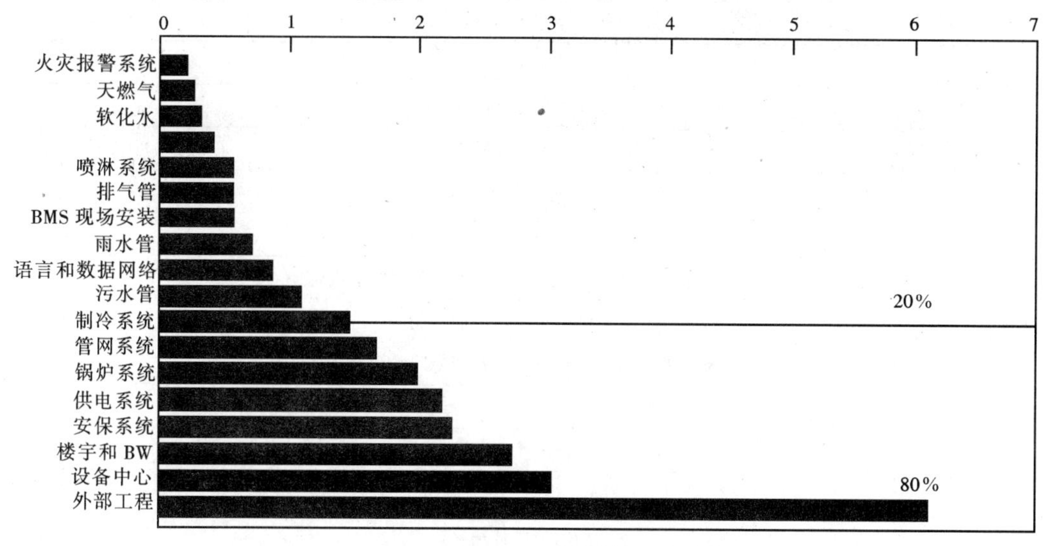

图 5-9　某基础设施项目费用分解

在方案创造阶段，没有允许对新产生的想法进行评价，所以价值工程研究人员专心致力于想出各种新办法，既不批评和评价别人的想法，也不担心自己的想法会被别人评论。另外，鼓励价值工程研究人员拓宽思路，允许产生不切实际的想法，尽管这些想法不会被进一步发展细化，但这些想法促进了其他人、启发了其他人产生更有用、更符合实际的想法。

表 5-24 是其中的一部分创新性想法。

创新性想法的评估（部分）　　**表 5-24**

项目：某基础设施项目价值工程研究		页码：
编　号	内　　容	排　序
	喷淋系统	
SP-1	取消	
SP-2	减少喷淋面积	2
SP-3	缩小喷头之间的间距	4
SP-4	用水池代替水箱储水	4
SP-5	直接从主供水管供水，取消水池	1
SP-6	重新确定水池位置，放在建筑物之间	4
SP-7	确定水池位置，增加水池和水泵	4
SP-8	喷淋和水箱综合考虑	4
SP-9	用柴油机代替备用发电机	2
SP-10	取消水池遮蔽物	3
SP-11	水池放在地面以上	4
SP-12	采用 SW 加强喷淋设备	4

续表

项目：某基础设施项目价值工程研究		页码：
编　号	内　　容	排　序
	外部工程	
EX-1	取消新的入口通道	4
EX-2	关闭入口通道	4
EX-3	保留南面的现有通道（为二期工程）	1
EX-42	单向行驶改为双向行驶	1
EX-43	减小道路宽度，增加通行位置代替宽的双向道	1
EX-44	取消循环平房，增加备用房	1
EX-45	利用地下室停放自行车，取消专门的自行车库	4
EX-46	取消封闭的人行道	1
EX-47	提高路灯亮度	3
EX-72	人工煤气代替天然气	4
EX-73	用山羊代替割草机	4
EX-74	取消装饰性水池	1
EX-75	降低入口的装饰要求	1
EX-76	补助公共交通	4

（3）方案评价阶段

在本阶段，要将上一阶段创造产生的想法进行筛选，剔除不切实际的想法，选取比较好的想法进行发展细化。

在方案评价阶段所采用的排序方法如下：

排序	对想法的处理
1	该想法将被进一步发展细化
2	如果时间允许，可以进一步发展细化
3	该想法有一定优点，但并不值得进一步发展细化
4	该想法没有什么优点，不会被考虑

经过初步判断和筛选，剩下一些比较好的想法，表 5-25 是筛选前后的想法的数量统计情况。通过表 5-25 可以看出，最初总共创造了 295 个想法，只有 74 个被排序为 1 或者作为设计建议，有 30 个想法排序为 2，如果有充裕的时间，可以将其发展细化。

创新性想法及其汇总表判断排序　　**表 5-25**

价值工程研究对象	创新性想法的数量	排　序　情　况		设计建议
		1	2	
蒸汽锅炉及输送系统	33	1	1	8
冷冻机房及输送系统	16	0	0	0
天然气	1	0	1	0
供水系统	4	0	2	0

续表

价值工程研究对象	创新性想法的数量	排序情况		设计建议
		1	2	
喷淋系统	12	1	2	0
污水排放	11	1	0	0
雨水排放	9	0	3	0
生活废水	3	0	1	0
管网系统	6	3	0	0
供热/能源输送	21	2	2	2
声音和数据网络	12	3	0	0
BMS 现场安装	12	5	1	0
安保系统	31	8	3	0
火灾报警系统	5	3	0	0
设备中心	20	7	1	0
外部工程	79	19	12	3
建筑和工人工作	20	8	1	1
合　计	295	60	30	14

(4) 方案发展阶段

在上一阶段选择的想法要在本阶段发展、细化，形成价值工程研究提案。

每个提案都要经过详细的计算，价值工程研究提案内容包括：

- 对原设计的描述，建议改进设计的意见
- 提案的优缺点的讨论分析
- 一次性建设成本和全寿命周期费用分析（在可能的情况下）
- 计算数据、轮廓图和其他支持数据

价值工程研究提案的图表样式见表 5-26 和表 5-27，价值工程研究提案汇总表见表 5-28 所示。

(5) 提案的提交与汇报

在价值工程研究结束之际召开了一次会议，将主要的价值工程研究提案向管理层代表做了汇报，了解了他们对各提案的初步意见。

四、结论

这次价值工程研究取得了很大成功，一次性投资的净节约额为 300 万英镑，占总造价的 12%，而对其要求的功能则没有任何影响。这其中还包括了几个改进提案是引起成本增加的，增加的金额约为 10 万英镑。

在实施会议上明确接受的提案所节约的费用总额为 117 万英镑。全寿命周期费用的节约额没有计算，因为当时的资料不充分，无法进行计算。

在前期价值工程研究阶段，能使建设成本节约 12%～16%是比较合理的，因此本项目的效果是比较理想的。

价值工程研究提案 1 表 5-26

项目名称：案例研究	日期：	
价值工程研究提案内容：	编号：	页码：

原设计：

喷淋系统通过 150m³ 水池和水泵供水。建筑的喷淋系统通过场地南面的 450m³ 水池供水。各水池的水来自主供水管。

改进建议：

直接从主供水管供水，取消水池和水泵

优点：

由于取消水池和水泵而节约成本

取消了水泵，也节约了维护费用

缺点：

由于主供水管压力不足或供水量不足会引起喷淋失效的风险。而在原设计中，如果水池是满的话，即使主供水管水压不足也不会影响喷淋。

讨论：

重新审核保险公司的要求，并讨论分析风险管理方案。在此之前，本建议暂不进一步向前实施。

全寿命周期费用总结	建造成本	运行和维护费用		全寿命周期费用
		每　　年	全寿命周期	
原设计	400000			400000
价值工程研究建议	200000			200000
节 约 额	200000			200000

价值工程研究提案 2 表 5-27

项目名称：案例研究	日期：	
价值工程研究提案内容：污水池置于地面以上	编号：	页码：

原设计：

污水池布置在地面以下，通向所有房间，因而从办公室和通道上可以看见污水池

改进建议：

将污水池移到 D 建筑的南面，置于地面上，从办公室和通道上不能看到。但需增加一个泵站，将污水管道内的污水提升到污水池。

优点：

取消了地下污水池，可以减少建造成本

缺点：

污水池和泵站可以从邻近的地产中看到，因而需要遮蔽。

增加了一台水泵

讨论：

从费用估算角度分析，将污水池从地下搬到地上，节约的费用远远超过了由于增加水泵和遮蔽污水池而增加的费用。

全寿命周期费用总结	建造成本	运行和维护费用		全寿命周期费用
		每　　年	全寿命周期	
原设计	1050000			1050000
价值工程研究建议	900000			900000
节约额	150000			150000

价值工程研究提案汇总表 **表 5-28**

项目名称：案例		日期：		页码：		
编号	内　　容	原设计成　本	价值工程研究建议成本	节约额的折现值		
				节约建造成本	节约运行和维护费用	节约全寿命周期费用
	喷淋系统					
SP-5	取消水箱，直接从管网对喷淋系统供水	400000	200000	200000		200000
	供热和能源分配系统					
E-1	直接埋管代替留槽	600000	350000	250000		250000
E-3	取消南北连接电缆，保留供应食堂的电缆	1850000	1750000	100000	TBD	100000
E-13	取消 33kV 变电站，只保留 11kV 变电站					DS
E-14	利用变幅烟气柜以减少电力需求					DS
	外部工程					
EX-3	保留南边到 A 楼边的现有道路	10000	10000			140000
EX-8	取消通向路边参观者停车场的单独入口	10000				10000
EX-9	取消道路 A 的拓宽计划，车辆在场地内停放	100000	50000			50000
EX-11	保留东面的停车场，建筑物移到别处	400000				400000
EX-13	保留场地现有出入口，取消新建出入口	120000	20000			100000
EX-22	降低围墙的高度	105000	50000			55000
EX-23	重新布置基础					DS
EX-31	增加通往建筑 B 的地下室入口		(75000)			(75000)
EX-39	增加室外泛光灯代替原方案的路灯	160000	30000			130000
EX-40	增加室外路灯之间的间距					DS
EX-42	道路变单向行驶为双向行驶	135000	40000			950000
EX-43	通向新建筑的道路缩小宽度到 5m	100000	100000			100000
EX-44	降低自行车停车库的标准和要求	70000	50000			20000
EX-46	取消封闭的人行道	90000				90000
EX-49	增加停车场设备空间					DS
EX-46	取消边界线上的绿化隔离带	20000				20000
EX-74	取消装饰性水池，代之以绿化草坪	150000	75000			75000

第四节　价值工程在筏形基础设计中的应用

一、概述

（一）基础工程设计中的问题

高层建筑在全国各地的分布不同，各地的设计和建设水平不一，地质条件千差万别，设计者的观念和处理问题的方法也不统一。调查和分析表明，在高层建筑的基础工程设计中，某些问题和做法值得研究和探讨。

首先是某些箱（筏）形基础底板的设计厚度很大，2～3m 的底板很常见，有的甚至超过 4m。不少设计者中流传着一种说法，即筏板基础的底板厚度可以按每层若干厘米估计。

其次是基础底板中的配筋量较大，实测底板钢筋应力都很低。对有些底板的中层配筋问题，许多设计者有不同看法，因为从板的受力状况看，在中层配筋不如在板的顶面和底面配筋更有效。至于温度作用，基础板埋置在土中，受外界气温变化的影响很小，所以无需为此配筋。

地下室墙的厚度和配筋，不同设计者的设计结果相差很大，如表5-29所示。最大厚度为70cm（序号6），最小为30cm（序号5）；最大配筋为每侧 $A_s=63.8cm^2/m$（序号7），最小配筋为每侧 $A_s=5.65cm^2/m$（序号8），最大与最小配筋相差9倍多。

某些高层建筑地下室墙的厚度和配筋　　表5-29

序号	建筑物名称	地点	层数地上/地下	高度(m)	结构形式	壁板厚度(cm)	外侧竖筋	面积(cm^2)	内侧竖筋	面积(cm^2)	混凝土强度
1	西苑饭店新楼	北京	23/3	93.5	剪力墙	40、50	ϕ14@200	7.69	ϕ14@200	7.69	C35
2	恒基中心	北京	23/3	90	框筒	55	ϕ32@200	40.19	ϕ32@200	40.19	C35 C50
3	庄胜广场	北京	21/3	87.75	框筒	40、60	ϕ25@100	49.06	ϕ25@100	49.06	C50
4	精品大厦	北京	22/3	81	框剪	35	ϕ16@200	10.05	ϕ16@200	10.05	C40
5	国安大厦	北京	20/2	63.7	剪力墙	30	ϕ20@140	22.43	ϕ20@140	22.43	C40
6	银工大厦	济南	35/4	140.9	内筒外框	70	ϕ22@200	19.00	ϕ22@200	19.00	C45 C55
7	莲花东北区商住楼	深圳	25/1	86.9	框剪	50	ϕ25@75	63.8	ϕ25@150	31.9	C40
8	瑞鹏大厦	深圳	15/2	58.1	框剪	40	ϕ12@200	5.65	ϕ12@200	5.65	C30

另一个问题是工程桩的设计。桩的数量较多，桩的长度也很长，如果是预制打入桩可能造成打入困难，甚至有许多桩打不到设计标高。可能有许多因素影响，但桩的密度大也似乎是原因之一。而且，打入桩的密度过大，常常给周围环境带来危险，如路面隆起、管道开裂和房屋倾斜等。

按照规范要求，高层建筑的基础应有一定的埋置深度（一般为 $H/15$ 至 $H/12$），所以尽管有的建筑从功能上讲并不需要多层地下室（如高层住宅），但为满足规范要求也不得不增加一层或多层地下室，由此而引起的建设成本和施工工期都将增加很多。对于桩基础，桩的存在对地基基础也有刚度贡献，如果放松对筏板埋深的限制，就可以降低成本。

（二）筏形基础设计中的问题分析

如前所述，箱（筏）形基础设计中的主要问题是底板厚度比较大，配筋比较多。

（1）有关项目的调查和对比

表5-30是几个高层建筑的箱（筏）形基础底板厚度对比情况。调查的项目地质条件类似，地基条件都比较好，只是项目高度和结构形式不同。

某些高层建筑工程的箱（筏）形基础　　表5-30

序号	工程名称	层数地上/地下	高度(m)	结构形式	材料	抗震设防烈度	地基条件	基础形式	顶板厚/底板厚(cm)	外墙厚(cm)	地基允许承载力(kPa)
1	京城大厦	52/4	184	框剪	S/RC	9	良好	箱基	25/85	30～90	980
2	国贸中心办公楼	39/2	155	筒体	S/RC	8.5	良好	筏基	15/55-85	50	294
3	北京某办公楼	18/2	106	筒中筒	RC	9	良好	箱基	150/150	90	294

续表

序号	工程名称	层数地上/地下	高度(m)	结构形式	材料	抗震设防烈度	地基条件	基础形式	顶板厚/底板厚(cm)	外墙厚(cm)	地基允许承载力(kPa)
4	北京某高级宾馆	29/3	99	剪力墙	RC	8	良好	箱基	35/140	50	490
5	北京西苑饭店	29/3	93	剪力墙	RC	8	良好	箱基	40/70	40	392
6	海口中衡办公楼	22/2	82	框剪	RC	8	良好	箱基	40/140	55	280
7	北京某圆塔形公寓	26/2	80	筒体	RC	8	良好	箱基	30/80	40	196

通过类似项目的比较可以看出，不同的项目，尽管其基本条件差不多（如高度、结构形式、地基土质情况等），但由于出自不同的设计者，所以设计结果差别较大。如序号 4 和 5 两个项目，层数、高度、结构形式、地基土、抗震设防烈度等均相似，而底板厚度却相差一倍。序号 6 和序号 7 也是如此。

(2) 实测数据分析。董建国等在文献［37］中提供了 9 幢高层建筑箱基底板的实测钢筋应力数据，钢筋的设计强度为 340000kN/m^2（340MPa），而实测底板应力却小得多，底板整体加局部弯曲钢筋应力最大值仅为 26300kN/m^2，即 26.3MPa。

郁彦在文献［24］中也指出，北京市建筑设计院曾在几个工程基础受力钢筋上进行测验，实测了多个高层建筑，发现基础钢筋的实际受力仅 20000～30000kN/m^2（20～30MPa），约为设计应力的十分之一。

程懋堃在文献［21］中提到，经对某高层建筑办公楼的实测分析，基础底板钢筋应力为 20000～40000kN/m^2（20～40MPa），与国内其他工程的实测应力的数值接近。

实测应力普遍比较低，说明可能不仅仅是某些个别设计者的设计问题，甚至可能是传统的常规设计方法也有问题。

(3) 从设计方法与理论上分析，一般项目均按弹性理论计算和设计，若底板按塑性理论计算分析，其弯矩等计算内力可以降低，设计较经济；一般不考虑上部结构对基础的影响，即不考虑上部结构与地基基础的共同作用。

文献［39］中提到，某筏形基础用两种方法计算，控制截面的厚度竟然相差一倍。

(4) 在进行方案选择时，由于采用梁板式筏形基础的设计和施工比平板式复杂，所以大多数设计者和承包商都不太愿意采用可能较经济的梁板式结构。

以上问题及其分析表明，高层建筑筏形基础设计中有些问题值得分析和探讨，因此开展 VE 研究，组织各方面的专家共同分析，将有利于设计的改进和价值的提高。

二、筏板的功能分析

通过对筏板功能要求的量化分析，可能会发现某些功能要求不尽合理，如功能要求明显高于实际的功能需求；通过功能分析，还可能发现实际的功能水平超过了功能需求，产生了“过剩功能”。

(一) 功能定义及整理

筏板的基本功能主要有：

(1) F1，承受上部结构荷载并将其传递给地基

(2) F2，减小不均匀沉降

(3) F3，防止地下水

要实现其基本功能可以采取的措施和方法整理如图 5-10 所示。

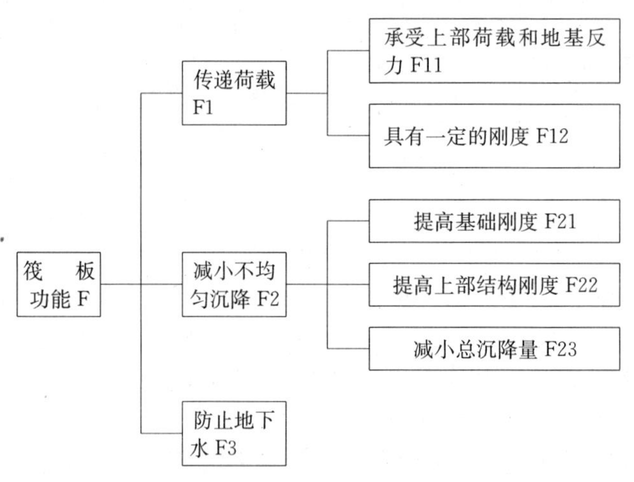

图 5-10 筏板的功能系统图

要实现传递荷载的功能 F1，就要求筏板具有承受荷载的能力，即承受上部结构荷载和地基反力功能 F11，以及具有一定的刚度 F12。

基础的沉降是不可避免的，规范规定的少量的均匀沉降对建筑物没有太大的影响，因而也是允许的。筏板的重要作用之一就是减小基础不均匀沉降（F2），平衡基础各点的沉降，防止过大的沉降差，因为不均匀沉降过大容易影响建筑物的正常使用。

要实现功能 F2，即减小不均匀沉降，可以通过提高筏板的刚度、提高基础的抗变形能力 F21，或提高上部结构的刚度、提高上部结构的抗变形能力 F22 等解决。另外如果能控制、减少总的沉降量（F23），也有利于减小不均匀沉降，这需要对地基进行处理，如打桩、地基加固等，将在下一节中分析。

根据我国《建筑地基基础设计规范》(GBJ7—89) 第 8.4.2 条的规定，筏板的厚度应根据抗冲切、抗剪切要求确定，即筏板的厚度是由抗冲切、抗剪切控制的。这说明，筏板的诸多功能中，传递荷载 F1，承受上部结构荷载和地基反力 F11 是关键的功能要求，而承载力功能中，抗冲切、抗剪切又是最重要的功能要求，只要满足这一功能要求，其他功能一般比较容易满足，实际设计中的经验也证明了这一点。而要提高筏板承载力，实现功能要求 F11，可以有多种方法，如提高混凝土强度、增加钢筋用量、加大截面形状尺寸和改变截面形状等，底板加厚只是其多种方案措施之一，如图 5-11 所示。

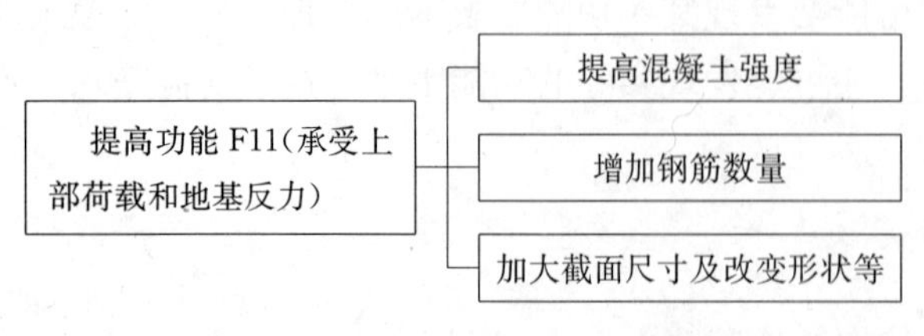

图 5-11 提高基础承载力的措施

功能 F21 又可以通过调整截面形状和尺寸解决，底板加厚只是改变截面的措施之一，并不是唯一办法。

高层建筑的上部结构荷载很大，筏形基础的荷载、地基反力以及筏形基础的内力都很大，因此要求基础的承载力高、刚度大，所以基础底板的厚度通常都比较大，配筋量也比较大。但问题是：究竟需要多厚的底板才能满足强度和刚度要求？强度和刚度要求的合理量值应该是多少？有没有不增加厚度但同样可以实现上述功能的方法？

从 VE 角度看，首先要解决功能需求是什么，是多少，功能水平是多少等等。以下通过具体的案例来分析。

（二）案例分析

案例 1，某高层建筑，地上 15 层，地下 3 层，框架－剪力墙结构。基础持力层和主要下卧层为密实的中粗砂和卵石，物理力学性质良好，属于二类场地。采用平板式筏形基础，不需打桩，底板厚 2.4m，地下室最大柱网为 12m×11.4m，混凝土用 C40，如图 5-12 所示。

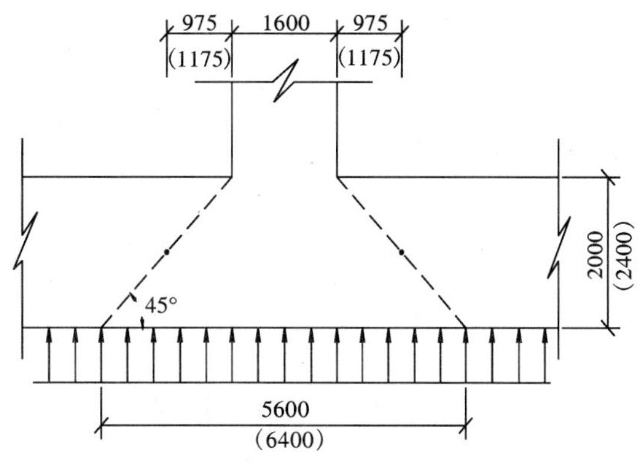

图 5-12　案例 1 计算示意图

通过上部结构计算，得到柱子的最大轴力标准值为 42910kN，取柱距的 1/6 作为板厚进行试算，即 $h=2\text{m}$，平均地基净反力为：

$$\sigma=\frac{42910\times1.25}{12\times11.4}=392.1\ (\text{kN/m}^2)$$

冲切力设计值为：$F_t=392.1\times(12\times11.4-5.6^2)=41343(\text{kN})$

集中作用面积周边 $h_0/2$ 处的周长为：$U_m=4\times3.55=14.2(\text{m})$

冲切承载力：

$$0.6f_tU_mh_0=0.6\times1.8\times10^3\times14.20\times1.95=29905(\text{kN})$$

式中　f_t 为混凝土抗拉强度设计值。

冲切承载力小于冲切力设计值，不能满足要求，改取 $h=2.4\text{m}$ 重新进行计算，得冲切力设计值为：$F_t=392.1\times(12\times11.4-6.4^2)=37579(\text{kN})$

冲切承载力为：$0.6f_tU_mh_0=0.6\times1.8\times10^3\times15.8\times2.35=40100$ (kN)

冲切承载力大于冲切力设计值，所以试算结果表明底板厚度为 2.4m 才满足要求。

该项目基础总平面为 120×108.4＝13008（m^2），需混凝土量 3.12 万 m^3。

由于基础底板的厚度主要由冲切承载力决定，所以冲切力设计值和抗冲切承载力是功能分析的关键。在案例 1 中，底板的功能要求可以表达为，冲切承载力大于冲切力设计值 F_t，当底板厚度为 2.4m 时 $F_t=37579\text{kN}$。

（三）功能要求分析

以下将从五个方面分析底板抗冲切的功能要求是否合理。

1. 基底反力的大小和分布不同，所得到的冲切力设计值就不同，这可以通过上述 σ 和 F_t 的计算公式明显看出。在上述的计算中，所假定的地基反力是均匀分布的，即不管是柱子底部还是两柱的跨中，地基反力 σ 都相同。这一假定意味着基础为绝对刚性，在受力之后不会发生弯曲变形，这与实际情况不一致，实际的基础既非绝对刚性也非绝对柔性，而是弹性体。文献［34］中，袁勋通过厚筏的模型试验表明，柱下反力大于跨中反力，反力曲线呈波浪起伏，筏板存在一定的局部弯曲。

郁彦［24］、尚东伟［38］都指出，观察、实测和分析的结果表明地基反力集中在柱底，而两柱子的跨中及筒体的中心部位地基反力则比较低，即实际的地基反力应如图 5-13 所示，呈波浪起伏的曲线分布。当然，其曲线分布的形状与地基土质、底板刚度、柱子间距等有很大关系。

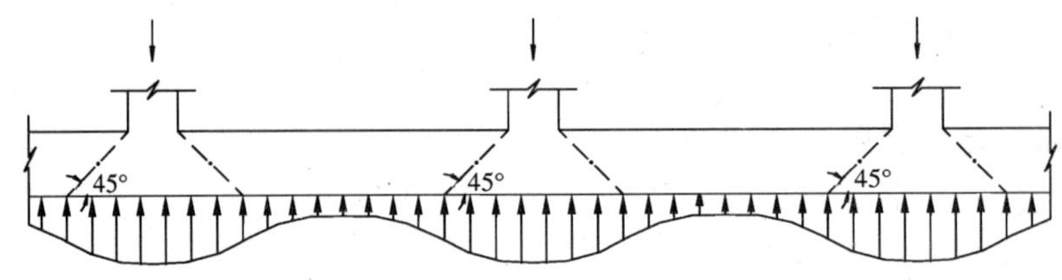

图 5-13　实际地基反力分布图

根据许多观察和实测分析，对案例 1 的地基反力分布重新假定，如图 5-14 所示，即为了便于计算，暂时假定柱底反力是跨中反力的 2 倍（参考尚东伟的计算结果[38]），并且柱底和跨中都是均匀分布的。取板厚为 2.10m，基底反力 σ=314.7(kN/m^2)，柱底的基底反力为 2σ=629.4(kN/m^2)，地基承载力满足要求。冲切力设计值和冲切承载力分别为 32464kN 和 32324kN，底板的设计强度刚好满足。

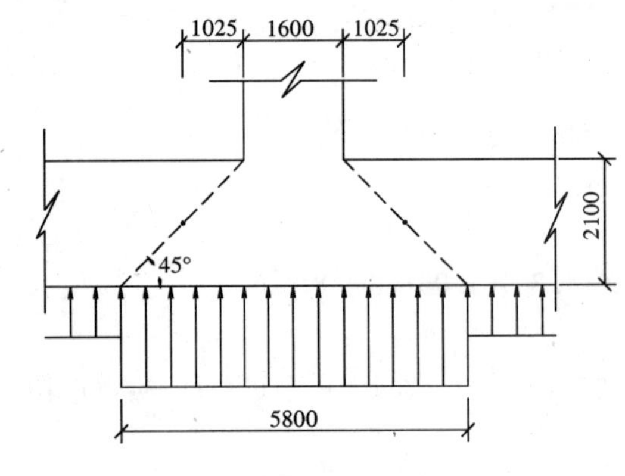

图 5-14　假定地基反力非均匀分布的计算简图

这样就使底板厚度降低了 0.3m，计 12.5%，也就是混凝土的体积减小 12.5%，总计可以节约混凝土 3900m^3，节约费用 150 万元以上。另外，土方开挖和基坑支护费用也可以降低，因而可以节约不少费用。

以上说明，筏形基础底板设计的关键功能要求——冲切力设计值是与基底反力的大小和分布紧密相关的。假定基底反力均匀分布，冲切力设计值大，底板的计算厚度大。客观上，基底反力不均是绝对的，即基底反力均匀分布的假设与实际情况不符，所以案例 1 中底板的计算厚度是偏安全的，整个底板存在着“过剩功能”。

值得说明的是，实际的基底反力大小和分布也不一定如上所假设，这与许多因素有关。若柱子下面的实际基底反力仅比跨中大 20%，则可以得到另外一个计算结果。

2. 对底板来说，冲切力（实际上是剪切力）的最大值位于柱脚处，越向跨中的力越小，所以采用平板式筏形基础，只要柱脚处的承载力满足要求，底板中其他部位的承载力就不会有问题。也就是说，跨中的功能要求比柱脚处低，若跨中的底板厚度与柱脚处相同，即采用平板结构，在跨中就可能存在“过剩功能”。

从弯矩值的大小分析，通常也是柱脚处最大（负弯矩绝对值），跨中的正弯矩值较小。所以从抗弯角度看，柱脚处的功能要求也应该大于跨中。

因此无论是从抗冲切（剪切）还是从抗弯曲角度看，平板式筏形基础的功能要求最大值在柱脚处，跨中低于柱脚。

3. 郁彦在文献［36］提出，设计无梁楼盖和平板式筏形基础要验算冲切强度，可以证明“冲切”就是“剪切”，只是考虑的安全度不同，这也可以从旧规范（TJ10—74）的规定中看出，如400号混凝土：

剪切标准强度：　　　　$0.07R_a=0.07\times230=16.1$

冲切标准强度：　　　　$0.75R_l=0.75\times21.5=16.1$

两者完全相同。其他强度的混凝土也差不多。两者的差别在于安全度不同，即冲切安全系数2.2，剪切安全系数1.55。

剪切设计强度：　　　　$16.1/1.55=10.39$

冲切设计强度：　　　　$16.1/2.2=7.32$

剪切设计强度是冲切的$10.39/7.32=1.42$倍。

新规范剪切标准强度（以C40为例）：$0.07f_a=0.07\times19.5=1.365$

冲切标准强度（C40）：　$0.6f_l=0.6\times1.8=1.08$

新规范的安全系数相同，都是1.25，即：

剪切设计强度：　　　　$1.365/1.25=1.092$

冲切设计强度：　　　　$1.08/1.25=0.864$

剪切设计强度是冲切的$1.092/0.864=1.26$倍。即新规范中抗剪切与抗冲切的差距在缩小，但仍然是剪切设计强度比冲切设计强度高，按抗剪切验算其计算截面，截面的高度应比抗冲切验算的结果小。

文献［30］对桩基承台的试验研究表明，桩基承台抗冲切承载力的试验实测值比规范公式计算值高出很多，这结论应同样适用于案例1所示的筏板，说明规范公式确实偏安全，尽管新规范已经做了适当调整，仍“不到位”。

无梁楼盖（以及平板式筏形基础）可以看成板搭板的结构，为什么平板式结构要对底板进行抗冲切验算，而梁板式结构则要对梁进行剪切验算？若平板结构中对柱上板带按梁配筋，形成“暗梁”，则应如何进行验算？现行的有关规范中没有说明。

在高等学校现行各种版本的钢筋混凝土结构教科书中，对各种结构构件、各种截面、各种受力方式的计算公式一般都有详细的理论推导和参数如何确定的说明，但是未发现抗冲切公式的推导和说明。查阅有关文献，我国的抗冲切计算公式主要是参照原苏联的计算资料及国内外试验资料，尽管我国规范GBJ 10—89已经对旧规范的公式进行了调整，但对比发现仍比原苏联规范计算所得的结果安全。这些似乎可以说明，我国的抗冲切验算公式的基础可能尚不够充分扎实。

因此从受力和破坏机制来说，冲切和剪切是一致的，只不过冲切是剪切的一种特例。柏傲冬等［28］的分析表明即使不考虑钢筋项的作用，深梁的抗剪承载力也比普通梁大的多（$0.12/0.07=1.71$）。而高层建筑的底板一般都比深梁的厚度大，宽厚比可能介于普通梁和深梁之间，因此即使采用普通梁的抗剪承载力公式计算也将是大大偏于安全的。

以下分析抗剪切验算的结果。根据上述分析，假定基底反力是均匀分布或不均匀分布，其计算结果是不同的，所以，下面就按照两种假设进行抗剪切验算。

（1）基底反力均匀分布

假设板厚 2.1m，则如前所计，$\sigma=392.1\text{kN/m}^2$，刚性角以外的最大剪力 V（即冲切力设计值）为 40449kN，剪切承载力为：

$$0.07\times f_{\mathrm{a}}\times U_{\mathrm{m}}\times h_0=0.07\times 19.5\times 10^3\times 4\times 3.65\times 2.05=40854\ (\text{kN})$$

满足要求。

（2）基底反力不均匀分布

假设板厚 1.9m，刚性角内的反力是刚性角外的 2 倍，则基底反力为：

$$\sigma=\frac{42910\times 1.25}{12\times 11.4+5.4\times 5.4}=323.2(\text{kN/m}^2)$$

$$V=323.2\times(12\times 11.4-5.4\times 5.4)=34789\ (\text{kN})$$

剪切承载力$=0.07\times 19.5\times 10^3\times 4\times 3.45\times 1.85=34848$（kN）而且大于 34789（kN），满足要求。

如此分析，无论基底反力是否均匀分布，按抗剪切验算的结果都比原设计节约，如表 5-31。基底反力不均匀分布时抗剪切验算的最小底板厚度仅为 1.9m，比原设计 2.4m 少了 0.5m，即少了 21%。

抗冲切验算与抗剪切验算底板厚度之对比　　　　表 5-31

计算板厚	基底反力 均匀分布	基底反力 不均匀分布	备　注
抗冲切验算	2.4m	2.1m	基底反力不均匀分布时假定柱底反力是跨中 2 倍
抗剪切验算	2.1m	1.9m	

4. 在以上的分析中，并未考虑抗剪切和抗冲切公式本身的问题。实际上，在抗冲切承载力公式中仅考虑了混凝土的作用，而未考虑钢筋的作用。但冲切试验的结果却表明：破坏荷载与钢筋混凝土板中两个方向的配筋率大体上呈线性关系（在配筋不是很大的情况下）。李继祥等［29］通过对桩基厚承台冲切承载力的试验研究提出："纵向受拉钢筋的销栓作用使斜裂缝的开展受到限制，从而大大提高了承台的受冲剪能力，从试验可以看出承台试件受冲切承载力随钢筋用量增加而线性增加"。梁书亭等在文献［30］中指出，试验表明，配筋承台的抗冲切承载力试验实测值比规范公式计算值高很多。但在抗冲切承载力公式中却没有得到体现。

在有些国家（如美国 ACI-318 规范和欧洲 CEB-FIP 混凝土规范）的抗剪切公式中就考虑了纵向水平钢筋的有利影响。由于基础底板中的配筋量比较大，一般都不配弯起钢筋和箍筋，所以基础底板与无腹筋梁相似。因此即便按照抗剪切验算来确定底板厚度（不考虑纵向钢筋的有利作用），也是很保守的，也就是说筏板的实际抗冲切承载能力被低估了，实际上筏板中明显地存在着"过剩功能"。

以上分析表明，规范公式的安全度是值得认真研究和探讨的。安全度过大，就说明是功能"过剩"，其结果就是功能的价值降低了。

5. 在 GBJ7-89 第 8.4.3 条中规定，"筏板厚度也可以根据楼层层数按照每层 50mm 确定"，这是对墙下浅埋筏板基础或不埋式筏板基础的规定，有人引用到高层建筑中不一定恰当。在上海的《钢筋混凝土高层建筑筒体结构设计规程》（DBJ08—31—92）中要求，桩基承台板的厚度"一般宜按平均每层建筑不小于 60mm 厚度考虑"，多数设计者都采用这一做法。

实际上，各个建筑物有其不同的地基条件，上部结构体系不同，柱和剪力墙的布置、筏板的类型等等都各不相同，也可以说是千差万别，怎么可以简单地用每层几厘米来确定筏板的厚度？正确的做法应该是根据荷载的大小（与层数有关）、柱网间距、筏板类型等确定的筏板内力来确定底板的厚度。例如同样是 30 层的建筑，柱网 4m 和 8m，所需的基础底板厚度是大不相同的。

以上是从功能要求的角度来考察筏板的厚度问题，即要求筏板的抗冲切承载力究竟应该是多少？通过上面的分析可以得到结论：

(1) 按照均匀基底反力（即底板为刚性板）计算，对底板的功能要求高于非均匀基底反力的计算结果；

(2) 按照抗冲切要求计算底板的厚度，结果偏大，即抗冲切的功能要求高；

(3) 无论是按照冲切验算还是按照剪切验算，若不考虑底板中水平钢筋的作用就贬低了底板的承载能力，实际的功能水平很高，即底板中存在“过剩功能”；

(4) 综合上述几方面的共同影响，可以显著地降低功能要求，消除“过剩功能”，即可以显著地降低底板厚度，从而降低成本，提高价值。

三、设计方案的改进和评价

根据前面的分析和以往的经验，底板的厚度由剪切（冲切）承载力决定，因此进行方案创造和设计改进就要从提高剪切（冲切）承载力的角度考虑。

（一）方案创造与分析

经过分析，对案例 1 的底板设计和其改进方案有以下几种可能：

(1) 平板结构，即原设计方案；

(2) 平板结构，在柱子周围一定宽度范围内的底板中配箍筋和/或双向弯起钢筋（一道或两道），如图 5-15 所示，以提高抗剪切或抗冲切承载力，并在柱上板带集中配筋形成暗梁，降低板厚；

(3) 梁板结构；

(4) 倒梁板结构，如图 5-16；

(5) 平板结构在柱脚加肋（图 5-17），即相当于无梁楼盖的柱帽，或在底板底部局部加厚（图 5-18），或同时考虑加肋和底板局部加厚（参见图 5-19）；

(6) 在方案 (3) 中增加箍筋和弯起钢筋提高抗剪承载力；

(7) 在方案 (4) 中增加箍筋和弯起钢筋提高抗剪承载力。

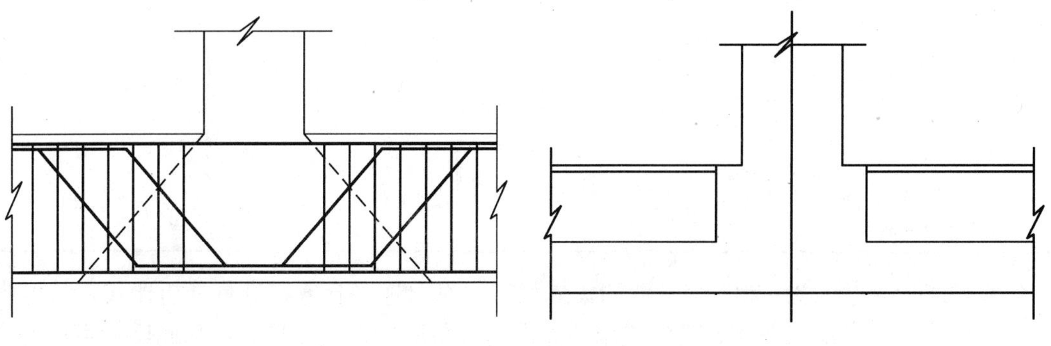

图 5-15　改进方案——暗梁　　图 5-16　倒梁板结构

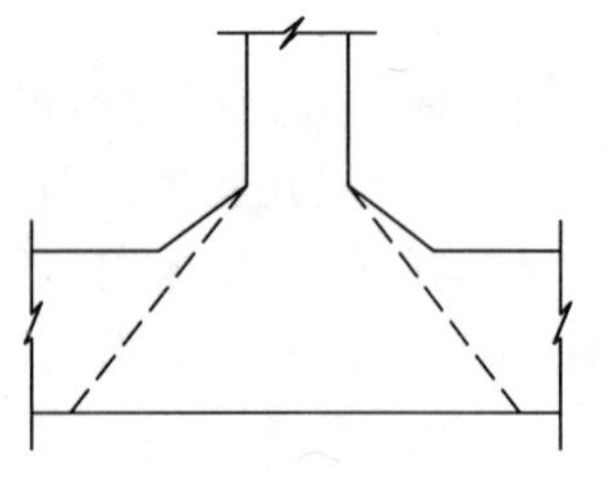
图 5-17　柱脚加肋

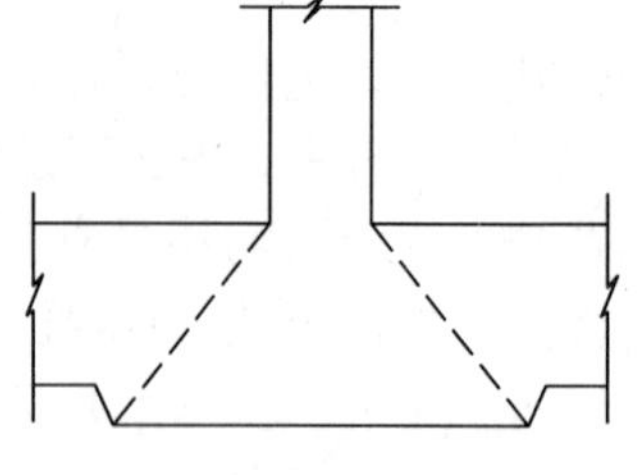
图 5-18　柱底局部加厚

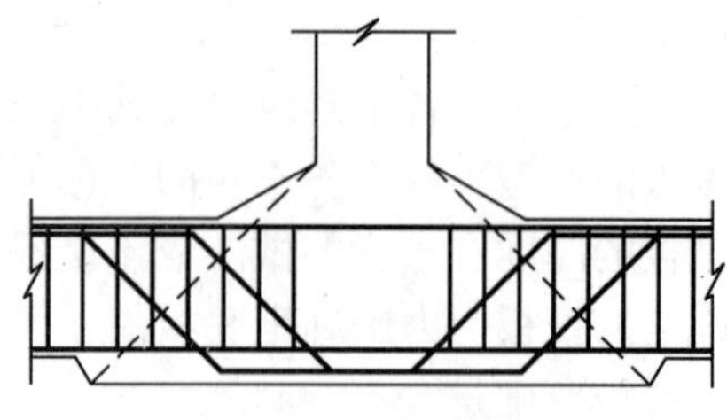
图 5-19　柱脚加肋柱底加厚

每个方案的描述和特点汇总如表 5-32 所示。

以上 7 个方案中，方案（1）是案例 1 原设计者采用的做法，也是最常用的做法之一。方案（3）也是可行和较常用的方法，但施工比平板结构相对复杂一些，特别是在软土和地下水位较高的地区，底板不易做防水，施工比较困难。而对倒梁板结构方案（4），由于地下室地面不平，须用架空地板或砂石将地面铺平，并应在梁上留出排水孔，地下室集中排水，否则将影响日后使用。由于地下室中有许多管线，若用此方案可以将管线置于架空地板下或砂石层中，给施工带来方便，因此也是常用方案。方案（5）由于柱脚加肋，也会给地下室的正常使用带来不便，但若柱脚的肋不太大，也不会有太大的妨碍。方案（2）和方案（6）、（7）是考虑充分利用底板中钢筋的作用，降低底板的厚度，减少混凝土的用量。

底板设计方案汇总　　**表 5-32**

序号	方案描述	优　　点	缺　　点	备　注
（1）	原设计的平板结构	施工方便，工期短，防水好	厚度大，混凝土用量大，造价高	
（2）	平板结构，增加箍筋提高抗剪承载力	同上，且底板厚度可以降低	用钢量增加少许，厚度和混凝土用量仍较大，造价高	
（3）	梁板结构（梁在板下）	受力性能好，底板厚度降低，比较经济	防水、敷设管道及梁板施工复杂，工期长	
（4）	倒梁板结构	受力性能好，底板防水好，施工方便，底板厚度降低，比较经济	增加埋深，工期稍长，地下室地面不平应另外处理	工期和可施工性优于方案（3）
（5）	平板结构，柱底加肋及板底局部加厚	底板厚度降低，防水好，施工方便，比较经济	地下室使用功能稍有影响	
（6）	梁板结构，加密梁端箍筋或加弯筋以提高抗剪能力	同（3），且可降低梁的截面尺寸	同（3）	
（7）	倒梁板结构，加密梁端箍筋或加弯筋以提高抗剪能力	同（4）且可降低梁的截面尺寸	同（4）	

VE 的重要特点之一就是多专业的集体创造，对上述多个方案进行分析比较，从可施工性、经济性、工期以及对日后的使用功能影响等角度分析。如果假定基底反力不均匀分布，柱底和跨中的反力形式难以准确确定，所以下面的分析中仍以均匀分布考虑，结果偏

于安全。选定以下几个方案进行分析：

A 方案：即上述方案（2），平板结构，板厚 1.8m，在柱上板带 3.4m 宽度范围内加箍筋（ϕ8@200，共 20 支，$A_{sv}=1004.8mm^2$），使柱上板带形成暗梁（宽 3.4m），如图 5-17 所示，在柱脚处进行抗剪切验算，承载力满足；

B 方案：即上述方案（5），平板结构，板厚 1.8m，在柱脚加 30cm 肋，并在柱底局部加厚 30cm，如图 5-21 所示，进行抗冲切验算（冲切面有效高度 $d=2.4m$），承载力满足；

C 方案：即上述方案（7），倒梁板结构，梁截面 $b\times h=2.4m\times 2.0m$，梁端箍筋加密以提高抗剪承载力，箍筋取 ϕ12@100 共 8 支，$A_{sv}=904.32mm^2$，板厚取 0.8m，如图 5-18 所示，对梁进行抗剪切验算，承载力满足。由于地下室地面不平，采用砂石填实，并在表面现浇 100mm 厚的钢筋混凝土板。本方案的另外优点是地下室的许多管线可以铺设在架空地板下或是砂石层中，施工方便，比其他方案优越。另外做好滤水、集水和排水，对地下室的防水效果非常好。

三个方案与原设计方案的定性比较如表 5-33 所示，其中钢筋用量和总费用的对比将在下文给出。

选定的三个方案与原方案比较　　　　**表 5-33**

方　案	使用功能	工　期	施工方便程度	混凝土用量（m^3/m^2 即折算厚 m）	筏基造价	开挖深度
原方案		短	方便	2.4	高	深
方案 A	不变	影响不大	方便	1.8	降低	浅 0.6m
方案 B	影响不大	影响不大	方便	1.9	降低	基本同 A
方案 C	不变	稍长	稍复杂，防水好	1.4（包括面层）	降　低	浅 0.4m

通过表 5-33 的比较可以看出，在满足结构功能要求的基础上，三个改进方案中除方案 B 对使用功能稍有影响外，其他均无影响。在工期方面，方案 A、B 与原方案差别不大，基本无影响，而方案 C 由于梁板施工以及地下室地面回填和找平，多了几道工序，工期稍长。在施工方便程度方面，方案 A、B 也基本同原方案，方案 C 稍复杂，但地下管线的铺设比较方便、灵活，地下室防水效果好。从混凝土用量角度看，方案 A、B 差别不大，方案 C 最少，原方案最多，因而造价就可能最高。从基坑开挖深度看，原方案开挖最深，三个改进方案略有差别。

基础底板的造价与混凝土的用量和钢筋用量有关，所以混凝土用量的大小只能部分反映底板费用的高低。但整个基础工程的造价不仅与底板费用有关，还与基坑的开挖深度有很大关系，不仅涉及土方开挖量的多少，更重要的是基坑支护结构费用，如图 5-20 所示。所以，从造价角度看，不仅要分析基础底板本身的费用，还要综合考虑基坑开挖深度变化而带来的相关费用的变化影响。此处仅通过定性比较就可以看出方案的差别，看出改进方案的效益和价值。

（二）底板配筋的分析计算

1. 问题分析

基础底板的厚度主要由冲切承载能力决定，而底板中的配筋数量则主要由板的弯矩以及底板的厚度所决定。换句话说，在板厚确定不变的条件下，计算弯矩的大小就是钢筋的功能要求，计算弯矩的合理与否，表明了配筋功能要求的合理与否。

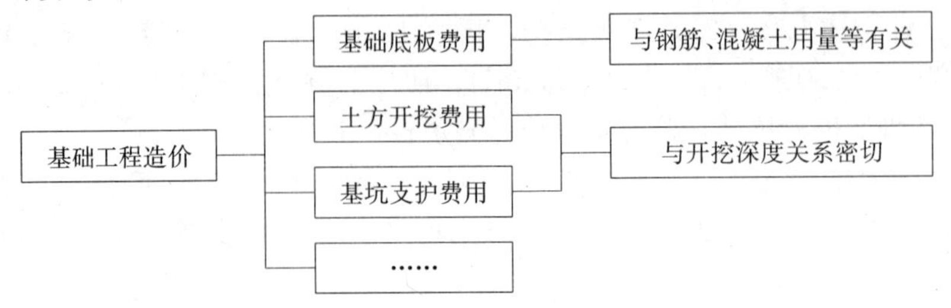

图 5-20　基础工程的造价分解

通过观察、实测和分析可以看出，基础钢筋的实际受力很低，约为设计应力的十分之一。这说明基础结构的设计存在巨大潜力，按常规方法计算基础配筋要浪费大量钢材。

仍以案例 1 来说明问题，通常有两种计算方法。

(1) 刚性板法（倒楼盖法），即仍然假定基底反力线性均匀分布，按无梁楼盖法计算筏板内的弯矩，原设计者是如下计算的。

底板中的最大弯矩是柱上板带支座负弯矩（每延米）：

$$M_B=1/12\sigma L^2=1/12\times392.1\times12^2=4705.2\text{（kN·m）}$$

钢筋用量：

$$A_s=\frac{M_B}{0.87f_yh_0}=\frac{4705.2\times10^6}{0.87\times290\times2350}=7935.8(\text{mm}^2)$$

柱上板带跨中正弯矩、跨中板带支座和跨中弯矩均可取 $0.5M_B$。钢筋用量约取 4000mm²。

(2) 按弹性地基梁板法，将筏板视为弹性板，根据静力平衡条件和变形协调，用有限元法计算筏板的内力和变形。这种办法只能借助于计算机计算，利用中国建筑科学研究院结构所的 TBSA-F 程序，假定地基是分层连续弹性体，计算结果如下：

$(M_x)_{max}=8314.09\text{kN·m}$，$(M_x)_{min}=-2250.68\text{kN·m}$

$(M_y)_{max}=8212.55\text{kN·m}$　$(M_y)_{min}=-4644.07\text{kN·m}$（下拉为正，上拉为负）

其配筋为：

$(A_{sx})_B=14022.6\text{mm}^2$，$(A_{sx})_T=3796\text{mm}^2$，

$(A_{sy})_B=13851.4\text{mm}^2$，$(A_{sy})_T=7833\text{mm}^2$

若用文克尔（E. Winkler）地基模型进行计算，其结果与连续弹性体接近。

通过上述两种方法的计算，发现其结果差别很大，说明至少有一个结果是不准确的，甚至有可能两种结果都不准确。在实际设计中，许多人都采取这两种办法，并且为安全起见，往往采用较大的内力计算结果来配筋。上述案例，原设计者就是采用柱上板带配两排 ϕ32@100（每延米配筋 16077mm²），其他部位全部配两排 ϕ32@200（每延米配筋 8034mm²）。

2. 配筋的计算、分析与改进

(1) 刚性板法

首先看一下内力的计算跨度。先从单独基础看，柱传力如在基础底边刚性角以内，则基础无须配筋。同样，柱子传力给地基梁和基础底板也有刚性角的因素。刚性角作用于底

板上形成虚柱（如图 5-21），将柱子下的基底压紧，使底板的柱上板带实际受力跨度减少。为近似计算，假定虚柱边缘在刚性角的中点，比较不同板厚计算跨度和弯矩的变化，如表 5-34 所示。

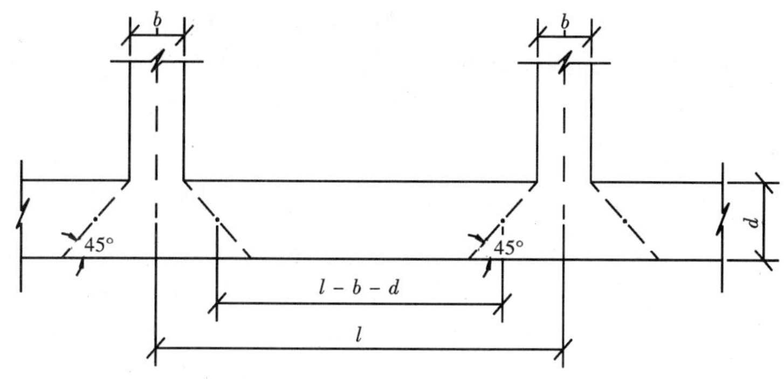

图 5-21　计算净跨

不同板厚计算跨度和弯矩的变化　　表 5-34

柱子尺寸 $b\times b$	柱子间距 L	板　厚 d	净　跨 $L-b$	计算净跨 $L-b-d$	净跨弯矩折减比例 $(L-b-d)^2/L^2$
1.6×1.6	12	2.4	10.4	8.0	0.44
1.6×1.6	12	1.9	10.4	8.5	0.50
1.2×1.2	8	1.5	6.8	5.3	0.44

因此，如果考虑跨度折减，其最大弯矩会显著降低。按照表 5-34 的分析，案例 1 中的板厚为 2.4m 时，可以对上述按刚性板法计算的弯矩折减 0.5 左右，配筋量也可以折减一半。显然，案例 1 中将计算跨度取为 12m 是不妥当的，过于保守，至少应取 $L-b$，即 10.4m，如此就可以折减 25%[即$(10.4/12)^2=0.75$]。

鉴于以上理由，有的设计者（设计单位）在设计筏板基础的地基梁时将弯矩折减 0.6，将剪力折减 0.8，已经过几个工程实践证明，效果良好。

其次，可以明显地看出，基础底板是双向受力板（梁板式）或无梁楼盖（平板式），无梁楼盖按式 5-4-16 进行弯矩简化计算，似乎并不恰当，可能有偏差，正确的算法应该是，先按弹性理论经验系数法计算中间区格某方向（如 x 方向）的总弯矩为：

$$M_{0x}=1/8\times\sigma\times L_y\times(L_x-C)^2$$

每延米的支座负弯矩为：

$$\begin{aligned}M_{Bx}&=\frac{0.5M_{0x}}{0.5L_x}=1/8\times\sigma\times L_y/L_x\times(L_x-C)^2\\&=1/8\times392.1\times11.4/12\times(12-1.6)^2\\&=5036(\text{kN}\cdot\text{m})\end{aligned}$$

比刚性板法的原计算结果 4705.2kN·m 略大，但小于按弹性地基梁板法计算所得到的 8314kN·m。若考虑基底反力不均匀分布的影响，其结果还可以进一步降低。该计算弯矩对上述的改进方案 A、方案 B 都适用，只是由于板厚不同，得到的配筋量将有所不同。

（2）弹性地基梁板法

在规范 GBJ7—89 中第 8.4.2 条规定，当板厚大于 1/6 跨度时，按直线分布地基反力，用单位宽度板条计算弯矩。否则应按弹性地基梁板方法计算。众所周知，一般弹性地基梁板方法，系将上部结构视为柔性荷载作用在有刚度的梁上，仅考虑地基土与梁板基础的相互作用，进行反力和内力分析，而上部结构刚度对筏板的整体弯曲是有明显影响的。因此一般的弹性地基梁板方法仍是一种简化的计算方法，也是综合了筏板的整体弯曲和局部弯曲的分析，其结果与上部结构刚度、基础刚度、地基模型、基床反力系数、反力分布、上部荷载大小和位置等多个因素有关。

按照上部结构与地基基础共同作用理论，考虑上部结构刚度影响，对空间框架结构的筏形基础而言，弯矩可减少一半，差异沉降也减少一半，而实际设计中大多数情况下均不考虑上部结构与地基基础的共同作用，案例 1 也不例外，其计算结果偏大也属预料之中。

根据上面的分析，再看案例 1 中用弹性地基梁板法和刚性板法计算的结果（弹性地基梁板法比刚性板法大近一倍），其可信度、与实际结果相符合的程度就很值得怀疑了。

（3）底板中扭矩的影响

郁彦在文献［24］中指出，基础底板中，除了底板底面与地基摩擦外还存在着扭转力矩。以 8m×8m 的正方形四边简支的双向板为例，弯矩与扭矩并存，计算得到的配筋和挠度比单按弯曲计算约减小一半。由于基础底板厚度比楼板厚度大得多，扭矩影响更大。

鉴于基础底板计算有巨大潜力，北京市建筑设计院在《结构专业技术措施》中规定，基础底板采用塑性理论计算，板的钢筋约减少 30%～40%。按上述方法计算的基础结构，在一栋高层建筑中可能节约几百吨钢筋。

（4）配筋计算公式取值的探讨

在计算配筋的式子中，取 $\gamma=0.87$，也是比较保守的，对一般的薄板，弯矩相对比较大，受压区高度比较高，这个取值是合适的，但对筏板基础这样的厚板，实际所受的弯矩与其承载力相比要小得多，因而混凝土的受压区相对很小，压应力很低，取 $\gamma=0.87$ 显然很低。有的专家建议，在如此厚的底板中，取 $\gamma=0.9$ 甚至 0.95 都可以，由此计算的钢筋含量可以降低许多。

另外，根据新规范的有关补充规定，对二级钢的抗拉强度不管直径多大，都可以取 310MPa（而不是 290MPa）。原设计者仍然取用 $f_y=290$MPa，显然不了解这种规定的信息，取值偏低而使计算钢筋量过大，导致浪费。

考虑以上两点，即若取 $\gamma=0.95$，$f_y=310$MPa，在弯矩不变的情况下，钢筋用量可以减少 14%［即 0.87×290/（0.95×310）=86%］。

3. 原方案配筋的改进

根据以上的分析，即采用弹性理论无梁楼盖的经验系数法的计算弯矩 5036kNm，考虑跨度折减和扭矩作用的影响，并考虑一般情况，取折减系数 0.7 计算，设计弯矩为 3525kNm。取混凝土截面受压区高度系数 $\gamma=0.95$，钢筋 $f_y=310$MPa，原设计方案的配筋（即原平板式底板，筏板厚 2.4m 不变的条件下），柱上板带最大配筋应该为：

$$A_s=\frac{M_B}{0.95f_yh_0}=\frac{3525\times10^6}{0.95\times310\times2350}=5094(\text{mm}^2)$$

即柱上板带用一排 $\phi32@150$（5361mm²）。理论上其他部位的配筋只需一半即可（即柱上板带的跨中、柱间板带和板顶配筋等），但根据混凝土结构设计规范 GBJ 10—89（当时规范）的规定，受弯构件C40混凝土的最小配筋率为0.2%，因此最小配筋应为$4800mm^2$。所以可以统一配筋为ϕ32@150（$5361mm^2$）。

由此分析，假定原设计方案不变，仅考虑配筋计算的改进，理论上柱底最大钢筋用量可比原设计（弹性地基梁板法）方案减少64%（5094/14023=36%），其他部位按最小配筋率考虑，可比原方案减少39%（4800/7833=61%），总用钢量平均可减少45%左右。原方案总用钢量按$330kg/m^2$计算，可以节约150 kg/m^2，由于建筑物占地面积很大，底板总面积3.12万m^2，总计可以节约用钢量4680吨。按上海市1993年定额估计，可节约直接费320元/m^2（不计材差和各种费率），总计可以节约直接费1000万元。

4. 改进方案的配筋

根据前面的分析，取上一小节的A、B、C三个改进方案进行配筋计算分析，并与原设计方案进行比较。其中，方案A和方案B考虑弹性弯矩的折减，折减系数取0.7；方案C考虑了地基梁的跨度的折减，即按照表5-34所述的办法取$l_0=12-1.6-2.0=8.4m$；钢筋设计强度取$f_y=310MPa$，$\gamma=0.95$，计算结果分别为：

方案A和方案B：柱上板带（6m宽）每延米弯矩5036×0.7=3525kNm，配筋$A_s=3525\times10^3/(0.95\times310\times1.75)=6840$（$mm^2$），可以配一排$\phi$32@110（7311 mm^2）。其他部位可以减半配置，但应大于最小配筋率0.2%（3600 mm^2），所以配一排ϕ32@200（$4021mm^2$）。

方案C：梁截面取$b\times h=2.4m\times2.0m$，跨度折减后的最大弯矩（柱底弯矩）$M=16427kNm$，柱底最大配筋$A_s=28605mm^2$，配两排ϕ32@150共36根（28944 mm^2），跨中及梁上缘减半，即一排ϕ32@150共18根（14472 mm^2）。

板为双向板，板厚取0.8m，跨度为9m×9.6m，每延米最大弯矩$M=0.055\times392.1\times9^2=1746.8kNm$。若考虑底板上1.2m厚的砂石层和钢筋混凝土找平层的重量荷载，$M=0.055\times370\times9^2=1648kNm$。而且，若考虑穹顶和扭矩作用，还可以对计算弯矩进行折减。取折减系数0.7，现按$0.7M=0.7\times1648=1154$（kNm）进行配筋，板底最大负筋为$5513mm^2$，配一排ϕ32@150（即5361 mm^2），跨中及板顶可以减半配置，即配一排ϕ28@200（3079 mm^2）。

改进方案配筋与原方案对比如表5-35。A、B、C三个改进方案分别可比原方案节约用钢量48%、53%、45%。

改进方案节约用钢 **表5-35**

方案	配筋			节约用钢量（kg/m^2）	节约直接费（元/m^2）	节约用钢率（%）
	计算面积（mm^2/m^2）	实际配置	单位重量（kg/m^2）			
原方案	14023	2ϕ32@100	330			
方案A	6840	ϕ32@110	170	160	402	48
方案B	6840	ϕ32@110	155	175	440	53
方案C	11442	2ϕ32@150	180	150	377	45

注：1. 配筋计算面积和实际配置皆指柱底梁或板对应于最大弯矩处，其他部位可以减半考虑，单位重量指整个面积内的总计平均值。

2. 直接费仍按上海市1993年定额计算，不计材差和费率。

（三）改进方案的综合评价

上述三个改进方案与原设计方案的综合对比如表 5-36 所示。

原方案与改进方案综合对比 **表 5-36**

方　案	混凝土用量 m^3/m^2（折算厚）	用钢量（kg/m^2）	筏基费用（元/m^2）	工期	开挖深度	备　　注
原方案	2.4	330	1130	短	2.4m	（1）筏基费用按上海1993年定额直接费估计，（2）方案 A 在柱上板带配置箍筋形成暗梁，（3）开挖深度指从地下室底板顶面标高算起
方案 A	1.8	170	699	短	1.8m	
方案 B	1.9	155	666	短	1.8m 局部 2.1m	
方案 C	1.4	180	656	稍　长	2.0m	

通过比较可以发现，从筏形基础底板的总费用角度看，改进方案 C 最低，为656 元/m^2，比原方案低 474 元/m^2，计 42%，按基础底板总面积 3.12 万 m^2 计算，可以节约直接费 1480 万元左右，加上各种间接费、管理费等开支，总造价可以节约近 2000 万元。这还不包括由于开挖深度降低而引起的土方开挖费用、基坑支护费用的降低。可见，改进方案产生的效益和价值是巨大的。

至于三个改进方案中，哪一个方案价值最高，通过表 5-33 和表 5-36 的比较可见，方案 A、B、C 在工期、造价、施工方便程度、地下室使用功能、防水性、管线铺设、基坑开挖深度等方面各有特点。总的来讲，方案 A、B 在各个方面都比较相似，方案 B 造价略低于方案 A。方案 C 尽管造价最低，但工期相对稍长，施工也稍复杂，基坑开挖深度也比方案 A、B 稍深 0.2m。因此，在造价相差不太大的条件下，可以认为方案 B 是相对较好的一个。

第五节　价值工程在桩基础工程中的应用

一、概述

筏形基础将荷载向下传递给地基。当总荷载大于地基承载力，或者当地基持力层比较薄，持力层下有软弱下卧层，下卧层的强度不够或变形太大时，就可以根据使用要求采用桩筏基础，即由桩承担一部分或全部荷载并将荷载传递到深层的土中。

对基础工程的调查分析表明，某些桩基工程的设计中也存在一些问题，概括起来包括以下几个方面。

（1）因为各种原因没有进行多方案比较，选择的设计方案不够经济合理；

（2）通常不考虑桩间土的作用，有时造成浪费；

（3）桩的承载力取值偏低，造成桩的数量增加，引起桩基造价的提高；

（4）不恰当地增加桩的长度和入土深度，使桩基的造价升高；

（5）为早日开工打桩，有时在扩初设计审批之后立即出桩位图，同时为了保证安全而将计算单桩承载力取值降低，桩的数量增加，增加安全储备，使设计富余，造成一定浪费；

（6）桩基承台或基础底板厚度偏大。

张雁在文献［26］中指出，大量的嵌岩桩原位足尺试验研究表明，只要覆盖层具有一定的厚度（一般大于15倍桩径），则嵌入新鲜基岩一定深度的桩，其承载特性仍表现出明显的摩擦型桩的特性，侧阻力的作用十分明显。因此不合理地要求嵌岩深度及不计上覆土层侧阻的设计概念是不合理的，也是不经济的。

董建国和赵锡宏的实测分析表明，桩基础设计中忽略桩间土的作用是很浪费的［37］。以下是几个不同结构的实测数据：

①某框筒结构与超长桩厚筏基础，竣工时筏板（即传递到桩间土）承担的荷载比例为26%；

②某剪力墙结构与超长桩箱基础，竣工时箱基底板下的土承担的荷载大约为11%；

③某框剪结构桩箱基础，箱基底板下面的土承担的荷载大约为17.5%；

④某高层建筑桩箱基础（采用短桩），箱基底的土承担的荷载大约在12%左右；

⑤伦敦海德公园骑兵大楼灌注桩桩筏基础，在竣工时桩和筏承担的荷载分别为60%和40%。

根据上海数幢高层建筑的实测资料分析，即使是常规设计，桩基础中承台底板下的桩间土仍能分担11%～26%的上部荷载，即事实上桩仅承担上部荷载的74%～89%。

二、桩基础的功能分析

在高层建筑中，桩基础一般是与筏形基础或箱形基础结合应用的。上一节分析了筏形基础底板的功能，此处再分析一下桩基础中筏板承台和桩的功能。

桩基础中的筏板承台与天然地基上的筏板相比，其功能是相同的，即传递和承受荷载、减小不均匀沉降、防止地下水等。所不同的是，桩基础中的筏板承台将上部结构的荷载一部分传递给桩承担（由桩传递到深层的土中），一部分传递给底板下面的地基土，即由底板下的桩间土直接承担。

1. 桩基础中桩的功能

桩的功能主要有两个，一是提高地基承载力（F1），即通过桩把承台（筏板）传来的荷载传递到周围和（或）下面的土（岩）体中，从而提高整个地基的承载力；二是减少基础沉降（F2）。

如上所述，本来地基土是有承载力的，采用桩基是因为：

（1）地基土或其下卧层的承载力不足以承担上部结构的荷载；

（2）由于计算沉降过大（总沉降或差异沉降），为了减少和控制沉降而将荷载传递到深层的低压缩性土中。

由于桩将大部分的荷载传递到深层的桩周和桩下的土中，也就是由于桩的功能F1，使浅层的地基土的附加压力大大降低，压缩变形和剪切变形降低，因而总沉降量就可以降低。尽管深层土（桩尖以下）的附加压力增加了，但由于其压缩性低，增加的附加压力所引起的沉降很小，所以总的基础沉降量还是降低了，即实现了功能F2。所以桩的主要功能就是提高地基承载力F1和降低基础沉降F2，如图5-22所示。

要提高桩的功能，可以通过加大桩径、增加桩的数量、增加桩的长度（摩擦桩）、使桩尖进入基岩或更深的持力层、合理布桩等等许多方法，见图5-23。

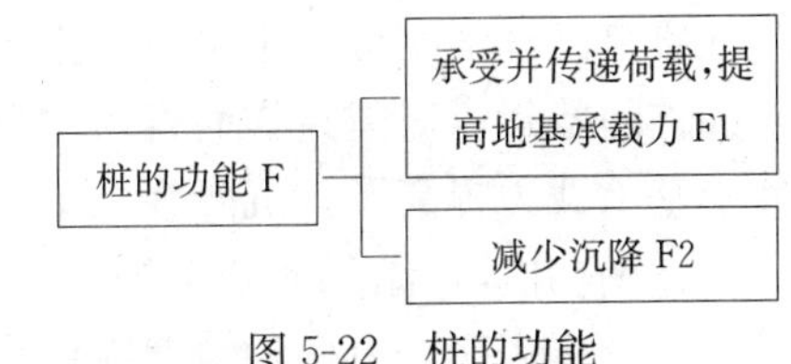

图5-22　桩的功能

2. 桩基础中筏板承台的功能

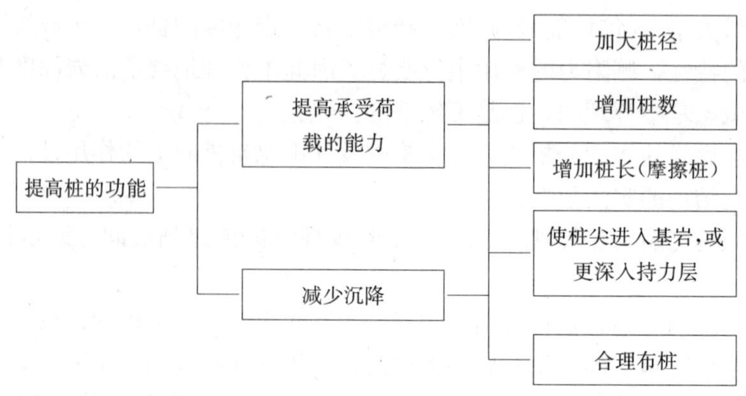

图 5-23　提高桩的功能的途径

关于筏板的功能，从上一节的分析中可以知道，主要有三个方面，即：

(1) F1，承受上部结构荷载并传递给地基；

(2) F2，减少不均匀沉降；

(3) F3，防止地下水。

对于筏板的功能 F1，在无桩条件下，筏板将荷载全部传递给筏板下的地基土；在有桩的情况下，一部分荷载被传递给地基土，一部分传递给工程桩。至于桩和土的分担比例则要看地基的土质条件和桩的类型、数量、持力层等。前面已经提到，实测结果表明，假定桩间土不承担荷载是不恰当的。

至于筏板的功能 F2，从上一章筏板的功能分析中知道，要减少不均匀沉降，可以从三个方面考虑，即提高筏板的刚度（F21）、提高上部结构的刚度（F22）以及提高地基的刚度（以减少总的沉降量）F23 等。由于总沉降量过大容易引起差异沉降或不均匀沉降，因此，采用桩基础的一个主要目的就是降低总沉降量，通过降低总沉降量来减少不均匀沉降。另外，在沉降大的部位增加桩数或桩长，在沉降小的部位减少桩数和桩长（即通过合理布桩，降低沉降量大的部位如主楼的总沉降量）也可以达到调节和减少不均匀沉降的目的。

要减小总沉降量，就要提高地基刚度，而采用桩基只是提高刚度的途径之一，也可以采用其他措施对天然地基加固形成人工地基。

值得说明的是，图 5-12 中筏基的功能 F2 是“减少不均匀沉降”，而不是“防止”沉降或“禁止”沉降，这是两个完全不同的概念。也就是说，应减少绝对沉降和不均匀沉降，但允许有一定的绝对沉降，也允许有少量的不均匀沉降。要完全避免绝对沉降和不均匀沉降是不可能的，也没有必要。“减少”和“防止”的功能要求含义差别很大，对基础设计方案的结果影响也很大。

3. 合理使用桩基础

既然研究已经证明桩间土可以承担部分荷载，如果仍假定全部荷载由桩基承担，就势必要增加桩的数量。对建筑物而言，增加的桩没有意义，也就没有价值，尽管这部分桩的增加使地基承载力提高了，沉降降低了，但这对建筑物而言不是必要的，而是多余的，即产生了“过剩功能”，结果使整个桩基工程的价值降低了。

前面的分析表明，有两种情况需要采用桩基。一是为了提高地基刚度，减少基础总沉降量（功能 F21），二是由于地基土承载力不足，需由桩来加强。有的工程采用桩基是因为地基承载力不足，有的是因为沉降变形或差异沉降变形过大，还有的工程，既有地基承载力不足的原因，又有沉降变形过大的原因，采用桩基后，两个问题可以同时得到解决，可以说是一举两得。

在明确采用桩基以后，选用何种桩型、选择哪一层土作为桩的持力层、桩长应该是多少、如何布桩、桩承台的厚度应该取多少等问题是决定桩基功能的重要因素，也是决定桩基造价和工期的重要因素。

三、桩间土作用的利用——复合桩基

1. 案例分析

案例 1，某项目为一综合性建筑，占地 15600 m^2，总建筑面积 86000m^2，地下约 17400m^2，地下三层，埋深 13.0m，主楼地上 47 层，高 171.5m，为内筒外框钢筋混凝土结构，平面轴线为 34m×39.1m。裙房 5 层，柱网多为 8.5m×8.5m。

根据常规的设计原则，原设计方案为：主楼用桩筏基础，筏板厚 2.3m，共 377 根嵌岩桩，嵌入中风化岩深度 3d～4d，平均桩长 19.4m，核心筒桩距 2.4d，周边桩距 3d；裙房采用天然地基，持力层在第 4 层黏土，用柱下独立基础，并通过 500mm 厚底板连成整体，并设暗梁拉结。

上部结构总荷载设计值 $1.2G+1.4Q=1862504$ (kN)

主楼部分总荷载设计值 $1.2G+1.4Q=1312994$ (kN)

主楼的荷载全部由筏板下的 377 根桩承担，嵌岩桩几乎没有沉降，只有桩的压缩变形，主楼和裙房的沉降都很小，总沉降和不均匀沉降都远远低于规范的限值。

在原设计过程中，曾进行过天然地基上筏板基础的试算，即采用三种方案分别计算：

A：主楼和裙房的筏板等厚度；

B：主楼和裙房的筏板不同厚度；

C：主楼和裙房的筏板之间设置沉降缝。

计算结果表明，尽管修正后的地基承载力基本满足要求，但底板相邻柱子的沉降差与柱距之比大大超过了建筑地基基础规范（GBJ7—89）（当时规范）中的要求。为满足变形要求，不得不另外采取措施，即采用桩基础。也就是说，采用桩的目的主要是为减少基础沉降，满足沉降要求。

由于采用了桩基础，既降低了地基沉降变形，同时也提高了地基的承载力，也就是地基承载力的功能水平提高了，但这增加的承载力并不是设计所要求的，即桩基的功能存在着“过剩”。桩数越多，地基承载力越大，功能水平也就越过剩，而基础的造价也越高，桩基的价值就越低。

前面的分析表明，要减少不均匀沉降，采用桩基础不是唯一的办法，还可以通过增加基础底板的厚度、提高底板刚度以及提高上部结构的刚度等办法解决。由于增加上部结构刚度的方案涉及建筑平面布置，涉及的因素比较多，因此将采用桩基作为解决问题的重点方案，以桩基作为 VE 的研究对象进行分析和改进。

首先，筏板本身和上部结构刚度对降低不均匀沉降应该有一定作用。尽管本案例不考虑采用增加筏板刚度和提高上部结构刚度的办法，但计算中应该考虑其有利的影响。

按照传统方法，不考虑上部结构与地基基础的共同作用，忽略上部结构刚度的贡献，计算得到的不均匀沉降将大于实际值。无论是否采用桩基，考虑上部结构的作用，将不仅降低不均匀沉降的计算值，也使计算结果与实际值更加接近。

其次，通过图 5-23 可以看出，采用桩基降低基础沉降的方案中也有多种方法，如增加桩长、使桩尖进入基岩或更深的持力层、增加桩数以及合理布桩等。

研究表明，“相对于无桩的纯筏基而言，当筏基下设置一定数量的桩时，可以显著地减少基础的沉降，同时差异沉降也可以得到很大的改善。但是，当桩长达到一定程度时（例如 30m）再增大桩长，对减少基础沉降的效果就不明显了”［37］，如表 5-37 所示。另外的研究也表明，桩数达到一定数量，再增加桩数对减少沉降的影响是微小的，如“超长桩桩数增减 10%，沉降增减 3%以内，短桩桩数增减 10%，沉降增减在 1%以内”［37］。因此，通过增加桩数来降低沉降的做法价值不是很高。

桩长对减少基础沉降的影响 **表 5-37**

桩 长（m）	0	10	20	30	40	100
平均沉降（cm）	18.20	5.74	4.59	3.99	3.66	3.16
差异沉降（cm）	0.35	0.23	0.12	0.12	0.11	0.08
筏基分担荷载系数（%）	100	48.24	31.15	24.73	21.60	17.24

上述结论可以理解为，在承载力和沉降都满足规范基本要求的前提下，适当放宽计算沉降的限值，可以大幅度减少桩的数量，或者说，如果放松沉降的要求限值，就可以大幅度降低桩基工程造价。也就是说，如果超长桩的沉降限值要求可以降低，如果规定沉降允许增加 3%，桩数就可以减少 10%；短桩沉降要求允许增加 1%，桩数可以减少 10%。可见沉降要求不同对桩基工程的造价影响是非常大的。如果不适当地提高沉降要求，就要付出相当高的代价。

在案例 1 的原设计方案中，主楼的荷载全部由筏板下的 377 根桩承担，嵌岩桩几乎没有沉降，只有桩的压缩变形，主楼和裙房的沉降都很小，总沉降和不均匀沉降都远远低于规范的限值。沉降量小，对项目的安全与稳定固然很有利，但是否有必要控制的这么严格值得探讨。通过前面的分析可以理解，本案例中桩的功能主要是为满足沉降要求，而设计方案的计算沉降很小，说明桩的功能存在着“过剩”，不仅承载力的功能“过剩”，抵抗变形的功能水平也“过剩”，“过剩功能”的代价也比较高，说明方案必须改进。

2. 方案改进

前面已经说明，桩间土可以承担一部分荷载，特别是对案例 1 这样的优质地基土，可以承担的荷载比例也将很大，而实际设计方案中的主楼荷载全部由桩承担就不很合理。况且，本例中的主要矛盾是沉降问题，并不是地基的承载力问题。

要使桩间土也承担一部分荷载，就应使基础有一定的沉降变形，地基土才会产生反力。只有变形达到一定水平，桩间土才能充分发挥承载作用。这说明案例 1 的原设计方案中桩数太多，地基变形控制过严，地基土承载能力不能得到发挥。

通过上面的分析，可以得出结论，在案例 1 中，从地基承载力角度看，采用桩基是不必要的；从降低基础沉降角度看，只要满足地基沉降的最低要求即可，即用最少的桩数、最短的桩长，满足沉降的最低要求；从采用桩基的实际设计方案看，桩数太多，桩长过长，没有必要全部深入基岩，桩基工程存在着“过剩功能”。

由于嵌岩桩的变形很小，所以改进方案就首先考虑改嵌岩桩为非嵌岩桩，将桩的长度缩短，使桩尖进入强风化岩而不是中风化岩，桩平均长度为 12 米（比原桩长 19.4m 少 7.4m）。

其次，考虑减少桩的数量，扩大桩的间距，充分发挥桩间土的作用，将桩的数量降到最低限度，只要满足规范的最低变形要求即可，即考虑将案例 1 的群桩桩基方案改进为复合桩基方案，用复合桩基承载力的计算方法分析。

为降低主楼地基的荷载，在布桩和计算时取主楼向四周外伸一跨，并且将主楼桩基分成两部分考虑，即核心筒区桩间距为 2.9d，桩数 78 根，面积为 520.2m^2，核心筒以外，桩间距为 5d，桩数 68 根，面积为 2340.9m^2。地基土只进行深度修正，修正后的设计值为 520kPa。

因此，单桩极限承载力：

$$Q_{uk} = Q_{sk} + Q_{pk} = U\sum q_{sik} I_I + q_{pk} A_p = 5488(kN)$$

由于对钻孔灌注桩的工艺进行了改进，即采用桩侧和桩底后压浆处理，使单桩的承载力提高至少 50%以上，所以取单桩承载力提高系数为 $\zeta = 1.5$，单桩设计极限承载力为：

$$Q'_{uk} = Q_{uk} \times \zeta = 8232(kN)$$

复合桩基的竖向承载力设计值为：

$$R = \eta_{sp} Q'_{uk} / \gamma_{sp} + \eta_c Q_{ck} / \gamma_c$$

上述各式中的符号含义同建筑桩基技术规范 JGJ 94—94，参数取值也按规范要求。

据此，可以计算主楼核心筒区的复合桩基承载力 R1 和核心筒以外的复合桩基承载力 R2，分别为：

$R1$=330766（桩）+54892（土）=385668（kN）

$R2$=322295（桩）+713706（土）=1036001（kN）

R=$R1$+$R2$=1421669>1312994（kN）（主楼部分总荷载设计值）

其中桩承担荷载：

330766+322295=653061（kN）

约占 50%，桩间土也承担了约 50%，因此桩间土的作用还是很大的。

根据中国建筑科学研究院地基所编制的桩土共同作用计算软件 SFS－SLPL，对改进后的复合桩基方案进行计算，并考虑上部结构的刚度影响，计算结果为核心筒最大沉降值是 30mm 左右，基础总体沉降差 26.1mm，沉降差完全满足规范 1.5‰的要求。为了对比，对不考虑上部结构刚度影响的情况进行了计算，发现底板的挠曲加大了，沉降差增加到 29.8mm，增加了 14%。

由于采用非嵌岩桩，单桩承载力发生变化，要重新验算筏板的冲切承载力，根据核心筒区的荷载和地基反力计算结果，得到核心筒的最大冲切力为 258094kN。经过计算，底板厚度取 2.5m 可以满足要求。

3. 改进方案的综合评价

首先，桩基承载力和沉降计算的结果表明，改进方案能够满足规范规定，较好地实现预定的功能要求。

其次，在成本方面，与原方案相比，改进方案的桩数由 377 根减少到 146 根，桩长由平均每根 19.4m 减少到平均 12m，总的桩长减少了：

$$377 \times 19.4 - 146 \times 12 = 5561.8\ (m)$$

即减少了76%，因而桩基工程造价大幅度降低了，估计仅为原方案的三分之一左右。

第三，由于钻孔总进尺和桩基工程量都减少到原设计方案的四分之一，施工工期比原设计方案减少，估计也仅为原设计方案的三分之一左右。

最后，改进方案的筏板厚度由原设计方案的2.3m增加到2.5m，增加8.7%。但底板厚度的增加对工期产生的影响较小，而且，底板的单位造价比桩小，所以，改进方案的造价可以降低很多。以上各项的对比汇总如表5-38所示。

桩基改进方案与原方案的比较　　表5-38

	桩　数	平均桩长（m）	总桩长（m）	底板厚度（m）	桩基造价	桩基工期
原方案	377	19.4	7314	2.3	100%	100%
改进方案	146	12	1752	2.5	30%	30%
增减额	−231	−7.4	−5561	0.2		
增　　减	−61%	−38%	−76%	8.7%	−70%	−70%

综上所述，改进方案在满足功能要求的前提下，桩基工程量和造价大大降低了，工期也大大缩短了，因而改进方案的价值得到较大提高。

四、桩基持力层的选择

如前所述，不少项目的桩基工程设计中，桩较长、持力层较深，桩基的设计比较浪费。如某贸易中心大厦地上31层，地下2层，采用钢管桩ϕ609×11，桩长60m，桩尖落在第二砂层⑨$_2$层上，估计比同类型同规模建筑的桩约长20多米。又如上海某区一幢36层大厦采用预应力抽芯方桩，桩尖打入第⑧层土，桩基造价每根桩约为一万元，而附近的某同类型、同规模的高层建筑竟然采用65m长钢管桩（打入第⑨层砂土），桩基造价增加数倍。

为了进行对比，列举上海20世纪80年代的几个优秀设计项目，如表5-39所示。

导致桩长增加、持力层加深的原因可能是承载力不足或计算沉降过大。按价值工程思想与方法分析桩长与桩基持力层问题，仍需从功能分析入手，对桩基的功能要求和桩基所能提供的功能水平进行分析。

20世纪80年代上海的几个优秀设计项目　　表5-39

项目概况及采用桩基情况	上海电信大楼	联谊大厦	花园饭店	静安希尔顿酒店	上海商城中楼
层数（地上/地下）	24/3	30/（半地下室）	34/1	43/1	48/2
高　度（m）	132.4	107	119.2	143.6	165
建成年份	1988	1985	1989	1987	1990
总建筑面积（m^2）	55700	30049	59000	70390	61345
建筑物总重（t）	86100	50000	84568	66434	65000

续表

项目概况及采用桩基情况	上海电信大楼	联谊大厦	花园饭店	静安希尔顿酒店	上海商城中楼
结构体系	钢筋混凝土筒中筒结构	钢筋混凝土框筒结构	钢筋混凝土剪力墙结构	钢结构	钢筋混凝土框剪结构
桩　型	预制方桩 500×500	钢管桩 ϕ609×11	钢管桩 ϕ609×11	钢管桩 ϕ609.6×12	钢管桩 ϕ500×9
桩　长（m）	32.25	55	39	45	36
桩尖持力层	第⑤$_4$层	第⑦⑧层	第⑧层	第⑧层	第⑧$_1$层
单桩承载力（t）	210	240	250	200	150

注：联谊大厦无地下室，所以桩较长，但与近几年在其附近建造的同类建筑对比，桩长仍然很短。

（一）功能要求分析

如前所述，对桩基的功能要求有两个：一是要求承受多大的荷载，二是允许产生多大的沉降变形。

从承受荷载角度看，在实践中遇到的有些工程，由于设计者的经验不同，荷载取值差别很大。如有的取每个楼层21～22kPa，有的则取14～16kPa，每层相差5kPa左右。若是一幢30层的高层建筑，每层建筑面积1000m^2，则总荷载要差150000kN，这是相当巨大的数字。按单桩容许承载力2000kN估计，就要增加75根桩。荷载取值偏高（属于过高的功能要求）导致的桩数和桩长增加，造成桩基造价的增加是不必要的，也是无价值的。

桩与土之间的荷载分担问题，前面已经说明，桩间土可以承担一定比例的荷载，若考虑全部荷载由桩承担，也意味着功能要求偏高。

从沉降要求来看，上海的《钢筋混凝土高层建筑筒体结构设计规程》（DBJ 08—31—92）中要求基础中心的容许沉降取150～250mm，说明可以取150mm，也可以取250mm，可见其浮动范围很大，灵活性很大。150mm与250mm的功能要求显然不同，导致的设计结果就会差别很大。在实际设计中，一般人总希望控制在低限（150mm）范围以内，以求安全可靠。许多调查的结果也表明［37］，"桩箱（筏）基础（除短桩外）的实测沉降均小于150mm"，这对有些项目也是不必要的。"如果建筑物对沉降没有特别要求，完全可以通过增加允许的沉降来换取桩数量的减少或桩长度的缩短，从而降低工程造价"。

因此，从提高承载力和控制沉降的角度分析，荷载取值偏大，不考虑桩间土作用，控制沉降的限值要求高，就意味着功能要求偏高，产生不必要的功能要求，这可能是引起桩长增加、持力层加深的重要原因之一。

董建国、赵锡宏经过研究提出［37］，"高层建筑的桩箱（筏）基础的容许沉降可以适当加大，可采用［S］＝200～300mm"，并提出了新的沉降计算方法。根据他们的建议进行设计，可以将桩基工程造价降低一定幅度。

（二）桩基的功能水平分析

1. 首先分析单桩承载力。计算单桩极限承载力要根据地质资料和桩身尺寸、材料强度等。由于各种原因，地质勘探资料有时不一定十分准确，设计者在取用参数时，对某些区间值一般取低限（偏安全值）而不取中间值或上限值，这就使得计算的单桩极限承载力已经具备了相当的安全储备。实测的极限承载力常常大于甚至远大于计算的极限承载力，较少有相反的情况。

在上海地区，关于试桩结果的取值，根据规程 DBJ08—31—92 中的“基础埋深一般不宜小于 H/15”的规定，高层建筑的基坑开挖深度通常很深，有的设计单位就要求试桩结果减去开挖深度范围内桩的摩阻力。实际上由于开挖深度加大，大面积挖去的土体重量一般都超过桩在埋深范围的摩阻力，开挖后单桩承载力不会下降。而且，土体挖去后，桩间土被卸载，即附加压力为负，因此桩间土可以承受的荷载很大。两者合计的有利影响远大于挖去土体后摩阻力的减小。

从整个桩基的承载力来看，应该考虑桩间土的作用，前面已经提到，桩间土可以承担11%～26%的荷载，忽略其作用就要增加桩数和桩长，从而增加了桩基的造价。

在上海这样的软土地基中，地下水位一般都很高，水浮力的计算与否也是十分重要的方面，但有的设计者却忽略了。实际上，多数高层建筑都建有地下室，而且一般地下室的埋深都很大，所以水浮力也是相当大的，是否考虑这一因素对整个桩基的计算结果影响很大。以埋深超过地下水位 10m，水浮力 10tf/m^2 计算，考虑水浮力的有利影响，就意味着可以平衡掉 7 层楼面的荷载（以每层 15kPa 计），也就是说，在桩数和桩长不变条件下（即桩基造价不变情况下），就可以多建造 7 层楼面。

2. 关于桩基沉降变形的计算和估计。限于目前的桩基沉降变形性状的理论水平与科研、试验条件，人们尚未提出能考虑众多复杂因素的桩基础沉降计算方法。统计结果表明，无论哪种地基形式（包括天然地基、复合地基、桩基等），采用现有的方法与参数进行计算，对变形计算结果的统计分析表明，计算精度远远小于承载力的计算精度，因此在地基基础类设计规范中无一不以承载力设计为主要控制条件，而以变形计算为辅助验算。

沉降变形计算不够精确，其总的表现是现有各种计算方法的计算结果偏大。如上海的规程 DBJ08－31－92 中规定的等代实体深基础模式，计算结果一般是桩越长，群桩和桩间土的组合重量越大，基础的计算沉降越大。这与实际情况正好相反。尽管规范中规定了采用经验系数对沉降计算结果进行修正（见表 5-40），但修正的计算沉降（即乘以折减系数以后）与实测结果之间仍有一定差距，特别是超长桩的沉降计算适用性很差，不能取得满意的精确程度。另外，对同一计算方法，选择不同的地基参数对沉降的计算结果影响也很大。因此，以过大的、不精确不确定的沉降计算值来控制桩长，其结果可想而知。许多项目的实测表明，采用中长桩的高层建筑，只要承载力满足，实测的沉降都小于计算沉降（有的远远小于计算沉降），满足规范要求，说明这种桩基有足够的抗变形能力。所以，如果承载力满足，一般不必再为减小计算沉降而增加桩长和持力层深度。

桩基沉降计算的修正系数 **表 5-40**

桩尖入土深度（m）	＜20	30	40	50
沉降计算经验系数	1.1	0.90	0.60	0.50

冶金部建筑研究总院的刘惠珊提出了“疏桩基础沉降计算新方法”。此方法就是充分考虑桩间土的承载力，将桩间距拉大。计算表明，用疏桩基础，采用新算法，可以节约三分之二以上。看来在合理地确定沉降要求以后，沉降计算的方法和准确程度是关键。

对于规范要求，能否正确理解和运用也是很重要的。例如，在上海的规程 DBJ 08—

31—92 中有这样的明确规定，“桩基持力层宜优先选择压缩性较低的、上海地区第⑥、⑦层土”，“当桩端持力层为上海地区第⑨层土层时，可不做桩基沉降验算”。有了此规定，上海地区高层建筑桩基的常规设计，15 层以内常以第⑥层土为持力层；24 层以内常以第⑦层土为持力层；超过 28 层可能选择第⑨层砂土。因为普遍认为第⑧层土相对软弱，计算沉降大，许多人不敢使用，所以只好放在第⑨层，此时桩长常常超过 70m，很不经济。实际上，对这两点规定，可以理解为：

(1) 上海地区第⑥、⑦层土是优先选择的良好持力层，但不是必选土层；

(2) 上海地区第⑨层土是非常可靠、安全的持力层，由于埋置很深，经济性差，所以没有推荐使用，一旦采用，就不必再进行沉降验算；

(3) 没有说明其他土层（如第⑤、第⑧层土）不可以作为持力层。

同济大学的董建国、赵锡宏教授经过长期研究后认为，桩尖持力层可以放在第⑧层，因为桩上端处于硬壳层（粉砂层）以及有第⑥层或第⑦层的支持，增加了竖向稳定性，故整体滑动是不可能的。按他们的沉降计算理论分析，沉降完全可以满足要求。因此，选用第⑧层土作为持力层，桩长 50m 左右，与选用第⑨层土持力层，桩长 70m 相比，功能效果差不多，但经济性大不一样。已经有许多案例证明，桩基持力层放在第⑧层是安全的。

当然，相对于无桩的纯筏形基础而言，当筏基下面设置桩时，可以显著地减少沉降；对于较短的桩（如桩长为 10m），当增加桩的长度时，对减少基础沉降的影响也比较大；但当桩长增加到一定程度后（如桩长 40m，或长细比达到某值），再增加桩长的效果就不很明显了，因而此时靠增加桩长减少沉降的方法就不经济了。

综上所述，无论从承载力还是从沉降位移看，多数桩基设计的实际功能水平大于合理的功能要求，如果再考虑某些项目的功能要求也高于合理的正常水平，则将导致这些项目的桩基持力层过深，桩数过多。以下对某项目的分析，可以说明上述的某些问题。

（三）案例分析

案例 2， 上海某大厦，主楼地上 31 层，高 107m，地下 2 层，建筑面积 35205m^2，为综合性建筑。计算的主楼平均基底反力为 5.25kgf/cm^2（当时按旧规范设计，单位仍按原文引用），采用满堂钢管桩 ϕ609×11mm，桩长 60m，桩尖落入第二砂层即⑨$_2$ 层，单桩允许承载力取 240tf。其地基土层的物理力学指标如表 5-41 所示。

暂且不讨论采用钢管桩是否恰当（实际上可以采用预制钢筋混凝土方桩或 PHC 管桩）。通过以上基本数据可以初步判断，该项目单桩承载力取值偏低、桩基持力层太深，桩基设计比较浪费。可以对照宝钢地区的情况比较说明。

关于承载力。上海宝钢建设中采用了大量的钢管桩，积累了丰富的经验，其经验和数据是很可靠的。在宝钢总厂工程指挥部 1993 年 3 月发布的“设计统一技术规定（八）——土建篇”中规定（以下称“宝钢规定”），钢管桩承载力由桩身材料控制的情况下，桩长 60m，ϕ609×10mm，单桩允许承载力取 240tf；而 ϕ609×12mm，单桩承载力取 300tf。在本案例中钢管桩壁厚为 11mm，按照直线插入法至少可取 270tf。对照宝钢地区的地基土分层及主要物理力学指标，本案例中无论是第⑦$_2$ 层还是第⑨$_2$ 层土，其力学指标均明显好于宝钢地区的持力层（60m，即第⑤层土）。所以可以肯定，本案例中单桩承载力也是由桩身材料控制，取 270tf 是完全可以的。原设计按 240tf 计算需 249 根桩，现按 270tf 计算只需 221 根，减少 28 根。

案例 2 中地基土分层及主要物理力学指标　　　　表 5-41

编号	名　称	层底标高（m）	静探比贯入阻力 P_s（kgf/cm^2）	含水量（%）	容重（g/cm^3）	孔隙比	压缩系数（cm^2/kg）	压缩模量（kgf/cm^2）	内聚力（kgf/cm^2）	内摩擦角（°）	标准贯入 $N_{63.5}$
②	褐黄轻亚黏	0.82	14	32.5	1.87	0.92	0.04	45	0.08	21.5	
③$_1$	灰轻亚黏	−1.13	11	37.9	1.83	1.05	0.033	61	0.08	18	
③$_2$	灰亚砂	−4.48	35	30.2	1.91	0.84	0.02	103	0.07	23.5	8
③$_3$	灰粉砂	−9.90	63	28.7	1.92	0.81	0.014	135			11
④$_1$	灰淤黏	−13	6	47.9	1.74	1.33	0.079	27			
④$_2$	灰淤亚黏	−17	6	36.7	1.83	1.03	0.049	42			
⑤$_1$	灰亚砂	−23	35	33.9	1.83	0.97	0.024	85			
⑤$_2$	灰亚黏	−27	12	34.9	1.83	1.01					
⑥$_1$	暗绿亚黏	−30	12	24.7	1.99	0.72	0.021	82	0.26	16	18
⑥$_2$	暗绿亚黏	−32	31	33.5	1.86	0.96					
⑦$_2$	灰粉砂	−37	240	25.5	1.96	0.73					59
⑧$_1$	灰　黏	−46	17	35.9	1.84	1.03					
⑧$_2$	灰亚黏	−55	60	31.7	1.86	0.93					30
⑨$_1$	灰粉砂	−56.8	100	31.3	1.85	0.91					
⑨$_2$	灰含砾细中砂	−84	240	18.6		0.50					55
⑨	灰砾砂	−89		11.7	2.01	0.40					65

从桩基持力层来说，“宝钢规定”中的桩基持力层为第⑤$_1$、⑤$_2$ 层土，而本案例的第⑦$_2$ 层土的力学指标好于宝钢的第⑤层土，即若该项目桩基持力层取第⑦$_2$ 层土而不是第⑨$_2$ 层土，应该是足够安全可靠的，单桩承载力可以达到 270tf 以上。至于沉降，按照上海市地基规范计算，沉降量为 200mm，预估会更小，满足规范要求。此时，桩长只需 33m（第⑦$_2$ 层顶面标高−32m，再增加 1.5d=0.9m，取 33m，以下称为改进设计 1），如此计算，包括单桩承载力提高、桩数减少和持力层变化而带来的钢管桩总长度可以减少到

$$33\text{m/根}\times 221\text{ 根}=7293\text{m}$$

而原设计的钢管桩总长度为

$$60\text{m/根}\times 249\text{ 根}=14940\text{m}$$

比原设计减少了 7647m，减少了 51.2%。因而桩基的造价可以大大降低，若按照钢管桩 6000 元/吨计算，原设计桩基造价为 733 万元，可节约 375 万元。

原设计方案每天打桩 4 根，总工期 63 天，按照改进方案每天可以打桩 6 根，只需 37 天，缩短 26 天。

如果改变钢管桩壁厚而持力层不变，壁厚改为 10mm，即 ϕ609×10mm，单桩允许承载力取 240tf，桩长 33m（以下称为改进设计 2），桩数仍为 249 根，则钢管桩总长度缩短为 8217m，造价为 367 万元，工期为 42 天。两个改进方案与原设计方案的对比见表 5-42 所示。

桩基改进方案与原方案的比较　　表 5-42

方　案	桩　　型	持力层	单桩承载力（tf）	桩　数（根）	总　长（m）	总造价（万元）	造价降低（万元）	工　期（天）
原设计	60mϕ609×11	⑨$_2$	240	249	14940	733		63
改进 1	33mϕ609×11	⑦$_2$	270	221	7293	358	375	37
改进 2	33mϕ609×10	⑦$_2$	240	249	8217	367	366	42

实际上，若采用预制钢筋混凝土方桩或 PHC 管桩，还可以更大幅度地降低成本。

案例 3，上海控江北块旧区改造九州花园南北两幢高层，原设计为 24 层，采用 500mm×500mm×34000mm 钢筋混凝土预制方桩，共 184 根，打入第⑦$_1$ 层土。桩基工程完工后，由于各种原因，业主拟对两幢高层进行再加层，特委托专家进行咨询研究。经过分析试桩资料，以及承载力计算、沉降计算等，增加两层可以满足规范要求，证明加层的愿望完全可以实现。后来业主决定仅加一层。经过竣工后两年多的实测与观察，实际沉降分别为 82mm、86mm，比计算值 166mm、215mm 低得多。这一结果表明，尽管实际荷载增加了，但实际沉降仍然大大低于计算值，说明原设计的桩基工程实际功能水平大大高于实际的功能要求，富余较多。该项目中，业主通过加层增加了建筑面积，增加了 600 多万元的收入，而桩基成本不变，以较低的楼层造价，取得了相当可观的经济效益。

案例 4，上海某项目在进行桩基方案选择时做了如下比较，即分别选择第⑦层粉细砂和⑧$_2$ 层粉质黏土为持力层进行比较，如表 5-43 所示。

某项目桩基方案比较　　表 5-43

序号	桩　长（m）	桩持力层	桩端入持力层深（m）	桩　径（mm）	桩身混凝土等级	设计单桩承载力（kN）	单位混凝土承载力（kN/m^3）
1	38.00	⑦	1.95	600	C30	1650	153.6
2	41.10	⑦	5.4	650	C35	2100	154.1
3	53.35	⑧$_2$	0.88	700	C35	2600	126.7
4	53.35	⑧$_2$	0.88	800	C35	3400	126.8

通过比较可以看出，随着桩的持力层越来越深，虽然桩的单桩承载力有所增加，但其桩身单位体积混凝土的承载效率却下降了。如同样是 C35 混凝土，选择第⑦层土为桩持力层的承载效率可以达到 150kN/m^3 以上，而若选择第⑧$_2$ 层土只能达到 120～130 kN/m^3。

桩基持力层加深往往容易导致承载效率下降，说明材料利用效率和价值的降低，也就意味着桩的价值降低，其结果是导致整个桩基工程造价的上升。

在桩径、桩基持力层等基本条件确定下，对桩长、桩深入持力层的深度等还可以进一步研究和改进。如上海浦东罗山六小区高层建筑为局部 25 层高层住宅，采用桩基，桩长 32m，入第⑦$_1$ 层土，桩数 157 根。业主希望桩长缩短至 30m，特委托专家进行分析评估。通过分析计算，桩长缩短 2m，桩的容许承载力仍然满足要求，计算沉降则由 39mm 增加到 83mm，若桩长减少 4m，则沉降为 131mm，也仍然符合规范要求。该项目实际采用桩长 30m，于 1995 年 5 月结构封顶，实测最大沉降 27mm，远小于计算沉降 83mm。结果不仅降低了造价，同时加快了施工进度。

以上案例说明，桩基的实际功能水平往往总是大于桩基的实际功能要求，桩的长度越长，持力层越深，桩数越密，这种差异就可能越大，桩基实际功能利用的程度就越低，导致其价值越低。

本节同时可以说明，有的设计者在根据承载力确定桩基持力层后，又因为担心沉降问题而将桩基持力层加深的做法是没有必要的，因为：

（1）规范的沉降要求偏严，普遍认为可以放松要求；

（2）沉降计算方法不够精确，计算结果偏大，不便作为控制桩基设计的重要参数；

（3）统计表明，实测沉降一般都小于预估的计算沉降，小于规范要求，并且常常比规范限值低很多。

五、成桩工艺的VE研究

VE还可以用于对工艺过程的改进。在桩基工程中，主要是对成桩工艺进行改进，从而提高桩基的价值。如有的项目地处闹市中心地带，按照有关规定禁止采用产生噪音的打入桩，有的人可能不假思索、理所当然地选用钻孔灌注桩。实际上，如果采用钻孔灌注桩，工期较长，而且也会产生泥浆排放污染，很难保证文明施工。有分析指出，在单桩承载力小于3000kN（压桩设备能力所限）的情况下，采用静力压入桩是很好的解决办法，既可以避免环境污染，又可以加快工期，造价也可以适当降低。对静力压入桩与打入桩、灌注桩的定性比较如表5-44所示。因为静力压入桩不承受动荷载，不像打入桩那样易受损伤甚至打断、打劈，在非抗震条件下，所要求的含钢量低，造价也可降低。而且压桩本身就是对每根桩做一次荷载试验，可以算出单桩承载力的大小，可以为设计人员提供一张完整的标明每根桩承载力大小的桩位图，对设计人员和对项目本身以及对经验的积累都是非常有用的。通过比较，静力压入桩施工过程中无震动、无噪音、无污染，兼具钻孔灌注桩和预制打入桩的优点。

成桩工艺之比较 **表5-44**

序号	桩的类型	含钢量	质量控制	工期	污染	相同承载力的经济性
1	钻孔灌注桩	低	较难	长	泥浆	较低
2	锤击打入桩	高	较易	短	噪声	较高
3	静力压桩	较低	易	短	无	较低

对具体的项目而言，可以根据计算，确定具体量值，能更清楚地表明方案的优劣和价值的高低。如关于造价和工期的具体量化对比，在文献［18］中列举了两个已经建成的类似工程的对比，经整理汇总如表5-45所示。

不同桩基方案之比较 **表5-45**

工程名称	层数	桩基荷载	桩基方案	工期（天）	造价
民生兴庆路高层住宅	18	294000（kN）	混凝土灌注桩，直径0.8m，长28m，147根	125	185（万元）
水利厅兴庆路高层住宅	20	292000（kN）	钢筋混凝土预制桩，0.4m×0.4m×28m，209根	46.5	108（万元）

以上两个项目都位于西安市兴庆路北段，相距很近，地质条件完全一致，其他条件也接近，因为采用不同的桩基方案和打桩方法，两者费用和工期相差很大。

根据当地大量试验资料统计结果，钻孔灌注桩承载效率（每立方混凝土的承载力）为157～250kN/m^3，而静压预制桩的承载效率高达312～600 kN/m^3，比灌注桩高1～2倍。通过大量工程资料对比结果表明，静压预制桩比灌注桩的造价可节省10%～30%，工期可缩短1/3～1/2左右。因此，只要压桩设备能力足够，采用静压预制桩就是一个非常有价值的方案。

为解决城市中心区域施工的噪声污染问题，钻孔灌注桩的应用越来越广泛。但是钻孔灌注桩由于其工艺固有的缺陷而带来的质量不稳定、承载效率低、沉降大等问题也是比较突出的。由中国建筑科学研究院地基所研究开发的“桩底、桩侧后压浆技术”就是针对钻孔灌注桩固有的工艺缺陷——桩底沉渣和桩侧泥皮问题以及由此而引起的承载力降低和沉降增加问题所采取的改进措施，其原理是通过桩内预置的压浆管在成桩后向桩底、桩侧压入一定量的水泥浆液，固结桩底沉淤物和桩侧泥皮，从而增强桩底、桩周土的强度和摩擦力，提高桩的承载力，减小沉降，提高预制桩的功能水平。近年来，这一技术已经在许多地区推广应用，如前面提到的案例1等。肖大平等对某工程中的钻孔灌注桩进行了对比试验，结果如表5-46所示。通过对比可以看到，桩的性能明显提高了，承载力提高一倍以上，而沉降则下降70%左右，尽管其单桩造价略有增加，但由于总桩数下降，使得总造价明显降低，工期也可以缩短。该项目实际减少桩数180根，节约造价110万元，缩短工期1个月。

钻孔灌注桩及后压浆桩的性能 **表5-46**

桩　号	压浆情况	桩极限承载力(kN)	承载力增加幅度	对应沉降量(mm)	沉降量减小幅度
S1	未压浆	5860		36.41（未稳）	
S2	仅桩底压浆	>12285	110%	11.02	69.7%
S3	桩底桩侧压浆	>12150	107%	11.62	68%
S4	桩底桩侧压浆	>12079	106%	10.70	70.6%

第六节　价值工程在基坑支护结构中的应用

多数高层建筑都要建造地下室，为了进行地下室施工，基坑开挖深度通常为6～15m，有的甚至达20m，如上海浦东88层金茂大厦基坑开挖深度就达19.65m。

由于天然地层中有一些特殊的力学性质目前尚不能用室内或野外的常规试验方法准确测定，因此，“目前还没有一种深基坑支护的计算理论能在一次计算中概括土的全部复杂性质。每一种计算理论都是在某些简化假定的前提下建立的，具有一定的局限性，而且无论计算技术如何先进，实际计算结果不可能超越其参数测定的精确程度”[17]。因此，“迄今为止，岩土工程还是不严谨、不完善、不够成熟的一门科学技术”，有待于进一步研究。

由于深基坑支护设计的理论还很不完善，模型试验、工程测试等手段和方法还有待于进一步发展，迄今为止也还没有国家规范。为防止设计与施工中出现问题，设计者不管采用哪一种理论与方法进行设计，都要同时考虑这种理论未曾考虑的其他影响因素，采取适当措施，适当提高安全度。但是有的设计者也往往采取走极端的做法，不认真分析，过分追求安全，导致不应有的浪费。

最近二十年是我国高层建筑高速发展和地下空间广泛利用的高峰期，各地的发展水平也不平衡，特别是我国幅员辽阔，各地的工程地质和水文地质条件差别很大，而高层建筑又遍及全国，每一幢建筑的地质条件和环境条件都不相同，有的相当复杂，基坑工程正成为目前工程建设中数量多、投资大、难度高、周期长、风险大的组成部分，其设计、施工的水平千差万别，因此在这方面开展价值工程的研究很有必要，意义和效益也将是非常巨大的。如广州某项目对基坑支护结构工程进行设计和施工总承包的招标，共有 8 家单位投标，最高报价为 2700 万元，最低只有 400 万元。若不采取招标而是采取直接委托方式，也不进行多方案比较和 VE 研究，业主花费的很可能就是 2700 万元，甚至可能更多。

一、基坑支护结构的功能

在较空旷的环境中进行浅基础施工，若土质允许，可以进行放坡开挖。但在城市环境中，一般建筑密度高，地下管线多，必须采用基坑支护技术。基坑支护结构作为主要支挡形式，其最基本的功能是：

(1) F1，形成地下施工空间，保证施工的安全；

(2) F2，保证空间内地基及桩基的安全；

(3) F3，保证空间外围环境安全，如地铁、隧道、地下管线、房屋等的安全；

(4) F4，在地下水丰富、地下水位高的地区，起隔水、止水作用。

其基本功能的核心就是形成安全、稳定的空间，使地下结构的施工得以顺利完成，其安全稳定不仅仅指支护结构本身，也指其内部的地基和桩基以及外部的周围环境。

为实现基坑支护结构的基本功能，一般设计要求进行承载力验算和稳定性验算，前者指支护结构的强度应满足要求，后者指基坑的抗隆起、抗管涌和抗承压水验算、围护结构的抗倾覆、整体抗滑动等验算。可以说，这些基本要求和验算是任何一个基坑支护结构的安全与稳定所必需的。

为保证基坑支护结构功能的实现和正常发挥，除支护结构本身的强度要求、基坑内外的土体稳定外，非常重要的因素就是要限制基坑围护结构的水平侧向位移和支撑结构的水平、竖向变形。这主要是为满足功能 F3 的要求，即周围环境安全的要求，同时对满足 F2，即保证空间内地基与桩基的安全也很重要。因为如果围护和支撑结构产生水平位移将必然导致邻近建筑物和构筑物产生位移，而过大的位移会致使周围地下管线和道路开裂、房屋倾斜等，严重时会引起坑底隆起、桩基偏位。另外，在目前的施工监测手段中，以水准测量位移最为可靠、直观，其他测量仪（如深层标、土压力盒、孔隙水压力仪、水位计和钢筋应力计等）在相当程度上是配合手段，用以综合分析，且测试原件、标定、埋设、保护以及施工配合等方面存在不少问题，有待于改进。因此，基坑变形控制已经成为重要的设计内容，变形的计算值和实测值也常作为衡量基坑支护结构功能水平的重要指标，特别是环境要求严格的地区。许多基坑支护结构设计的差别往往就在于支护结构的变形大小。周围环境的不同，对基坑支护结构的变形要求就不同，这是当前城市建筑密集地区基坑支护结构设计差别的主要原因。

各城市、地区的基坑工程设计规程中除规定进行强度和稳定性验算以外，也都提出了位移控制标准。如上海地区标准《基坑工程设计规程》(DBJ 08—61—97) 和广东省《建筑基坑支护工程技术规程》（DBJ/T 15—20—97）中都提出了基坑设计和监测的位移控制标准。

对不同的基坑支护工程，功能 F1、F2 的要求没有太大的差异，关键在于 F3，即位移限值要求。不同的环境条件，其位移限值要求也不同，即功能要求的水平也不同，如上海市区地铁沿线附近一般要求位移不超过 20mm，而远离地铁和重要管线的其他地方则可以放宽至 50mm。实践证明，位移要求不同，支护结构的设计差别很大，如位移要求小于等于 20mm 和要求小于等于 50mm 的设计结果肯定相差很大。进行 VE 研究，首先应从功能分析的角度分析基坑支护设计，以正好符合合理恰当的功能要求为前提，不应追求过分保守，也不应突破合理的规范限值。

另一方面，由于基坑支护结构的计算位移一般以弹性理论为基础，最常用的计算程序 super sap－5 和 sap－90 都是弹性假设，这与实际情况不符。“计算值与实测结果有较大差异，如墙体的实测水平位移要比计算值约大 2～3 倍，个别达 4～5 倍，尽管有少数比较接近的成功实例，数量非常少”[16]。所以位移控制也有局限性，而且计算模型的选择、计算参数 c，φ 和 m 等的取值对计算结果的影响很大。因此定量计算必不可少，但同时也应能够正确判断和分析计算结果，运用计算结果指导设计。

对基坑支护结构这种理论上不成熟、实践中问题多的复杂问题开展 VE 研究，由 VE 组织中的各方面专家从不同的角度，多视角地观察、分析和处理问题是非常有益的，对提高设计水平、减少工程事故、降低工程造价也都是非常有益的。

二、支护结构与地下室结构的统一

目前基坑支护结构施工的常规方法是先做基坑围护，再进行支撑和土方开挖，做完地下室后再回填土。可见，支护结构在地下室施工期间起挡土和挡水、保护周围环境的作用。地下室结构施工完成以后，一般的围护结构就完成了“历史使命”，不再具有任何价值，有的甚至还可能成为潜在的地下障碍，给今后的管道接驳、市政配套等施工造成麻烦。所以常规支护结构的功能具有一定的时间性，其价值是短暂的。

对有些围护结构，是否可以用来作为地下室外墙呢?

从功能角度看，地下室结构除了承受上部结构荷载外，还应该具有基坑支护结构所具有的所有功能，即挡土、挡水形成地下空间（存放设备、停车等），保证空间安全，保证周围环境安全。从时间角度看，地下室结构的价值是长期的，涵盖了整个项目的使用期，并与支护结构的功能前后衔接。这说明，基坑支护结构与地下室结构的功能有很大的重复，若能除掉重复功能（即多余功能），就能降低成本。反过来也可以说，支护结构和地下室结构的功能若能统一用同一种结构实现，则意味着这种结构具有基坑围护结构的功能和地下室外墙结构功能，即结构的功能提高了，利用的时间范围也延长了。而其价值的高低则可以通过成本、功能等的比较进行判别。

支护结构与地下室结构相统一的二墙合一方案（即围护墙兼做地下室外墙）就是这种功能分析的产物。在软土地质条件下，基坑深度超过 10m 的基坑通常都用地下连续墙作为围护墙，其强度和刚度都是很大的，用做地下室外墙成为永久结构是非常合适的。目前，在上海以及全国许多地方，二墙合一方案已经在多个项目中得到了应用，主要是地下连续墙做围护结构时兼做为地下室外墙的比较多，也有少量采用桩墙合一，即围护桩和地下室外墙合二为一。在上海，采用二墙合一的典型项目有 88 层的“金茂大厦”、68 层的

“恒隆广场”以及“恒积大厦”、“明天广场”等多个高层建筑和地铁车站等。

假如基坑支护结构的常规围护墙体的造价为 C_1，而地下室外墙结构的造价为 C_2，用桩墙合一或二墙合一方案（以下称为改进方案）的造价（含措施费）为 C_3，因为二墙合一方案具备了基坑围护的功能（F_1）和地下室外墙的功能（F_2），即可以认为其功能 $F_3 = F_1 + F_2$，从经典公式 $V = F/C$ 中可以看出：

若 $C_3 = C_1 + C_2$，则表明改进方案的价值与原（常规）方案相同；

$C_3 > C_1 + C_2$，则说明改进方案的价值小于原（常规）方案；

$C_3 < C_1 + C_2$，则说明改进方案的价值大于原（常规）方案。

实际上，还应该进行工期、造价、对周围环境的影响等方面的综合对比，若工期和造价发生矛盾时（即若工期缩短了而造价提高了，或工期延长了而造价降低了），就应该进行详细的量化分析计算；若两者达到统一，即工期缩短的同时造价也降低了，则可以立即判断价值的高低。

案例 1 上海恒隆广场位于上海南京西路，建筑基地面积 31088 m^2，T1 主楼高 68 层，T2 主楼高 46 层，主楼地下室 4 层，裙房地下室 3 层。基坑面积 2.2 万 m^2，基坑周边总长约 670m。开挖深度：主楼部分为 18.2m，裙房部分为 13.65m。由于地处闹市中心，地下管线众多，基坑安全尤其重要。

按常规设计，如此大规模和重要等级的基坑工程应采用地下连续墙围护，支撑采用 3～4道钢筋混凝土桁架系统（裙房不少于 3 道、主楼不少于 4 道）。

由于该项目主体结构和基坑支护结构由同一家单位设计，使二墙合一方案能够顺利实施。

可以从以下几个方面简单分析采用二墙合一方案的效益和价值。

(1) 按该项目的规模，地下室外墙厚至少应在 600～800mm，由于采用二墙合一方案，使其得以节约，若忽略主楼下沉部分（以下同），仅按裙房的开挖深度 13.65m 计算，可节约的钢筋混凝土工程量为 5500～7300 m^3，估计费用在 660～880 万元（按当时价格计算）。

(2) 地下连续墙作为地下室外墙，由于表面凹凸不平，往往需加一层内衬墙，可以用多孔砖或砌块砌筑。该项目实际采用 200mm 厚砌块砌筑，工程量约 7000 m^2，按 70 元/m^2 计算，估计需增加费用 50 万元。

(3) 采用常规的基坑支护方案，地下室内边跨的重量和荷载由地下室外墙承担，而用二墙合一方案，这部分荷载要么由地下连续墙承担，要么增加一跨边柱和边梁，由边柱承担并传递到地下室底板上。该项目采用后者，即由边柱、边梁承担，如图 5-24 所示。增加的边梁工程量约 1300 m^3；增加的边柱工程量约 330 m^3；另由于采用二墙合一方案，使得地下连续墙内的配筋略有增加。以上三项，约增加费用 210 万元。常规围护结构如图 5-25所示。

(4) 临时支撑结构按常规采用钢筋混凝土桁架系统，造价不变。

(5) 工期不变。

综上所述，该项目采用二墙合一方案，大大地节约了工程造价：省略地下室外墙按节约费用 700 万元计算，因增加内衬墙（50 万元）和边柱、边梁等措施（210 万元）而增加的费用合计约 260 万元，则实际可以节约总造价达 440 万元，而工期和支撑费用等不变。

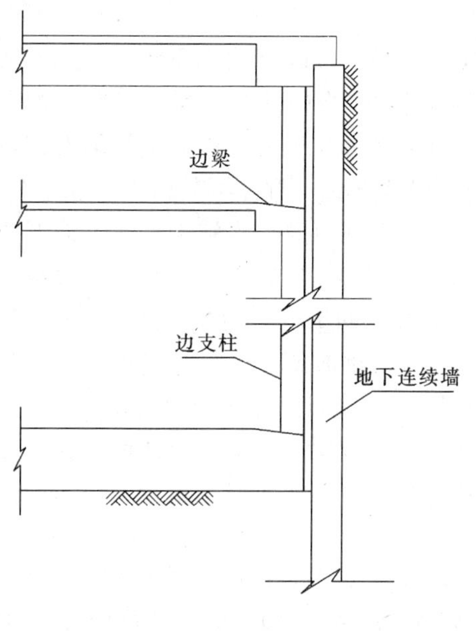

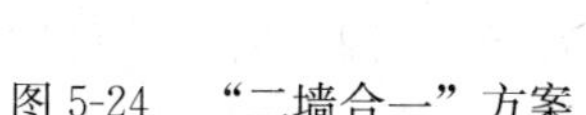

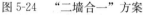

图 5-24 “二墙合一”方案

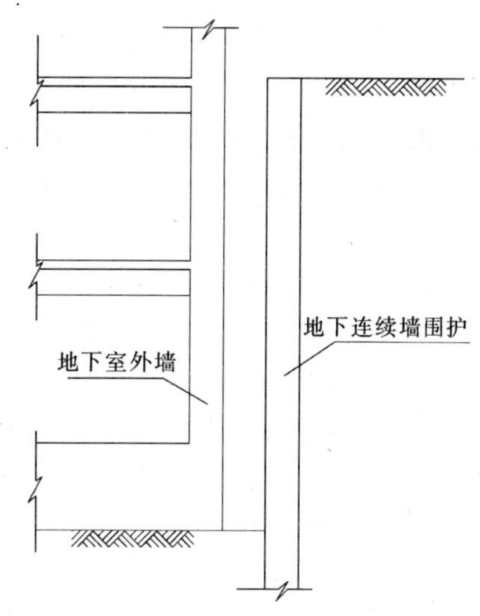

图 5-25 常规围护结构

二墙合一方案既可以采用“顺作法”施工，也可以考虑采用“逆作法”或“半逆作法”施工。顺作法施工一般采用常规的临时支撑体系，如上述的恒隆广场基坑支护；而逆作法则是采用地下室楼板中的全部或部分永久性梁板结构作为支撑系统，因而可以将支撑的成本节约。同时，采用逆作法施工还可以缩短工期。目前，采用地下室“逆作法”或“半逆作法”施工工艺的桩墙合一或二墙合一方案，在广州、上海等地的应用已有先例。在上海的《基坑工程设计规程》（DBJ 08—61—97）中就提出建议，“当围护墙兼做地下室外墙时，……通过方案比较，当技术、经济合理可行时，宜采用逆作法施工进行设计。”

案例 2 上海恒积大厦位于西藏路、淮海路口，地上 22 层，地下 4 层，基坑南北长 71.5m，东西宽 64.6m，基坑面积约为 3600m²，最终挖土深度 14m，局部电梯井挖深 17m。

该项目采用二墙合一方案，800mm 厚地下连续墙作为围护，深度 27.5m，根据工程实际情况，从－6.4m 楼板开始逆作法施工，即地下一层、二层楼板结构完成后，即同时往上部结构施工和往地下室三层、四层施工。

由于采用二墙合一方案和逆作法施工，使该项目获得很好的综合经济效益，其效益和价值体现的几个方面如下。

（1）二墙合一方案用地下连续墙兼做地下室外墙，省去了原来的一道地下室外墙，按本工程的规模，地下室外墙至少应该是 700mm 厚，长 240m，高 13m。再考虑增加一层钢筋混凝土内衬墙（厚度 300～400mm，即按常规的一半考虑），按实际节约一半外墙计算（因只需单面支模，所以模板也可以节约一半），可节约费用约 130 万元。

（2）二墙合一方案的另一个特点是增加地下室建筑面积。如果不采用二墙合一方案，必须为地下室外墙的施工留出操作面宽 800～1000mm，以便于施工，如图 5-24 所示。若按基坑周长 240m 考虑，为留操作面而少建的面积可达 240m²/层×4 层＝960m²，即采用二墙合一方案就可以多建地下室面积 960 m²，在如此繁华地段按每平方米售价 1 万元估计，即会有960万元的收入。

(3) 逆作法施工的最大特点之一就是用楼板代替支撑，可以节约支撑费用，按该项目的规模，支撑应为4道，实际从地下二层开始“逆作”，即节约两道混凝土支撑计算，按上海地区基坑支护系统的费用粗略估计，可以节约费用约400万元。拆除支撑的费用也将是很大的开支，估计可达70～80万元。所以由楼板代替支撑，总计可节约480万元左右。

(4) 逆作法施工的特点之二就是工期可以缩短，由于采用逆作法施工，地上地下同时施工，综合施工进度明显加快，工期缩短，从1995年6月底开始挖土，至11月底浇筑底板完成，向上施工到4层，总共用5个月工期，比常规工期至少节约3个月。仅考虑贷款资金利息就可以大大节约：按当时贷款利率每月1.5%，总造价1亿元人民币计算，其三个月的贷款利息即为450万元。另外，业主提前动用也可以创造更多的利润和价值。

(5) 当然，逆作法施工需架设挖土栈桥，行驶塔吊，增加设备及一次性投资，另外还有其他一些措施及费用如地下通风、照明，节点构造特殊处理措施等，本项目中由此增加的费用总和约为200万元。

综合以上(1)、(3)、(5)等项，与常规支护结构和常规施工方法相比，该项目采用二墙合一方案，并采用逆作法施工，可以节约造价410万元；根据(4)，可以提前工期3个月，节约贷款利息数百万元，提前营业，增加营业收入；并且根据上述(2)，可以多建960 m^2 面积，增加约960万元的收入。也就是说，该项目采用二墙合一和逆作法施工的价值体现在：

(1) 节约造价410万元；

(2) 缩短工期3个月，并由此降低贷款利息、增加运营收入和利润；

(3) 增加地下室使用面积960 m^2。

根据施工时的实测资料，在基础混凝土底板完成后，四周管线的最大沉降为17mm，地下连续墙的平均水平位移为32mm，均符合安全要求，实现了预定的功能要求。

由于楼屋盖具有强大的水平刚度，而逆作法一般采用楼盖作为水平支撑，其对围护墙的作用可以视为水平不动铰支点，即支点处水平位移为零，因此在所有支护方法中是效果最好的一种。并且由于其施工形象进度快、造价低，因此是值得研究推广的支护方法。在西方许多国家，超深基坑、层数很多的地下工程，大量采用逆作法，在国内也已经取得了很多经验，推广应用前景广阔。

三、围护墙墙体的VE研究

在总体方案确定以后，具体构件和设计细节问题也仍有必要继续进行VE研究，对设计进行改进和提高。以下讨论围护墙体结构设计的VE问题。

(一) 预制地下连续墙

在上海地区，许多项目规模很大，基坑开挖深度很深，周围环境要求也很严格，因此，地下连续墙的应用非常普遍。但是，地下连续墙的成本毕竟很高、施工周期长，许多技术人员都在努力设法尝试降低成本，提高其价值。预制地下连续墙也是众多改进方案的一个方面，并在一些项目上得到了应用。

地下连续墙作为一种环境适应性强、承载力高、稳定可靠的围护墙体，在上海乃至全国各地有非常广泛的应用，但由于其墙体混凝土是在水下现浇而成，故仍存在一些缺陷和弊病，如水下浇注混凝土由于夹泥引起墙面无规则渗水、施工操作不当引起堵管甚至断墙、槽壁塌方、墙面不平、施工和养护期长等等。以上问题，主要是由于施工程序和方法导致，说明传统地下连续墙的施工过程和工艺值得研究和改进。预制地下连续墙就是针对现浇墙的弊端而提出的解决办法，是价值工程在地下围护结构设计中的一个很好案例。

VE不仅研究和改进产品的功能和设计，也可以促进产品工艺和程序、过程的改进和提高。通过分析常规地下连续墙的问题，发现其缺陷和不足几乎全是由于水下浇灌混凝土而引起，若将成型的板材或墙体插入槽孔代替现浇混凝土墙体，就可以避免上述问题。于是，预制墙方案应运而生了，这是对传统施工过程和工艺的一大改进，也大大提高了地下连续墙的价值。

根据需要，预制地下连续墙可以做成各种中空的断面形状，如图5-26所示，以节约混凝土的用量，并减少每一段预制墙的重量，在设备起吊能力不变的条件下通过加大每一墙段的尺寸、减少起吊次数，从而加快工期。

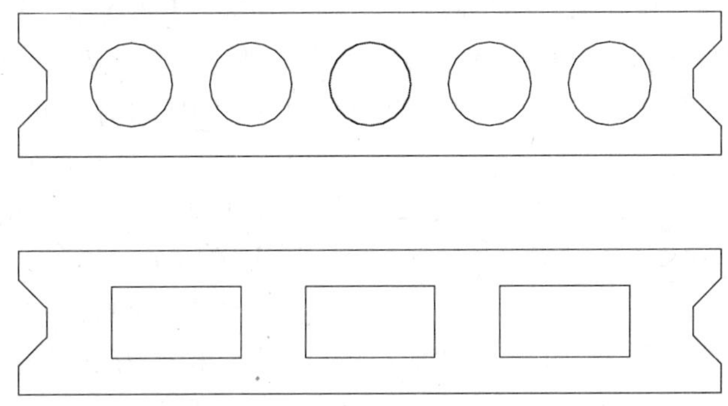

图5-26　预制地下连续墙断面形状

与现浇地下连续墙相比，预制地下连续墙具有许多优点，这些优点表明了预制墙体的功能水平的提高和价值的提高，表现在以下几个方面。

(1) 施工速度快：成槽完毕后可以连续吊装预制墙体，吊装速度快，吊装后不需养护。

(2) 节约混凝土的用量：通常现浇地下连续墙施工中因槽壁塌方，造成混凝土凸方现象，凸方的工程量占墙体总工程量的5%～10%，预制墙可以完全避免凸方现象。另外，预制的墙体可做成各种形状的空心墙，也可以节约更多混凝土。

(3) 地下连续墙作为地下室外墙（即二墙合一）时，预制墙的埋件定位准确，可以保证墙体与底板和梁的连接位置准确、质量可靠，满足结构的构造要求。

(4) 地下连续墙作为地下室外墙（即二墙合一）时，预制墙的表面平整，抗渗漏效果好，因而不需再做内衬墙或复合墙，可以进一步降低成本。

(5) 预制墙在地面浇注混凝土，混凝土的质量可以保证，因而墙体的质量比较稳定可靠，并可以比水下现浇混凝土降低一个强度等级。

上海明天广场项目采用29m深的地下连续墙，对其中的3幅墙段采用了预制墙，为解决运输困难，将墙段分成上下两节。与现浇地下连续墙的对比表明，预制墙的墙面平整度、接头处的抗渗等技术指标均大大提高了，墙体垂直度偏差小于1/300。虽然由于小规模试验，连同制模等费用在内的总成本比现浇墙略高，但若大规模采用，完全可以做到成本与现浇墙持平、甚至降低。由于其施工速度快，质量好，及其总体功能水平大大提高，因而尽管造价没有降低，但其价值水平却大大提高了。

（二）双排桩围护结构

悬臂式单排桩混凝土灌注桩在黏土、砂土地区，基坑深10m以内应用比较多。由于不需要支撑或锚杆，因而施工速度快，经济性好。但缺点是桩顶的水平位移较大，特别是基坑深度大于10m以后，一般需做支撑和锚杆，因而施工复杂、周期较长、成本高。若考虑加大桩的直径或采用双排悬臂桩，则将引起工程造价大幅度上升，如桩的直径增大一倍，抗弯能力增加到4倍，桩的体积和造价等也将增加到4倍；采用传统的双排悬臂桩，工程量增加一倍，造价和工期也将增加一倍。如何在尽可能少增加费用的情况下明显地增加桩的抗弯刚度呢？

传统的单排桩支护通常是桩与桩之间紧密排列，桩间距比桩直径略大（100mm左右），悬臂桩的抗弯刚度按桩径和桩长计算，围护墙的有效厚度即为桩的直径。如果将单排桩每间隔一根桩推出一根，向后排列形成梅花形布桩，或每间隔一根桩抽出一根将其排列在后排，这样桩距增大一倍，桩数相同，在桩顶用连续梁将两排桩圈起，梁宽一般为排距尺寸，厚500mm，前后排桩与桩顶圈梁就可以组成刚度很大的空间刚架结构，如图5-27所示。

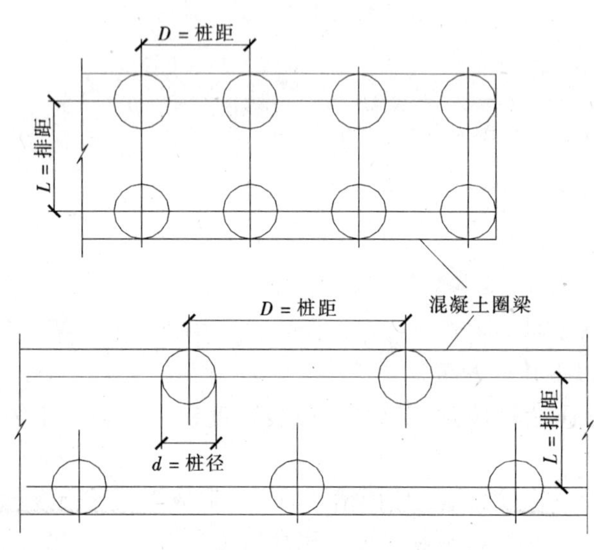

图5-27　双排桩围护结构

这一改变，至少在两方面发生重大变化，一是围护墙体的有效厚度大大增加了（增加一倍以上），从而使抗弯能力增加到4倍；二是原来的悬臂结构变为空间刚架结构，使围护墙的抗弯能力进一步增强，墙体受力也更加合理了。也就是说，通过桩的排列方式的改变，增加了围护结构的抗弯能力，减少了水平位移，同时也使围护桩的受力发生改变，即弯矩的峰值减小，从而更加合理。单排悬臂桩方案改进为双排或梅花形悬臂桩，使成本略有增加，即桩顶圈梁的宽度增加而引起的成本增加，但围护结构的功能水平却大大提高了，相当于两排紧密排列的围护桩或相当于一排围护桩加内支撑或锚杆的功能水平，因而改进的双排桩围护结构方案的价值水平有了明显的提高。

文献［17］对某单排悬臂桩和双排悬臂桩的位移和弯矩进行了对比计算，结果如表5-47所示。在围护桩工程量不变情况下计算位移减小60%以上，表明双排桩的功能水平有很大提高，而计算弯矩的大幅度减小，又可以为减小桩的直径，降低配筋创造条件。

单排与双排悬臂桩位移和弯矩比较　　表5-47

	单排悬臂桩	双排悬臂桩	双排比单排减小		单排悬臂桩	双排悬臂桩	双排比单排减小
计算位移	80mm	30mm	62.5%	计算最大弯矩	450kN·m	250kN·m	44.4%

由于基坑围护墙体中一般是角部墙体的弯矩小，矩形长边中部的弯矩大，根据这一特

点，也可以采用单排桩+双排桩混合布置方案，在基坑角部或矩形基坑的短边用单排桩，长边的中部用双排桩，在角部设置角撑，桩的受力较为合理，如图 5-28 所示。在桩径相同的条件下，采用混合布置方案桩的总工程量并不增加，但可以节约桩顶圈梁的工程量，因此比全部采用双排桩更进了一步。

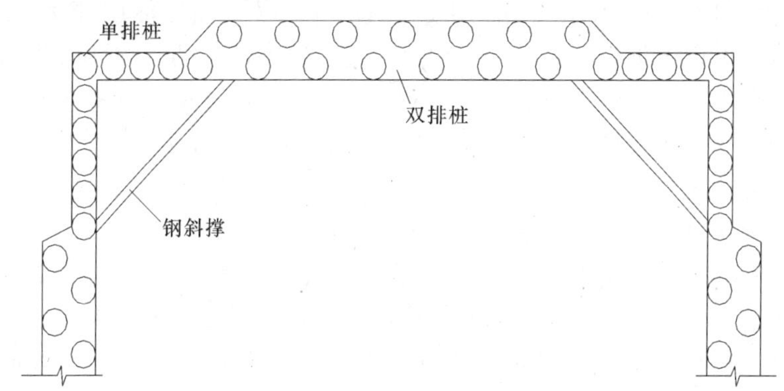

图 5-28　单排桩+双排桩混合布置的围护结构

对围护墙和桩的配筋、节点的构造处理等也可以进行研究和改进，如钢筋混凝土钻孔灌注桩的配筋问题就是一例。文献［17］通过对约 20 个工程的实测分析，发现桩内钢筋应力为 30～50MPa（300～500kg/cm^2），比设计的钢筋应力低很多，也就是说实际的配筋浪费很大。

分析导致钢筋浪费的原因有土压力的原因，也有配筋方法的因素。由于采用经典理论的假定与基坑支护的实际情况不符，主动土压力偏大，导致计算弯矩等内力偏大，因此配筋也多，这是功能要求不合理的原因，即实际土压力与假定的情况不符。其次，作为受弯构件的钻孔灌注桩，采用圆截面配筋是很不经济的，因为圆截面是按周边均匀配筋的，由于周边每根钢筋与中和轴的距离不等，距离中和轴越近，抗弯能力越小，因此，就不能发挥其应有的能力和作用。同时设计配筋时，往往以最大弯矩为标准进行通长配筋，导致钢筋浪费。如果采取按弯矩图形配筋，即弯矩大处多配筋，弯矩小处少配筋，并且按桩的挖土面和临土面，分最大正负弯矩分别在不同位置配筋，可以大大节约钢筋用量，据有关项目经验，可以节约钢筋 35%～40%。文献［17］中列举了某实际工程配筋的计算对比情况，如表 5-48 所示，该工程为 ϕ800 悬臂灌注桩。从表中看出可以节约一半钢筋，但实际节约为 35%～40%。为了便于对比，所以采用相同直径 ϕ28 的钢筋，实际可以采用 ϕ25 或 ϕ22 更为经济。

某工程配筋对比　　**表 5-48**

距桩顶距离（m）	弯　矩（kN·m）	按规范周边配筋		按等效矩形截面配筋		说　　明
		配筋面积（mm^2）	配筋数	配筋面积（mm^2）	配筋数	
−6.0	311	4922	8Φ28	2461	4Φ28	圆形截面 $W_{x0}=0.0982d^3$，方形截面 $W_{x0}=a^3/6$，按照 $a=0.838d$ 折成方形。其中 a 为边长，d 为直径
−8.4	726	8614	14Φ28	4307	7Φ28	
−9.6	1032	11070	18Φ28	5542	9Φ28	
−11.4	415	4922	8Φ28	2461	4Φ28	

值得说明的是，采用等效矩形截面配筋需要加强施工现场的技术力量和管理，如挖土面和临土面的钢筋位置不能放错，否则容易酿成严重后果。

（三）重力式挡土墙的 VE 研究

一般条件下，基坑开挖深度在 6m 以下的浅基坑可采用无支撑的挡土墙，开挖深度在 6～10m 的深基坑，用加固了的无支撑挡土墙或有支撑式挡土墙结构，开挖深度超过 10m 的深基坑，可以考虑用地下连续墙结构。但这只是一般条件下的常规性做法，不可以机械地套用，应该根据不同项目的不同地质条件和项目特点具体分析，创造性地设计灵活的支护结构，分析研究具体的设计方案并进行改进和提高，以达到安全、稳定和节约的目的。下面的案例一方面说明方案选择的重要性，另一方面也说明充分利用项目环境和地质条件的特点，可以用简单的办法和较少的投入达到很好的支护效果。

案例 3 广东花都市 38 层国际大酒店地下室 2 层，深度 9m，基坑 95m×50m，由于场地强含水层为砾砂层，厚 5.23m，透水性高，涌水量大，因此要求围护结构的止水挡水性好。原设计计划采用钢筋混凝土地下连续墙加一道支撑方案，墙厚 800mm，造价 800 万元，工期 4 个月。由于施工过程中遇到困难，后经专家研究，对设计方案进行改进，改用深层搅拌水泥挡土墙作围护结构，不设支撑，如图 5-29 所示。

由于周围场地条件允许，因此围护结构采用 7 排格栅式深层水泥搅拌桩形成的重力式挡土墙。尽管地下水丰富，土层透水性高，本方案有 4 排连贯的水泥搅拌桩可以满足止水、挡水要求，且挡水效果优于地下连续墙方案。至于挡土和墙体的自身强度要求，按照 7 排格栅式重力墙计算也可以满足要求。

由于地下室底板埋深 9m，但场地内的微风化岩面位于地下 8.1m 左右（见图 5-30），也就是说水泥搅拌桩挡土墙不能插入基坑底以下，没有被动土区，所以尽管挡土墙的自身强度和抗倾覆验算满足要求，但抗滑动验算不能满足，须采取特殊措施，否则仍要采用地下连续墙或钻孔灌注桩方案。

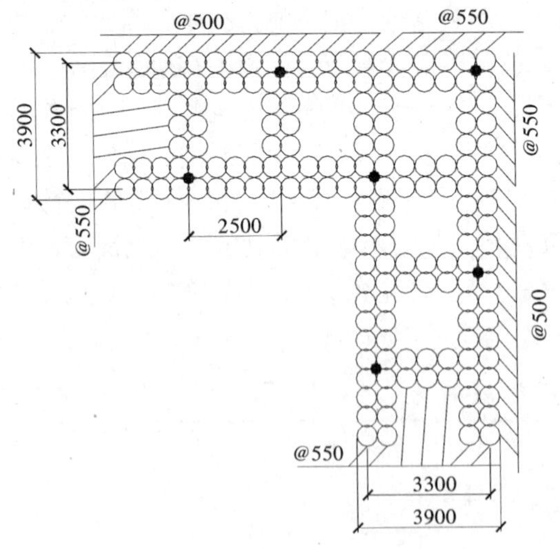

图 5-29 围护墙平面

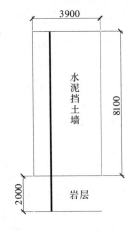

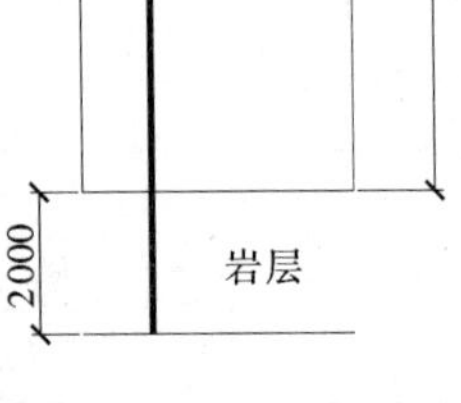

图 5-30 剖面

本项目的关键问题是挡土墙的稳定性，即抗滑动验算是否满足要求。

由于强度和位移等功能要求都已经满足，只有抗滑动验算例外，改进方案的关键就是在 8.1m 深的滑动面加强抗剪切能力。受钻孔灌注桩的启示，经过计算，决定在挡土墙内每隔 2.5m 设置一根直径 100mm、内有 2 根 25mm 带肋钢筋的微型桩，从墙顶插入微风化岩 2m，即桩长 10.1m，此时，抗滑动能力足够，并可以增强挡土墙的整体性，控制墙体的水平位移，如图 5-31 和图 5-32 所示。

本项目采用格栅式深层水泥搅拌桩挡墙作为围护结构，不设支撑，是很经济的支护方案，但是功能水平低，不能满足最低的功能要求，而通过因地制宜地设置微型桩 116 根，大大提高了墙体的抗滑动能力和抵抗水平变形能力，达到了安全支护的效果，很好地满足了功能要求。若采用地下连续墙支护方案，当然也可以满足功能要求，但由于所有墙体都深入微风化岩面以下，显然也是不必要的，即其功能明显过剩，不如采用水泥搅拌桩加微型桩的方案布置灵活、方便和经济。

本项目采用改进方案的总造价 330 万元，工期 2 个月，比地下连续墙方案节约造价 500 万元，缩短工期 2 个月。采用 116 根微型桩，解决了围护墙体的抗滑动问题，造价仅 10 万元，占总造价的 3％ 。

（四）**案例 4**

1. 工程简况

某集团公司在上海新建总部办公楼，地下 2 层，地上 6 层，主体为框架结构；建筑面积 21664m^2，占地面积 3143m^2，建筑造型复杂，多为弧线形。

该项目的地基土主要由饱和的黏性土、粉性土组成，并具有成层分布的特点；浅层地下水属潜水类型，主要补给为大气降水，稳定水位为地下 0.6～0.9m，无暗浜、暗塘等现象。第③$_1$ 层为淤泥质黏土夹砂，③$_2$ 层为砂质粉土夹黏，渗透系数较大，为 1.44×10^{-5} (cm/s)。若降水和隔水处理不好，基坑开挖时可能产生塌方、流砂等现象。基坑围护面积 7581m^2，围护体平面周长约 355 延米。开挖深度深浅不一，属中浅深度基坑，主楼最大挖土深度 7.65m，车库基坑浅处挖深 5.75m。

2. 环境条件及要求

基地位于浦东新区杨高路与源深路路口，三侧临交通干道，另一侧为多层办公楼，四周管线很多。因地块位于浦东中心地带，与 APEC 主会场科技馆相距不远，基坑围护与地下结构施工正逢 APEC 开会期间，施工现场的场容、场貌要求比较严格。在 APEC 开会期间，不论基坑施工到什么状态工程必须停工。工程位置和建筑物平面如图 5-31 所示。

3. 目标排序

基于周围环境条件和要求，在目标分析时，首先考虑的是基坑的施工安全，不仅保证在正常施工条件下基坑的安全，而且要考虑在 APEC 会议期间，基坑可能在围护结构的最不利受力状态下长时间处于停工时的安全和稳定，即基坑要经受长时间的考验；场容场貌必须满足 APEC 组委会对会场周围工地环境的要求。因此，除现场加强场容管理之外，在基坑围护方案的选择方面也要考虑有利于场容的管理。对进度进行分析，若加快施工进度，争取在 APEC 会议开始前完成基坑的围护和地下结构的主要部分，再经过部分回填可以使基坑处于较安全的状态，并可以使现场场容比较好，就能够大大降低安全风险。根据以上分析，基坑围护结构施工的综合目标应为：

A：安全度

B：场容

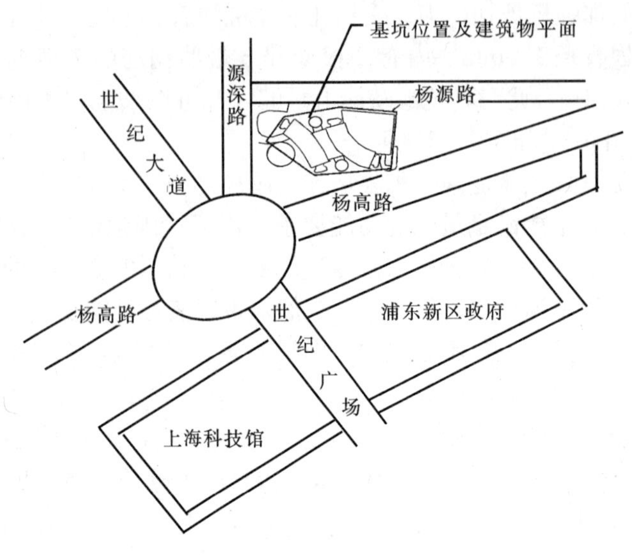

图 5-31 工程位置

C：对进度的影响

D：经济性

E：可施工性

根据本项目的客观要求，邀请有关专家对基坑施工的目标要求进行重要性排序，按照价值工程中的“强制确定方法（FD）”，对以上各目标要求进行比较和分析，确定目标的重要性系数（得分）和重要性排序，如表 5-49 所示。

各目标要求的重要性系数 **表 5-49**

方案评选原则	B	C	D	E	重要性得分	重要性顺序
安全度 A	A4	A3	A3	A5	A：15	1
场容、场貌 B		B3	B3	B3	B：9	2
工期 C			C3	C3	C：6	3
经济性 D				D4	D：4	4
可施工性 E					E：0	5

对各个目标要求排序后，再依据所确定的目标要求选择基坑围护结构方案，进行深化设计和施工。

4. 方案比较

在选择方案时共提出三个可能的方案，依据上述目标要求的顺序，对方案进行了比较分析。

（1）地下连续墙

地下连续墙的墙身刚度大，可承受较大的侧向压力，变形小，对四周管线、建筑物的影响小，而且还具有很好的防渗性能，尤其对于建筑物密集地区，该方案不失为首选施工方案。但该方案的工艺也具有一定的缺陷，首先，该方法对现场管理及施工技术尤其是泥水分离技术要求很高，易造成场地的泥泞不堪，从而无法达到文明施工的要求，并且泥水处理的不完善也会给施工带来很大麻烦；其次，在基坑围护阶段发挥巨大作用的地下连续墙体除非在将来也可用做主体结构的承重体系，否则地下连续墙的费用太高，仅用作围护结构很不经济。对本工程而言，若采用两墙合一，地下连续墙既做围护墙体，也作地下室的外墙，则由于建筑造型形状变化多且弧线多，地下连续墙的施工难度极大；另外，围护墙体即使可以直接作为主体结构的承重外墙，由于墙体表面粗糙不平也需做二次处理，也会给施工进度控制带来很大的困难。

（2）钻孔灌注桩＋ 深层水泥土搅拌桩

本方案采用深层水泥土搅拌桩与钻孔灌注桩结合的方式，共同实现止水与挡土作用。深层水泥土搅拌桩主要用以发挥止水作用，也可以起一定的挡土作用。该施工方法所需设备简单，操作方便，无振动、无噪音，因而对周围环境影响较小，而且也不会产生污染环境的泥浆废水。另外，费用也较低。

基坑外围四周的侧向压力主要由位于水泥土内侧的混凝土桩承受。该方案在施工期间会产生许多泥浆，难以实现现场文明施工。钻孔灌注桩施工过程中，也会经常出现以下问题：成孔困难、桩孔倾斜、孔壁坍塌、桩身夹土。影响桩身质量的因素多，所以隐患多。另外，工期方面，钻孔灌注桩施工工序多，从开始施工至达到设计强度所需的时间也较长。

该方案与地下连续墙相似，具有产生泥浆废水、不利于文明施工的缺陷，但优点是安全性好、易于施工、造价低等。

（3）SMW 工法

SMW 工法的工作机理与方案二相似，都是由深层水泥土搅拌桩作为止水帷幕，不同的是侧压力的承受主体，SMW 工法是由工字钢来承受，而方案二是由钻孔桩承受。SMW 工法中插入的工字钢位于水泥土体的内部，确保了二者共同工作时将具有更强的相关性，因而也就具备更好的整体性能，足以承受来自四周的土体侧压力。其次，在搅拌好的水泥土中插入工字钢，施工操作远比钻孔灌注桩简单，工序少了许多，质量更容易保证，工期可大大缩短。因工字钢可重复利用，该方案具有经济性优势，而方案二中的钻孔桩在工程结束后仍将残留于土体中。SMW 工法的缺陷是变形大，但该缺陷可通过加大桩的直径等措施来弥补。

5. 方案确定

根据以上的分析，对三个方案符合目标要求的程度进行打分，并结合表 5-49 所得到的目标要求的重要性系数，得到三个方案的综合得分，如表 5-50 所示。

三个方案的综合得分　　表 5-50

方　案	目　标	安全度	场容场貌	工　期	经济性	可施工性	合　计
	重要性系数	15	9	6	4	0	
地下连续墙		3	2	2	1	1	79
		3×15	2×9	2×6	1×4	0	
深层水泥土搅拌桩＋钻孔灌注桩		3	2	1	2	2	77
		3×15	2×9	1×6	2×4	0	
SMW 工法		3	3	3	3	3	102
		3×15	3×9	3×6	3×4	0	

三个方案中，SMW 工法的综合得分最高，即最符合项目的目标要求。因此确定SMW 工法作为基坑围护方案。项目实施结果证明，该决策是完全正确的。

6. 基坑施工的实测数据

(1) 基坑变形情况：在基坑施工期间，基坑墙体侧斜最大位移（向坑内）为 22mm，单日最大位移为 2mm，而设计允许最大位移是 32.4mm。地下管线的最大实际位移为 11mm（位于地下 7m 左右），单日最大位移为 3mm，地表附近的最大位移为 7mm，均在警戒值之内。

(2) 止水效果：在整个地下工程施工期间，尤其是 7 月份至 8 月份的土方施工期间，该方案止水效果较好，仅局部出现少量渗水现象（主要出现在混凝土圈梁与水泥土帷幕的交界处），没有给施工带来大的影响；水泥土帷幕未出现坍塌，确保了施工的安全进行。

(3) 文明施工：获得了该年度浦东新区现场文明工地奖。

(4) 施工工期：施工工期共计 26 天，这其中还克服了雨季施工的不利影响，为总计划的如期完成乃至提前创造了条件。

(5) 工字钢回收情况：因施工中涂刷了减摩剂并在工字钢与混凝土圈梁之间采取了隔离措施（采用泡沫板隔离），因而工字钢的起拔过程比较顺利，所有的工字钢全部拔出，达到了预期的目的。

7. 各方案综合指标对比

各个方案的综合指标对比如表 5-51 所示。

各方案综合指标 表 5-51

	工程量	工期	经济效果
地下连续墙方案	0.6m 厚 18 米深 210 延米，0.6m 厚 15m 深 115 延米，钢支撑	约 45 天	1053.3 万元（计划）
钻孔灌注桩方案	ϕ800mm18m 深 182 根，ϕ700mm15m 深 100 根，钢支撑	约 50 天	902 万元（计划）
SMW 工法	ϕ650mm115 延米，中心距 450mm，水泥掺量 20%，间隔内插 H500×300×10×16 型钢 13m 桩深，ϕ850mm240 延米，中心距 600mm，水泥掺量 20%，间隔内插 H700×300×12×14 型钢 17m 桩深	26 天（实际）	793.3 万元（实际）

第七节　价值工程在楼盖结构设计中的应用

一、概述

通常，建筑物中混凝土楼盖的造价约占土建总造价（含结构、装修）的 20%～30%；在钢筋混凝土结构的高层建筑中，混凝土楼盖的自重约占结构总重量的 50%～60%。因此，楼盖结构的造价和自重对整个建筑物来讲是至关重要的，对建筑物的经济性也将产生较大影响。

由于高层建筑层数多，每层楼盖增加或减小一点重量或高度，累积起来就是很大的数字，将对整个建筑产生较大影响。如每层楼板厚度增加 1cm，就相当于增加荷载 $25kgf/m^2$，60 层高的建筑就相当于基础荷载增加 $1500kgf/m^2$，整个建筑就将增加数千吨的重量；而每层建筑的结构高度增加 300mm，60 层高的建筑就相当于总高度增加 18m，相当于 5～6 层楼的建筑高度，在建筑高度受限制的条件下就要少建许多建筑面积，在建筑面积不变的情况下就要增加建筑高度，导致地震作用和风荷载加大等一系列问题产生。而且，建筑高度增加了，电梯、墙饰面和其他设施的造价和运行费用等都要相应增加。

因此，高层建筑结构设计的一个重要原则就是要尽量降低每层楼盖的结构高度和重量。

一个合理的楼盖系统是建筑总的经济指标中的重要因素。影响楼盖系统选择的诸多因素中有些是建筑功能所需的，例如：在住宅中，需要对楼面分隔出许多较小的和不变的面积，楼板跨度尽可能小一些；在现代办公楼建筑中则要求大空间的、能够临时分隔的楼面面积，楼板跨度需要大一些。其他影响楼盖系统选择的因素是出于结构布置的考虑，如楼盖结构是否参与抗侧力体系、施工中是否需要加快工期速度等。所以，楼盖结构作为主体结构体系的水平分体系，应结合建筑功能要求和竖向分体系的布置确定结构型式和方案，如平板式还是肋梁楼盖，井字梁板还是密肋板，是否采用预应力混凝土等等。

楼盖结构体系的设计和施工与竖向结构体系的布置有关，因此，在具体设计时，设计者必须在不同程度上同时考虑水平体系和竖向体系的类型，在跨度、高度和经济性之间比较、权衡。例如，就单独结构而言，如果将垂直支承构件布置得稍密一些，将水平楼盖体系的跨度减小，如 3m 或 4.5m，则往往是比较经济的。但是从更为综合性的建筑功能需要来考虑，则要求用较大的跨度来增大内部空间的开阔和使用的灵活性。显而易见，竖向支承构件的间距越大，水平楼盖结构的高度也就越大。林同炎认为，纵然大跨度要比小跨度节省一些竖向支承构件，但最终还是大跨度的结构耗材多。为此，有经验的设计者应兼顾两者，在空间需求和经济性两方面作出最佳总体设计。

二、混凝土楼盖结构的价值工程分析

高层建筑结构设计中，结构高度的大小是很重要的因素。根据其变化幅度的大小，建筑物高度的变化会对以下因素造成一定程度的影响：

(1) 电梯设备购置费；

(2) 电梯运行费；

(3) 空调设备购置费；

(4) 空调系统运行费；

(5) 给排水设备购置费；

(6) 给排水系统运行费；

(7) 内外墙面装修费用；

(8) 竖向管线敷设总长度及其费用；

(9) 柱、墙结构的总高度及其重量、造价；

(10) 风荷载、地震作用等；

(11) 容积率。

上述 (2)、(4)、(6) 项费用的变化将导致项目全寿命周期费用的变化。另外，由于设备系统运行所需的电力、煤气或自来水等配套容量发生变化时还会引起增容费一次性投资的变化。对高档次、高标准高层建筑来说，内外墙面装修费用、空调设备购置费和运行费、电梯设备购置费等占总造价的比例也是很大的，因而高度的变化所引起的总造价的变化也将是相当可观的。

案例1 广东国际大厦是一座综合性大型建筑，工程总建筑面积约18万m^2，其中主塔楼地上63层，结构高度196.75m，地下4层，建筑面积88000m^2，建筑平面为接近正方形的钢筋混凝土筒中筒结构。外筒尺寸35.1m×37m，内筒尺寸15.4m×21.4m。从第7层开始的标准层内外筒间距7～9m，6～22层楼板沿周边外伸，悬挑长度从4m向上逐层收缩到0.5m，立面上形成略有倾斜的外墙面。该项目曾经轰动一时，因为当时它同时创造了两个纪录，一是当时国内层数最多的超高层建筑，二是世界上采用无粘结预应力混凝土平板楼盖的最高建筑。

1. 设计的思路

设计者在进行楼盖方案选择时，为了尽可能地降低层高，最初计划采用300mm厚普通钢筋混凝土无梁楼盖，其位移（挠度）和抗裂验算皆满足要求，抗侧移也满足要求（包括层间位移和顶点位移）。

通过前面的分析我们知道，普通钢筋混凝土无梁楼盖的折算厚度较大，重量也较重，因而将使结构总重量增大，地震力增大，对抗震不利。并将导致竖向结构截面加大，地基基础费用高。

若采用肋梁楼盖体系，折算厚度可以降低，重量也可以降下来，但结构高度大，层高比较高，导致结构总高度增加。如每层高度增加300mm（梁高），累计就将增加近19m，接近总高度的10%。这可是个不小的数字，若总高度限制，就将少建6层楼房，业主投资效益下降，损失很大；若总高度不限制而保持建筑层数和面积不变，将导致结构总高度增加，水平荷载增加很多，顶点位移也将增加了。根据分析，结构顶点位移与建筑高度的四次方成正比，即在抗侧刚度不变情况下高度增加一倍，顶点位移将增加到16倍；高度增加10%，顶点位移将增加近50%。而且，建筑高度增加19m，将对设备购置费、安装费用、运行费用以及内外墙面装修费用等（即上述(1)～(10)项）产生显著影响。

那么，有没有既降低结构重量，又不增加层高的方案呢？根据前面的分析知道，采用预应力混凝土结构就是很好的办法。

无粘结预应力楼板在工程中的应用始于20世纪50年代末。当时，美国将其用于大柱网平板中，随后由于预应力工艺、设备的革新，带动了无粘结预应力楼板的迅速发展。据统计，进入20世纪80年代以后，美国新建的住宅和办公楼中，90%的楼板及屋盖采用无粘结预应力混凝土平板。欧洲、日本、东南亚地区也应用较多，可见应用无粘结预应力混凝土的价值很高。

大量的工程实践表明，无粘结预应力混凝土楼盖具有许多突出的优点，特别是用于高层建筑，其经济效益更加显著，概括起来有：

(1) 可为建筑物提供大跨度的空间，便于灵活隔断，可改善室内视觉效果及使用功能，大跨度楼板也增加了使用面积，对楼层用途的改变容易适应；

(2) 在保证室内净空高度的同时可降低层高并使建筑总高度降低，进而节约材料、降低自重，减少基础费用；

(3) 整个楼盖结构由预应力钢筋拉牢，提高了整个建筑物的抗震和抗风能力；

(4) 改善结构的受力性能，在自重和荷载作用下梁板的挠度小，几乎无裂缝；

(5) 预应力平板结构工艺简单，与标准模板体系（如飞模、桌模）相配套，施加预应力后模板就可以拆除，既节约模板费用，又加快施工速度；

(6) 预应力平板结构便于预埋电气管线，或在板下灵活布置通风、采暖等管道，可减少各种管道及设备的容量和维修费用，省去吊顶的费用；

(7) 在建筑总高度不变的情况下，可增加楼层数，使建筑的有效使用面积增加，从而提高投资效率。

上述优点表明，无粘结预应力混凝土无论是功能水平还是综合效益都是非常好的，具有很高的利用价值。

但是，预应力平板楼盖结构应用到高层建筑特别是超高层建筑中往往受到限制，因为这种结构的楼盖总厚度和折算均较薄，平面外刚度比较小，因而抗侧移能力比较差，在高层建筑中水平力比较大，容易产生较大的侧移变形，导致位移不满足规范要求。迄今为止，在高层建筑中应用预应力混凝土结构的最高建筑为 40 层，要想在 63 层国际大厦上应用，这是一个很大的突破，必须经过认真分析、严格计算论证，甚至做试验。为此，建设部和广东省建委共同主持召开了多次专家论证会，包括施工技术论证、结构设计研讨论证等，组织了全国 24 所高等院校、科研机构，80 多位专家、教授共同参与，从技术上、组织管理上、经济效益和社会效益上进行全面分析论证，为最终确定采用 220mm 厚无粘结预应力混凝土楼盖奠定了坚实的基础。改进后的方案如图 5-32 所示。

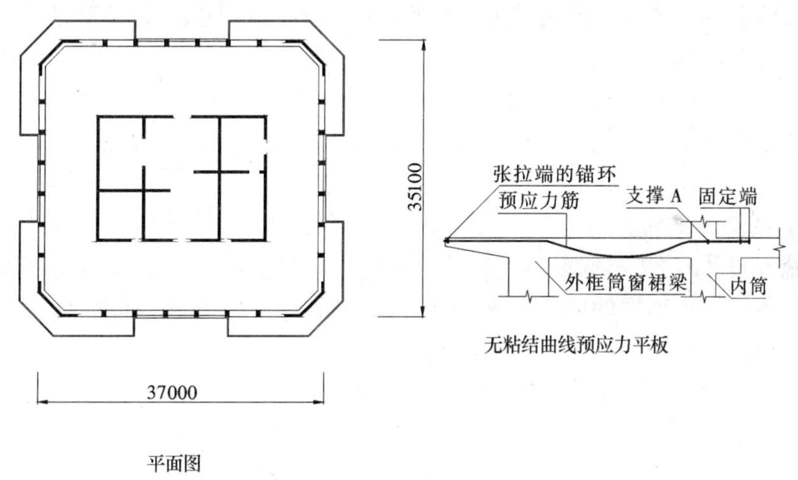

图 5-32　广州市 63 层广东国际大厦楼盖结构

该项目的论证和决策过程实际上也就是 VE 研究和方案改进的过程。以下将从结构功能和综合效益两个方面对实际采用的改进方案进行分析评价。

2. 楼盖的结构功能分析

楼盖结构对抵抗水平侧向力，减小水平位移有一定作用，其作用大小与其本身的刚度和竖向体系的刚度有关。在大多数框筒结构体系中，内筒与外框之间的楼盖体系，除协调结构各部分在楼层处位移一致外，并不能为主体结构体系的抗侧刚度做出很大的贡献。尽管提高每一楼层的结构高度对提高整体刚度、抵抗水平位移有利，但毕竟浪费。因此，在框筒结构体系中，水平力主要靠内筒及与水平力同方向的边框架组成框剪受力体系承担。整体计算分析表明，无论采用普通钢筋混凝土平板结构还是采用预应力混凝土平板结构，除了与水平力同方向边框架上的柱以外，在水平荷载作用下其他柱都没有明显的反弯点，其内力形态与内筒相比有很大的差距，对抵抗水平力的贡献微乎其微。该项目采用预应力楼盖，就是为了降低楼盖结构高度，内筒与外框之间采用结构高度较小的扁梁和平板结构，构件刚度较小，对抗侧力的贡献也可以忽略，并不影响整个结构体系抵抗侧向力和侧移的能力。

计算结果表明，由于采用预应力无梁楼盖而使楼盖刚度进一步降低所引起的不利影响也可以忽略。

可以通过设置加强层来提高高层建筑结构空间作用能力，而一般高层建筑都有设备层，若能利用设备层设置加强梁或桁架结构，必能在很大程度上补偿标准层楼盖的不足。实际上，根据功能要求，该项目设有三个设备层，分别在 23、42、61 层，设计中为了进一步减小水平侧移，加强抗侧向力的能力，提高抗侧刚度，将这三个设备层的外筒裙梁尺寸加大，而且设置了联系内外筒体的桁架，大大抑制了侧向位移，充分利用了设备层空间，以较小的代价，大大提高了结构的功能水平和价值水平。

改进方案的计算分析表明，楼盖的挠度、楼层侧移和结构顶点侧移均满足规范要求。在风力作用下的各方向位移远小于相应的规范限值，抗风能力尚有较大富余。在地震作用下，结构的顶点位移和最大层间位移均小于相应规定限值，并有很大安全余地。

至于满足楼板抗裂和挠度的要求方面，正是预应力混凝土楼盖的优势所在，是很容易满足的，而且与普通钢筋混凝土楼盖相比，挠度更小，无裂缝。总之可以说明，在功能上，采用 220mm 无粘结预应力混凝土平板楼盖，其挠度和抗裂度效果均优于 300mm 普通混凝土楼板，各项指标均完全满足规范要求，说明改进方案的功能水平可以保证功能要求并有所提高。

3. 改进后的综合效益分析

改进后的方案共有 57 层标准层（包括设备层、加强层），采用了无粘结预应力混凝土楼盖，其中设备层、加强层的楼板厚度 250mm，其余均为 220mm，扁梁高 350mm。按每层平均减小结构厚度 80mm 计算，总高度可以降低 4.56m。

(1) 在结构总高度基本不变的条件下可以多建 1～2 层，增加建筑面积 1300～2600m^2。

(2) 在建筑总层数不变的情况下，结构总高度和楼盖总厚度按降低 4.56m 计算，相当于上部结构重量减小 15000 吨（即 2.5t/m^3 × 4.56m × 1300m^2），基础荷载平均降低 11.4tf/m^2，降低约 12.5%；由于重量减轻，地震力减小，上部结构和基础费用都可以降低。

根据有关数据，仅仅由于楼板减薄而节约的楼板混凝土量就达 7550m^3，节约钢材 420 吨，估算节约造价 300 万元（不包括重量减轻引起的梁、柱、墙和基础等相应的节省）。

(3) 由于总高度降低 2.3%（即 4.56/196.75＝2.3%），使得内外墙面装修（如玻璃幕墙、花岗岩、面砖等饰面）费用降低。

(4) 由于总高度降低 2.3%，使得电梯提升高度、供水设备提升能力、空调负荷等要求都相应减小或降低，竖向管线的铺设长度也可以降低，因而可以降低设备的购置费、安装费以及电力、自来水等的增容费等。

(5) 由于高度降低2.3%，建筑物总体积下降了，项目运营期间的运营成本就可以下降了，包括用于电梯、空调等的电力消耗等也降低了，也就是说项目的全寿命周期费用下降了。

(6) 采用无粘结预应力混凝土楼盖结构的造价

根据国外有关资料，从单位体积指标看，预应力混凝土造价肯定高于普通混凝土，而若从平方米指标看，预应力混凝土的造价常常低于普通混凝土。考虑国内现状，预应力混凝土比普通混凝土楼板造价按增加5%计算，实际上相当于工程总造价增加不足1%（楼盖造价占土建总造价的20%～30%，而工程总造价包括土建、设备和其他费用）。

(7) 由于无粘结预应力混凝土不需要预留孔道，不需要穿筋和灌浆，简化了施工工艺，并且无粘结预应力钢筋的摩擦力小，又容易弯成多跨曲线形状，因而方便施工。

(8) 与普通钢筋混凝土平板楼盖相比，采用后张无粘结预应力混凝土结构，对总工期基本不影响。

在高层建筑的工程总造价构成中，有些费用可以认为是按建筑高度的比例线性地增长，如内外墙面的装修费用，即前述的第（3）项；有些费用的增长可能超过了高度的增长速度，如结构费用，而有些费用的增长速度则可能低于建筑高度的增长。为了快速、粗略地估计高度变化对工程总造价的影响，假定在变化幅度不大的情况下，粗略假设工程总造价（即建筑、结构、设备和其他费用等的总和）按建筑高度成线性比例分配，即总高度降低2.3%，工程总造价也降低约2.3%（即上述（2)、(3)、(4）三项费用降低2.3%)。

根据上述（5)，若每年运营费也可以降低，降低幅度取1%（小于高度降低幅度2.3%的一半)，其折现值也降低约1%，按n年运营费总和与一次性建设成本为1∶1考虑，相当于总造价又降低约1%。因此可以认为，在建筑面积不变条件下总造价降低3.3%左右。

根据VE的思想，上述的分析结果可以理解为，产出建筑面积（功能）不变，而投入的一次性成本和运营成本均降低了，说明改进方案的价值提高了。

若容积率不受限制，则可在总高度保持基本不变条件下多建2层（标准层高3m)，即可多获得2600m^2，而总荷载仍然比原方案低，综合造价将并不比原方案增加，却可以增加收益3%左右（即2600m^2/88000m^2＝3%)。由于工程总造价基本不变，而产出的建筑面积增加了，表明改进的楼盖结构方案的价值水平也提高了。

以上分析表明，无论是从增加建筑面积角度还是从降低建筑高度（面积不变）角度看，其经济效益都是很高的，在总造价以数亿计的项目中，其效益可达几百万乃至上千万元。

在社会效益方面，该项目成为当时国内外关注的工程。预应力技术在超高层建筑中的成功应用，引起社会广泛反响，推动了该技术在我国的进一步推广应用。

三、大跨度楼板结构应用价值工程的案例分析

（一）工程概况及原设计方案

1. 工程概况

该工程是一座圆环形多功能办公楼，圆环状平面由六段组成，外直径400m，内直径以 333～340m 层层内收，地上 5 层，地下 1 层，总建筑面积 146000m^2，钢筋混凝土框架结构，30m 横向进深由柱网分成两边各 12m 跨的无内柱大空间和 6m 宽的内天井。图 5-33 为其中一段示意图。

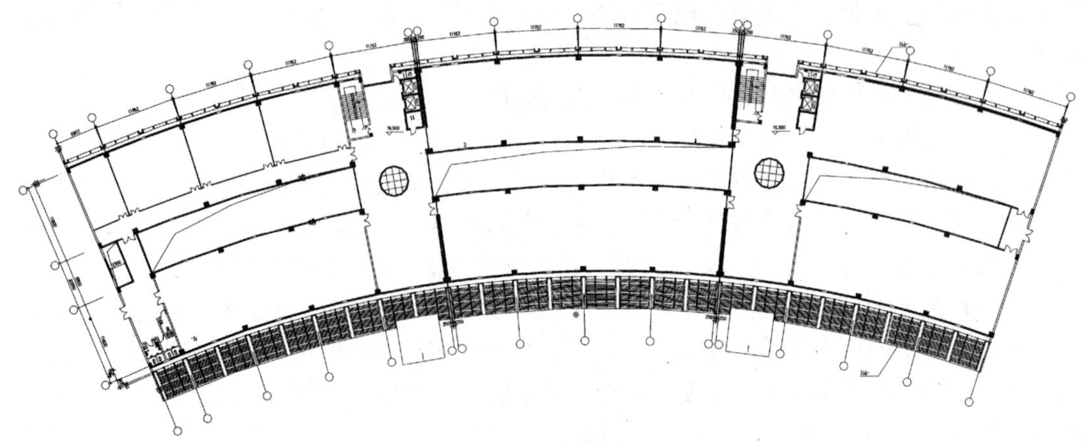

图 5-33　圆环形办公楼平面之一段

本工程设计的 12m 大跨度楼板结构能够提供大面积无内柱空间，利于办公空间的任意分隔，提高建筑面积的利用率，但给大柱网大跨度的结构设计带来一定难度。由于结构计算复杂，工作量较大，根据经验应组织人员进行 VE 研究，其经济效益是相当显著的。

2. 原设计方案

在初步设计过程中，设计院提出的楼板结构方案为现浇无梁空心板及暗梁结构。如图 5-34 所示，板厚 400mm，空心管管径 280mm，间距 60mm，横向放置，横向柱上暗梁高 400mm，宽 800mm，纵向主梁高 800mm 宽 400mm。

该方案采用新技术，在一般跨度建筑中可以降低楼板高度增加净空，减少自重，加快

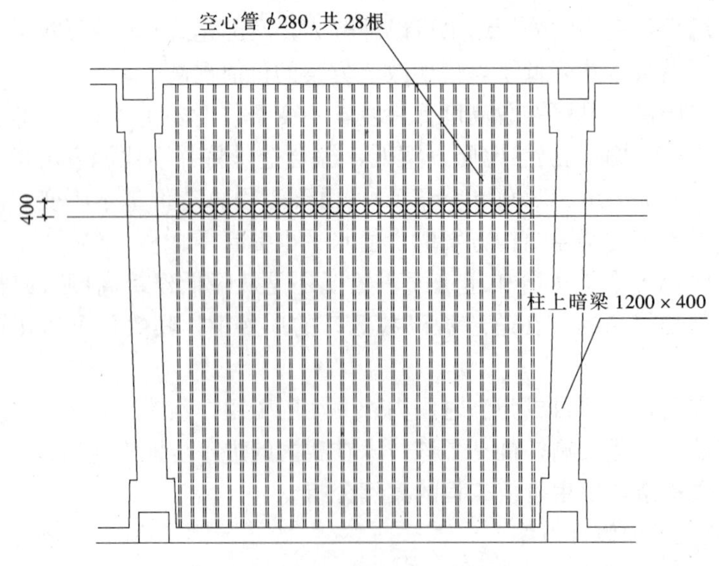

图 5-34　现浇无梁空心板设计方案

施工进度等。但在本建筑中，跨度达到12m，板厚为400mm，内芯管（GBF管）直径为280mm，必须经过特殊处理来控制其变形及裂缝以满足规范要求，因此不一定能充分发挥其结构优势。管径280mm的芯管（GBF管）在加工时质量难以控制，而且至今还没有有关现浇无梁空心板的施工规范，施工质量难以把握。

计算显示，本工程楼板及梁的造价为472.6元/m²，而一般的梁板结构造价为150～300元/m²，类似工程梁板造价为250～350元/m²。采用该方案成本过高，因此决定组建VE小组进行专门研究。

（二）创新方案提出

1. 梁的方案

本工程纵向为弧线形，梁以折线形式连续放置，不适合于预应力的张拉，且先张法施工工艺比较复杂，若12米大跨度梁用先张法则不能满足工期要求，只能采用横向后张法预应力梁。

2. 板的方案

适合于大跨度的楼板除现浇空心板、双向密肋板以外，还可以采用单纵向密肋板、单横向密肋板和井字梁及与其相适合的板。双向密肋楼板中肋宽度不同对技术及造价也有很大的影响，因此针对双向密肋楼板和井字梁又各提出了两种方案，总计提出七个创新方案，列于表5-52之中。

候选方案表 表5-52

方案	板名称	板厚(mm)	板下梁(肋)间距(mm)或区格(mm)×(mm)	板下梁(肋)断面宽(mm)×高(mm)	纵向主梁断面宽(mm)×高(mm)	横向主梁断面宽(mm)×高(mm)
F1	现浇空心板	400			400×1200	800×400
F2	SP板	300			400×850	400×850预应力
F3	双密肋板（一）	100	1200×1200	(125+284)/2×500	400×850	450×850
F4	双密肋板（二）	100	1200×1200	(185+344)/2×500	400×850	450×850
F5	单纵向密肋板	100	1500	250×600	400×850	400×850预应力
F6	单横向密肋板	100	1200	250×750	400×1200	250×750
F7	井字梁板（一）	100	2000×2000	250×700	400×1200	400×850预应力
F8	井字梁板（二）	100	2000×2400	250×700	400×1200	400×850预应力

注：F3，F4方案板下梁（肋）宽×高指：(板下肋的上宽+板下肋的下宽)/2×高。

（三）方案选择

1. 挠度及裂缝计算

根据“结构构件的裂缝控制等级及最大裂缝宽度限值”规定，按照环境类别一级，裂缝控制等级三级，最大裂缝限值应取0.3mm。根据“结构受弯构件挠度限值”规定，在$L_0>9$m时，挠度应小于$L_0/300$，即1200/300=40mm。对8种方案的楼板挠度和裂缝计算，结果如表5-53。

8种方案挠度及裂缝变形计算结果 表5-53

	F1	F2	F3	F4	F5	F6	F7	F8
楼板挠度（mm）	90		46	29	32	37	30	36
楼板裂缝（mm）	<0.3	易产生裂缝	<0.3	<0.3	<0.3	<0.3	0.5	0.8

2. 经济计算

按当时当地有关定额和价格信息，计算8种方案的经济指标如表5-54。

8种方案经济比较表 表5-54

方案	单价（元/m²）				板及板下梁	
	合　计	板及板下梁	框架梁	预应力	钢筋（kg/m²）	混凝土（m³/m²）
F1	477.57	374.3	103.27		30.8	0.224
F2	462.22	325.22	109.73	27.78	板+6.3	板+0.08
F3	397.12	283.07	114.05		23.97	0.223
F4	444.52	330.47	114.05		28.4	0.256
F5	344.09	206.58	109.73	27.78	16.35	0.166
F6	391.35	267.9	123.45		22.55	0.212
F7	430.58	262.95	139.85	27.78	22.08	0.209
F8	400.05	232.42	139.85	27.78	19.23	0.187

3. 方案比较

（1）F1现浇空心楼板方案：本方案施工速度快，楼板的高度小，房间净高大，暗梁形式，屋顶没有梁，比较美观，可以不做吊顶。但楼板挠度超出规范规定。在八个方案中，本方案钢筋及混凝土含量最高，造价也最高。

（2）F2预制SP大板方案：本方案很容易产生裂缝，不能满足设计规范要求；本工程板的形状为弧梯形，采用预制SP大板进行吊装施工，会有一些异形板，施工时要对板进行编号，施工难度大；为了配合水电设计要增加9cm高度用于水电管线，还要浇灌混凝土垫层，施工工序繁琐，钢筋及混凝土含量较高，造价排第二，不经济。

（3）F3、F4双密肋板方案：本方案采用模壳施工，我国建筑模壳没有标准化，模数不统一，模壳费用较高，模壳补贴费在定额中没有规定，各施工单位施工水平及采用的模壳形式及材料不同，考虑到投标单位可能在报价上采用压低其他部分报价，提高模壳补贴费的方式中标，在今后的招标过程中对该部分报价进行特别控制，且有风险。纵向2根大梁高度为0.85m，暖气、喷淋、风管所占高度至少0.7m，除去顶板厚度0.08m，地下室净高为3.9－0.08－0.85－0.7＝2.27m，稍微低了一些，将地下室地面降低0.1m（减少地面垫层厚度），则层高变为3.9m，净高2.37m可满足使用要求。考虑两种肋形的双密肋板，F3方案计算挠度为46mm，超出设计规范要求，F4方案的钢筋及混凝土含量也较高，造价排第三，不经济。

(4) F5 单纵向密肋楼板方案：本方案满足规范的各种技术要求。同 F3、F4 方案，需要将地下室地面降低 0.1m 以满足使用要求。采用横向后张法施工预应力梁时，在完成下一层楼板及梁后，不需等混凝土达到张拉强度，可首先施工上部的墙体及楼板，等混凝土强度达到张拉强度，再进行张拉预应力梁施工，这样预应力张拉施工并不在关键线路上，与其他工序搭接施工并不占用工期。本方案是八个方案中钢筋含量和混凝土含量最低的方案，造价最低。

(5) F6 单横向密肋楼板方案：纵向 2 根主梁高度为 1.2m，为保证窗子的高度，上部的两根主梁可以上翻 400mm，主梁在板下的高度为 800mm，可以满足使用要求，地下室楼板中暖气、喷淋、风管所占高度至少 0.7m，除去顶板厚度 0.08m，地下室净高为 3.8－0.08－1.2－0.7＝1.82m 此值远小于使用要求允许值，如果增加层高显然不经济，因此地下室顶板不采用此方案。经济计算显示此方案钢筋含量、混凝土含量、造价都比 F5 方案高，在八种方案中排在第六位。

(6) F7，F8 井字梁板方案：纵向 2 根主梁高度为 1.2m，同 F6 方案，不适合于作地下室顶板。间距为 2m 的 F7 和间距为 2.4m 的 F8，其裂缝变形都不能满足设计规范要求。经济分析显示两种方案的造价都在 400 元/m^2 以上，不经济。

基于以上分析，表 5-55 对八个方案进行了综合比较，总体而言，F5 方案在技术上安全可靠，施工质量容易控制在经济上也是最节省的方案，因此 F5 方案为应选方案。

方案综合比较表 **表 5-55**

方案	板名称	工期	造价	挠度	变形	钢筋含量	外观
F1	现浇空心板	快	太高	过大	小	太高	较美观
F2	SP 板	最慢	高	过大	过大	高	普通
F3	双密肋板（一）	较慢	低	过大	小	低	普通
F4	双密肋板（二）		高	较小	小	高	
F5	单纵向密肋板	一般	最低	较小	小	最低	普通
F6	单横向密肋板		低	适中	小	低	
F7	井字梁板（一）	较慢	中	较小	大	中	普通
F8	井字梁板（二）		中	适中	大	中	

F5 方案：单纵向密肋板，板厚 100mm，板下肋间距 1500mm，板下肋宽 250mm，高 600mm，纵向边梁断面宽(mm)×高(mm)为 400×850，横向预应力梁断面宽(mm)×高(mm)400×850，预应力钢筋采用有粘结 AP1 束 2～8ϕ15.2。

(四) 原设计方案与所选方案比较

(1) 工程质量：原方案中的楼板挠度为 90mm，不能满足规范要求，施工质量难以控制，而 F5 方案技术上满足规范要求，施工技术成熟，质量可以得到保证。

(2) 造价：地下室层高由 3.8 米增加为 3.9 米，增加费用仅约 10 万元，如果按照楼板面积 110000m^2 计算，原方案楼板造价为 477.57×110000＝5253.27 万元，所选 F5 方案楼板造价 344.09×110000＝3784.99 万，节省投资 5253.27－3784.99＝1468.28 万元。

(3) 工期：所选 F5 方案应用横向预应力梁增加主体施工工期，但与装修进行搭接施工时并不影响整个工程的工期。

本工程楼板结构设计的指导思想首先是技术安全可靠，施工质量容易控制，其次是保证工期和节省投资。由于指导思想明确，在选择设计方案时成功地运用价值工程对多个方案进行多方面比较，选择单纵向密肋板及横向的预应力梁作为最终方案，使工程最终实现了工程安全、投资减少的目标。同时，也获得了大跨度钢筋混凝土楼板设计的经验。

参　考　文　献

1. Donald S. Barrie, Royd C. Paulson, Jr.. Professional Construction Management. 3rd Edition, McGraw-Hill, Icn. 1992

2. Alphonse Dell' Isola, PE. Value Engineering: Practical applications. R. S. MEANS COMPANY, INC., 1997

3. Stuart D. Green and Peter A. Popper. Value engineering, the search for unnecessary cost. The Chartered Institute of Building, 1990

4. John Kelly, Steven Male. Value Management in Design and Construction. E & FN Spon, 1998

5. Lawrence d. Miles, Techniques of Value Analysis and engineering. 3rd Edition, Eleanor Miles Walker, 1989

6. Brian R. Norton and William C. McElligott. Value Management in Construction, A Practical Guide. MACMILLAN, 1995

7. Clyde B. Tatum. Improving Constructability During Conceptual Planning. Journal of Construction Engineering and Management, June, 1987

8. Davis Langdon Consultancy, University of Reading. A Client' s Guide to Value Management in Construction. CIRIA, 1995

9. Neil N. Eldin. Constructability Improvement of Project Designs. Journal of Construction Engineering and Management. Dec., 1988

10. William J. Schmitz. The Key Is Constructability. Civil Engineering, August, 1994

11. [日] 玉井正寿. 价值分析. 北京：机械工业出版社，1981.

12. 张传吉编著. 建筑业价值工程. 北京：中国建筑工业出版社，1993.

13. 萧晓东. 对我国VE应用现状的分析. 中国价值工程辉煌成就20年. 北京煤炭工业出版社，1998. 11

14. 张如潮译. 在建筑工程中推广价值工程. 中国价值工程辉煌成就20年. 北京煤炭工业出版社，1998. 11

15. 国家标准局. 价值工程基本术语和一般工作程序. 中华人民共和国国家标准（GB8 223—87）

16. 赵锡宏等编著. 高层建筑深基坑围护工程实践与分析. 上海：同济大学出版社，1996.

17. 余志成，施文华编著. 深基坑支护设计与施工. 北京：中国建筑工业出版社，1997.

18. 刘金励主编. 高层建筑桩基工程技术. 北京：中国建筑工业出版社，1998.

19. 徐金声，薛立红著. 现代预应力混凝土楼盖结构. 北京：中国建筑工业出版社，1998.

20. 程懋堃. 关于高层建筑结构设计的一些建议. 建筑结构学报，1997，18（2）.

21. 赵玉祥. 钢筋混凝土高层建筑设计中若干问题的探讨. 建筑结构学报，1998，19（2）.

22. 李桢章. 超高层建筑结构设计若干问题讨论. 建筑结构，1998，（10）.

23. 郁彦. 把基础中多余的钢筋节省下来. 建筑结构，1998，（2）.

24. 徐至钧. 高层建筑地下室墙的设计探讨. 建筑结构，1997，（12）.

25. 张雁. 桩基工程技术发展综述. 岩土工程师，1997，9（1）.

26. 杨志强，杜民. 预制地下连续墙设计与成套施工工艺. 建筑技术，1999，30（3）.

27. 柏傲冬，柏幸生．桩基承台设计的改进．建筑结构，1998，(4)．

28. 李继祥等．钢纤维混凝土四桩承台受冲切承载力研究．建筑结构学报，1999，20 (1)．

29. 梁书亭等．型钢混凝土桩基承台抗冲切性能的试验研究．建筑结构学报，1998，19 (6)．

30. 姚海林等．钻孔后压浆灌注桩承载力试验研究．岩土力学，1999，19 (2)．

31. 侯昶．价值工程与层次分析法在旧房改造工程决策中的实际应用．南京建筑工程学院学报，1998．

32. 叶可明，王允恭等．上海高层建筑多层地下室逆作法施工技术．建筑施工，1998，(5)．

33. 袁勋．高层建筑大底盘框架厚筏变形特征及基底反力试验研究．建筑科学，1998，14 (1)．

34. 李唐宁等．大跨预应力次梁楼盖结构体系经济性分析．建筑结构，1998，(3)．

35. 郁彦．高层建筑结构设计若干问题的思考．第 15 届全国高层建筑结构学术交流会论文集．中国建筑科学研究院，1998．

36. 董建国，赵锡宏著．高层建筑地基基础——共同作用理论与实践．上海：同济大学出版社，1997．

37. 尚东伟．厚硬持力层上筏式基础的设计方法．第 14 届全国高层建筑结构学术交流会论文集．1996．

38. 林金．目前高层结构设计中的一些质量缺陷和技术问题．第 14 届全国高层建筑结构学术交流会论文集，1996．

39. 栾军，尤建新．价值工程教程．上海：同济大学出版社，1995．

40. 朱伯龙，刘祖华．建筑改造工程学．上海：同济大学出版社，1998．

41. 周双海，孙继德．大跨度梁板设计中价值工程应用案例分析．价值工程，2003，(1)．

42. 廖前哨，孙继德．建设项目的可施工性研究．同济大学学报，2002，(8)．

43. 贾广社，孙继德．利用价值工程选择基坑围护方案和施工．四川建筑科学研究，2003，(1)．

44. 刘贵文．价值管理应用的新趋势．价值工程，2001，(2)．

45. 孙继德．基坑支护结构的价值工程研究．施工技术，2000，(1)．

46. 孙继德．建设项目的价值工程与价值管理．同济大学学报，2001，(5)．

47. 孙继德．高层建筑结构设计中的价值工程研究．博士学位论文．上海同济大学，2000．

48. Muthiah Kasi. An Introduction to Value Analysis and Value Engineering for Architects, Engineers, and Builders. University of Wisconsin. 1994.

49. Thomas J. Snodgrass, Muthiah Kasi. Function Analysis, The Stepping Stones to Good Value. University of Wisconsin. 1986.